Am Pfingstmontag des Jahres 1828 wird in Nürnberg ein junger Mann von etwa 17 Jahren aufgegriffen. Er kann kaum sprechen und nur mit ungelenken Buchstaben den Namen Caspar Hauser schreiben. Der zahme Wilde, der außer Brot und Wasser nichts zu sich nahm, landete zunächst im Gefängnis, wurde von Gaffern wie ein Jahrmarktsmonster belagert, von Polizisten befragt und von Ärzten untersucht. Letztere entdeckten Impfspuren – damals ein untrügliches Indiz dafür, daß dieser Findling nicht armer Leute Kind sein konnte. In der Obhut des Gymnasialprofessors Daumer beginnt seine »Menschwerdung«. Doch schon nach acht Monaten wird der erste Mordanschlag auf ihn verübt. Nun nimmt sich der Ansbacher Gerichtspräsident des Falles an, den inzwischen ganz Europa mit Spannung verfolgt. Ist Caspar Hauser der letzte Zähringer-Erbprinz aus dem Hause Baden? Das Opfer eines dynastisch motivierten Verbrechens? Am 14. Dezember 1833 erfolgt der zweite Mordversuch.
Jakob Wassermann, einer der erfolgreichsten Autoren der Weimarer Zeit, wurde mit ›Caspar Hauser‹ auf einen Schlag berühmt, denn sein Roman ist und bleibt die bewegendste literarische Darstellung dieses Schicksals.

Jakob Wassermann (1873–1934) war der Sohn eines jüdischen Gemischtwarenhändlers. Nach einer Kaufmannslehre entschied er sich bald für das Leben eines freien Schriftstellers, war aber auch zeitweise Redakteur beim ›Simplicissimus‹. Wassermann war neben Lion Feuchtwanger und Heinrich Mann einer der erfolgreichsten Autoren der Weimarer Zeit.

Unsere Adresse im Internet: www.fischer-tb.de

Jakob Wassermann

Caspar Hauser
oder
Die Trägheit des Herzens

Roman

Fischer Taschenbuch Verlag

Limitierte Sonderausgabe
Veröffentlicht im Fischer Taschenbuch Verlag,
Frankfurt am Main, November 1999

Lizenzausgabe mit freundlicher Genehmigung der
Albert Langen-Georg Müller Verlag GmbH und des
Deutschen Taschenbuch Verlages, München

Druck und Bindung: Clausen & Bosse, Leck
Printed in Germany
ISBN 3-596-50338-8

Inhalt

Erster Teil

Zweiter Teil

Es ist noch dieselbe Sonne,
die derselben Erde lacht;
aus demselben Schleim und Blute
sind Gott, Mann und Kind gemacht.
Nichts geblieben, nichts geschwunden,
alles jung und alles alt,
Tod und Leben sind verbunden,
zum Symbol wird die Gestalt.

Erster Teil

Der fremde Jüngling

In den ersten Sommertagen des Jahres 1828 liefen in Nürnberg sonderbare Gerüchte über einen Menschen, der im Vestnerturm auf der Burg in Gewahrsam gehalten wurde und der sowohl der Behörde wie den ihn beobachtenden Privatpersonen täglich mehr zu staunen gab.

Es war ein Jüngling von ungefähr siebzehn Jahren. Niemand wußte, woher er kam. Er selbst vermochte keine Auskunft darüber zu erteilen, denn er war der Sprache nicht mächtiger als ein zweijähriges Kind; nur wenige Worte konnte er deutlich aussprechen, und diese wiederholte er immer wieder mit lallender Zunge, bald klagend, bald freudig, als wenn kein Sinn dahintersteckte und sie nur unverstandene Zeichen seiner Angst oder seiner Lust waren. Auch sein Gang glich dem eines Kindes, das gerade die ersten Schritte erlernt hat: nicht mit der Ferse berührte er zuerst den Boden, sondern trat schwerfällig und vorsichtig mit dem ganzen Fuße auf.

Die Nürnberger sind ein neugieriges Volk. Jeden Tag wanderten Hunderte den Burgberg hinauf und erklommen die zweiundneunzig Stufen des finstern alten Turmes, um den Fremdling zu sehen. In die halb verdunkelte Kammer zu treten, wo der Gefangene weilte, war untersagt, und so erblickten ihre dichtgedrängten Scharen von der Schwelle aus das wunderliche Menschenwesen, das in der entferntesten Ecke des Raumes kauerte und meist mit einem kleinen weißen Holzpferdchen spielte, das es zufällig bei den Kindern des Wärters gesehen und das man ihm, gerührt von dem unbeholfenen Stammeln seines Verlangens, geschenkt hatte. Seine Augen schienen das Licht nicht erfassen zu können; er hatte offenbar Furcht vor der Bewegung seines eignen Körpers, und wenn er seine Hände zum Tasten erhob, war es, als ob ihm die Luft dabei einen rätselhaften Widerstand entgegensetzte.

»Welch ein armseliges Ding«, sagten die Leute. Viele waren der Ansicht, daß man eine neue Spezies entdeckt habe, eine Art Höhlenmensch etwa, und unter den berichteten Seltsamkeiten war nicht die geringste die, daß der Knabe jede andere Nahrung als Wasser und Brot mit Abscheu zurückwies.

Nach und nach wurden die einzelnen Umstände, unter denen der Fremdling aufgetaucht war, allgemein bekannt. Am Pfingstmontag gegen die fünfte Nachmittagsstunde hatte er plötzlich auf dem Unschlittplatz, unweit vom Neuen Tor, gestanden, eine Weile verstört um sich geschaut und war dann dem zufällig des Weges kommenden Schuster Weikmann geradezu in die Arme getaumelt. Seine bebenden Finger wiesen einen Brief mit der Adresse des Rittmeisters Wessenig vor, und da nun einige andere Personen hinzukamen, schleppte man ihn mit ziemlicher Mühe bis zum Haus des Rittmeisters. Dort fiel er erschöpft auf die Stufen, und durch die zerrissenen Stiefel sickerte Blut.

Der Rittmeister kam erst um die Dämmerstunde heim, und seine Frau erzählte ihm, daß ein verhungerter und halbvertierter Bursche auf der Streu im Stall schlafe; zugleich übergab sie ihm den Brief, den der Rittmeister, nachdem er das Siegel erbrochen, mit größter Verwunderung einige Male durchlas. Es war ein Schriftstück, ebenso humoristisch in einigen Punkten wie in anderen von grausamer Deutlichkeit. Der Rittmeister begab sich in den Stall und ließ den Fremdling aufwecken, was mit vieler Anstrengung zustande gebracht wurde. Die militärisch gemessenen Fragen des Offiziers wurden von dem Knaben nicht oder nur mit sinnlosen Lauten beantwortet, und Herr von Wessenig entschied sich kurzerhand, den Zuläufer auf die Polizeiwachstube bringen zu lassen.

Auch dieses Unternehmen war mit Schwierigkeiten verknüpft, denn der Fremdling konnte kaum mehr gehen; Blutspuren bezeichneten seinen Weg; wie ein störrisches

Kalb mußte er durch die Straßen gezogen werden, und die von den Feiertagsausflügen heimkehrenden Bürger hatten ihren Spaß an der Sache. »Was gibt's denn?« fragten die, welche den ungewohnten Tumult nur aus der Ferne beobachteten. »Ei, sie führen einen betrunkenen Bauern«, lautete der Bescheid.

Auf der Wachstube bemühte sich der Aktuar umsonst, mit dem Häftling ein Verhör anzustellen; er lallte immer wieder dieselben halb blödsinnigen Worte vor sich hin, und Schimpfen und Drohen nutzten nichts. Als einer der Soldaten Licht anzündete, geschah etwas Sonderbares. Der Knabe machte mit dem Oberkörper tanzbärenhaft hüpfende Bewegungen und griff mit den Händen in die Kerzenflamme; aber als er dann die Brandwunde verspürte, fing er so zu weinen an, daß es allen durch Mark und Bein ging.

Endlich hatte der Aktuar den Einfall, ihm ein Stück Papier und einen Bleistift vorzuhalten. Danach griff der wunderliche Mensch und malte mit kindisch großen Buchstaben langsam den Namen Caspar Hauser. Hierauf wankte er in eine Ecke, brach förmlich zusammen und fiel in tiefen Schlaf.

Weil Caspar Hauser, so wurde der Fremdling von nun an genannt, bei seiner Ankunft in der Stadt bäurisch gekleidet war, nämlich mit einem Frack, von dem die Schöße abgeschnitten waren, einem roten Schlips und großen Schaftstiefeln, glaubte man zuerst, es mit einem Bauernsohn aus der Gegend zu tun zu haben, der auf irgendeine Weise vernachlässigt oder in der Entwicklung verkümmert war. Der erste, der dieser Meinung entschieden widersprach, war der Gefängniswärter auf dem Turm. »So sieht kein Bauer aus«, sagte er und deutete auf das wallende hellbraune Haar seines Häftlings, das etwas nicht ausdrückbar Unberührtes hatte und glänzend war wie das Fell von Tieren, die in Finsternis zu leben gewohnt sind. »Und diese feinen weißen Händchen und diese samtweiche Haut und die dünnen Schläfen und die deutlichen blauen Adern zu beiden Seiten des Halses – wahrhaftig, er gleicht eher einem adligen Fräulein als einem Bauern.«

»Nicht übel bemerkt«, meinte der Stadtgerichtsarzt, der in seinem zu Protokoll gegebenen Gutachten neben diesen Merkmalen die besondere Bildung der Knie und die hornhautlosen Fußsohlen des Gefangenen hervorhob. »So viel ist klar«, hieß es am Schluß, »daß man es hier mit einem Menschen zu tun hat, der nichts von seinesgleichen ahnt, nicht ißt, nicht trinkt, nicht fühlt, nicht spricht wie andre, der nichts von gestern, nichts von morgen weiß, die Zeit nicht begreift, sich selber nicht spürt.«

Die hohe Polizeibehörde ließ sich durch ein solches Urteil nicht aus dem vorgesetzten Gang der Untersuchung lenken; es bestand der Verdacht, daß der Stadtgerichtsarzt durch seinen Freund, den Gymnasialprofessor Daumer, beeinflußt und zu diesen Überschwenglichkeiten verführt worden sei. Der Gefängniswärter Hill wurde beauftragt, den Fremdling insgeheim zu belauern. Er spähte oft durch das verborgene Loch in der Tür, wenn sich der Knabe allein wähnen mußte; aber es war immer derselbe traurige Ernst in den bald schlaffen und beklommenen, bald wie durch den Anblick eines unsichtbaren Furchtgebildes verzerrten und zerrissenen Zügen. Es war auch vergeblich, nachts, wenn er schlief, an sein Lager zu schleichen, hinzuknien, auf den Atem zu horchen und zu warten, ob er verräterische Worte aus dem Innern auf die Lippen trug. Leute, die Übles im Schild führen, pflegen nämlich aus dem Schlaf zu reden, auch schlafen sie eher bei Tag als bei Nacht, wo sie ihren Gedanken und Entwürfen nachhängen; aber diesen umfing der Schlummer, sobald die Sonne sank, und er erwachte, wenn sich der erste Morgenstrahl durch die verschlossenen Läden zwängte. Es konnte Argwohn wecken, daß er jedesmal zusammenzuckte, wenn die Tür seines Gefängnisses geöffnet wurde; wahrscheinlich jedoch gab sich darin nicht die Angst eines schuldbewußten Gemüts zu erkennen, sondern vielmehr eine übermäßige Erregbarkeit der Sinne, denen jeder Laut von außen zu qualvoller Nähe kam.

»Unsre Herren auf dem Rathaus werden noch viel Papier

beschmieren müssen, wenn sie auf dem Weg weiterkommen wollen«, sagte der gute Hill eines Morgens – es war der dritte Tag der Haft Caspar Hausers – zu Professor Daumer, der den Fremdling besuchen wollte, »ich kenne gewiß alle Schliche des Lumpenvolks, aber wenn *der* Bursche ein Simulant ist, will ich mich hängen lassen.«

Hill sperrte auf, und Professor Daumer trat in die Kammer. Wie gewöhnlich erschrak der Gefangene, aber als der Ankömmling einmal im Raum war, schien ihn Caspar Hauser nicht mehr zu gewahren und schaute, bezaubert im dumpfen Nichtwissen, still vor sich nieder.

Da geschah es, als Hill den Fensterladen geöffnet hatte, daß der Knabe, vielleicht wie nie zuvor in seinem Leben, den gefesselten Blick erhob, ihn vor der schweigenden, gleichmäßigen Furcht wegkehrte, die das Innere seiner Brust beherbergen mochte, und ihn durchs Fenster hinaus schweifen ließ in das besonnte Freie, wo Ziegeldach an Ziegeldach sich still und glühendrot auf einem Hintergrund von bläulich dämmernden Wiesen und Wäldern malte. Er streckte seine Hand aus, Überraschung und freudloses Staunen verzogen seine Lippen, zögernd griff er mit dem Arm in das funkelnde Gemälde, als ob er das bunte Durcheinander draußen mit den Fingern anfassen wolle; und als er sich überzeugt hatte, daß es nichts war, etwas Fernes, Trügerisches, Ungreifbares, da verfinsterte sich sein Gesicht, und er wandte sich unwillig und enttäuscht ab.

Am selben Nachmittag kam der Bürgermeister Binder in Daumers Wohnung und teilte im Verlauf eines Gesprächs über den Findling mit, daß die Herren vom Stadtmagistrat eher feindlich und ungläubig als wohlwollend gegen diesen gestimmt seien. »Ungläubig?« entgegnete Daumer verwundert. »In welcher Beziehung ungläubig?«

»Nun ja, man nimmt an, daß der Bursche sein Gaukelspiel mit uns treibt«, versetzte der Bürgermeister.

Daumer schüttelte den Kopf. »Welcher Mensch von Verstand oder Geschicklichkeit wird sich aus purer Heuchelei dazu herbeilassen, von Brot und Wasser zu leben und alles, was dem Gaumen behagt, mit Ekel von sich zu weisen?« fragte er. »Um welchen Vorteils willen?«

»Gleichviel«, antwortete Binder unschlüssig, »es scheint eine verwickelte Geschichte. Da niemand sagen noch vermuten kann, worauf das Spiel hinauswill, ist Vorsicht um so mehr geboten, als man durch leichtsinnige Gutgläubigkeit den gerechten Hohn der Urteilsfähigen herausfordert.«

»Das klingt ja beinahe, als ob nur die Zweifler und Neinsager urteilsfähig heißen könnten«, bemerkte Daumer stirnrunzelnd. »Von der Gilde haben wir leider genug.«

Der Bürgermeister zuckte die Achseln und blickte den jungen Lehrer mit jener milden Ironie an, welche die Waffe der Erfahrenen gegenüber den Enthusiastischen ist. »Wir haben eine neuerliche Untersuchung durch den Gerichtsarzt beschlossen«, fuhr er fort. »Der Magistratsrat Behold, der Freiherr von Tucher und Sie, lieber Daumer, sollen dieser Untersuchung kommissarisch beiwohnen. Die aufzunehmende Akte wird dann, zusammen mit den bereits vorhandenen polizeilichen Protokollen, der Kreisregierung überschickt.«

»Ich verstehe: Akten, Akten«, sagte Daumer spöttisch lächelnd.

Der Bürgermeister legte ihm die Hand auf die Schulter und erwiderte gutmütig: »Seien Sie nicht so überlegen, Verehrter; unsre Welt schmeckt nun einmal nach Tinte, und daran habt ihr Bücherwürmer doch wahrlich nicht die wenigste Schuld. Übrigens«, er griff in die Rockbrust und brachte ein zusammengefaltetes Stück Papier zum Vorschein, »als Mitglied der Kommission werden Sie gebeten, Einblick in ein wichtiges Dokument zu nehmen. Es ist der Brief, den unser Gefangener beim Rittmeister Wessenig abgegeben hat. Lesen Sie.«

Das mit keiner Namensunterschrift versehene Schreiben lautete: »Ich schicke Ihnen hier einen Burschen, Herr Rittmeister, der möchte seinem König getreu dienen und will unter die Soldaten. Der Knabe ist mir gelegt worden im Jahre 1815, in einer Winternacht, da lag er an meiner Tür. Hab' selber Kinder, bin arm, kann mich selber kaum durchbringen, er ist ein Findling, und seine Mutter hab' ich nicht erfragen können. Hab' ihn nie einen Schritt aus dem Haus gelassen, kein Mensch weiß von ihm, er weiß nicht, wie mein Haus heißt, und den Ort weiß er auch nicht. Sie dürfen ihn schon fragen, er kann es aber nicht sagen, denn mit der Sprache ist es noch schlecht bei ihm bestellt. Wenn er Eltern hätte, wie er keine hat, wär' was Tüchtiges aus ihm geworden. Sie brauchen ihm nur etwas zu zeigen, da kann er es gleich. Mitten in der Nacht hab' ich ihn fortgeführt, und er hat kein Geld bei sich, und wenn Sie ihn nicht behalten wollen, müssen Sie ihn erschlagen und in den Rauchfang hängen.«

Als Daumer gelesen hatte, gab er dem Bürgermeister das Schriftstück zurück und ging mit ernster Miene auf und ab.

»Nun, was halten Sie davon?« forschte Binder. »Einige unsrer Herren sind der Ansicht, der Unbekannte selbst könne den Brief geschrieben haben.«

Daumer hielt mit einem Ruck in seiner Wanderung inne, schlug die Hände zusammen und rief: »Ach, du himmlische Gnade!«

»Dazu ist natürlich gar kein Grund vorhanden«, beeilte sich der Bürgermeister hinzuzufügen. »Daß bei der Abfassung des Schreibens eine zweckvolle Tücke gewaltet hat, daß es dazu bestimmt ist, Nachforschungen zu erschweren und irrezuführen, ist offenbar. Es ist eine schnöde Kaltherzigkeit im Ton, die mir von Anfang an den Verdacht erregt hat, daß der Jüngling das unschuldige Opfer eines Verbrechens ist.«

Eine mutige Meinung, in welcher der Bürgermeister durch einen Vorgang sehr bestärkt wurde, der sich ereignete, kurz nachdem die Herren von der Kommission am folgenden Morgen das Gefängnis Caspar Hausers betreten hatten. Während der Wärter damit beschäftigt war, den Knaben zu entkleiden, ließ sich drunten in einer Gasse am Burgberg eine Bauernmusik hören und zog mit klingendem Spiel an der Mauer vorüber. Da lief ein grauenhaft anzuschauendes Zittern über den Körper Hausers, sein Gesicht, ja sogar seine Hände bedeckten sich mit Schweiß, seine Augen verdrehten sich, alle Fibern lauschten dem Schrecken entgegen. Dann stieß er einen tierischen Schrei aus, stürzte zu Boden und blieb zuckend und schluchzend liegen.

Die Männer erbleichten und sahen einander ratlos an. Nach einer Weile näherte sich Daumer dem Unglücklichen, legte die Hand auf sein Haupt und sprach ein paar tröstende Worte. Dies wirkte beruhigend auf den Jüngling, und er wurde stille; nichtsdestoweniger schien der ungeheure Eindruck des gehörten Schalls seinen Leib von innen und außen verwundet zu haben. Tagelang nachher zeigte sein Wesen noch die Spuren der empfundenen Erschütterung. Er lag fiebernd auf dem Strohsack, und seine Haut war zitronengelb. Teilnahmsvollen Fragen gegenüber war er allerdings herzlich bewegt, und er suchte nach Worten, um seine Erkenntlichkeit zu beweisen, wobei sein sonst so klarer Blick sich in dunkler Pein trübte; besonders für den Professor Daumer, der zwei- bis dreimal täglich zu ihm kam, legte er eine zärtliche Dankbarkeit, schweigend oder stammelnd, dar.

Bei einem dieser Besuche war Daumer mit dem Knaben ganz allein, und das zum erstenmal; der Wärter hatte auf seine Bitte das untere Tor abgesperrt. Er saß dicht neben dem Gefangenen, er redete, fragte, forschte, alles mit einem vergeblichen Aufwand von Innigkeit, Geduld und List. Zum Schluß beschränkte er sich darauf, das Tun und Lassen des Jünglings voll Spannung zu beobachten. Plötzlich stieß Caspar Hauser seine verworrenen Laute aus; er schien etwas zu fordern und spähte suchend herum. Daumer erriet bald und reichte ihm den gefüllten Wasserkrug, den Hill auf die Ofenbank gestellt hatte. Caspar nahm den Krug, setzte ihn an die Lippen und trank. Er trank in langen Schlücken, mit beseligter Gelöstheit und einem begeisterten Aufleuchten der Augen, wie wenn er für den kurzen Zeitraum des Genusses vergessen hätte, daß das dämonisch Unbekannte auf allen Seiten ihn bedrängte.

Daumer geriet in eine seltsame Aufregung. Als er nach Hause kam, durchmaß er länger als eine halbe Stunde mit großen Schritten sein Studierzimmer. Gegen acht Uhr pochte es an der Tür, seine Schwester trat ein und rief ihn zum Abendessen. »Was glaubst du, Anna«, rief er ihr lebhaft und mit beziehungsvollem Ton zu, »zweimal zwei ist vier, wie?«

»Es scheint so«, erwiderte das junge Mädchen verwundert lachend, »alle Leute behaupten es. Hast du denn entdeckt, daß es anders ist? Das sähe dir ähnlich, du Aufwiegler.«

»Nicht gerade das hab' ich entdeckt, aber doch etwas der Art«, sagte Daumer heiter und legte den Arm um die Schulter der Schwester. »Ich will einmal unsre braven Philister tanzen lassen! Ja, tanzen sollen sie mir und staunen!«

»Betrifft es gar den Findling? Hast du etwas mit ihm vor? Sei nur auf der Hut, Friedrich, und laß' dich nicht in Scherereien ein, man ist dir ohnedies nicht grün.«

»Gewiß«, gab er, rasch verstimmt, zur Antwort, »das Einmaleins könnte Schaden leiden.«

»Nun, weiß man noch gar nichts über den Sonderling?« fragte bei Tisch Daumers Mutter, eine sanfte alte Dame.

Daumer schüttelte den Kopf. »Vorläufig kann man nur ahnen, bald wird man wissen«, entgegnete er mit starr nach oben gerichtetem Blick.

Am folgenden Tag brachte die ›Morgenpost‹ einen Artikel, der die Überschrift trug: »Wer ist Caspar Hauser?« Wenngleich auf diesen Appell keiner der Leser eine Antwort zu erteilen vermochte, wurde der Zudrang der Neugierigen so groß, daß das Bürgermeisteramt sich genötigt sah, die Besuchsstunden durch eine strenge Vorschrift zu regeln. Bisweilen standen die Leute Kopf an Kopf vor der offenen Tür des Gefängnisses, und in allen Gesichtern war die Frage zu lesen: Was ist es mit ihm? Was ist er für ein Mensch, der die Worte nicht versteht und dennoch sprechen kann, die Dinge nicht erkennt und dennoch sehen kann, der zu lachen vermag, kaum daß sein Weinen zu Ende, der arglos scheint und geheimnisvoll ist und hinter dessen unschuldig leuchtenden Augen vielleicht Übeltat und Schande verborgen sind?

Sicherlich spürte der Gefangene, spürte es schmerzlich, was die lüstern auf ihn gerichteten Blicke begehrten, und der Wunsch, ihnen zu willfahren, erzeugte möglicherweise die erste erhellende Dämmerung, welche ihm selbst die Vergangenheit langsam begreiflich machte, so daß er in beruhigter Brust nach dem Gewesenen tastete, ein Gewesenes erst fühlte und die Gegenwart damit verband, im tiefsten schaudernd an der Zeit messen lernte, was sie verändernd mit ihm getan, und was er sah, mit dem verglich, was er ehedem gesehen. Er begriff das Fordernde der Frage und ward des Mittels inne, die verlangenden Mienen zu befriedigen.

Mit durstigen Sinnen suchte er das Wort. Sein flehentlicher Blick grub es heraus aus dem sprechenden Mund der Menschen.

Hier war Daumer in seinem Element. Was keinem andern, dem Arzt nicht, dem Wärter nicht, dem Bürgermeister nicht, den Protokollanten erst recht nicht gelingen wollte, das vermochten nach und nach seine Behutsamkeit und zweckvolle Geduld. Die Person des Findlings beschäftigte ihn aber auch dermaßen, daß er seiner Studien und privaten Obliegenheiten, ja beinahe seines öffentlichen Amtes darüber vergaß, und er erschien sich wie ein Mann, den das Schicksal vor das ihm allein bestimmte Erlebnis gestellt hat, wodurch sein ganzes Sein und Denken eine glückliche Bestätigung erfährt. Unter seinen Notizen über Caspar Hauser lautete eine der ersten wie folgt: »Diese in einer fremden Welt hilflos schwankende Gestalt, dieser schlafumfangene Blick, diese angstverhaltene Gebärde, diese über einem etwas verkümmerten Untergesicht edel thronende Stirn, auf welcher Frieden und Reinheit strahlen: es sind für mich Zeugen von unbesiegbarer Deutkraft. Wenn sich die Vermutungen bewahrheiten, mit denen sie mich erfüllen, wenn ich die Wurzeln dieses Daseins aufgraben und seine Zweige zum Blühen bringen kann, dann will ich der stumpf gewordenen Welt den Spiegel unbefleckten Menschentums entgegenhalten, und man wird sehen, daß es gültige Beweise gibt für die Existenz der Seele, die von allen Götzendienern der Zeit mit elender Leidenschaft geleugnet wird.«

Es war ein schwieriger Weg, den der eifervolle Pädagoge ging. Da, wo er zu beginnen hatte, war die menschliche Sprache ein wesenloses Ding, Wort um Wort mußte erst seinem Sinn angeheftet, Erinnerung erst erweckt, Ursache und Folge in ihrer Verkettung erst entschleiert werden. Zwischen einer Frage und der nächsten lagen Welten des Begreifens, ein Ja, ein Nein, oft hilflos hingeworfen, galt noch nichts, wo jeder Begriff erst aus der Dunkelheit erstand und die Verständigung von Vokabel zu Vokabel stockte. Und doch schien ein Licht wie aus weitentfernter Vergangenheit den Geist des Jünglings viel rascher zu beflügeln, als selbst der hoffnungsselige Daumer zu erwarten gewagt hatte. Es war erstaunlich, mit welcher Leichtigkeit und Kraft er einmal Gesagtes festhielt und wie er aus dem Chaos unlebendiger Laute das für ihn Lebendige und Bedeutungsvolle bildvoll hervorzauberte, so daß es Daumer zumute war, als hebe er bloß Schleier von den Augen seines Schützlings, als spiele er die Rolle des Lauschers bei den langsam hervorquellenden Erinnerungen. Er hielt den Körper, indes der Geist des Knaben zurückkehrte in den Bezirk, von wo er kam, und eine Kunde brachte, dergleichen kein Ohr je vernommen.

Bericht Caspar Hausers, von Daumer aufgezeichnet

Soweit Caspar sich entsinnen konnte, war er immer in einem dunklen Raum gewesen, niemals anderswo, immer in demselben Raum. Niemals den Menschen gesehen, niemals seinen Schritt gehört, niemals seine Stimme, keinen Laut eines Vogels, kein Geschrei eines Tieres, nicht den Strahl der Sonne erblickt, nicht den Schimmer des Mondes. Nichts vernommen als sich selbst, und doch nichts von sich selber wissend, der Einsamkeit nicht innewerdend.

Das Gemach muß von geringer Breite gewesen sein, denn er glaubte, einmal mit ausgestreckten Armen zwei gegenüberliegende Wände berührt zu haben. Vordem aber schien es unermeßlich groß; angekettet an ein Strohlager, ohne die Fessel zu sehen, hatte Caspar niemals den Fleck Erde verlassen, auf dem er traumlos schlief, traumlos wachte. Dämmerung und Finsternis waren zu unterscheiden, so wußte er also um Tag und Nacht; er kannte ihre Namen nicht, allein er sah die Schwärze, wenn er einmal in der Nacht erwachte und die Mauern entschwunden waren.

Er hatte kein Maß für die Zeit. Er konnte nicht sagen, wann die unergründliche Einsamkeit begonnen hatte, er dachte zu keiner Stunde daran, daß sie einmal enden könne. Er spürte keinerlei Verwandlung an seinem Leibe, er wünschte nicht, daß etwas anders sein solle, als es war, es schreckte ihn kein Ungefähr, nichts Künftiges lockte ihn, nichts Vergangenes hatte Worte, stumm lief die regelvolle Uhr des kaum empfundenen Lebens, stumm war sein Inneres, wie die Luft, die ihn umgab.

Wenn er am Morgen erwachte, fand er frisches Brot neben dem Lager und den Wasserkrug gefüllt. Bisweilen schmeckte das Wasser anders als sonst; wenn er getrunken hatte, verlor er seine Munterkeit und schlief ein. Nach dem Aufwachen mußte er dann das Krüglein sehr oft in die Hand nehmen, er hielt es lange an den Mund, doch floß kein Wasser mehr heraus; er stellte es immer wieder hin und wartete, ob nicht bald Wasser komme, weil er nicht wußte, daß es gebracht wurde; hatte er doch keinen Begriff, daß außer ihm noch jemand sein könne. An solchen Tagen fand er reines Stroh auf seinem Bette, ein frisches Hemd am Körper, die Nägel beschnitten, die Haare kürzer, die Haut gereinigt. All das war im Schlaf geschehen, ohne daß er es gemerkt, und kein Nachdenken darüber umflorte seinen Geist.

Ganz allein war Caspar Hauser nicht; er besaß einen Kameraden. Er hatte ein weißes Pferdchen aus Holz, ein namenloses, regungsloses Ding und gleichwohl etwas, in dem sein eignes Dasein sich dunkel spiegelte. Da er die lebendige Gestalt in ihm ahnte, hielt er es für seinesgleichen, und in den matten Glanz seiner künstlichen Augenperlen war alles Licht der äußeren Welt gebannt. Er spielte nicht mit ihm, nicht einmal lautlose Zwiesprache hielt er mit ihm, und obwohl es auf einem Brettchen mit Rädern stand, dachte er nie daran, es hin und her zu schieben. Aber wenn er sein Brot aß, reichte er ihm jeden Bissen hin, bevor er ihn selber zum Munde führte, und bevor er einschlief, streichelte er es mit liebkosender Hand.

Das war sein einziges Tun in vielen Tagen, langen Jahren.

Da geschah es einst während der Zeit des Wachens, daß sich die Mauer auftat, und von draußen her, aus dem Niegesehenen, erschien eine ungeheure Gestalt, ein nie Gesehener, der erste andre, der das Wörtchen Du sprach und den Caspar deshalb den Du nannte. Die Decke des Raumes ruhte auf seinen Schultern, etwas unverständlich Leichtes und Veränderliches war in der Bewegung seiner Glieder, ein Lärm war um ihn, der das Ohr füllte, Laut um Laut floß rasch von seinen Lippen, zu atemlosem Hören zwang das Leuchten seiner Augen, und an seinen Kleidern hing das Draußen als ein betäubender Geruch.

Von den vielen Worten, die aus dem Munde des Du kamen, verstand Caspar zunächst keines, aber durch tief erregtes Aufmerken begriff er allmählich, daß der Ungeheure ihn fortbringen wolle, daß das Ding, das seine Einsamkeit geteilt, den Namen Roß trug, daß er andre Rosse erhalten werde und daß er lernen solle.

»Lernen«, sagte der Du immer wieder, »lernen, lernen.« Und wie um klarzumachen, was das heiße, stellte er einen Schemel mit vier runden Füßen vor ihn hin, legte ein Blatt Papier darauf, schrieb zweimal den Namen Caspar Hauser und führte beim Nachschreiben Caspars Hand. Dies gefiel Caspar, weil es schwarz und weiß aussah.

Darauf legte der Du ein Buch auf den Schemel und sprach, auf die winzigen Zeichen deutend, die Worte vor. Caspar konnte sie alle wiederholen, ohne irgend den Sinn erfaßt zu haben. Auch andre Worte und gewisse Redensarten plapperte er nach, die ihm der Mann vorsagte, zum Beispiel: »Ich möcht' ein solcher Reiter werden wie mein Vater.«

Der Du schien zufrieden; jedenfalls um ihn zu belohnen, zeigte er ihm, daß man das Holzpferd auf dem Boden hin und her rollen könne, und damit vergnügte sich Caspar, als er am andern Morgen erwachte. Er schob das Rößlein vor seinem Lager auf und ab, wobei ein Geräusch entstand, das den Ohren wehe tat; deshalb ließ er es wieder und begann dafür mit dem Pferd zu reden, indem er die unverständlichen Laute aus dem Munde des Du nachahmte. Es war eine wunderliche Lust für ihn, sich selbst zu hören, er hob die Arme und füllte den Raum mit seinem freudigen Gelall.

Seinen Kerkermeister mochte dies verdrießen und beunruhigen, er wollte ihn zum Schweigen bringen: auf einmal sah Caspar einen Stab über seine Schultern sausen und spürte zugleich einen so heftigen Schmerz auf dem Arm, daß er vor Schrecken nach vorne fiel. Mitten in der Angst machte er die erstaunliche Wahrnehmung, daß er nicht mehr ans Lager angebunden war. Eine Zeitlang verhielt er sich ganz stille, dann versuchte er, vorwärts zu rutschen, aber ihn graute, als er mit seinen bloßen Füßen die kalte Erde berührte. Mit Mühe erreichte er sein Lager und versank sofort in Schlaf.

Es wurde dreimal Nacht und Tag, ehe der Du wiederkam und versuchte, ob Caspar noch seinen Namen schreiben und die Worte aus dem Buch lesen konnte. Er verbarg nicht seine Verwunderung, als der Knabe dies mühelos vermochte. Er wies auf Dinge rings im Raum und nannte ihre Namen; er redete langsam, Auge in Auge mit Caspar, und hielt ihn dabei an der Schulter fest; durch seine Blicke, seine Gebärden, das Verzerren seiner Züge hindurch ahnte Caspar, was er sagte, und ihn schauderte, während seine stotternde Zunge dem Mann gehorsam war.

In der folgenden Nacht wurde er aus dem Schlaf gerüttelt. Lange und mit Qual spürte er es und konnte doch nicht ganz erwachen. Als er endlich die Augen aufschlug, war die Mauer geöffnet, und ein purpurroter Schein floß in den Raum. Der Du war über ihn gebeugt und sprach leise, vielleicht um Caspars Furcht zu stillen. Er richtete ihn empor und bekleidete ihn mit Hosen, mit einem Kittel und mit Stiefeln, dann stellte er ihn auf die Füße, lehnte ihn gegen die Wand und kehrte sich mit dem Rücken gegen ihn. Er umfaßte seine Beine, hob ihn auf, Caspar umschlang mit den Armen seinen Hals, und nun ging es hinauf, einen hohen Berg hinauf, so schien es Caspar; in Wirklichkeit war es wahrscheinlich die Treppe des unterirdischen Verlieses. Furchtbar dröhnte der Atem des Mannes, etwas Kühles und Feuchtes schlug Caspar ins Gesicht, setzte sich in seinen Haaren fest, die sich von selbst zu bewegen anfingen, und klammerte sich an seine Haut.

Plötzlich wich die Schwärze, sie rauschte auf den Boden nieder; alles wurde weit, weich und blieb doch dunkel; in der Tiefe, in der Ferne wuchteten fremde große Dinge; von oben brach ein blauer Strahl und verlor sich wieder; das Schlüpfrig-Feuchte blähte die Falten der Kleider; durchdringende Gerüche wogten umher. Caspar begann zu weinen und schlief auf dem Rücken des Mannes ein.

Beim Erwachen lag er auf dem Boden, das Gesicht zur Erde gekehrt, und von unten strömte Kälte in den Leib. Der Du richtete ihn auf. Die Luft brannte sonderbar, und ein unerträglich heller Schein flirrte vor den Augen. Der Du machte ihm begreiflich, daß er gehen lernen müsse; er zeigte ihm, wie er gehen solle, er hielt ihn von hinten unter den Armen und stieß seinen Kopf gegen die Brust, ihm so befehlend, daß er auf den Boden sehen solle. Caspar gehorchte wankend und zitternd, die Luft und der Schein brannten ihm die Augenlider, die Gerüche machten ihn schwindeln, die Sinne vergingen.

Er schlief wieder. Wie lange, das wußte er nicht. Auch wußte er nicht, wie oft er zu gehen probiert hatte, als es wieder dunkel wurde. Vielleicht glaubte er, es sei Nacht geworden, während sie sich nur in einem Wald befanden. Den Weg gewahrte er nicht, er konnte nicht sagen, ob es aufwärts oder abwärts ging. Ob Bäume oder Wiesen oder Häuser da waren, wußte er nicht. Bisweilen schien ihm alles ringsum in rote Glut getaucht, aber wenn das Weiche, Dunkle kam, dehnten sich Luft und Erde bläulich und grün. Ob Menschen vorübergingen, konnte er nicht sagen, er gewahrte nicht den Himmel, er sah nicht einmal das Gesicht des Mannes. Einmal fiel Wasser von der Höhe. Er dachte, der Du schütte ihn mit Wasser an, und beklagte sich, doch jener entgegnete, er schütte ihn nicht an, er deutete in die Luft und rief: »Regen! Regen!«

Wie lange er so unterwegs gewesen, wußte er nicht. Ihm dünkte, jedesmal, wenn er sich, erschöpft vom Gehen, zur Ruhe niedergelegt, sei ein Tag vergangen. Furcht zog ihn hin und bemeisterte seine Müdigkeit, sie spannte seine Gelenke und riß sein Haupt nach oben, indes die Augen unaufhörlich zur Tiefe starrten. Der Du gab ihm das gleiche Brot zu essen, das er im Kerker genossen, und ließ ihn Wasser aus einer Flasche trinken. Caspars Erschöpfung und seine Angst, wenn der Wind durch die Büsche sauste, oder wenn ein Tier schrie, oder wenn das Gras um seine Füße klirrte, suchte er durch das Versprechen schöner Pferdchen zu besiegen, und als Caspar endlich längere Zeit allein gehen konnte, sagte er, nun seien sie bald da. Er wies mit dem Arm in die Ferne und sagte: »Große Stadt.«

Caspar sah nichts, taumelnd tappte er vorwärts. Nach einer Weile hielt ihn der Du bei den Armen, zum Zeichen, daß er stehenbleiben solle, gab ihm einen Brief und sagte, den Mund nahe an Caspars Ohr: »Laß dich weisen, wo der Brief hingehört.«

Caspar machte noch ein paar Schritte, und als er sich dann umsah, war der Du verschwunden. Er spürte plötzlich Steine unter den Füßen, er tastete nach allen Seiten, um sich zu halten, er sah Steinmauern, die im Sonnenlicht feurig lohten, aber Entsetzen packte ihn erst, als er Menschen gewahrte, erst einen, dann zwei, dann viele. Grauenhaft nah kamen sie heran, umstanden ihn, schrien ihm zu, einer ergriff ihn und schleppte ihn vorwärts, alles ringsumher war Lärm und Getöse. Er begehrte zu schlafen, sie verstanden ihn nicht; er sprach von seinem Vater, von den Rossen, sie lachten und verstanden ihn nicht; er jammerte über seine wunden Füße, sie verstanden ihn nicht; er schlief im Stall des Rittmeisters. Dann kamen wieder andre Gestalten, um, kaum daß sie sich gezeigt, mit unbegreiflicher Hast wieder zu fliehen. Die Luft war schwer und kaum zu atmen, die gewaltigen Dinge, als welche ihm die Häuser erschienen, drängten sich an ihn an, und auf der Wachstube erschreckten ihn die wilden Mienen und Gebärden der Leute so, daß er zu Tränen seine Zuflucht nahm.

Wiederum schlief er lange, und danach wurde er auf den Turm gebracht. Der Mann, der ihn die große Stiege hinaufführte, sprach mit starker Stimme und öffnete eine Tür, die einen besonderen Hall von sich gab. Kaum hatte er sich auf dem Strohsack niedergelassen, so begann die Turmuhr zu schlagen, worüber Caspar in unermeßliches Staunen geriet. Er lauschte angestrengt, aber nach und nach hörte er nichts mehr, seine Aufmerksamkeit verlor sich, und er fühlte nur das Brennen seiner Füße. In den Augen hatte er keine Schmerzen, da es dunkel war. Er setzte sich auf und wollte nach dem Krüglein langen, um seinen Durst zu stillen. Er sah kein Wasser und kein Brot, anstatt dessen sah er einen Boden, der ganz anders beschaffen war als dort, wo er früher gewesen. Nun wollte er nach seinem Pferdchen greifen und mit ihm spielen, es war aber keins da, und er sagte: »Ich möchte ein solcher Reiter werden wie mein Vater.«

Das sollte heißen: Wo ist das Wasser hin und das Brot und das Pferdchen?

Er bemerkte den Strohsack, auf dem er lag, betrachtete ihn mit Verwunderung und wußte nicht, was es sei. Mit dem Finger darauf klopfend vernahm er dasselbe Geräusch wie von dem Stroh, das sonst sein Lager gewesen. Dies erfüllte ihn mit Beruhigung, so daß er wieder einschlief und erst mitten in der Nacht vom oftmals wiederholten Ton der Glocke erwachte. Er lauschte lang, und als der Schall verklungen war, sah er den Ofen, der eine grüne Farbe hatte und einen Glanz von sich gab; denn Caspar vermochte selbst in tiefer Dunkelheit die Farben zu unterscheiden. Er blickte sehr angespannt hinüber und murmelte wieder: »Ich möcht' ein solcher Reiter werden wie mein Vater.«

Das sollte heißen: Was ist denn dieses, und wo bin ich denn? Auch drückte er damit sein Verlangen nach dem glänzenden Ding aus.

In der Frühe öffnete der Wärter die Fensterläden, das helle Tageslicht tat Caspars Augen wehe; er fing zu weinen an und sagte: »Hinweisen, wo der Brief hingehört«, und damit wollte er sagen: Warum tun mir die Augen weh? Tu es weg, was mich brennt, gib mir das Pferdchen zurück und plag mich nicht so! – Denn er sprach im Geiste mit dem Du, von dem er glaubte, daß er Abhilfe schaffen könnte. Er hörte die Uhr wieder schlagen, das nahm ihm die Hälfte der Schmerzen, und indes er horchte, kam ein Mann und stellte allerhand Fragen, aber Caspar gab keine Antwort, weil seine Aufmerksamkeit auf den verhallenden Klang gerichtet war. Der Mann faßte ihn am Kinn, hob seinen Kopf in die Höhe und redete mit starker Stimme. Jetzt hörte Caspar zu und sagte all seine gelernten Worte her, aber der Mann verstand ihn nicht. Er ließ seinen Kopf los, setzte sich neben Caspar und fragte immerfort; als nun die Uhr wieder tönte, sagte Caspar: »Ich möcht' ein solcher Reiter werden wie mein Vater.«

Das sollte bedeuten: Gib mir das Ding, das so schön klingt.

Der Mann verstand ihn nicht und redete weiter, da fing Caspar an zu weinen und sagte: »Roß geben«, womit er den Mann bat, er möge ihn nicht so quälen.

Er saß dann lange Zeit allein. Aus weiter Ferne klang ein Trompetenschall aus der Kaiserstallung, und als ein andrer Mann eintrat, sagte Caspar die Redensart mit dem Brief; das sollte heißen: Weißt du nicht, was das ist? – Der Mann brachte den Wasserkrug und ließ Caspar trinken. Danach ward es ihm leicht zumute, und er sagte: »Möcht' ein solcher Reiter werden wie mein Vater.« Das bedeutete: Jetzt darfst du nicht mehr fortgehen, Wasser. Bald erklang wieder die Trompete, und Caspar lauschte freudig; er dachte, wenn sein Pferdchen käme, würde er ihm erzählen, was er gehört.

An diesem Tag aber begann schon die Peinigung, die er von den vielen Menschen auszustehen hatte.

Eine hohe amtliche Person wird Zeuge eines Schattenspiels

Natürlich hatte es wochenlang gedauert, bis Professor Daumer einen so vollständigen Einblick in die Vergangenheit des Jünglings gewonnen hatte. Dies alles ans Licht zu bringen, kündbar, greifbar, hatte Ähnlichkeit gehabt mit der Arbeit eines Brunnengräbers. Was anfangs ein Fiebertraum geschienen, besaß nun die Züge des Lebens.

Daumer verfehlte nicht, der Behörde den Sachverhalt in einer gewissenhaften Niederschrift vorzulegen. Die Folge davon war, daß sich der Magistrat entschloß, die Bahn förmlicher Verhöre zu verlassen und in eine vertrautere Beziehung zu dem Unglücklichen zu treten. Die auffälligen Besonderheiten seines Wesens sollten noch einmal überprüft werden, hieß es in einer der gerichtlichen Noten, deshalb wurden Ärzte, Gelehrte, Polizeibeamte, scharfsinnige Juristen, kurz unzählige Personen, die an seinem Schicksal Anteil nahmen, zu ihm auf den Turm geschickt. Es war ein endloses Schnüffeln und Debattieren, Zweifeln und Staunen, doch die verschiedenen Erklärungen liefen alle auf eins hinaus, und die bloße Kraft des Augenscheins mußte den Daumerschen Bericht bestätigen.

Wenige Tage später, gegen Anfang Juli, veröffentlichte der Bürgermeister einen Aufruf, der im ganzen Land Verwunderung und Beunruhigung erregte. Zunächst wurde darin das Erscheinen Caspar Hausers geschildert, und nachdem die eigne Erzählung des Jünglings mit tunlichster Ausführlichkeit wiedergegeben war, beschrieb der Verfasser diesen selbst. Er sprach von der alle Umgebung bezaubernden Sanftmut und Güte des Knaben, in der er anfangs immer nur mit Tränen und nun, im Gefühl der Erlösung, mit Innigkeit seines Unterdrückers gedenke; von seiner rührenden

Ergebenheit an diejenigen, die häufig mit ihm umgingen, von seiner unbedingten Willfährigkeit zum Guten, die mit der Ahnung dessen verbunden sei, was böse ist, ferner von seiner außerordentlichen Lernbegierde.

»Alle diese Umstände«, fuhr der beredsame Erlaß fort, »geben in demselben Maß, in dem sie die Erinnerungen des Jünglings bekräftigen, die Überzeugung, daß er mit herrlichen Anlagen des Geistes und des Herzens ausgestattet ist, und berechtigen zu dem Verdacht, daß sich an seine Kerkergefangenschaft ein schweres Verbrechen knüpft, wodurch er seiner Eltern, seiner Freiheit, seines Vermögens, vielleicht sogar der Vorzüge hoher Geburt, in jedem Fall aber der schönsten Freuden der Kindheit und höchsten Güter des Lebens verlustig geworden ist.«

Eine kühne und folgenschwere Vermutung, die eher dem mitleidigen Gemüt und dem romantischen Geist als der behördlichen Vorsicht eines hohen Bürgermeisteramtes zur Ehre gereichte.

»Zudem beweisen mancherlei Anzeichen«, hieß es weiter, »daß das Verbrechen zu einer Zeit verübt worden, wo der Jüngling der Sprache schon einmal mächtig gewesen und der Grund zu einer edeln Erziehung gelegt war, die gleich einem Stern in finsterer Nacht aus seinem Wesen hervorleuchtet. Es ergeht daher an die Justiz-, Polizei-, Zivil- und Militärbehörden und an jedermann, der ein menschliches Herz im Busen trägt, die dringende Aufforderung, alle, auch die unbedeutendsten Spuren und Verdachtsgründe bekanntzugeben. Und nicht etwa deswegen, um Caspar Hauser zu entfernen, denn die Gemeinde, die ihn in ihren Schoß aufgenommen, liebt ihn, betrachtet ihn als ein von der Vorsehung ihr zugeführtes Pfand der Liebe, das sie ohne gültigen Beweis der Ansprüche andrer nicht abtreten wird, sondern nur, um die Übeltat zu entdecken und den Bösewicht samt seinen Gehilfen der gerechten Sühne auszuliefern.«

Wahrscheinlich wurden von den Urhebern große Hoffnungen an das Manifest geknüpft, aber die Sache nahm einen ganz unerwarteten Verlauf und bereitete den Nürnberger Herren mancherlei Verlegenheiten. Zunächst lief eine Menge unsinniger und verleumderischer Bezichtigungen ein, durch welche eine Reihe von adligen Familien und von intimen Vorgängen in aristokratischen Kreisen dem Gerede ausgesetzt wurden; Kindesmord, Kindesraub, Kindesunterschiebung waren nach Ansicht des gemeinen Volkes Verbrechen, welche die vornehmen Leute täglich und zum Vergnügen begehen.

Schlimmer war es, daß die magistratische Bekanntmachung dem Appellhof des Rezatkreises auf nichtamtlichem Weg zu Händen kam. Irgendein grimmiger Hofrat am selben Gerichtshof erließ allsogleich ein gepfeffertes Schreiben an die Kreisregierung in Ansbach, worin erstlich die Publikation des Nürnberger Bürgermeisters als vorschriftswidrig, zweitens als abenteuerlich bezeichnet wurde, und worin drittens der lebhafte Tadel darüber ausgedrückt war, daß durch das verfrühte Preisgeben wichtiger Umstände eine Kriminaluntersuchung, wenn auch nicht vereitelt, so doch sehr erschwert worden sei. Der ergrimmte Hofrat ersuchte daher die Regierung, den Magistrat zu strenger Rechenschaft zu ziehen und zu befehlen, daß die den Fall behandelnden Polizeiakten unverzüglich anher zu senden seien.

Die Regierung ließ sich das nicht zweimal sagen. Sie sandte ein Reskript an den Stadtkommissär von Nürnberg und äußerte sich dahin, daß die erzählte Lebensbeschreibung des Findlings so viele grobe Unwahrscheinlichkeiten enthalte, daß der Gedanke an eine ärgerliche Täuschung nicht abzuweisen sei. Gleichzeitig wurden die noch vorhandenen Exemplare des ›Intelligenzblattes‹ und des ›Friedens- und Kriegskuriers‹, in welchen Zeitungen der Aufruf erschienen war, beschlagnahmt. Dies wurde dem Appellhof ordnungsgemäß mitgeteilt und die Erwägung daran geknüpft, ob die strafrechtliche Verfolgung des Häftlings einzuleiten sei oder nicht.

Den Magistratsherren fuhr ein heilloser Schrecken in die Glieder. Schleunigst ließen sie die Aktenfaszikel zusammenpacken und schickten sie mit Eilpost nach Ansbach hinüber. Vielleicht wähnten sie, daß nun alles gut sei, aber der grimme Hofrat dortselbst erhob alsbald wieder seine Stimme. »Die Verhöre mit dem Häftling und die Zeugnisse über ihn sind aktenmäßig nicht einwandfrei«, zeterte er, »es sind keineswegs alle Personen, die zuerst mit ihm in Berührung getreten sind, polizeilich vernommen worden; ferner hätte der Professor Daumer, um der öffentlichen Bekanntmachung des Magistrats eine rechtliche Basis zu geben, seine Gespräche mit dem Findling zu den Akten legen sollen.«

Um ein übriges zu tun, warnte die Regierung den Magistrat vor einseitigem Verfahren. Darauf erwiderte der Magistrat in einem Anfall von Trotz und Entrüstung: Ja, aber in den Maßregeln, wie ihr sie verlangt, liegt Gefahr, die Entdeckung zu hemmen – welche Anklage die vorgesetzte Behörde mit zorniger Energie zurückwies. – Holt eure Versäumnisse nach, diktierte sie, protokolliert Verhöre, schickt Akten, Akten, nichts als Akten! –

Mit innerer Wut hatte der Professor Daumer diese Vorgänge verfolgt. Er bezeichnete das Treiben der Ansbacher Behörde als widerwärtige Federfuchserei und hatte allen Ernstes die Absicht, seinem Unmut in einer geharnischten Epistel an die Regierung Luft zu machen. Mit Mühe hielten besonnene Freunde ihn davon zurück. »Aber es muß doch etwas geschehen!« warf er ihnen voll Empörung entgegen. »Man ist ja auf dem besten Weg, einen Justizmord zu begehen! Und soll ich dazu die Hände in den Schoß legen?«

»Das ratsamste wäre«, antwortete der Freiherr von Tucher, der bei diesem Auftritt anwesend war, »sich persönlich an den Staatsrat Feuerbach zu wenden.«

»Das hieße also, nach Ansbach reisen?«

»Gewiß.«

»Aber nehmen Sie denn an, daß er, als Präsident des Appellgerichts, von den Maßnahmen seiner untergebenen Beamten nicht schon unterrichtet ist und sie etwa gar mißbilligt?«

»Gleichviel, ich verspreche mir etwas von einer mündlichen Auseinandersetzung; ich kenne Herrn von Feuerbach, er ist der letzte, der einer gerechten Sache sein Ohr verschließt.«

Die Reise wurde beschlossen. Daumer und Herr von Tucher befanden sich am andern Tag schon in Ansbach. Unglücklicherweise war der Präsident Feuerbach gerade auf einer Inspektionsreise durch den Bezirk, sollte erst am fünften Tag zurückkommen, und die beiden Herren, sofern sie das vorgesetzte Ziel erreichen wollten, mußten ihren Aufenthalt in der Kreishauptstadt über Gebühr verlängern.

Mittlerweile hatte der Findling eine gar böse Zeit. Sein Turmgefängnis wurde das Ziel aller Müßiggänger und Neugierlinge der ganzen Stadt. Man lief hin wie zu der Ausstellung einer unterhaltsamen Rarität, denn der magistratische Erlaß hatte ihn zu einem öffentlichen Gegenstand gemacht. Seine bisherigen Beschützer waren ein wenig zurückhaltender geworden, denn man wußte ja nicht, wie die Geschichte enden würde und ob nicht ein hochweises Appellgericht ihn zum gewöhnlichen Schwindler stempeln würde. Der Turmwärter durfte der allgemeinen Volksbelustigung nicht steuern, der Bürgermeister selbst hatte die früheren Befehle aufgehoben, weil es zweckmäßig schien, daß möglichst viele Leute den Fremdling sahen. Oft erbarmte ihn der wehrlose Knabe, doch schmeichelte es anderseits seiner Eitelkeit, Herr über ein solches Wunderding zu sein, auch spazierte nebenbei mancher Groschen in den Beutel.

Brach der Morgen an und Caspar Hauser erhob sich vom Schlaf, seltsam müde, mit den Augen das Licht meidend, saß er traurig stumm in der Ecke, während Hill den Strohsack aufschüttelte und Wasser und Brot brachte, dann erschienen schon die ersten Besucher, die berufsmäßigen Frühaufsteher: Straßenkehrer, Dienstmägde, Bäckergesellen, Handwerker, die zur Arbeit gingen, auch Knaben, die auf dem Weg zur Schule einen ergötzlichen Abstecher machten, sogar einige höchst unbürgerliche Erscheinungen, die die Nacht im Stadtgraben oder in einer Scheune verbracht hatten.

Mit dem Verlauf des Tages wurde die Gesellschaft vornehmer, es kamen ganze Familien, der Herr Rendant mit Weib und Kind, der Herr Major a. D., der Schneidermeister Bügelfleiß, Graf Rotstrumpf mit seinen Damen, Herr von Übel und Herr von Strübel, die ihre Morgenpromenade zum Zweck einer Besichtigung des kuriosen Untiers unterbrachen.

Es war ein heiteres Treiben, man konversierte, wisperte, lachte, spottete und tauschte Meinungen aus. Man war freigebig und brachte dem Jüngling allerlei Geschenke, die er ansah wie ein Hund, der noch nicht apportieren gelernt hat, den fortgeworfenen Spazierstock seines Herrn ansieht. Man legte Eßwaren vor ihn hin, um seinen Appetit zu reizen. So schleppte zum Beispiel die Kanzleirätin Zahnlos einmal eine ganze Schinkenkeule herauf, die allerdings am andern Tag verschwunden war – wohin, das wußte niemand; doch zog man bedeutsame Schlüsse daraus.

Vor allem hieß es: Zeigt uns das Wunder, das angepriesene Wunder! – Aber da der schweigsame, sanftherzige Knabe nichts von alledem tat, was sie in ihrer lüsternen Erwartung sich eingebildet, so begannen sie entweder zu schimpfen, als ob sie Eintrittsgeld bezahlt hätten und darum betrogen worden wären, oder sie stellten die erstaunlichsten Torheiten an. Indem sie ihn fortwährend mit Fragen quälten, woher er komme, wie er heiße, wie alt er sei und ähnliches, kamen sie sich sowohl witzig wie überlegen vor. Sein flehentliches Kopfschütteln, sein ungereimtes Nein oder Ja, das wie aus Kindermund froh, bereitwillig und furchtsam zugleich klang, sein Gestotter, sein gläubiges Lauschen, alles das erregte ihr Behagen. Einige brachten ihr Gesicht ganz nah an seines und waren höchst vergnügt, wenn er vor ihren Starrblicken sichtlich bis ins Innerste erschrak. Sie befühlten seine Haare, seine Hände, seine Füße, zwangen ihn, durchs Zimmer zu spazieren, zeigten ihm Bilder, die er erklären sollte, und taten zärtlich mit ihm, während sie einander listig zuzwinkerten.

Aber die Harmlosigkeit solcher Versuche ward den unternehmenderen Geistern bald überdrüssig. Man wollte sich doch überzeugen, ob es seine Richtigkeit damit hatte, daß der Gefangene jede Nahrung außer Brot und Wasser verschmähe. Man hielt ihm Fleisch und Wurst, Honig oder Butter, Milch oder Wein vor die Nase und amüsierte sich köstlich, wenn der Knabe vor Ekel förmlich außer sich geriet. – »Ei, der Komödiant«, kreischten sie dann, »tut, als ob er unsre Leckerbissen verachte! Hat sich wahrscheinlich mal in eines großen Herrn Küche überfressen!«

Einen Hauptspaß gab's, als einmal zwei junge Meister der Goldschlägerinnung Schnaps herbeibrachten und sich verabredeten, dem Hauser das Getränk mit Gewalt aufzunötigen. Der eine hielt ihn, der andre wollte ihm das volle Glas zwischen die Lippen schütten. Doch konnten sie ihren Plan nicht ausführen, weil ihr Opfer durch den bloßen Geruch, der aus dem Gefäß strömte, das Bewußtsein verloren hatte. Sie waren einigermaßen verdutzt und wußten mit dem Ohnmächtigen nichts anzufangen; zum Glück sahen sie ihn atmen und hatten weiter keine Furcht. »Glaubt ihm doch seine Kniffe nicht«, meinte ein stutzerhaft gekleidetes Bürschlein, das bisher gelangweilt dabeigestanden, »ich will ihn schon wieder munter kriegen!« Sprach's, zog lächelnd die goldne Schnupftabaksdose und steckte eine volle Prise unter die Nase des vermeintlichen Simulanten, dessen Gesicht sogleich von heftigen Zuckungen bewegt wurde, worüber alle drei in Gelächter ausbrachen. Als dann der Wärter kam und sie derb zur Rede stellte, zogen sie schimpfend ab und räumten den Plan einem gravitätischen älteren Herrn, der den langsam zum Leben zurückkehrenden Caspar von vorn und hinten beschnüffelte, den Finger an die Stirn legte, sich räusperte, den Kopf schüttelte, erst französisch, dann spanisch, dann englisch auf den Jüngling einredete, mit dem Wärter tuschelte, kurz, von Wichtigkeit förmlich barst.

Caspar jedoch sah ihn immer nur an und sagte in jämmerlichem Ton: »Heimweisen.«

»Warum spielst du nicht mit dem Rößlein?« fragte, als die wichtige Person gegangen war, der Wärter. Man verständigte sich mit Caspar noch immer mehr durch Gesten als durch Worte, und er selbst las, was Worte ihm nicht mitteilen konnten, von den Augen und den Händen der Menschen ab.

Er blickte auch Hill lange an und sagte: »Heimweisen.«

»Heimweisen?« antwortete der Wärter, halb verdrießlich, halb mitleidig. »Wohin denn heim? Wo bist du denn daheim, du Unglückswurm? In dem unterirdischen Loch vielleicht? Nennst du das Daheim?«

»Der Du soll kommen«, sagte Caspar klar, langsam und hell.

»Der wird sich hüten«, versetzte Hill, bärbeißig lachend.

»Der Du kommt, bald kommt«, beharrte Caspar, und er schaute mit einem Ausdruck feierlicher Inbrunst gegen den abendlichen Himmel, als sei er überzeugt, daß der Du durch die Lüfte schreiten könne. Dann erhob er sich in seiner mühevollen Weise, nahm sein Spielpferdchen und versuchte es zu tragen, denn dies allein wollte er von den Gegenständen, die er geschenkt erhalten, mitnehmen, wenn der Du käme, sonst nichts.

Hill begriff sein Vorhaben. »Nein, Caspar«, sagte er, »jetzt mußt du schon in dieser Welt bleiben. Daß sie dir nicht gefallen mag, versteh' ich wohl. Mir gefällt sie auch nicht, aber dableiben mußt du.«

Wenngleich er den Worten nicht ganz folgen konnte, erfaßte Caspar doch den unabänderlichen Beschluß, den sie enthielten. Er begann an allen Gliedern zu beben, laut weinend warf er sich zu Boden, aber auch später, als es dem bestürzten Hill gelungen war, ihn zu trösten, schien es, wie wenn er vor Kummer sein Herz verhauche. Die Traurigkeit seines Gemüts überflutete das kindhafte Gesicht wie ein dunkler Schleier, und am Morgen waren seine Lider durch die während des Schlummers vergossenen Tränen verklebt.

Er wollte zum erstenmal nicht mehr mit dem Pferdchen spielen, sondern kauerte stundenlang ohne Regung auf einem Fleck. Bei jedem Krachen der Treppe schüttelte es ihn, und er schauderte, wenn sich wieder und wieder ein neues

Gesicht über der Schwelle zeigte. Zitternd sah er die Menschen an, der Geruch ihres Atems war ihm eine Pein und unerträglich, wenn sie ihn berührten. Am meisten Furcht hatte er vor ihren Händen. Zuerst sah er immer die Hände an, merkte sich ihre verschiedene Gestalt und Farbe, und ehe er sie an seiner Haut spürte, erschrak er schon, denn sie erschienen ihm wie selbständige Geschöpfe, kriechende, klebrige, gefährliche Tiere, deren Tun von einem Augenblick zum andern gar nicht abzuschätzen war.

Nur Daumers Hand, die einzige, deren Berührung angenehm war, war verschwunden. Warum? dachte Caspar, warum war dies alles? Warum das seltsame Getöse von früh bis spät? Woher kamen die fremden Gestalten, warum so viele, und warum war ihr Mund und ihr Auge böse?

Das frische Wasser schmeckte ihm nicht mehr, auch hungerte ihn nicht mehr nach dem gewürzten Brot. In seiner Erschöpfung dünkte ihm mitten am Tage, es sei Nacht geworden, und das Heißgleißende, -funkelnde, von dem man ihm gesagt, daß es der Schein der Sonne sei, wurde vor seinen müden Augen zu purpurnem Dunst. Es beängstigte ihn das Geräusch des Windes, denn er verwechselte es mit den Stimmen der Menschen. Er sehnte sich in die Einsamkeit seines Kerkers zurück; heimweisen war sein einziger Gedanke.

Es war ein Sonntag. Spätnachmittags waren Daumer und Herr von Tucher aus Ansbach wieder angelangt, und in ihrer Begleitung befand sich der Staatsrat von Feuerbach, der sich entschlossen hatte, den Findling selbst zu besuchen und womöglich Klarheit in das unfruchtbare Hin und Her von Akten und Erlässen zu bringen. Nachdem er im Gasthof zum Lamm Quartier gemietet hatte, ließ sich der Präsident von den beiden Herren sogleich zur Burg und auf den Turm führen. Es hatte schon neun Uhr geschlagen, als sie dort ankamen. Groß war ihre Überraschung, als sie das Zimmer Caspars leer fanden; die Frau des Wärters erklärte verlegen, ihr Mann sei mit Caspar ins Wirtshaus zum Krokodil gegangen. Der Rittmeister von Wessenig habe nämlich einigen seiner von auswärts zugereisten Freunde den Findling zu zeigen gewünscht, habe heraufgeschickt und befohlen, daß man Caspar bringe.

Daumer war erbleicht und schaute, Schlimmes ahnend, finster zu Boden; Herr von Tucher vermochte seinen Unwillen kaum zu bemeistern, und über die bartlosen Lippen des Präsidenten huschte ein halb mokantes, halb verächtliches Lächeln; seine gebietende Haltung erinnerte an einen durch Pflichtversäumnisse vielfach beleidigten Fürsten, als er sich mit der schroffen Aufforderung zu seinen Begleitern wandte: »Führen Sie mich zu diesem Wirtshaus!«

Die Dunkelheit war eingebrochen, über dem Dach des Rathauses stand fahl leuchtend der Mond. Schweigend schritten die drei Männer den Berg hinab, und kaum waren sie, das winklige Gassengewirr verlassend, auf den Weinmarkt getreten, als Daumer stehenblieb und mit erregter Stimme flüsterte: »Da ist er!«

In der Tat sahen sie Caspar, der gleich einem zu Tod Erkrankten am Arme Hills aus dem Tor des Krokodilwirtshauses wankte. Der Präsident und Herr von Tucher blieben ebenfalls stehen, und sie bemerkten jetzt, daß der Jüngling plötzlich innehielt, zurückschauderte und, ein maßloses Staunen in den vor Angst weit aufgerissenen Augen, zu Boden starrte. Die drei Männer näherten sich eilig, um zu erfahren, was es sei. Sie sahen nichts weiter als die Mondschatten des Jünglings und seines Begleiters auf dem Pflaster.

Caspar wagte nicht mehr, sich zu regen, weil er jede Bewegung seines Körpers nachgeahmt sah von dem unbegreiflichen Ding. Seine Lippen waren wie zum Schrei geöffnet, seine Wangen schneeweiß, und die Knie schlotterten ihm. War es doch, als ob alles Grauenhafte und Geheimnisvolle einer Welt, in die ein Ungefähr ihn geschleudert, sich zu dem seltsam zuckenden Gebild am Boden verdichtet habe.

Daumer, Herr von Tucher und der Wärter bemühten sich um ihn, der Präsident stand wortlos daneben. Als er emporblickte, bemerkte Daumer, der ihn heimlich und gespannt beobachtete, in seinem strengen Gesicht eine unverstellte Erschütterung.

Es fehlte nicht viel, so wäre Hill, den der Zorn des Präsidenten am ersten traf, noch am selben Abend aus seinem Amt gejagt worden; nur die mutige Fürsprache des Herrn von Tucher rettete ihn und lenkte das Gewitter auf schuldigere Personen ab; denn die Vernachlässigung, die der Gefangene erlitten, war allzu offenbar. Seiner ungestümen Art gemäß suchte der Präsident sogleich den Bürgermeister Binder auf, dem er die heftigsten Vorwürfe machte. Herr Binder konnte nicht umhin, dem Präsidenten kleinmütig beizupflichten; die Entschiedenheit, mit der er den Gegenstand behandelt sah, übte tiefen Eindruck auf ihn, und er mußte einen kaum wiedergutzumachenden Fehler vor sich selber eingestehen. Von seiner Seite war nur Lauheit im Spiel gewesen, die Scherereien mit der Regierung hatten ihn verdrossen, jetzt auf einmal, da der mächtige Mann seine Stimme für den Findling erhob, wurde er sich seiner Bereitwilligkeit bewußt, alles Fördernswerte für Caspar Hauser zu tun, und er erklärte sich ohne weiteres einverstanden, als Herr von Feuerbach verlangte, der Knabe müsse seiner bisherigen Lage entrissen werden. »Er soll in eine geordnete Pflege kommen«, sagte der Präsident. »Professor Daumer hat sich freiwillig erboten, ihn zu sich ins Haus zu nehmen, und ich wünsche nicht, daß dieser Schritt im geringsten verzögert werde.«

Binder verbeugte sich. »Ich werde morgen mit dem frühesten die nötigen Anstalten treffen«, antwortete er.

»Nicht, bevor ich selbst mit dem Knaben gesprochen«, versetzte der Präsident hastig. »Ich werde um zehn Uhr auf dem Turm sein und bitte, daß man mich eine Stunde lang mit dem Gefangenen allein lasse.«

Auch Daumer war ziemlich erregt heimgekommen. Kaum daß er, nach tagelanger Abwesenheit, Mutter und Schwester ordentlich begrüßte. »Die Herrschaften müssen artig gewütet haben«, grollte er, indem er unaufhörlich durch das Zimmer wanderte. »Der Knabe ist ja ganz verstört. Das heiß' ich menschlich sein, das heiß' ich Einsicht haben! Barbaren sind sie, Schlächter sind sie! Und unter solchem Volk zu leben, bin ich gezwungen!«

»Warum sagst du es ihnen nicht selbst?« bemerkte Anna Daumer trocken. »Hinter deinen vier Wänden zu schimpfen fruchtet wenig.«

»Sag mal, Friedrich«, wandte sich nun die alte Dame an ihren Sohn, »bist du denn wirklich fest davon überzeugt, daß du dein Herz nicht wieder einmal an einen Götzen wegwirfst?«

»Aus deiner Frage erkennt man, daß du ihn noch immer nicht gesehen hast«, antwortete Daumer fast mitleidig.

»Das wohl, es war mir ein zu groß Gerenne.«

»Also. Wenn man von ihm spricht, kann man nicht übertreiben, weil die Sprache zu ärmlich ist, um sein Wesen auszudrücken. Es ist eine uralte Legende, dies Emportauchen eines märchenhaften Geschöpfs aus dem dunkeln Nirgendwo; die reine Stimme der Natur tönt uns plötzlich entgegen, ein Mythos wird zum Ereignis. Seine Seele gleicht einem kostbaren Edelstein, den noch keine habgierige Hand betastet hat; ich aber will danach greifen, mich rechtfertigt ein erhabener Zweck. Oder bin ich nicht würdig? Glaubt ihr, daß ich nicht würdig bin dazu?«

»Du schwärmst«, sagte Anna nach einem langen Stillschweigen fast unwillig.

Daumer zuckte lächelnd die Achseln. Dann trat er an den Tisch und sagte in einem Ton, dessen Sanftheit gleichwohl einen gefürchteten Widerstand im voraus zu bekämpfen schien: »Caspar wird morgen in unser Haus ziehn, ich habe Exzellenz Feuerbach darum angegangen, und er hat meiner Bitte willfahrt. Ich hoffe, daß du nichts dawider einzuwenden hast, Mutter, und daß du mir glaubst, wenn ich versichere, es ist eine Sache von großer Bedeutung für mich. Ich bin höchst wichtigen Entdeckungen auf der Spur.«

Mutter und Tochter sahen erschrocken einander an und schwiegen.

Am nächsten Morgen um zehn fanden sich Daumer, der Bürgermeister, der Stadtkommissär, der Gerichtsarzt und einige andre Personen im Burghof vor dem Gefängnisturm ein und warteten dritthalb Stunden auf den Präsidenten, der bei dem Findling oben war. Daumer, der Gespräche mit andern vermeiden wollte, stand fast ununterbrochen an der Umfassungsmauer und blickte auf das malerische Gassen- und Dächergewirr der Stadt hinunter.

Als der Präsident endlich unter den Wartenden erschien, drängten sich alle mit Eifer heran, um die Meinung des berühmten und gefürchteten Mannes zu hören. Doch das Gesicht Feuerbachs zeigte einen so düsteren Ernst, daß niemand ihn mit einer Anrede zu belästigen wagte; sein machtvolles Auge blickte brennend nach innen, die Lippen waren gleichsam aufeinandergeballt, auf der Stirn lag eine von Nachdenken zitternde senkrechte Falte. Das Schweigen wurde vom Bürgermeister mit der Frage unterbrochen, ob Exzellenz nicht geruhen wolle, das Mittagessen in seinem Haus zu nehmen. Feuerbach dankte, dringende Geschäfte nötigten ihn zu sofortiger Rückkehr nach Ansbach, entgegnete er. Darauf wandte er sich an Daumer, reichte ihm die Hand und sagte: »Sorgen Sie sogleich für die Übersiedlung des Hauser; der arme Mensch braucht dringend Ruhe und Pflege. Sie werden bald von mir hören. Gott befohlen, meine Herren!«

Damit entfernte er sich in raschen, kleinen, stampfenden Schritten, eilte den Hügel hinab und verschwand alsbald gegen die Sebalderkirche. Die Zurückbleibenden machten etwas enttäuschte Mienen. Da sie alle überzeugt waren, daß der Scharfsinn dieses Mannes ohne Grenzen sei und daß kein anderes als sein Auge das Dunkel durchdringen könne, welches über Untat und Verbrechen brütete, waren sie verstimmt über eine Schweigsamkeit, die ihnen beabsichtigt und planvoll erschien.

Am Abend befand sich Caspar in der Wohnung Daumers.

Der Spiegel spricht

Das Daumersche Haus lag neben dem sogenannten Annengärtlein auf der Insel Schütt; es war ein altes Gebäude mit vielen Winkeln und halbfinstern Kammern, doch erhielt Caspar ein ziemlich geräumiges und wohleingerichtetes Zimmer gegen den Fluß hinaus.

Er mußte sogleich zu Bett gebracht werden. Es zeigten sich jetzt mit einem Schlag die Folgen der jüngst durchlebten Zeit. Er war wieder ohne Sprache, ja bisweilen ohne Gefühl des Lebens. Auf den ungewohnten Kissen warf er sich fiebernd herum. Wie jammervoll, ihn bei jedem Knakken der Dielen erschaudern zu sehen; auch das Geräusch des Regens an den Fenstern versetzte ihn in aufgewühlte Bangnis. Er hörte die Schritte, die auf dem weiten Platz vor dem Haus verhallten, er vernahm mit Unruhe die metallenen Schläge aus einer fernen Schmiede, jeder Stimmenlärm brachte auf seiner eingeschrumpften Haut ein Zeichen des Schmerzes hervor, und von Moment zu Moment vertauschten seine Züge den Ausdruck der Erschöpfung mit dem gepeinigter Wachsamkeit.

Drei Tage lang wich Daumer kaum von seinem Bett. Diese Opferkraft und Hingebung erregte die Bewunderung der Seinen. »Er muß mir leben«, sagte er. Und Caspar fing an zu leben. Vom dritten Tag an besserte sich sein Zustand stetig und schnell. Als er am Morgen erwachte, lag ein besinnendes Lächeln auf seinen Lippen. Daumer triumphierte.

»Du tust ja, als ob du selbst dem Kerker entronnen wärst«, meinte seine Schwester, die nicht umhin konnte, an seiner Freude teilzunehmen.

»Ja, und ich habe eine Welt zum Geschenk erhalten«, antwortete er lebhaft. »Sieh ihn nur an! Es ist ein Menschenfrühling.«

Am andern Tag durfte Caspar das Bett verlassen. Daumer führte ihn in den Garten. Damit das grelle Tageslicht seinen Augen nicht schade, band er ihm einen grünen Papierschirm um die Stirn. Späterhin wurden die Dämmerungszeit oder die Stunden bewölkten Himmels für diese Ausgänge vorgezogen.

Es waren ja Reisen, und nichts geschah, was nicht zum Ereignis wurde. Welche Mühe, ihn sehen, ihn das Gesehene nennen zu lehren. Er mußte erst zu den Dingen Vertrauen gewinnen, und ehe nicht ihre Wirklichkeit ihm selbstverständlich ward, machte ihn ihre unvermutete Nähe bestürzt. Als er endlich die Höhe des Himmels und auf der Erde die Entfernung von Weg zu Weg begriff, wurde sein Gang ein wenig leichter und sein Schritt mutiger. Alles lag am Mut, alles lag daran, den Mut zu kräftigen. »Das ist die Luft, Caspar, du kannst sie nicht greifen, aber sie ist da; wenn sie sich bewegt, wird sie zum Wind, du brauchst den Wind nicht zu fürchten. Was hinter der Nacht liegt, ist gestern, was über der nächsten Nacht liegt, ist morgen. Von gestern bis morgen vergeht Zeit, vergehen Stunden, Stunden sind geteilte Zeit. Dies ist ein Baum, dies ist ein Strauch, hier Gras, hier Steine, dort Sand, da sind Blätter, da Blüten, da Früchte . . .«

Aus dem dumpfen Hören heraus erwuchs das Wort. Die Form wurde einleuchtend durch das unvergeßliche Wort. Caspar schmeckt das Wort auf der Zunge, er spürt es bitter oder süß, es sättigt ihn oder läßt ihn unzufrieden. Auch hatten viele Worte Gesichter, oder sie tönten wie Glockenschläge aus der Dunkelheit, oder sie standen wie Flammen in einem Nebel.

Es war ein langer Weg vom Ding bis zum Wort. Das Wort lief davon, man mußte nachlaufen, und hatte man es endlich erwischt, so war es eigentlich gar nichts und machte einen traurig. Gleichwohl führte derselbe Weg auch zu den Menschen. Ja, es war, als ob die Menschen hinter einem Gitter von Worten stünden, das ihre Züge fremd und schrecklich machte. Wenn man aber das Gitter zerriß oder dahinter kam, waren sie schön.

Hatte es am Morgen neu geklungen, zu sagen: die Blume – am Mittag war es schon vertraut, am Abend war es schon alt. »Dies Herz, dies Hirn, zur Fruchtbarkeit aufbewahrt durch lange Zeiten, treibt wie vertrockneter und endlich befeuchteter Humus Sprößlinge, Blüten und Früchte in einer Nacht«, notierte der fleißige Daumer. »Was dem matten Blick der Gewohnheit unwahrnehmbar geworden, erscheint diesem Auge frisch wie aus Gottes Hand. Und wo die Welt verschlossen ist und ihre Geheimnisse beginnen, da steht er noch seltsam drängend und fragt sein zuversichtliches Warum. Nach jedem Schall und jedem Schein tappt dies zweifelnde, erstaunte, hungrige, ehrfurchtslose Warum.«

Es ist nicht zu leugnen, Daumer wurde oft erschreckt durch das Gefühl eignen Ungenügens. Heißt das noch lehren, grübelte er, heißt das noch Gärtner sein, wenn das wilde Wachstum sich dem Pfleger entwindet, das maßlos wuchernde Getriebe keine Grenze achtet? Wie soll das enden? Zweifellos bin ich hier einem ungewöhnlichen Phänomen auf der Spur, und meine teuern Zeitgenossen werden sich herbeilassen müssen, ein wenig an Wunder zu glauben.

Noch immer war es die liebste Vorstellung Caspars, einst heimkehren zu dürfen. »Erst lernen, dann heim«, sagte er mit dem Ausdruck unbesiegbarer Entschiedenheit. »Aber du bist ja zu Hause, hier bei uns bist du zu Hause«, wandte Daumer ein. Aber Caspar schüttelte den Kopf.

Bisweilen stand er am Zaun und sah in den Nachbargarten hinüber, wo Kinder spielten, deren Wesen er mit komischem Befremden studierte. »So kleine Menschen«, sagte er zu Daumer, der ihn einmal dabei überraschte, »so kleine Menschen!« Seine Stimme klang traurig und höchst verwundert.

Daumer unterdrückte ein Lächeln, und während sie zusammen ins Haus gingen, suchte er ihm klarzumachen, daß jeder Mensch einmal so klein gewesen, auch Caspar selbst. Caspar wollte das durchaus nicht zugeben. »O nein, o nein«, rief er aus, »Caspar nicht, Caspar immer so gewesen wie jetzt, Caspar nie so kurze Arme und Beine gehabt, o nein!«

Dennoch sei dem so, versicherte Daumer; nicht allein, daß er klein gewesen, sondern er wachse ja noch täglich, verändere sich täglich, sei heute ein ganz anderer als der Hauser auf dem Turm, und nach vielen Jahren werde er alt werden, seine Haare würden weiß sein, die Haut voller Runzeln.

Da wurde Caspar blaß vor Furcht, er fing an zu schluchzen und stotterte, das sei nicht möglich, er wolle es nicht, Daumer möge machen, daß es nicht geschehe.

Daumer flüsterte seiner Schwester etwas zu, diese ging in den Garten und brachte nach kurzer Weile eine Rosenknospe, eine aufgeblühte und eine verwelkte Rose mit herauf. Caspar streckte die Hand nach der vollblühenden aus, wandte sich aber gleich mit Ekel ab, denn sosehr er die rote Farbe vor allen andern liebte, der heftige Geruch der Blume war ihm unangenehm. Als ihm Daumer den Unterschied der Lebensalter an Knospe und Blüte erklären wollte, sagte Caspar: »Das hast du doch selbst gemacht, es ist ja tot, es hat keine Augen und keine Beine.«

»Ich hab' es nicht gemacht«, entgegnete Daumer, »es ist lebendig, es ist gewachsen, alles Lebendige ist gewachsen.«

»Alles Lebendige gewachsen«, wiederholte Caspar fast atemlos, indem er nach jedem Wort pausierte. Hier drohte Verwirrung. Auch die Bäume im Garten seien lebendig, sagte man ihm, und er getraute sich nicht, den Bäumen zu nahen, das Rauschen ihrer Kronen machte ihn bestürzt. Er fuhr fort zu zweifeln und fragte, wer die vielen Blätter ausgeschnitten habe und warum? Warum so viele? Auch sie seien gewachsen, wurde geantwortet.

Aber mitten auf dem Rasen stand eine alte Sandsteinstatue, die sollte tot sein, obwohl sie aussah wie ein Mensch. Caspar konnte stundenlang die Blicke nicht davon wenden, Verwunderung machte ihn stumm. »Warum hat es denn ein Gesicht?« fragte er endlich. »Warum ist es so weiß und so schmutzig? Warum steht es immer und wird nicht müde?«

Als seine Furcht besiegt war, ging er heran und wagte die Figur zu betasten, denn ohne zu tasten glaubte er nicht dem, was er sah. Er hatte den heftigen Wunsch, das Ding auseinandernehmen zu dürfen, um zu wissen, was innen war. – Wieviel war überall innen, wieviel steckte überall dahinter!

Es fiel ein Apfel vom Zweig und rollte ein Stück des abschüssigen Weges entlang. Daumer hob ihn auf, und Caspar fragte, ob der Apfel müde sei, weil er so schnell gelaufen. Mit Grauen wandte er sich ab, als Daumer ein Messer nahm und die Frucht entzwei schnitt. Da ward ein Wurm sichtbar und krümmte seinen dünnen Leib gegen das Licht.

»Er war bis jetzt im Finstern gefangen wie du im Kerker«, sagte Daumer.

Das Wort machte Caspar nachdenklich, es machte ihn nachdenklich und mißtrauisch. – Wie vieles war da im Kerker, wovon er nicht wußte! Alles Innen war ein Kerker. – Und in wunderlicher Verworrenheit knüpfte sich an diesen Gedanken die Erinnerung an den Schlag, den er damals erhalten, nachdem ihn der Du gelehrt, wie man das Pferdchen frei bewegen könne. In allen fremden Dingen lauerte der Schlag, in allen unbekannten wohnte Gefahr. Eine gewisse strahlende Heiterkeit, die allmählich Caspars Wesen entströmte und die das Entzücken seiner Umgebung bildete, war daher stets an jene erwartungsvolle, ahnungsvolle Bangigkeit gebunden.

Nach regnerischen Stunden mit Daumer aus dem Tor tretend, gewahrte Caspar einen Regenbogen am Himmel. Er war starr vor Freude. Wer das gemacht habe, stammelte er endlich. Die Sonne. Wie, die Sonne? Die Sonne sei doch kein Mensch. Die natürlichen Erklärungen ließen Daumer im Stich, er mußte sich auf Gott berufen. »Gott ist der Schöpfer der belebten und unbelebten Natur«, sagte er.

Caspar schwieg. Der Name Gottes klang ihm seltsam düster. Das Bild, das er dazu suchte, glich dem Du, sah aus wie der Du, als die Decke des Gefängnisses auf seinen Schultern ruhte, war unheimlich verborgen wie der Du, als er den Schlag geführt, weil Caspar zu laut gesprochen.

Wie geheimnisvoll war alles, was zwischen Morgen und Abend geschah! Das Regen und Raunen der Welt, das Fließen des Wassers im Fluß, das Ziehen luftig-dunkler Gegenstände hoch in der Luft, die man Wolken nannte, das Vorübergehen und Nichtwiederkommen undeutbarer Ereignisse, und vor allem das Flüchten der Menschen, ihre schmerzlichen Gebärden, ihr lautes Reden, ihr sonderbares Gelächter. Wieviel war da zu erfahren und zu lernen!

Es schnürte Daumer das Herz zusammen, wenn er den Jüngling in tiefem Nachdenken sah. Caspar schien dann wie erfroren, er hockte zusammengekauert da, seine Hände waren geballt, und er hörte und spürte nicht mehr, was um ihn vorging. Ja, es war zu solchen Zeiten eine vollständige Dunkelheit um Caspar, und nur, wenn er lange genug versunken war, hüpfte aus der Tiefe etwas wie ein Feuerfunken, und in der Brust begann eine undeutlich murmelnde Stimme zu sprechen. Wenn der Funken wieder verlosch, tat sich die äußere Welt wieder kund, aber eine schwermütige Unzufriedenheit hatte sich Caspars bemächtigt.

»Wir müssen einmal mit ihm hinaus aufs Land«, sagte Anna Daumer eines Tages, als der Bruder mit ihr darüber gesprochen. »Er braucht Zerstreuung.«

»Er braucht Zerstreuung«, gab Daumer lächelnd zu, »er ist zu gesammelt, das ganze Weltall lastet noch auf seinem Gemüt.«

»Da es sein erster Spaziergang sein wird, wäre es gut, die Sache möglichst still zu unternehmen, sonst sind wieder alle Neugierigen bei der Hand«, meinte die alte Frau Daumer. »Sie schwatzen ohnehin genug über ihn und über uns.«

Daumer nickte. Er wünschte nur, daß Herr von Tucher mit von der Partie sei.

Am ersten Feiertag im September fand der Ausflug statt. Es war schon fünf Uhr nachmittags, als sie vom Haus aufbrachen, und da sie auf Caspars langsame Gangart Rücksicht nehmen mußten, gelangten sie erst spät ins Freie. Die begegnenden Leute blieben stehen, um der Gesellschaft nachzuschauen, und oft hörte man die staunenden oder spöttischen Worte: »Das ist ja der Caspar Hauser! Ei, der Findling! Wie fein er's treibt, wie nobel!« Denn Caspar trug ein neues blaues Fräcklein, ein modisches Gilet, seine Beine staken in weißseidenen Strümpfen, und die Schuhe hatten silberne Schnallen.

Er ging zwischen den beiden Frauen und hatte sorgsam acht auf den Weg, der nicht mehr wie ehedem vor seinen Blicken auf- und abwärts schwankte. Die Männer schritten in gemessener Entfernung hinterdrein. Plötzlich erhob Daumer den rechten Arm nach vorn, und gleich darauf blieb Caspar stehen und sah sich fragend um.

Erfreut und in liebevollem Ton rief ihm Daumer zu, weiterzugehen. Nach ein paar Hundert Schritten hob er wieder den Arm, und abermals blieb Caspar stehen und blickte sich um.

»Was ist das? Was bedeutet das?« fragte Herr von Tucher erstaunt.

»Darüber gibt es keine Erklärung«, antwortete Daumer voll stillen Triumphes. »Wenn Sie wollen, kann ich Ihnen noch viel Merkwürdigeres zeigen.«

»Hexerei wird doch wohl kaum im Spiele sein«, meinte Herr von Tucher ein bißchen ironisch.

»Hexerei? Nein. Aber wie sagt Hamlet: Es gibt mehr Dinge zwischen Himmel und Erde ...«

»Also sind Sie schon an den Grenzen der Schulweisheit angelangt?« unterbrach Herr von Tucher noch immer mit Ironie. »Ich für mein Teil schlage mich zu den Skeptikern. Wir werden ja sehen.«

»Wir werden sehen«, wiederholte Daumer fröhlich.

Nach oftmaligem kurzem Rasten ward am Rand einer Wiese haltgemacht, und alle ließen sich im Gras nieder. Caspar schlief sogleich ein. Anna breitete ein Tuch über sein Gesicht und packte sodann einige mitgebrachte Eßwaren aus einem Körbchen. Schweigend begannen alle vier zu essen. Ein natürliches Schweigen war es nicht: der lieblich vergehende Tag, das sommerliche Blühen forderten eher zu heiteren Gesprächen auf, aber um den Schläfer lag ein eigener Bann, jeder spürte die Gegenwart des Jünglings jetzt stärker als vorher, und es hatte bei einigen gleichgültigen Redensarten sein Bewenden, die leiser klangen als selbst die Atemzüge des Schlummernden. Weit und breit war kein Mensch zu sehen, da man absichtlich einen selten begangenen Weg gewählt hatte.

Die Sonne war am Sinken, als Caspar erwachte und, sich aufrichtend, die Freunde der Reihe nach dankbar und etwas beschämt anblickte. »Sieh nur hinüber, Caspar, sieh den roten Feuerball«, sagte Daumer. »Hast du die Sonne schon einmal so groß gesehen?«

Caspar schaute hin. Es war ein schöner Anblick: die purpurne Scheibe rollte herab, als zerschnitte sie die Erde am Rand des Himmels; ein Meer von Scharlachglut strömte ihr nach, die Lüfte waren entzündet, blutiges Geäder bezeichnete einen Wald, und rosige Schatten bauschten langsam über die Ebene. Nur noch wenige Minuten, und schon zuckte die Dämmerung durch das sanfte Karmin des Nebels, in das die Ferne getaucht war, einen Augenblick lang lebte das Gelände, und grünkristallene Strahlenbündel schossen über den Westen, der versunkenen Sonne nach.

Ein geisterhaftes Lächeln glitt über die Züge der beiden Männer und der zwei Frauen, als sie Caspar mit einer Gebärde stummer Angst hinübergreifen sahen gegen den Horizont. Daumer näherte sich ihm und ergriff seine Hand, die eiskalt geworden war. Caspars Gesicht wandte sich erzitternd ihm zu, voller Fragen, voller Furcht, und endlich bewegten sich die Lippen, und er murmelte schüchtern: »Wo geht sie hin, die Sonne? Geht sie ganz fort?«

Daumer vermochte nicht gleich zu antworten. So mag Adam vor seiner ersten Nacht im Paradies gezittert haben, dachte er, und es geschah nicht ohne Schauder, nicht ohne seltsame Ungewißheit, daß er den Jüngling tröstete, ihn der Wiederkunft der Sonne versicherte.

»Ist dort Gott?« fragte Caspar hauchend. »Ist die Sonne Gott?« Daumer deutete mit dem Arm weit ringsum und erwiderte: »Alles ist Gott.«

Indessen mochte ein solches Diktum pantheistischer Philosophie für die Auffassungsgabe des Jünglings ein wenig zu verwickelt sein. Er schüttelte ungläubig den Kopf, dann sagte er mit dem Ausdruck dumpf-abgöttischer Verehrung: »Caspar liebt die Sonne.«

Auf dem Heimweg war er ganz stumm; auch die übrigen, selbst die immer wohlgelaunte Anna, waren in einer wunderlich gedrückten Stimmung, als wären sie nie zuvor durch einen spätsommerlichen Abend gewandert, oder als fühlten sie den Auftritt voraus, der ihnen das Beisammensein dieser Stunden unvergeßlich machen sollte.

Kurz vor dem Stadttor nämlich blieb Anna stehen und deutete mit einem Zuruf an alle in das herrlich gestirnte Firmament. Auch Caspar blickte hinauf. Er erstaunte maßlos. Kleine, jähe, wirre Laute eines leidenschaftlichen Entzückens kamen aus seinem Mund. »Sterne, Sterne«, stammelte er, das gehörte Wort von Annas Lippen raubend. Er preßte die Hände gegen die Brust, und ein unbeschreiblich seliges Lächeln verschönte seine Züge. Er konnte sich nicht satt sehen, immer wieder kehrte er zum Anschauen des Glanzes zurück, und aus seinen seufzerartig abgebrochenen Worten war vernehmbar, daß er die Sterngruppen und die ausgezeichnet hellen Sterne bemerkte. Er fragte mit einem Ton des Außersichseins, wer die vielen schönen Lichter da hinaufbringe, anzünde und wieder verlösche.

Daumer antwortete ihm, daß sie beständig leuchteten, jedoch nicht immer gesehen würden. Da fragte er, wer sie zuerst hinaufgesetzt, daß sie immerfort brennten.

Plötzlich fiel er in tiefe Grübelei. Er blieb eine Weile mit gesenktem Kopf stehen und sah und hörte nichts. Als er wieder zu sich kam, hatte sich seine Freude in Schwermut verwandelt, er ließ sich auf den Rasen nieder und brach in langes, nicht zu stillendes Weinen aus.

Es war weit über neun Uhr, als sie endlich nach Haus gelangten. Während Caspar mit den Frauen hinaufging, nahm Herr von Tucher am Gartentor von Daumer Abschied. »Was mag in ihm vorgegangen sein?« meinte er. Und da Daumer schwieg, fuhr er sinnend fort: »Vielleicht spürt er schon die Unwiederbringlichkeit der Jahre, vielleicht zeigt ihm die Vergangenheit schon ihre wahre Gestalt.«

»Ohne Zweifel war es ihm ein Schmerz, das beglänzte Gewölbe zu schauen«, antwortete Daumer, »nie zuvor hat er den Blick zum nächtlichen Himmel erheben können. Ihm zeigt die Natur kein freundliches Antlitz, und von ihrer sogenannten Güte hat er wenig erfahren.«

Eine Zeitlang schwiegen sie, dann sagte Daumer: »Ich habe für morgen nachmittag einige Freunde und Bekannte zu mir gebeten. Es handelt sich um eine Reihe von höchst interessanten Erfahrungen und Beobachtungen, die ich an Caspar gemacht habe. Ich würde mich freuen, wenn Sie dabeisein wollten.«

Herr von Tucher versprach zu kommen. Zu seiner Verwunderung ward er, als er am andern Tag etwas verspätet erschien, in eine vollständig verfinsterte Kammer geführt. Die Produktion hatte schon begonnen. Von irgendeinem Winkel her vernahm man Caspars eintönige Stimme lesend. »Es ist eine Seite aus der Bibel, die der Herr Stadtbibliothekar aufgeschlagen hat«, flüsterte Daumer Herrn von Tucher zu. Die Dunkelheit war so groß, daß die Zuhörer einander nicht gewahren konnten, trotzdem las Caspar unbeirrt, als ob seine Augen selbst eine Quelle des Lichtes seien.

Man war erstaunt. Man wurde es noch mehr, als Caspar in der gleichen Dunkelheit die Farben verschiedener Gegenstände unterscheiden konnte, die bald der eine, bald der andere von den Anwesenden, um jeden Verdacht einer Verabredung oder Vorbereitung auszuschließen, ihm auf eine Entfernung von fünf oder sechs Schritten vorhielt.

»Ich will jetzt die Weinprobe machen«, sagte Daumer und öffnete die Läden. Caspar preßte die Hände vor die Augen und brauchte lange Zeit, bis er das Licht ertragen konnte. Jemand brachte Wein im durchsichtigen Glas, und

Caspar roch es nicht nur sogleich, sondern es zeigten sich auch die Merkmale einer leichten Trunkenheit: seine Blicke flimmerten, sein Mund verzog sich schief. Konnte das mit rechten Dingen zugehen? War solche Empfindlichkeit denkbar oder möglich? Man wiederholte den Versuch zweimal, dreimal, und siehe, die Wirkung verstärkte sich. Beim viertenmal wurde draußen Wasser ins Glas gegossen, und nun sagte Caspar, er spüre nichts.

Doch viel wunderbarer war zu beobachten, wie er sich gegen Metalle verhielt. Ein Herr versteckte, während Caspar das Zimmer verlassen hatte, ein Stück Kupferblech. Caspar ward hereingelassen, und alle verfolgten mit Spannung, wie er zu dem Versteck förmlich hingezogen wurde; es sah aus, wie wenn ein Hund ein Stück Fleisch erschnuppert. Er fand es, man klatschte Beifall, man achtete nicht darauf, daß er blaß war und mit kühlem Schweiß bedeckt. Nur Herr von Tucher bemerkte es und mißbilligte das Treiben.

Es hatte natürlich nicht bei diesem einen Mal sein Bewenden. Die Sache redete sich schnell herum, und das Haus wurde zum Museum. Alles, was Namen und Ansehen in der Stadt hatte, lief herzu, und Caspar mußte immer bereit sein, immer tun, was man von ihm haben wollte. Wenn er müde war, durfte er schlafen, aber wenn er schlief, untersuchten sie die Festigkeit seines Schlafes, und Daumer schwamm in Glück, wenn der Herr Medizinalrat Rehbein behauptete, eine derartige Versteinerung des Schlummers habe er nie für möglich gehalten.

Selbst gewisse krankhafte Zustände seines Körpers gaben Daumer Anlaß zur Vorführung oder wenigstens zum Studium. Er suchte durch hypnotische Berührungen oder mesmeristische Streichungen Einfluß zu nehmen, denn er war ein glühender Verfechter jener damals nagelneuen Theorien, die mit der Seele des Menschen hantierten wie ein Alchimist mit dem Inhalt einer Retorte. Oder wenn auch dies nichts half, wandte er Heilmittel von einer besonderen Kategorie an, erprobte die Wirkungen von Arnika und

Akonitum und *Nux vomica.* Immer beflissen, immer erfüllt von einer Mission, immer mit dem Notizenzettel in der Hand, immer in rührender Obsorge.

Was für seriöse Spiele! Welch ein Eifer, zu beweisen, zu deuten, das Sonnenklare dunkel zu machen, das Einfache zu verwirren! Das Publikum gab sich redliche Mühe im Glauben, nach allen Windrichtungen wurden die anscheinenden Zaubereien ausposaunt, nicht zum Vorteil unseres Caspar, keineswegs zu seinem Heil, wie sich bald herausstellen sollte, aber leider gibt es überall verwerfliche Kreaturen, die noch zweifeln würden, und wenn man ihnen die Skepsis überm Essenfeuer ausräuchern würde. Vielleicht wollten sie jedesmal etwas Neues vorgesetzt bekommen, schraubten ihre Erwartungen zu hoch und fanden, daß der Wundermann nur in seinen eingelernten Paradestücken exzellierte, in denen er allerdings, so drückten sie sich aus, etwas von der Fertigkeit eines dressierten Äffchens an den Tag legte.

Mit einem Wort, das Programm wurde einförmig, höchstens Neulinge konnten ihm noch Geschmack abgewinnen. Die andern erblickten in Daumer etwas wie einen Zirkusdirektor oder einen Literaten, der seine Freunde mit der beständig wiederholten Vorlesung eines mittelmäßigen Poems langweilt, während über Caspar sich zu amüsieren, sie immerhin noch Gelegenheit fanden. Oder war es nicht amüsant, wenn er zum Beispiel einen hohen Offizier tadelte, daß sein Rockkragen bestäubt war; wenn er mit dem Finger das Haupt eines ehrwürdigen Kammerdirektors berührte und mitleidig-verwundert sagte: »Weiße Haare, weiße Haare?« Wenn er während der Anwesenheit einer vornehmen Standesperson nur darauf achtete, wie diese den Stock zwischen den Fingern baumeln ließ, und es auch so machen wollte. Wenn er seinen Ekel gegen den schwarzen Bart des Magistratsrats Behold äußerte oder sich weigerte, einer Dame die Hand zu küssen, indem er sagte, man müsse ja nicht hineinbeißen?

Durch solche kleine Zwischenfälle hielten sie sich für belohnt. Wenn man lachen konnte, war alles gut. Hingegen Daumer ärgerte sich darüber und suchte ihm die Pflichten der Höflichkeit begreiflich zu machen. »Du vergißt stets, die Ankömmlinge zu begrüßen«, sagte Daumer. In der Tat blickte Caspar, in ein Buch oder Spiel versenkt, erst empor, wenn man ihn anrief, bisweilen, wenn er ein bekanntes oder liebgewordenes Gesicht sah, mit einem berückend schelmischen Lächeln, und fing dann ohne Einleitung an zu fragen und zu plaudern. Mochten noch so wichtige Personen zugegen sein, er verließ nie seinen Platz, ohne alle Dinge, mit denen er beschäftigt gewesen, sorgfältig in Ordnung zu bringen und mit einem kleinen Besen den Tisch von Papierschnitzeln oder Brotkrumen zu reinigen. Man mußte warten, bis er fertig war.

Er war ohne Schüchternheit. Alle Menschen schienen ihm gut, fast alle hielt er für schön. Er fand es selbstverständlich, wenn sich irgendein Herr vor ihn hinstellte und ihm aus einem bereitgehaltenen Zettel endlos viele Namen oder endlos viele Zahlen vorlas. Sein Gedächtnis ließ ihn nicht im Stich, er konnte in der gleichen Reihenfolge Namen für Namen, Zahl für Zahl, und waren es hundert, wiederholen. Am Erstaunen der Leute merkte er wohl, daß er Staunenswertes geleistet, aber kein Schimmer von Eitelkeit zog über sein Gesicht, nur ein wenig traurig wurde es, wenn immer dasselbe kam, wenn sie nie zufrieden schienen, Er konnte es nicht verstehen, daß ihnen wunderbar war, was ihm so natürlich war. Aber was ihm wunderbar war, darum kümmerte sich keiner. Er vermochte es nicht zu sagen, es wurzelte im verborgensten Gefühl. Es war eine kaum gespürte Frage, am Morgen, beim Erwachen etwa, ein hastiges, stummes, verzweifeltes Suchen, wofür es keine Bezeichnung gab. Es lag weit zurück; es war mit ihm verknüpft, und er besaß es doch nicht. Es war etwas mit ihm vorgegangen, irgendwo, irgendwann, und er wußte es nicht. Er tastete an sich herum, er fand sich selber kaum. Er sagte »Caspar« zu sich selbst, aber das dort in der Ferne hörte nicht auf diesen Namen. So band sich die Erwartung an ein

Äußeres. Wenn die Uhr im andern Zimmer tönte, welch sonderbare Erwartung von Schlag zu Schlag! Als ob eine Mauer sich auflösen, zu Luft vergehen müßte. Die eben vergangene Nacht war voll ungreifbarer Vorgänge gewesen. Hatte es am Fenster gepocht? Nein. War jemand dagewesen, hatte gesprochen, gerufen, gedroht? Nein. Es war etwas geschehen, doch Caspar hatte nichts damit zu tun.

Unergründliche Sorge. Man mußte lernen, vielleicht wurde es dann klar. Lernen, wie alles bestand, lernen, was in der Nacht verborgen war, wenn man nicht lebte und dennoch spürte, das Unbekannte lernen, erhaschen, was so fern, wissen, was so dunkel war, die Menschen fragen lernen. Sein Eifer bei den Büchern wurde glühend. Er begann Ungeduld zu zeigen, wenn er von den fremden Besuchern sich immer wieder empfindlich gestört fand, denn jetzt kamen die Leute schon von auswärts, weil allenthalben im Land über Caspar Hauser geredet und geschrieben wurde. Auch Daumer konnte sich der Ansprüche, die an ihn gestellt wurden, kaum erwehren. Er war oft mißgelaunt und matt, und es gab Stunden, wo er bereute, Caspar der Welt preisgegeben zu haben.

Es gab Stunden, wo er, allein mit dem Jüngling, sich seiner besseren Würde erinnerte und diesem seltsam Leibeigenen, Seeleneigenen sich tiefer anschloß, als der anfängliche Zweck gewollt. Es gab eine Stunde, wo Daumer eines paradiesischen Bildes gewahr wurde: Caspar im Garten, auf der Bank sitzend, ein Buch in der Hand; Schwalben ziehen ihre Zickzackkreise um ihn, Tauben picken vor seinen Füßen, ein Schmetterling ruht auf seiner Schulter, die Hauskatze schnurrt an seinem Arm. In ihm ist die Menschheit frei von Sünde, sagte sich Daumer bei diesem Anblick, und was wäre sonst zu leisten, als einen solchen Zustand zu erhalten? Was wäre hier noch zu enträtseln, was zu verkünden?

Eines andern Tages erhob sich im Nachbargarten großer Lärm. Ein bissiger Hund hatte seine Kette zerrissen und raste, Schaum vor dem Maul, in wilden Sprüngen umher, überrannte ein Kind, schlug einem Knecht, der ihn verfolgte, die Zähne ins Fleisch und stürzte gegen den Zaun des Daumerschen Gartens. Eine Latte krachte unter dem Anprall, das Tier schlüpfte herüber und richtete die blutunterlaufenen Augen wild auf die kleine Gesellschaft, die unter der Linde saß: Daumer selbst, dessen Mutter, der Bürgermeister Binder und Caspar. Alle standen ängstlich auf, Binder erhob den Stock, das Tier machte einige Sätze, blieb aber auf einmal stehen, schnupperte, trabte auf Caspar zu, der bleich und stille saß, wedelte mit dem Schweif und leckte die herabhängende Hand des Jünglings. Mit einem lodernden, ungewissen Blick sah es ihn an, voll Ergebenheit fast, eine Zärtlichkeit erwartend, und es war, als erbitte es Verzeihung. Den gleichen ungewissen und ergebenen Ausdruck hatte auch Caspar im Auge. Ihn jammerte der Hund, er wußte nicht, warum.

Man erzählte sich, daß Daumer nach diesem Auftritt geweint habe.

Zwei Tage später, an einem regnerischen Oktoberabend, war es, daß sich Daumer mit seiner Mutter und Caspar im Wohnzimmer befand. Anna war zu einer Unterhaltung in die Reunion gegangen, die alte Dame saß strickend im Lehnstuhl am offenen Fenster, denn trotz der vorgerückten Jahreszeit war die Luft warm und voll des feuchten Geruchs verwelkender Pflanzen. Da wurde an die Tür geklopft, und der Glasermeister brachte einen großen Wandspiegel, den die Magd in der vergangenen Woche zerbrochen hatte. Frau Daumer hieß ihn den Spiegel gegen die Mauer lehnen, das tat der Mann und entfernte sich wieder.

Kaum war er draußen, so fragte Daumer verwundert, warum sie den Spiegel nicht gleich an seinen Platz habe hängen lassen, man hätte dann doch die Arbeit für morgen erspart. Die alte Dame erwiderte mit verlegenem Lächeln, am Abend dürfe man keinen Spiegel aufhängen, das bedeute Unheil. Daumer besaß nicht genug Humor für derlei halbernste Grillen, er machte der Mutter Vorwürfe wegen ihres Aberglaubens. Sie widersprach, und da geriet er in Zorn, das heißt, er sprach mit seiner sanftesten Stimme zwischen die geschlossenen Zähne hindurch.

Caspar, der es nicht sehen konnte, wenn Daumers Gesicht unfreundlich wurde, legte den Arm um dessen Schulter und suchte ihn mit kindlicher Schmeichelei zu begütigen. Daumer schlug die Augen nieder, schwieg eine Weile und sagte dann, völlig beschämt; »Geh hin zur Mutter, Caspar, und sag ihr, daß ich im Unrecht bin.«

Caspar nickte. Ohne recht zu überlegen, trat er vor die Frau hin und sagte: »Ich bin im Unrecht.«

Da lachte Daumer: »Nicht du, Caspar! Ich!« rief er und deutete auf seine Brust. »Wenn Caspar im Unrecht ist, darf er sagen: ich. Ich sage zu dir: du, aber du sagst doch zu dir: ich. Verstanden?«

Caspars Augen wurden groß und nachdenklich. Das Wörtchen Ich durchrann ihn plötzlich wie ein fremdartig schmeckender Trank. Es nahten sich ihm viele Hunderte von Gestalten, es nahte sich eine ganze Stadt voll Menschen, Männer, Frauen und Kinder, es nahten sich die Tiere auf dem Boden, die Vögel in der Luft, die Blumen, die Wolken, die Steine, ja die Sonne selbst, und alle miteinander sagten zu ihm: Du! Er aber antwortete mit zaghafter Stimme: Ich. –

Er faßte sich mit flachen Händen an die Brust und ließ die Hände heruntergleiten bis über die Hüften: sein Leib, eine Wand zwischen innen und außen, eine Mauer zwischen Ich und Du!

In demselben Augenblick tauchte aus dem Spiegel, dem gegenüber er stand, sein eigenes Bild empor. – Ei, dachte er ein wenig bestürzt, wer ist das?

Natürlich war er schon oft an Spiegeln vorbeigegangen, aber sein von den vielen Dingen der vielgesichtigen Welt geblendeter Blick war mit vorbeigegangen, ohne zu weilen, ohne zu denken, und er hatte sich daran gewöhnt wie an den Schatten auf der Erde. Ein Ungefähr, das ihn nicht hemmte, konnte nicht zum Erlebnis werden.

Jetzt war sein Auge reif für diese Vision. Er sah hin.

»Caspar«, lispelte er. Das Drinnen antwortete: »Ich.« Da waren Caspars Mund und Wangen und die braunen Haare, die über Stirn und Ohren gekräuselt waren. Näher tretend, schaute er in spielerisch-zweifelnder Neugier hinter den Spiegel gegen die Mauer. Dort war nichts. Dann stellte er sich wieder davor, und nun schien ihm, als ob hinter seinem Bild im Spiegel sich das Licht zerteile und als ob ein langer, langer Pfad nach rückwärts lief, und dort, in der weiten Ferne, stand noch ein Caspar, noch ein Ich, das hatte geschlossene Augen und sah aus, als wisse es etwas, was der Caspar hier im Zimmer nicht wußte.

Gewohnt, das Betragen des Jünglings zu beobachten, lauerte Daumer gespannt herüber. Da – ein seltsames Geräusch: es surrte etwas in der Luft und fiel neben dem Tisch zu Boden. Es war ein Stück Papier, das von draußen hereingeflogen war. Frau Daumer hob es auf. Es war wie ein Brief zusammengefaltet. Unschlüssig drehte sie es zwischen den Fingern und reichte es dem Sohn.

Der riß es auf und las folgende, mit großer Schrift geschriebene Worte: »Es wird gewarnt das Haus und wird gewarnt der Herr und wird gewarnt der Fremde.«

Frau Daumer hatte sich erhoben und las mit. Ein Frösteln lief über ihre Schultern. Daumer jedoch, indes er schweigend auf den Zettel starrte, hatte das Gefühl, als sei vor seinen Füßen ein Schwert, die Spitze nach oben, aus der Erde gewachsen.

Caspar hatte von dem Vorgang nicht das mindeste wahrgenommen. Er verließ den Platz vor dem Spiegel und ging wie geistesabwesend an den beiden vorüber zum Fenster. Dort stand er besinnend, beugte sich besinnend vor, immer weiter, völlig selbstvergessen, ganz vom Willen des Suchens erfüllt, bis die Brust auf dem Sims lag und seine Stirn in die Nacht hinaustauchte.

Caspar träumt

Am andern Morgen übergab Daumer das unheimliche Papier der Polizeibehörde. Es wurden Nachforschungen angestellt, die aber natürlich fruchtlos blieben. Der Vorfall wurde auch amtlich an das Appellationsgericht gemeldet, und nach einiger Zeit schrieb der Regierungsrat Hermann, der mit dem Baron Tucher befreundet war, an diesen einen Privatbrief, in welchem er unter anderm die Meinung vertrat, man solle nicht ablassen, den Hauser scharf zu bewachen und auszuforschen, denn es sei wohl möglich, daß er durch eine tief eingepflanzte Furcht gezwungen sei, manches ihm bekannte Verhältnis zu verschweigen.

Herr von Tucher suchte Daumer auf und las ihm diese Stelle vor. Daumer konnte ein spöttisches Lächeln nicht unterdrücken. »Ich bin mir wohl bewußt, daß ein Mysterium, von Menschenhand gewoben, hinter allem dem liegt, was mit Caspar zusammenhängt«, sagte er mit leisem Widerwillen, »ganz abgesehen davon, daß mir auch der Präsident Feuerbach unlängst darüber geschrieben hat, und zwar in höchst eigentümlichen Wendungen, die auf etwas Besonderes schließen lassen. Aber was heißt das: ihn ausforschen, ihn bewachen? Hat man darin nicht schon das Äußerste versucht? Ärztliche Vorsicht und menschliches Gefühl befehlen mir jetzt ohnehin die äußerste Behutsamkeit gegen ihn. Ich wage es ja kaum, ihn von der einfachen Kost zu entwöhnen und ihn so zu ernähren, wie es durch die veränderte Lebenslage bedingt ist.«

»Warum wagen Sie das nicht?« fragte Herr von Tucher ziemlich erstaunt. »Wir sind doch übereingekommen, ihn endlich zum Genuß von Fleisch oder wenigstens von andern gekochten Speisen zu bringen?«

Daumer zögerte mit der Antwort. »Milchreis und warme

Suppe verträgt er schon ganz gut«, sagte er dann, »aber zur Fleischkost will ich ihn nicht ermuntern.«

»Warum nicht?«

»Ich fürchte Kräfte zu zerstören, die vielleicht gerade an die Reinheit des Blutes gebunden sind.«

»Kräfte zerstören? Was für Kräfte vermöchten ihn und uns für die Gesundheit des Leibes und die Frische seines Gemüts zu entschädigen? Wäre es nicht vielmehr ratsam, ihn von der Richtung des Außerordentlichen abzulenken, die ihm früher oder später verhängnisvoll werden muß? Ist es gut, einen andern Maßstab an ihn zu legen, als es einer natürlichen Erziehung entspricht? Was wollen Sie überhaupt, was haben Sie mit ihm vor? Caspar ist ein Kind, das dürfen wir nicht vergessen.«

»Er ist ein Mirakel«, entgegnete Daumer hastig und ergriffen; dann, in einem halb belehrenden, halb bitteren Ton, der für einen Weltmann wie Tucher verletzend klingen mußte, fuhr er fort: »Leider leben wir in einer Zeit, in der man mit jedem Hinweis auf Unerforschliches den plumpen Alltagsverstand beleidigt. Sonst müßte jeder an diesem Menschen sehen und spüren, daß wir rings von geheimnisvollen Mächten der Natur umgeben sind, in denen unser ganzes Wesen ruht.«

Herr von Tucher schwieg eine Zeitlang. Sein Gesicht hatte den Ausdruck abwehrenden Stolzes, als er sagte: »Es ist besser, eine Wirklichkeit völlig zu ergreifen und ihr genugzutun, als mit fruchtlosem Enthusiasmus im Nebel des Übersinnlichen zu irren.«

»Rechtfertigt mich denn die Wirklichkeit noch nicht, auf die ich mich berufen kann?« versetzte Daumer, dessen Stimme leiser und schmeichelnder wurde, je mehr das Gespräch ihn erhitzte. »Muß ich Sie an Einzelheiten erinnern? Sind nicht Luft, Erde und Wasser für diesen Menschen noch von Dämonen bevölkert, mit denen er in lebendiger Beziehung steht?«

Baron Tuchers Gesicht wurde düster. »Ich sehe in allem dem nur die Folgen einer verderblichen Überreiztheit«, sagte er kurz und scharf. »Das sind die Quellen nicht, aus denen Leben geboren wird, in solchen Formen kann sich keine Brauchbarkeit bewähren!«

Daumer duckte den Kopf, und in seinen Augen lag Ungeduld und Verachtung, doch antwortete er im Ton nachgiebiger Freundlichkeit: »Wer weiß, Baron. Die Quellen des Lebens sind unergründlich. Meine Hoffnungen wagen sich weit hinauf, und ich erwarte Dinge von unserm Caspar, die Ihr Urteil sicherlich ändern werden. Aus diesem Stoff werden Genies gemacht.«

»Man tut einem Menschen stets Unrecht, wenn man Erwartungen an seine Zukunft knüpft«, sagte Herr von Tucher mit trübem Lächeln.

»Mag sein, mag sein, ich aber halte mich an die Zukunft. Mich kümmert nicht, was hinter ihm liegt, und was ich von seiner Vergangenheit weiß, soll mir nur dienen, ihn davon zu lösen. Das ist ja das hoffnungsvoll Wunderbare: daß man hier einmal ein Wesen ohne Vergangenheit hat, die ungebundene, unverpflichtete Kreatur vom ersten Schöpfungstag, ganz Seele, ganz Instinkt, ausgerüstet mit herrlichen Möglichkeiten, noch nicht verführt von der Schlange der Erkenntnis, ein Zeuge für das Walten der geheimnisvollen Kräfte, deren Erforschung die Aufgabe kommender Jahrhunderte ist. Mag sein, daß ich mich täusche, dann aber würde ich mich in der Menschheit getäuscht haben und meine Ideale für Lügen erklären müssen.«

»Der Himmel bewahre Sie davor!« antwortete Herr von Tucher und nahm eilig Abschied.

Noch am selben Tag wurde Daumer durch seine Mutter aufmerksam gemacht, daß Caspars Schlaf nicht mehr so ruhig sei wie sonst. Als Caspar am andern Morgen ziemlich unerfrischt zum Frühstück kam, fragte ihn Daumer, ob er schlecht geschlafen habe.

»Schlecht geschlafen nicht«, erwiderte Caspar, »aber ich bin einmal aufgewacht, und da war mir angst.«

»Wovor hattest du denn Angst?« forschte Daumer.

»Vor dem Finstern«, entgegnete Caspar, und bedächtig

fügte er hinzu: »In der Nacht sitzt das Finstere auf der Lampe und brüllt.«

Den nächsten Morgen kam er halb angekleidet aus seinem Schlafgemach in das Zimmer Daumers und erzählte bestürzt, es sei ein Mann bei ihm gewesen. Zuerst erschrak Daumer, dann wurde ihm klar, daß Caspar geträumt habe. Er fragte, was für ein Mann es denn gewesen sei, und Caspar antwortete, es sei ein großer, schöner Mann gewesen mit einem weißen Mantel. – Ob der Mann mit ihm gesprochen? Caspar verneinte. Gesprochen habe er nicht, er habe einen Kranz getragen, den habe er auf den Tisch gelegt, und als Caspar danach gegriffen, habe der Kranz zu leuchten angefangen.

»Du hast geträumt«, sagte Daumer.

Caspar wollte wissen, was das heiße. »Wenn auch dein Körper ruht«, erklärte Daumer, »so wacht doch deine Seele, und was du am Tag erlebt oder empfunden, daraus macht sie im Schlummer ein Bild. Dieses Bild nennt man Traum.«

Nun verlangte Caspar zu wissen, was das sei, die Seele. Daumer sagte: »Die Seele gibt deinem Körper das Leben. Leib und Seele sind einander vermischt. Jedes von beiden ist, was es ist, aber sie sind so untrennbar gemischt wie Wasser und Wein, wenn man sie zusammengießt.«

»Wie Wasser und Wein?« fragte Caspar mißbilligend. »Damit verdirbt man aber das Wasser.«

Daumer lachte und meinte, das sei nur ein Gleichnis gewesen. In der Folge nahm er wahr, daß es mit Caspars Träumen eigen beschaffen war. – Sonst sind Träume an ein Zufälliges geknüpft, sagte er sich, spielen gesetzlos mit Ahnung, Wunsch und Furcht, bei ihm ähneln sie dem Herumtasten eines Menschen, der sich im finsteren Wald verirrt hat und den Weg sucht. Da ist etwas nicht in Ordnung, ich muß der Sache auf den Grund gehen.

Das Auffallende war, daß gewisse Bilder sich allmählich zu einem einzigen Traum sammelten, der von Nacht zu Nacht vollständiger und gestalthafter wurde und mit immer größerer Deutlichkeit regelmäßig wiederkehrte. Im Anfang konnte Caspar nur abgebrochen davon erzählen, so stückhaft, wie die Bilder sich ihm zeigten. Dann eines Tages, wie der Maler den Vorhang von einem vollendeten Gemälde zieht, vermochte er seinem Pflegeherrn eine ausführliche Beschreibung zu geben.

Er hatte über seine Gewohnheit lange geschlafen, deshalb ging Daumer in sein Zimmer, und kaum war er ans Bett getreten, so schlug Caspar die Augen auf. Sein Gesicht glühte, der Blick ruhte noch im Innern, war aber voll und kräftig, und der Mund war zu sprechen ungeduldig. Mit langsamer, ergriffener Stimme erzählte er.

Er ist in einem großen Haus gewesen und hat geschlafen. Eine Frau ist gekommen und hat ihn aufgeweckt. Er bemerkt, daß das Bett so klein ist, daß er nicht begreift, wie er darin Platz gehabt. Die Frau kleidet ihn an und führt ihn in einen Saal, wo ringsum Spiegel mit goldenem Rande hängen. Hinter gläsernen Wänden blitzen Silberschüsseln, und auf einem weißen Tisch stehen feine, kleine, zierlich bemalte Porzellantäßchen. Er will bleiben und schauen, die Frau zieht ihn weiter. Da ist ein Saal, wo viele Bücher sind, und von der Mitte der gebogenen Decke hängt ein ungeheurer Kronleuchter herab. Caspar will die Bücher betrachten, da verlöschen langsam die Flammen des Leuchters eine nach der andern, und die Frau zieht ihn weiter. Sie führt ihn durch einen langen Flur und eine gewaltige Treppe hinab, sie schreiten im Innern des Hauses den Wandelgang entlang. Er sieht Bilder an den Wänden, Männer im Helm und Frauen mit goldenem Schmuck. Er schaut durch die Mauerbogen der Halle in den Hof, dort plätschert ein Springbrunnen; die Säule des Wassers ist unten silberweiß und oben von der Sonne rot. Sie kommen zu einer zweiten Treppe, deren Stufen wie goldene Wolken aufwärts steigen. Es steht ein eiserner Mann daneben, er hat ein Schwert in der Rechten, doch sein Gesicht ist schwarz, nein, er hat überhaupt kein Gesicht. Caspar fürchtet sich vor ihm, will nicht vorbeigehen, da beugt sich die Frau und flüstert ihm etwas ins Ohr. Er geht vorbei, er geht zu einer ungeheuren Tür, und die Frau pocht an. Es wird nicht aufgemacht. Sie ruft, und niemand hört. Sie will öffnen, die Tür ist zugeschlossen. Es scheint Caspar, daß sich etwas Wichtiges hinter der Tür ereignet, er selbst beginnt zu rufen – doch in diesem Augenblick erwacht er.

Seltsam, dachte Daumer, da sind Dinge, die er nie zuvor gesehen haben kann, wie den gerüsteten Mann ohne Gesicht. Seltsam! Und sein Wortesuchen, seine hilflosen Umschreibungen bei solcher Klarheit des Geschauten. Seltsam!

»Wer war die Frau?« fragte Caspar.

»Es war eine Traumfrau«, entgegnete Daumer beschwichtigend.

»Und die Bücher und der Springbrunnen und die Tür?« drängte Caspar. »Waren's Traumbücher, war's eine Traumtür? Warum ist sie nicht aufgemacht worden, die Traumtür?«

Daumer seufzte und vergaß zu antworten. Was bekam da Gewalt über seinen Caspar, sein Seelenpräparat? Sehr an Welt und Stoff gebunden war dieser Traum.

Caspar kleidete sich langsam an. Plötzlich erhob er den Kopf und fragte, ob alle Menschen eine Mutter hätten? Und als Daumer bejahte, ob alle Menschen einen Vater hätten? Auch dies mußte bejaht werden.

»Wo ist *dein* Vater?« fragte Caspar.

»Gestorben«, antwortete Daumer.

»Gestorben?« flüsterte Caspar nach. Ein Hauch des Schreckens lief über seine Züge. Er grübelte. Dann begann er wieder: »Aber wo ist mein Vater?«

Daumer schwieg.

»Ist es der, bei dem ich gewesen? Der Du?« drängte Caspar.

»Ich weiß es nicht«, antwortete Daumer und fühlte sich ungeschickt und ohne Überlegenheit.

»Warum nicht? Du weißt doch alles? Und hab' ich auch eine Mutter?«

»Sicherlich.«

»Wo ist sie denn? Warum kommt sie nicht?«

»Vielleicht ist sie gleichfalls gestorben.«

»So? Können die Mütter auch sterben?«

»Ach, Caspar!« rief Daumer schmerzlich.

»Gestorben ist meine Mutter nicht«, sagte Caspar mit wunderlicher Entschiedenheit. Plötzlich flammte es über sein Gesicht, und er sagte bewegt: »Vielleicht war meine Mutter hinter der Tür?«

»Hinter welcher Tür, Caspar?«

»Dort! Im Traum ...«

»Im Traum? Das ist doch nichts Wirkliches«, belehrte Daumer zaghaft.

»Aber du hast doch gesagt, die Seele ist wirklich und macht den Traum! – Ja, sie war hinter der Tür, ich weiß es, das nächste Mal will ich sie aufmachen.« –

Daumer hoffte, das Traumwesen würde sich verlieren, doch dem war nicht so. Dieser eine Traum, Caspar nannte ihn den Traum vom großen Haus, wuchs immer weiter, umschlang und krönte sich mit allerlei Blüten- und Rankenwerk gleich einer zauberhaften Pflanze. Immer wieder schritt Caspar einen Weg entlang, und immer wieder endete der Weg vor der hohen Tür, die nicht geöffnet wurde. Einmal zitterte die Erde von Tritten, die innen waren, die Tür schien sich zu bauschen wie ein Gewand, durch einen Spalt über der Schwelle brach Flammengeloder, da erwachte er, und die nicht zu vergessende Traumnot schlich durch die Stunden des Tages mit.

Die Gestalten wechselten. Manchmal kam statt der Frau ein Mann und führte ihn durch die Bogenhalle. Und wie sie die Treppe hinaufgehen wollten, kam ein anderer Mann und reichte ihm mit strengem Blick etwas Gleißendes, das lang und schmal war und das, als Caspar es fassen wollte, in seiner Hand zerfloß wie Sonnenstrahlen. Er trat nahe an die Gestalt heran, auch sie ward zu Luft, doch sprach sie laut schallend ein Wort, welches Caspar nicht zu deuten verstand.

Daran hingen sich wieder besondere kleine Träume, Träume von unbekannten Worten, die er im Wachen nie gehört und deren er, wenn der Traum vorüber war, vergebens habhaft zu werden suchte. Sie hatten meist einen sanften Klang, bezogen sich aber, so fühlte er, nie auf ihn selbst, sondern auf das, was hinter der verschlossenen Tür vor sich ging.

Traumboten waren es, Vögeln des Meeres gleich, die in beständiger Wiederkehr Gegenstände eines halb versunkenen Schiffes an die ferne Küste tragen.

In einer Nacht lag Daumer schlaflos und hörte in Caspars Zimmer ein dauerndes Geräusch. Er erhob sich, schlüpfte in den Schlafrock und ging hinüber. Caspar saß im Hemde am Tisch, hatte ein Blatt Papier vor sich, einen Bleistift in der Hand und schien geschrieben zu haben. Ein matter Mondschein schwamm im Zimmer. Verwundert fragte Daumer, was er treibe. Caspar richtete den bis zur Trunkenheit vertieften Blick auf ihn und antwortete leise: »Ich war im großen Haus, die Frau hat mich bis zum Springbrunnen im Hof geführt. Sie hat mich zu einem Fenster hinaufschauen lassen; droben hat der Mann im Mantel gestanden, sehr schön anzuschauen, und hat etwas gesagt. Danach bin ich aufgewacht und hab's geschrieben.«

Daumer machte Licht, nahm das Blatt, las, warf es wieder hin, ergriff beide Hände Caspars und rief halb bestürzt, halb erzürnt: »Aber Caspar, das ist ja ganz unverständliches Zeug!«

Caspar starrte auf das Papier, buchstabierte murmelnd und sagte: »Im Traum hab' ich's verstanden.«

Unter den sinnlosen Zeichen, die wie aus einer selbsterdachten Sprache waren, stand am Ende das Wort: Dukatus. Caspar deutete auf das Wort und flüsterte: »Davon bin ich aufgewacht, weil es so schön geklungen hat.«

Daumer fand sich verpflichtet, den Bürgermeister von den Beunruhigungen Caspars, wie er es nannte, in Kenntnis zu setzen. Was er befürchtet hatte, geschah. Herr Binder legte der Sache eine große Wichtigkeit bei. »Zunächst ist es geboten, dem Präsidenten Feuerbach einen möglichst ausführlichen Bericht zu geben, denn aus diesen Träumen können sicherlich ganz bestimmte Schlüsse gezogen werden«, sagte er. »Dann mache ich Ihnen den Vorschlag, mit Caspar einmal in die Burg hinaufzugehen.«

»In die Burg? Warum das?«

»Es ist so eine Idee von mir. Da er immer von einem Schlosse träumt, wird ihn der Anblick eines wirklichen Schlosses vielleicht aufrütteln und uns bestimmtere Anhaltspunkte geben.«

»Ja, glauben Sie denn an eine reale Bedeutung dieser Träume?«

»Ganz unbedingt. Ich bin davon überzeugt, daß er bis zu seinem dritten oder vierten Lebensjahr in einer derartigen Umgebung gelebt hat, und daß mit dem neuen Erwachen zum Leben und zum Selbstbewußtsein die Erinnerungen an die frühere Existenz auf dem Weg der Träume Form und Inhalt gewinnen.«

»Eine sehr naheliegende, sehr nüchterne Erklärung«, bemerkte Daumer gallig. »Also der Hintergrund dieses Schicksals wäre nichts weiter als eine gewöhnliche Räubergeschichte.«

»Eine Räubergeschichte? – Mir recht, wenn Sie es so nennen. Ich verstehe nicht, weshalb Sie sich dagegen wehren. Soll der Jüngling aus dem Mond heruntergefallen sein? Wollen Sie irdische Verhältnisse für ihn nicht gelten lassen?«

»O gewiß, gewiß!« Daumer seufzte. Dann fuhr er fort: »Ich schmeichle mir mit anderen Hoffnungen. Das Grübeln und Verlangen nach rückwärts ist eben das, was ich Caspar ersparen wollte. Gerade das Freie, Freischwebende, Schicksallose war es ja, was mich so stark an ihm ergriffen hat. Außerordentliche Umstände haben diesen Menschen mit Gaben bedacht, wie kein anderer Sterblicher sich ihrer rühmen kann; und das soll nun alles verkümmern, abgelenkt werden in das Gleis von Erlebnissen, die ja an sich tragisch genug sein mögen, aber doch nichts Ungemeines an sich haben.«

»Ich verstehe, Sie wollen den mystischen Nimbus nicht

zerstören«, versetzte der Bürgermeister mit etwas pedantischer Geringschätzung. »Aber wir haben größere Pflichten gegen den Mitmenschen Caspar Hauser als gegen das Unikum Caspar Hauser. Lassen Sie sich das ernstlich gesagt sein, lieber Professor. Es erscheinen heutzutage keine Engel mehr, und wo ein Unrecht geschehen ist, muß Sühne sein.«

Daumer zuckte die Achseln. »Glauben Sie denn, daß Sie damit etwas zum Heile Caspars tun?« fragte er mit einem Ton von Fanatismus, der dem Bürgermeister lächerlich erschien. »Nur Erdenschwere und Erdenschmutz heften Sie ihm an. Schon jetzt erhebt sich ja ein Gezänke um ihn, daß mir mein Anteil an seiner Sache verbittert wird. Es werden böse Geschichten zutage kommen.«

»Das sollen sie – wenn sie nur zutage kommen«, erwiderte Binder lebhaft. »Im übrigen tue jeder, was seines Amtes.«

Am nächsten Vormittag stellte sich der Bürgermeister in Daumers Wohnung ein, und sie gingen mit Caspar zur Burg hinauf. Herr Binder läutete an der Pförtnerwohnung; der Pförtner kam mit einem großen Schlüsselbund und geleitete sie hinüber.

Als sie vor dem mächtigen zweiflügeligen Tor standen, war es, als ob sich Caspars Gesicht plötzlich entschleierte. Er reckte sich auf, sein Oberleib bog sich nach vorn, und er stammelte: »So eine Tür, genau so eine Tür.«

»Was meinst du, Caspar, was schwebt dir vor?« fragte der Bürgermeister liebevoll.

Caspar antwortete nicht. Mit gesenktem Auge und nachtwandlerischer Langsamkeit schritt er durch die Halle. Die beiden Männer ließen ihn vorangehen. Immer nach ein paar Schritten blieb er stehen und sann. Seine Erschütterung wuchs zusehends, als er die breite Steintreppe hinaufstieg. Oben blickte er sich seufzend um; sein Gesicht war bleich, die Schultern zuckten. Daumer hatte Mitleid mit ihm und wollte ihn seiner Hingenommenheit entreißen, doch wie er zu sprechen begann, sah ihn Caspar mit einem fern weilenden Blick an, lispelte: »Dukatus, Dukatus« und lauschte dabei, als wolle er dem Wort einen heimischen Sinn abhorchen.

Er gewahrte die lange Reihe der Burggrafenbildnisse an den Wänden, er schaute durch die Flucht der offenen Säle, er stand in der Galerie und schloß die Augen, und endlich, auf eine leise Frage des Bürgermeisters, wandte er sich um und sagte mit erstickter Stimme, es sei ihm so, als habe er einmal ein solches Haus gehabt, und er wisse nicht, was er davon denken solle.

Der Bürgermeister sah Daumer schweigend an.

Nachmittags suchten sie Herrn von Tucher auf und entwarfen in Gemeinschaft mit ihm den Bericht an den Präsidenten Feuerbach. Das ausführliche Schreiben wurde noch am selben Tage zur Post gegeben.

Sonderbarerweise erfolgte darauf weder ein Bescheid noch überhaupt ein Zeichen, daß der Präsident das Schriftstück erhalten habe. Der Brief mußte verlorengegangen oder gestohlen worden sein. Baron Tucher ließ unter der Hand und auf privatem Weg bei Herrn von Feuerbach anfragen, und man erfuhr wirklich, daß dieser von nichts wisse. Unruhe und Bestürzung bemächtigten sich der drei Herren. »Sollte da ein unsichtbarer Arm im Spiel sein wie bei jenem Zettel, den man mir ins Fenster geworfen hat?« meinte Daumer ängstlich. Nachforschungen bei der Post hatten kein Ergebnis, und so ward der Bericht zum zweitenmal abgefaßt und durch einen sicheren Boten dem Präsidenten persönlich eingehändigt.

Feuerbach erwiderte in seiner kategorischen Art, daß er die Sache im Auge behalten wolle und sich aus naheliegenden Gründen einer schriftlichen Meinungsäußerung enthalte. »Ich entnehme aus dem Gesundheitsattest des Amtsarztes, worin bei einem sonst befriedigenden Befund von Caspars bleicher Gesichtsfarbe die Rede ist, daß es dem jungen Menschen an regelmäßiger Bewegung in freier Luft fehlt«, schrieb er; »hier ist Abhilfe dringend nötig. Man lasse ihn reiten. Es ist mir der Stallmeister von Rumpler dortselbst empfohlen worden. Hauser soll dreimal wöchentlich eine Reitstunde bei ihm nehmen, die Kosten soll der Stadtkommissär auf Rechnung setzen.«

Vielleicht waren es die Träume, die Caspar blaß machten. Fast jede Nacht befand er sich in dem großen Haus. Die gewölbten Hallen waren von silbernem Licht durchflutet. Er stand vor der geschlossenen Tür und wartete, wartete ...

Endlich eines Nachts, die dämmernden Räume des großen Hauses dehnten sich schweigend und leer, tauchte vom untersten Gang her eine schwebende Gestalt auf. Caspar dachte zuerst, es sei der Mann im weißen Mantel; aber als die Gestalt näher kam, gewahrte er, daß es eine Frau war. Weiße Schleier umhüllten sie und flogen bei den Schultern durch den Hauch eines unhörbaren Windes empor. Caspar blieb wie festgewurzelt stehen, sein Herz tat ihm wehe, als hätte eine Faust danach gegriffen und es gepackt, denn das Antlitz der Frau zeigte einen solchen Ausdruck des Kummers, wie er ihn noch an keinem Menschen bemerkt. Je näher sie kam, desto furchtbarer schnürte sein Herz sich zusammen. Ernst schritt sie vorbei, ihre Lippen nannten seinen Namen, es war nicht der Name Caspar, und doch wußte er, daß es sein Name war oder daß ihm allein der Name galt. Sie hörte nicht auf, denselben Namen zu nennen, und als sie schon wieder in weiter Ferne war und die Schleier wie weiße Flügel um ihre Schultern flatterten, hörte er noch immer den Namen. Da wußte er, daß die Frau seine Mutter war.

Er wachte auf, in Tränen gebadet, und als Daumer kam, stürzte er ihm entgegen und rief: »Ich hab' sie gesehen, ich hab' meine Mutter gesehen, sie war es, sie hat mit mir gesprochen!«

Daumer setzte sich an den Tisch und stützte den Kopf in die Hand. »Sieh mal, Caspar«, sagte er nach einer Weile, »du darfst dich solchen Wahngebilden nicht gläubig hingeben. Es bedrückt mich aufrichtig und schon lange. Es ist, wie wenn jemand in einem Blumengarten lustwandeln darf und, statt freudigem Genuß sich zu überlassen, die Wurzeln ausgräbt und die Erde durchhöhlt. Versteh mich wohl, Caspar; ich will nicht, daß du auf das Recht verzichtest, alles zu erfahren, was auf deine Vergangenheit Bezug hat, und auf das Verbrechen, das an dir verübt wurde. Aber bedenke doch, daß Männer von reicher Erfahrung, wie der Herr Präsident und Herr Binder, dafür am Werke sind. Du, Caspar, solltest vorwärts schauen, dem Lichte leben und nicht der Dunkelheit; im Lichte ruht dein Dasein, dort ist das Glück. Jeder Mensch von Vernunft kann, was er will; tu mir die Liebe und wende dich ab von den Träumen. Nicht umsonst heißt es ja: Träume sind Schäume.«

Caspar war bestürzt. Der Gedanke, daß in seinen Träumen keine Wahrheit sein solle, wurde ihm zum erstenmal entgegengehalten, aber zum erstenmal war die eigne Gewißheit von einer Sache fester als die Meinung seines Lehrers. Das zu empfinden, bereitete ihm keine Genugtuung, sondern Bedauern.

Religion, Homöopathie, Besuch von allen Seiten

So war es Dezember geworden, und eines Morgens fiel der erste Schnee des verspäteten Winters.

Caspar wurde nicht müde, dem lautlosen Herabgleiten der Flocken zuzuschauen; er hielt sie für kleine beflügelte Tierchen, bis er die Hand zum Fenster hinausstreckte und sie auf der warmen Haut zerrannen. Garten und Straße, Dächer und Simse glitzerten, und durch das Flockengewühl kroch lichter Nebeldampf wie Hauch aus einem atmenden Mund.

»Was sagst du dazu, Caspar?« rief Frau Daumer. »Erinnerst du dich, daß du mir nicht glauben wolltest, als ich dir einmal vom Winter erzählte? Siehst du, wie alles weiß ist?«

»Um elf Uhr hast du Reitstunde, Caspar, vergiß es nicht«, mahnte Daumer, der in seine Schule ging.

Eine überflüssige Sorge; das vergaß Caspar nicht, allzu lieb war ihm schon das Reiten geworden seit der kurzen Zeit, wo er damit begonnen.

Er liebte Pferde, war ihm doch ihre Gestalt gar sehr vertraut. Es kam vor, daß abendliche Schatten als schwarze Rosse vorüberstürmten, erst am feurigen Rand des Himmels haltmachten und ihn mit zurückschauendem Blick aufforderten, sie in die unbekannte Ferne zu geleiten. Auch im Wind sausten Rosse, auch die Wolken waren Rosse, in den Rhythmen der Musik hörte er das taktbemessene Traben ihrer Hufe, und wenn er in glücklicher Stimmung an etwas Edles und Vollkommenes dachte, sah er zuerst das Bild eines stolzen Rosses.

Beim Reitunterricht hatte er von Anfang an eine Gewandtheit gezeigt, die das größte Erstaunen des Stallmeisters erregt hatte. »Wie der Bursche sitzt, wie er den Zügel hält, wie er das Tier versteht, das muß man sich anschauen«, sagte Herr von Rumpler. »Ich will hundert Jahre in der Hölle braten, wenn das mit rechten Dingen zugeht!« Und alle, die etwas von der Sache verstanden, redeten ähnlich.

Ei, wie selig war Caspar beim Trab und Galopp! Dies Ziehen und Fliehen, dies leichte Getragensein, hinaus und vorwärts, dies sanfte Auf und Ab, das Lebendigsein auf Lebendigem!

Wenn nur nicht die Leute so lästig gewesen wären! Beim ersten Ausritt mit dem Stallmeister wurden sie von einem ganzen Pöbelhaufen verfolgt, und selbst gesetzte Bürger blieben stehen und lachten erbittert vor sich hin. »Der versteht's«, höhnten sie, »der hat sich ein Bett gemacht, so muß man's anfangen, damit einem warm wird.«

Auch heute war solch ein unbequemes Aufsehen. Der Himmel hatte sich geklärt, und die Sonne schien, als sie durch die Engelhardtsgasse ritten. Eine Rotte von Knaben zog hinter ihnen drein, und rechts und links wurden die Fenster aufgerissen. Der Stallmeister gab seinem Tier die Sporen und trieb Caspars Pferd mit der Peitsche an.

»Man kommt sich ja, parbleu, wie ein Zirkusreiter vor!« rief er zornig.

Sie sprengten bis zum Jakobstor. »He! Holla!« rief da eine Stimme, und aus einer Seitengasse kam, ebenfalls zu Pferde, Herr von Wessenig auf sie zu. Rumpler begrüßte den Offizier, und der Rittmeister gesellte sich an Caspars Seite.

»Prächtig, lieber Hauser, prächtig!« rief er mit übertriebener Verwunderung. »Wir reiten ja wie ein Indianerhäuptling. Und das alles hat man erst bei den braven Nürnbergern gelernt? – Nicht zu glauben!«

Caspar hörte nicht den verfänglichen Unterton der Rede, er blickte den Rittmeister dankbar und geschmeichelt an.

»Aber denk dir, Hauser, was ich heute bekommen habe«, fuhr der Rittmeister fort, den es juckte, mit Caspar einen Spaß zu haben. »Ich hab' etwas bekommen, was dich höchlichst angeht.«

Caspar machte ein fragendes Gesicht. Vielleicht war es der edelruhige Ausdruck seiner Züge, der den Rittmeister zögern ließ. »Ja, ich hab' etwas bekommen«, wiederholte er dann eigensinnig, »ein Brieflein hab' ich bekommen.« Er hatte den einfältigen Ton, den die Erwachsenen annehmen, wenn sie mit Kindern scherzen, und der lauernde Blick in seinen Augen besagte etwa: Wollen mal sehen, ob er Angst kriegt.

»Ein Brieflein?« entgegnete Caspar. »Was steht denn drinnen?«

»Ja«, rief der Rittmeister knallend, »das möchtest du wohl wissen? Wichtige Sachen stehen drin, wichtige Sachen!«

»Von wem ist es denn?« fragte Caspar, dem das Herz erwartungsvoll zu pochen anfing.

Herr von Wessenig zeigte seine Zähne und stellte sich vor Vergnügen in die Steigbügel. »Nun rate mal«, sagte er, »wir wollen mal sehen, ob du raten kannst. Von wem kann das Brieflein sein?« Er zwinkerte Herrn von Rumpler verständnisinnig zu, indes Caspar den Kopf senkte.

Es quoll auf einmal Traumluft um Caspars Sinne, und eine Hoffnung liebkoste ihn, die den kargen Tag verleugnete. Aus ihren Schleiern erhob sich die kummervolle Traumfrau und schwebte still vor den drei Rossen dahin. Jäh blickte er empor und sagte mit zögernden Lippen: »Ist vielleicht von meiner Mutter der Brief?«

Der Rittmeister runzelte ein wenig die Stirn, als ob es ihm bedenklich schiene, den Schabernack zu weit zu treiben; doch entäußerte er sich schnell der ernsten Regung, klopfte Caspar auf die Schulter und rief: »Erraten, Teufelskerl! Erraten! Mehr sag' ich aber nicht, Freundchen, sonst könnt' es mir übel bekommen.« Und mit dem letzten Wort setzte er sich fester in den Sattel und sprengte davon.

Eine Viertelstunde später kam Caspar atemlos nach Hause. Daumers saßen schon bei Tisch, sie schauten dem Ankömmling gespannt entgegen, und Anna erhob sich unwillkürlich, als Caspar mit schweißbedeckter Stirne neben den Sessel ihres Bruders trat und mit gebrochener Stimme hervorjubelte: »Der Herr Rittmeister hat einen Brief bekommen von meiner Mutter!«

Daumer schüttelte erstaunt den Kopf. Er versuchte Caspar begreiflich zu machen, daß ein Mißverständnis oder eine Täuschung obwalten müsse. Mutter und Schwester unterstützten ihn darin nach Kräften. Es war umsonst. Caspar faltete flehentlich die Hände und bat, Daumer möge mit ihm zu Herrn von Wessenig gehen. Dessen weigerte sich Daumer entschieden, doch als Caspars Aufregung wuchs, erklärte er sich bereit, allein zu Herrn von Wessenig zu gehen. Er aß schnell seinen Teller leer, nahm Hut und Mantel und ging.

Caspar lief zum Fenster und sah ihm nach. Er wollte sich nicht zu Tisch begeben, ehe Daumer wieder da war. Er zerknüllte das Taschentuch in der Hand, rasch atmend starrte er gegen den Himmel und dachte: Wenn ich dich liebhaben soll, Sonne, mach, daß es wahr ist. So wurde es ein Uhr, und Daumer kam zurück. Er hatte den Rittmeister zur Rede gestellt und eine heftige Auseinandersetzung mit ihm gehabt. Herr von Wessenig hatte die Sache zuerst humoristisch genommen. Damit lief er aber bei Daumer übel ab, dem ohnehin das hämische Gerede, das ihm täglich zugetragen wurde, Verdruß genug erregte. Erst gestern hatte man ihm erzählt, auf einer Assemblee bei der Magistratsrätin Behold habe sich ein angesehener Aristokrat über ihn lustig gemacht als über den Meister somnambuler und magnetischer Geheimkunst, der Caspar Hauser feierlich den Zaubermantel unter die Füße breite; aber statt in den Äther zu entschweben, wie jedermann erwarte, bleibe der gute Caspar gemächlich sitzen und lasse sich ausfüttern.

Solches nagte an Daumer, und er hatte es dem Rittmeister ins Gesicht gesagt, daß ihn das scheele Geschwätz der nichtstuenden eleganten Welt gleichgültig lasse. »Bin ich auch eher auf Hilfe und Zustimmung als auf Verteidigung und Abwehr gefaßt gewesen, so weiß ich doch genau, daß das erstarrte Herz von Ihnen und Ihresgleichen nicht um einen Pulsschlag gefühlvoller schlagen wird!« rief er aus.

»Das aber kann ich fordern, daß man den Jüngling, der unter meinem Schutz und dem des Herrn Staatsrats steht, wenigstens mit böswilligen Scherzen verschont!«

Sprach's und ging. Einen Freund ließ er nicht zurück.

Zu Hause ankommend und Caspars stummes Drängen wahrnehmend, sagte er mit mühsamer Milde: »Er hat dich zum Narren gehabt, Caspar. Es ist natürlich kein Wort wahr. Solchen Leuten mußt du auch nicht glauben.«

»Oh!« machte Caspar voll Schmerz. Dann war er still.

Erst als Daumer sich nach der Mittagsrast zum Aufbruch anschickte, entriß sich Caspar seinem Schweigen und sagte in mattem und verändertem Ton: »Der Herr Rittmeister hat also nicht die Wahrheit gesagt?«

»Nein, er hat gelogen«, versetzte Daumer kurz.

»Das ist schlecht von ihm, sehr schlecht«, sagte Caspar.

Erstaunlich schien ihm zunächst die Tatsache des Lügens, erstaunlicher noch, daß sich ein so großer Herr ihm gegenüber der Lüge schuldig gemacht. Warum hat er das mit dem Brief gesagt, grübelte er, und stundenlang war er damit beschäftigt, sich des Rittmeisters Worte immer wieder von neuem vorzusagen und sich das Gesicht zurückzurufen, in welchem, von ihm nicht gewußt, die Lüge wohnte.

Es war da etwas nicht in Ordnung. Er sann und sann und kam zu keinem Ende. Um sich auf andre Gedanken zu bringen, schlug er die Rechenfibel auf und ging an sein Tagespensum. Als auch dies nichts half, nahm er die Glasharmonika, die ihm eine Dame aus Bamberg geschenkt, und übte sich eine halbe Stunde lang in den simplen Melodien, die er darauf zu spielen erlernt hatte.

Plötzlich erhob er sich und trat vor den Spiegel. Starr blickte er sein eigenes Gesicht an – er wollte sehen, ob Lüge darin sei. Trotz der Beklommenheit, die er dabei empfand, reizte es ihn, einmal selber zu lügen, nur um zu prüfen, wie nachher sein Gesicht aussehen würde. Ängstlich schaute er sich um, blickte dann wieder in den Spiegel und sagte leis: »Es schneit.«

Er hielt das für eine Lüge, weil ja die Sonne schien.

Nichts hatte sich in seinem Gesicht verändert: Man konnte also lügen, ohne daß es jemand bemerkte. Er hatte geglaubt, die Sonne würde sich verfinstern oder verstecken, aber sie schien ruhig weiter.

Am Abend kam Daumer mit einem neuen Ärger nach Hause. Von der Mutter gefragt, was es denn schon wieder gebe, zog er ein kleines Zeitungsblättchen aus der Tasche und warf es auf den Tisch. Es war der ›Katholische Wochenschatz‹. Auf der ersten Seite stand eine Epistel über Caspar Hauser, die mit den fettgedruckten Lettern begann: »Warum läßt man den Nürnberger Findling nicht der Segnungen der Religion teilhaftig werden?« – »Ja, warum läßt man denn nicht?« spottete Anna.

»Und das wagt man in einer protestantischen Stadt«, sagte Daumer mit finsterem Gesicht. »Wenn die Herren nur wüßten, was für eine unmäßige Furcht der Jüngling vor ihren Geistlichen hat! Während er noch auf dem Turm war, sind eines Tages vier zu gleicher Zeit bei ihm erschienen. Glaubt ihr vielleicht, sie hätten zu seinem Herzen geredet oder seine Andacht zu wecken gesucht? Weit gefehlt. Sie schwatzten vom Zorn Gottes und von der Vergeltung der Sünden, und als er immer furchtsamer dreinsah, fingen sie an zu wettern und zu drohen, als ob der arme Mensch am nächsten Tag zum Galgen geführt werden sollte. Zufällig kam ich dazu und forderte sie höflich auf, ihre Bemühungen einzustellen.«

Da Caspar ins Zimmer trat, wurde das Gespräch abgebrochen.

Aber der Appell des ›Katholischen Wochenschatzes‹ verhallte nicht ungehört. »Mit der Religion ist nicht zu spaßen«, sagten die Herren vom Magistrat, und einer drückte sogar den Zweifel aus, ob der Jüngling überhaupt getauft sei. Darüber ward eine Weile hin und her debattiert, doch ließ man die Frage schließlich fallen, und die Taufe ward als selbstverständlich angenommen, da man ja unter Christen in einem christlichen Lande lebe und der Jüngling auf keinen Fall aus der Tatarei kommen könne.

Nicht so leicht war die Entscheidung über die katholische oder evangelische Konfession. Obgleich die Pfaffen in der Stadt wenig Macht besaßen, mußte man doch die obdachlose Seele dem hungrigen Rachen Roms entreißen; anderseits war man zu zaghaft für ein rauhes Zugreifen, weil es möglich war, daß eine einflußreiche Person über kurz oder lang ein Anrecht andrer Art geltend machen konnte.

Der Bürgermeister wandte sich an Daumer und verlangte, Caspar solle einen Religionslehrer erhalten, man überlasse es Daumer, einen vertrauenswürdigen Mann zu bestimmen. »Wie wäre es mit dem Kandidaten Regulein?« meinte Binder.

»Ich habe nichts dagegen«, meinte Daumer gleichgültig. Der Kandidat wohnte im Daumerschen Haus zu ebener Erde und genoß den Ruf eines soliden und fleißigen Mannes.

»Wenn ich selbst auch nicht kirchlich-fromm gesinnt bin«, sagte der Bürgermeister, »so ist mir doch die modische Freigeisterei von Herzen zuwider, und ich wünschte nicht, daß unser Caspar in ein ehrfurchtsloses Weltwesen gerät. Auch in Ihrer Absicht kann das nicht liegen.«

Aha, ein Stich, dachte Daumer still ergrimmt, man beleidigt, verdächtigt mich schon wieder, ich bin niemand bequem, sehr ehrenwert, ihr Herren, sehr ehrenwert. Laut antwortete er: »Gewiß nicht. Ich habe es auch nicht fehlen lassen, in meiner Art auf ihn zu wirken. Und meine Art mag sein, wie sie will, sie ist nicht schlechter als jede andre. Leider haben mir allerhand Unberufene beständig hineingepfuscht. So war es mir in der ersten Zeit mit großer Mühe gelungen, den starren Eigensinn seines Schauens zu brechen und ihm einen Begriff von dem allmächtigen Trieb des Wachstums in der Natur zu geben. Kommt da ein Frauenzimmer an, während Caspar vor einem Blumentopf sitzt und mit seinem unschuldigen Staunen die über Nacht aufgesproßten Schößlinge betrachtet. ›Nun, Caspar‹, fragt sie einfältig, ›wer hat denn das wachsen lassen?‹ – ›Es ist von selbst gewachsen‹, erwiderte er stolz. – ›Aber, Caspar‹, ruft jene, ›es muß doch jemand sein, der es hat wachsen lassen?‹ – Er würdigte sie keiner Antwort mehr, aber die wohlwollende Dame ging hin und erzählte überall, Caspar werde zum Atheisten gemacht. Da hat man eben einen schweren Stand.«

»Es handelt sich doch am Ende nur darum, ihm das Gefühl einer höheren Verpflichtung einzuimpfen«, sagte Binder.

»Die hat er, die hat er, aber sein Verstand anerkennt eben in seinen Forderungen keine Grenzen und will durchaus befriedigt sein«, fuhr Daumer leidenschaftlich fort. »Gestern abend besuchten ihn zwei protestantische Geistliche, der eine aus Fürth, der andere aus Farnbach, der eine dick, der andere mager, beide eifrig wie kleine Paulusse. Sie machten mir erst allerlei Elogen. Ich lasse sie zu Caspar hinein, und ehe man drei zählen kann, fangen sie eine Disputation mit ihm an. Ach, es war komisch, es war höchst komisch! Es kam die Rede auf die Erschaffung der Welt, und der Dicke aus Fürth sagte, Gott habe die Welt aus dem Nichts geschaffen. Und als nun Caspar wissen wollte, wie das zugegangen, stibitzten sie ihm die Erklärung vor der Nase weg, indem sie alle zwei händefuchtelnd auf ihn einredeten wie auf einen Heiden, der bei seinem Götzen schwört. Endlich beruhigten sie sich, und da sagte mein guter Caspar zutulich, wenn er etwas machen wolle, müsse er doch etwas haben, woraus er es mache, sie möchten ihm doch sagen, wie das bei Gott möglich sei. Da schwiegen sie eine Weile, flüsterten untereinander, und endlich antwortete der Magere, bei Gott sei alles möglich, weil er nicht ein Mensch sei, sondern ein Geist. Da lächelte mich Caspar an, denn er dachte, sie wollten sich über ihn lustig machen, und er stellte sich, als glaube er ihnen, was die beste Manier war, um sie loszuwerden.«

Der Bürgermeister schüttelte mißbilligend den Kopf. Daumers Sarkasmus gefiel ihm ganz und gar nicht. »Es gibt auch eine gedachtere Ansicht von Gott als die, die sich so mühelos verspotten läßt«, wandte er ruhig ein.

»Eine gedachtere Ansicht? Ohne Zweifel. Vergessen Sie nur nicht, daß die der gemeinen durch und durch widerspricht. Und wenn ich sie ihm beizubringen suche, setze ich mich Vorwürfen und Mißkennungen aus. Nächstes Jahr soll er in die öffentliche Schule gehen, für einen Menschen von wenigstens achtzehn Jahren ohnedies eine Schwierigkeit, da würden nun *meine* Lehren wieder zunichte gemacht, und die Folge ist Konfusion. Schon jetzt fange ich an feig zu werden, und speise ihn mit bequemen Antworten ab. Neulich konnte er eingetretener Augenschwäche halber nicht arbeiten, und er fragte mich, ob er von Gott etwas erbitten dürfe und ob er es dann erhalten werde. Ich sagte, zu bitten sei ihm gestattet, doch müsse er es der Weisheit Gottes anheimstellen, ob er die Bitte gewähren wolle oder nicht. Er entgegnete, er wolle die Genesung seiner Augen erbitten, und dawider könne ja Gott nichts einzuwenden haben, denn er gebrauche die Augen, um seine Zeit nicht in unnützen Gesprächen und Spielereien vergeuden zu müssen. Ich sagte darauf, Gott habe bisweilen unerforschliche Gründe, etwas zu versagen, wovon wir glaubten, daß es heilsam wäre, er wolle uns oft durch Leiden prüfen, in Geduld und Ergebung üben. Da ließ er traurig den Kopf hängen. Gewiß dachte er, ich sei auch nicht besser als die Frommen, deren Gründe er nur für Ausreden nimmt.«

»Was ist jedoch zu tun?« fragte der Bürgermeister mit sorgenvoller Stirn. »Auf dem Weg des Zweifelns und Leugnens muß die Fähigkeit zum Guten verkümmern.«

»Zweifeln und Leugnen ist es wohl kaum«, versetzte Daumer unwillig. »Gott ist kein Bewohner des Himmels, er haust in unserer Brust. Der reiche Geist birgt ihn im umfassenden Gefühl, der arme wird durch die Not des Lebens seiner gewahr und nennt es Glauben; er könnte es auch Angst nennen. In Schönheit und Freude gestaltet sich der wahre Gott, im Schaffen. Was Sie Zweifel und Leugnen heißen, ist das aufrichtige Zagen der ihrer selbst noch ungewissen Seele. Man gebe der Pflanze so viel Sonne, wie sie braucht, und sie besitzt einen Gott.«

»Das ist Philosophie«, erwiderte Binder, »und zudem Philosophie, die einem Alltagsmenschen wie mir frivol klingen muß. Jeder Bauer hat für seine Ernte mit Sturm und Unwetter zu rechnen, und nur ein überheblicher Mensch kann sich einfallen lassen, von selber etwas zu gelten. Doch genug davon. Waren Sie eigentlich mit Caspar schon einmal in der Kirche?«

»Nein, ich habe dies bis jetzt vermieden.«

»Morgen ist Sonntag. Haben Sie etwas dagegen einzuwenden, wenn ich ihn zum Gottesdienst in die Frauenkirche mitnehme?«

»Nicht im geringsten.«

»Gut, ich werde ihn um neun Uhr abholen.«

Wenn sich Herr Binder eine sonderliche Wirkung von diesem Versuch versprochen hatte, so wurde er darin sehr enttäuscht. Als Caspar die Kirche betreten hatte und die erhobene Stimme des Predigers vernahm, fragte er, warum der Mann schimpfe. Die Kruzifixe erregten seinen tiefsten Schauder, weil er die angenagelten Christusbilder für gemarterte lebendige Menschen hielt. Beständig schaute er, beständig verwunderte er sich, das Spiel der Orgel und der Gesang des Chors betäubten sein empfindliches Ohr dermaßen, daß er die Harmonie der Klänge gar nicht spürte, und zum Schluß brachte ihn die Ausdünstung der Menschenmenge einer Ohnmacht nahe.

Der Bürgermeister sah wohl seinen Fehlgriff ein, doch ließ er nicht ab, auf einen regelmäßigen Besuch der Kirche zu dringen, obwohl sich Caspar jedesmal hartnäckig dagegen sträubte. Wenn der Kandidat Regulein Herrn Binder seine Not klagte, erwiderte dieser: »Nur Geduld, die Gewohnheit wird ihn schon zur Andacht nötigen.« – »Ich glaube nicht«, versetzte der Kandidat darauf mutlos, »gebärdet er sich doch, als ob er sein Leben lassen sollte, wenn ich ihn zum Kirchgang auffordere.« – »Macht nichts, es ist Ihr Beruf, seinen Widerstand zu brechen«, lautete der Bescheid.

Der gute, hilflose Kandidat Regulein! Ein junges Männlein, das nie jung gewesen war und dessen Gottesgelehrtentum von so dünner Beschaffenheit war wie seine Beine. Er zitterte insgeheim vor den Unterrichtsstunden, die er Caspar erteilen mußte, und sooft ihn eine Frage in Verlegenheit setzte, was gar nicht selten geschah, verschob er die Auskunft auf das nächste Mal, wobei er sich vornahm, in gewissen Büchern nachzuschlagen, um nicht gegen die Theologie zu verfehlen. Caspar wartete treuherzig, aber in der folgenden Stunde kam nichts oder wenig. Der Kandidat, der im stillen hoffte, sein Schüler habe vergessen, erschrak und wich aus. Das half nicht; der unbarmherzige Frager trieb ihn aus einer Verschanzung in die andre, bis das verzweifelte Argument aufgestellt werden mußte, es sei unrecht, über dunkle Gegenstände des Glaubens zu forschen.

Caspar lief zu Daumer und beklagte sich bitter, daß er keine Aufschlüsse erhalte. Daumer fragte, was er zu wissen begehrt habe. Er hatte zu wissen verlangt, warum Gott nicht mehr wie in früheren Zeiten zu den Menschen herabkomme, um sie über so vieles, was verborgen sei, zu belehren. »Ja, sieh mal, Caspar«, sagte Daumer, »es gibt Geheimnisse in der Welt, die sich beim besten Willen nicht verstehen lassen. Da muß man Vertrauen haben, daß Gott eines Tages unser Herz darüber erleuchtet. Wir alle wissen ja auch nicht, woher du kommst und wer du bist, und trotzdem hoffen wir von der Gerechtigkeit und Allwissenheit Gottes, daß er uns eines Tages darüber Aufschluß gewährt.«

»Aber Gott hat doch nichts damit zu tun, daß ich im Kerker war«, erwiderte Caspar sanft, »das haben doch die Menschen getan.« Und ratlos setzte er hinzu: »So ist's eben. Das eine Mal sagt der Kandidat, Gott lasse den Menschen ihren freien Willen, das andre Mal sagt er, Gott strafe sie für ihre bösen Handlungen. Da werd' ich ganz zum Narren.«

Diese Unterhaltung fand an einem stürmischen Nachmittag Ende März statt, und Daumer geriet durch sie in eine so trübe Stimmung, daß er eine angefangene schriftliche Arbeit nicht zu beendigen vermochte. – Man raubt ihn mir, man bricht ihn mir zu Stücken, dachte er. – Voll Traurigkeit nahm er ein dickes Heft zur Hand, das seine Aufzeichnungen über Caspar enthielt, und blätterte drin herum. Er schrak zusammen, als seine Schwester ziemlich hastig eintrat, noch mit Pelzkappe und Umhang, wie sie von der Straße kam. Ihr Gesicht verriet Aufregung, und sie wandte sich mit der schnell hervorgestoßenen Frage an Daumer: »Weißt du schon, was man in der Stadt spricht?«

»Nun?«

»Man erzählt sich, Caspar Hauser sei von fürstlicher Abkunft, ein beiseite geschaffter Prinz.«

Daumer lachte gezwungen. »Das fehlte noch«, entgegnete er abschätzig. »Was denn noch alles!«

»Du glaubst nicht daran? Das hab' ich mir gleich gedacht. Aber woher mögen solche Gerüchte stammen? Irgend etwas muß doch dahinter sein.« – »Gar nichts muß dahinter sein. Sie schwatzen eben. Laß sie schwatzen.«

Eine halbe Stunde später erhielt Daumer den Besuch des Archivdirektors Wurm aus Ansbach. Es war dies ein kleiner, etwas verwachsener Mann, der nie lächelte; es hieß von ihm, daß er sehr befreundet mit Herrn von Feuerbach und die rechte Hand des Regierungspräsidenten Mieg sei. Von ersterem bestellte er Grüße an Daumer und sagte, der Staatsrat werde in allernächster Zeit nach Nürnberg kommen, er beschäftige sich angelegentlich mit der Sache Caspar Hausers.

Nach einem kurzen, wenig belangvollen Hin- und Herreden griff der Archivdirektor plötzlich in die Rocktasche, brachte ein kleines broschiertes Buch zum Vorschein und reichte es wortlos Daumer. Dieser nahm es und las den Titel: ›Caspar Hauser, nicht unwahrscheinlich ein Betrüger. Vom Polizeirat Merker in Berlin.‹

Daumer besah das Büchlein mit feindseligen Augen und sagte matt: »Das ist deutlich. Was will der Mann? Was ficht ihn an?«

»Es ist ein gehässiges Pamphlet, tritt aber höchst plausibel auf«, erwiderte der Archivdirektor. »Es sind da mit

Fleiß und Geschick alle Verdachtsgründe, die schon längst in mißtrauischen Gemütern spuken, gegen den Findling zusammengetragen. Der Verfasser prüft alle Angaben Caspars auf ihre Verdächtigkeit hin, auch gibt er Beispiele aus der Vergangenheit, wo ähnliche Lügenkünste, wie er sich ausdrückt, zu verspäteter Enthüllung gelangt sind. Sie, lieber Professor, und Ihre hiesigen Freunde kommen dabei nicht zum besten weg.«

»Natürlich, kann ich mir denken«, murmelte Daumer, und mit der flachen Hand auf das Buch schlagend, rief er aus: »Nicht unwahrscheinlich ein Betrüger! Da sitzt so ein mit allen Hunden gehetzter Herr in Berlin und wagt es, wagt es... Himmelschreiend! Man sollte ihm diesen nicht unwahrscheinlichen Betrüger vorführen, man sollte ihn zwingen, dem Engelblick standzuhalten! Ach, schändlich! Der einzige Trost dabei ist, daß doch niemand das Zeug lesen wird!«

»Sie irren sich«, versetzte der Archivdirektor ruhig, »das Heft findet reißenden Absatz.«

»Nun gut, ich werde es lesen«, sagte Daumer, »ich werde damit zum Redakteur Pfisterle von der ›Morgenpost‹ gehen, der ist der richtige Mann, um dem famosen Polizeirat Widerpart zu halten.«

Der Archivrat maß den aufgeregten Daumer mit einem gleichgültig-schnellen Blick. »Ich möchte eine solche Maßregel nicht ohne weiteres gutheißen«, bemerkte er diplomatisch. »Ich glaubte auch im Sinn des Herrn von Feuerbach zu sprechen, wenn ich Ihnen davon abrate. Wozu das Zeitungsgeschreibe? Was soll es nützen? Man muß handeln, in aller Vorsicht und Stille handeln, das ist es.«

»In aller Vorsicht und Stille? Was wollen Sie damit sagen?« fragte Daumer ängstlich und argwöhnisch.

Der Archivdirektor zuckte die Achseln und schaute zu Boden. Dann erhob er sich, sagte, er wolle am folgenden Nachmittag wiederkommen, um Caspar zu sehen, und reichte Daumer die Hand. Als er schon auf der Treppe war, eilte ihm Daumer nach und fragte, ob es ihn nicht störe, wenn er morgen fremde Leute hier im Hause treffe, es hätten sich einige Herrschaften zu Besuch angesagt. Der Archivdirektor verneinte.

Es gehörte zu den Charaktereigenschaften Daumers, daß er sich in einmal gefaßte Ideen bis zur offensichtlichen Schädlichkeit verrannte. Trotz der Abmahnung des besonnenen Herrn Wurm begab er sich, kaum daß er das Buch des Berliner Polizeirats gelesen hatte, was weniger denn eine Stunde Zeit brauchte, voll Erbitterung in die Redaktion der ›Morgenpost‹. Der Redakteur Pfisterle war ein hitziges Blut. Wie der Geier aufs Aas stürzte er sich auf diese Gelegenheit, seine immer in Vorrat vorhandene Wut und Galle loszulassen. Er wollte Material haben, und Daumer bestellte ihn für den Mittag des folgenden Tages zu sich in die Wohnung.

Am Abend herrschte eine sonderbar schwüle Luft im Daumerschen Haus. Während des Nachtessens wurde wenig geredet, und Caspar, der von all dem, was rings um ihn vorging, nicht im mindesten etwas ahnte, war verwundert über manchen prüfenden Blick oder über das düstere Schweigen auf eine herzliche Frage. Er hatte die Gewohnheit, vor dem Schlafengehen noch ein Buch zur Hand zu nehmen und zu lesen. Das tat er auch heute, und es geschah nun, daß sein Blick, als er das Buch aufgemacht, auf eine bestimmte Stelle fiel, die ihn veranlaßte, entzückt in die Hände zu schlagen und in seiner herzlichen Art zu lachen. Daumer fragte, was es gebe. Caspar deutete mit dem Finger auf das Blatt und rief: »Sehen Sie nur, Herr Professor!«

Seit einiger Zeit hatte er aufgehört, Daumer zu duzen, und zwar ganz von selbst und eigentümlicherweise fast an demselben Tag, an welchem er zum ersten Male Fleisch genossen und danach krank geworden war.

Daumer blickte ins Buch. Die von Caspar aufgegriffenen Worte lauteten: »Die Sonne bringt es an den Tag.«

»Was gibt's dabei zu staunen?« fragte Anna, die über die Schulter des Bruders gleichfalls in das Buch schaute.

»Wie schön, wie schön!« rief Caspar aus. »Die Sonne

bringt es an den Tag! Das ist wunderschön!« – Die drei anderen schauten einander voll seltsamer Gefühle in die Augen.

»Überhaupt ist es schön, wenn man so liest: die Sonne!« fuhr Caspar fort. »Die Sonne! Das hallt so!«

Als er gute Nacht gewünscht hatte, sagte Frau Daumer: »Man *muß* ihn doch liebhaben. Es wird einem ordentlich wohl, wenn man ihn in seiner artigen Geschäftigkeit beobachtet. Wie ein Tierchen webt er für sich hin, niemals langweilt er sich, nie fällt er durch Launen zur Last.«

Wie verabredet, kam Pfisterle am nächsten Tag kurz nach Tisch, blieb jedoch über Gebühr lange sitzen und verstand nicht die ungeduldigen Andeutungen Daumers, der ihn gern vor dem Eintreffen der erwarteten Gäste losgeworden wäre. Als diese um drei Uhr erschienen, saß er noch immer auf seinem Fleck und blieb auch da. Wahrscheinlich hatte es seine Neugierde gereizt, daß ihm Daumer den Namen einer der drei Personen mitgeteilt hatte: es war dies ein damals vielgelesener Schriftsteller aus dem Norden des Reichs. Die andern beiden waren eine holsteinische Baronin und ein Leipziger Professor, der auf einer Romreise begriffen war: ein Unternehmen, welches zu jener Zeit, wenigstens in Nürnberg, einem Mann den Nimbus eines kühnen Forschers verlieh.

Daumer empfing die Herrschaften sehr liebenswürdig, und nachdem er Caspar herbeigeholt hatte, zündete er trotz der frühen Stunde die Lampe an, denn der Nebel lag dicht wie graue Wolle vor den Fenstern. Der Leipziger Professor zog Caspar in eine Unterhaltung, aber er sprach mit ihm wie von Turmeshöhe herunter. Auch ließ er keinen Blick von ihm, und die gelblichen Augen hinter den kreisrunden Brillengläsern schimmerten bisweilen boshaft. Währenddem kamen noch Herr von Tucher und der Archivdirektor, ließen sich den Fremden vorstellen und nahmen auf dem Sofa Platz.

»In deinem Kerker war es also immer dunkel?« fragte der Romfahrer und strich langsam seinen Bart.

Caspar antwortete geduldig: »Dunkel, sehr dunkel.«

Der Schriftsteller lachte, worauf ihm der Professor vielsagend zunickte.

»Haben Sie den Unsinn gehört, der hier in der Stadt über seine fürstliche Abkunft geredet wird?« ließ sich jetzt die holsteinische Baronin hören, deren Stimme wie aus einem Kellerloch kam.

Der Professor nickte wieder und sagte: »In der Tat, es werden hier starke Zumutungen an die Leichtgläubigkeit des Publikums gestellt.«

Eine Zeitlang schwiegen alle, wie von einem Schuß erschreckt. Endlich entgegnete Daumer mit heiserer Stimme und mit der Höflichkeit eines schlechten Komödianten: »Was veranlaßt Sie, meine Ehre zu beschimpfen?«

»Was mich veranlaßt?« prasselte der cholerische Herr auf. »Diese Gaukelfuhr veranlaßt mich dazu. Der Umstand, daß man ein ganzes Land skrupellos mit einem albernen Märchen füttert. Muß denn der gute Deutsche immer wieder das Opfer von Abenteurern à la Cagliostro werden? Es ist eine Schmach!«

Herr von Tucher hatte sich erhoben und blickte dem Aufgeregten mit so unverhohlener Geringschätzung ins Gesicht, daß dieser plötzlich schwieg.

»Wir sind natürlich überzeugt«, mischte sich der Schriftsteller, ein klapperdürrer Herr mit kahlem Schädel, vermittelnd ein, »daß Sie, Herr Daumer, im besten Glauben handeln. Sie sind Opfer wie wir alle.«

Jetzt konnte sich Pfisterle, den die Wut förmlich aufgeschwellt hatte, nicht länger halten. Mit geballten Fäusten sprang er vom Stuhl empor und schrie: »Ja, zum Teufel, warum sollen wir uns denn das gefallen lassen? Da kommen sie her, niemand hat sie gerufen, kommen her, um dagewesen zu sein und mitreden zu können, haben von Anfang an alles besser gewußt, und wenn sie blind wie die Maulwürfe sind, werfen sie sich noch stolz in die Brust und rufen: ›Wir sehen nichts, also ist nichts da.‹ Warum soll denn das ein Unsinn sein, geehrte Dame, was man von seiner Abstammung erzählt? Warum denn, bitte? Leugnen Sie etwa, daß hinter den Mauern, wo unsere Großen wohnen, sich Dinge ereignen, die das Tageslicht zu scheuen haben? Daß dort die Verträge des Blutes für nichts geachtet und Menschenrechte mit Füßen getreten werden, wenn der Vorteil des einzelnen es erheischt? Soll ich mit Tatsachen dienen? Sie können es nicht leugnen. Bei uns wenigstens sind die paar Dutzend Männer noch nicht vergessen, die ihre mutige Freiheitsfahne durch das Land getragen und mit brennenden Fackeln in die Lügendämmerung der Paläste geleuchtet haben.«

»Genug, genug!« unterbrach der Professor den rabiaten Zeitungsmann. »Mäßigen Sie sich, Herr!«

»Ein Demagoge!« sagte die Baronin und stand mit erschrockenen Augen auf. Der Archivdirektor heftete einen vorwurfsvollen und kühlen Blick auf Daumer, der den Kopf gesenkt und die Lippen eigensinnig geschlossen hatte. Als er emporschaute, blieb sein Auge mit gerührtem Ausdruck auf Caspar ruhen, der frei und arglos dastand, den lächelnden, klaren Blick von einem zum andern gleiten ließ, nicht als ob von ihm gesprochen würde und er daran teil hätte, sondern als ob das bewegte Spiel der Mienen und Gebärden lediglich seine Schaulust erwecke. In der Tat verstand er kaum, wovon die Rede war.

Der Leipziger Professor hatte seinen Hut ergriffen und wandte sich noch einmal, an Pfisterle vorübersprechend, gegen Daumer. »Was ist denn bewiesen von den Mutmaßungen törichter Köpfe?« fragte er gellend. »Nichts ist bewiesen! Fest steht nur, daß aus irgendeinem gottverlassenen Dorf in den fränkischen Wäldern sich ein Bauerntölpel in die Stadt verirrt, daß er nicht ordentlich sprechen kann, daß ihm alle Werke der Kultur unbekannt sind, das Neue neu, das Fremde fremd erscheint. Und darüber geraten einige kurzsichtige, sonst ganz wackere Männer außer sich und nehmen die plumpen Aufschneidereien des geriebenen Landstreichers für bare Münze! Wunderliche Verschrobenheit!«

»Ganz wie der Polizeirat Merker«, konnte sich der Archivdirektor nicht enthalten zu bemerken. Auch Pfisterle wollte dawiderreden, wurde aber durch eine energische Kopfbewegung des Herrn von Tucher zum Schweigen gebracht.

Plötzlich wurde von der Straße draußen das Rollen einer Kutsche hörbar. Direktor Wurm ging zum Fenster, und nachdem der Wagen vor dem Haus gehalten hatte, sagte er: »Der Staatsrat kommt.«

»Wie?« entgegnete Daumer rasch. »Herr von Feuerbach?«

»Ja, Herr von Feuerbach.«

In seiner Benommenheit versäumte Daumer die Pflicht des Hausherrn, und als er sich aufraffte, um den Präsidenten zu empfangen, stand dieser schon auf der Schwelle. Mit seinem Imperatorenblick überflog er die Gesichter aller Anwesenden, und als er den Archivdirektor gewahrte, sagte er lebhaft: »Gut, daß ich Sie treffe, lieber Wurm, ich habe etwas mit Ihnen zu besprechen!«

Er trug die einfache Kleidung eines Privatmannes, und außer einem kleinen Ordenskreuz neben dem Halsaufschlag des Rockes war keinerlei Schmuck an ihm zu sehen. Die außerordentlich stolze Haltung des gedrungenen, massigen Körpers und das steif Aufrechte, soldatisch Gebietende seines stets etwas zurückgeworfenen Hauptes erweckten ehrfurchtsvolle Scheu; sein Gesicht, auf den ersten Anblick dem eines verdrießlichen alten Fuhrmanns ähnlich, wurde durch die dunkelglühenden Augen, in denen die Unrast geistiger Leidenschaften lag, und durch die festgeschlossenen, kühngebogenen Lippen geadelt.

Er machte nicht den Eindruck eines Mannes, der viel Zeit hat. Trotz der Würde, die ihm sein Amt verlieh und die er nicht verringerte, hatte sein Auftreten etwas Heftiges, und in der Art, wie er die im Zimmer Versammelten begrüßte, war Förmlichkeit und Strenge enthalten. Es wirkte darum erschreckend auf alle, als ihm Caspar ungezwungen entgegentrat und ihm von selbst die Hand hinstreckte, die Feuerbach auch ergriff, ja sogar eine Zeitlang in der seinen behielt.

Caspar war es wunderlich wohl geworden, seit der Präsident eingetreten war. Er hatte oft an ihn gedacht, seit er mit ihm auf dem Gefängnisturm gesprochen hatte, und seit dem ersten Händedruck liebte er besonders die Hand des Präsidenten, eine warme, harte, trockene Hand, die sich wohl verschloß beim Gruß, als ob sie glaubwürdige Versprechungen gäbe, und die eigene Hand ruhte so sicher in ihr wie der müde Körper abends im Bett.

Daumer geleitete den Präsidenten und den Direktor Wurm in sein Studierzimmer und kehrte dann zurück. Die fremden Gäste schickten sich an zu gehen, sie hatten durch die Dazwischenkunft Feuerbachs etwas von ihrer überlegenen Haltung verloren. Caspar wollte der Dame in den Mantel helfen, doch sie machte eine abwehrende Geste und folgte eilig ihren Begleitern. Herr von Tucher und Pfisterle entfernten sich ebenfalls.

Caspar nahm ein Schreibheft aus der Lade und setzte sich zur Lampe, um seine lateinische Arbeit anzufertigen, da kamen der Präsident und Direktor Wurm wieder ins Zimmer. Feuerbach ging auf Caspar zu, legte die Hand auf sein Haar, bog den Kopf des Jünglings leicht zurück, so daß der Lampenschein voll in Caspars Gesicht fiel, betrachtete seltsam lange und mit bohrender Aufmerksamkeit das seinem Blick stillhaltende Antlitz und murmelte endlich, gegen Wurm gewendet, tief atmend: »Keine Täuschung, es sind die gleichen Züge.«

Der Archivdirektor nickte stumm.

»Das und die Träume – zwei wichtige Indizien«, sagte der Präsident mit dem gleichen Ton von Vertieftheit. Er schritt zum Fenster, die Hände auf dem Rücken, und sah eine Weile hinaus. Darauf wandte er sich zu Daumer und fragte unvermittelt, wie es mit Caspars Ernährung stehe.

Daumer erwiderte, er habe in letzter Zeit versucht, ihn an Fleischkost zu gewöhnen. »Zuerst hat er sich sehr gewehrt, auch hat es nicht den Anschein, als ob die veränderte Diät ihm sehr zuträglich sei. Es ist sogar zu befürchten, daß sie seine inneren Kräfte wesentlich vermindert. Er wird zusehends stumpfer.«

Feuerbach zog die Stirn empor und deutete gegen Caspar. Daumer verstand den Wink und forderte Caspar auf, zu den Frauen hinüberzugehen. Er wartete nicht ab, bis der Jüngling das Zimmer verlassen hatte, sondern fuhr mit beklommenem Eifer fort: »An demselben Tag, wo Caspar zum erstenmal Fleisch genoß, schnappte der Hund unsers Nachbarn, der ihm bis dahin höchst zugetan war, nach ihm und bellte ihn wütend an. Das war wie eine wunderbare Lehre.«

Der Präsident entgegnete finster: »Dem mag sein, wie ihm wolle. Aber ich mißbillige die zahllosen Experimente, die Sie mit dem jungen Menschen vornehmen. Wozu das alles? Wozu magnetische und andere Kuren? Man berichtet mir, daß Sie gegen gewisse krankhafte Zustände homöopathische Heilmittel anwenden. Wozu? Das muß einen so zarten Organismus aufreiben. Die Jugend ist es, die die Krankheiten heilt.«

»Ich bin erstaunt, daß Eure Exzellenz dagegen etwas einzuwenden haben«, versetzte Daumer kalt und demütig. »Der menschliche Körper wird oft von vorübergehenden Leiden befallen, denen auf homöopathischem Weg am besten beizukommen ist. Erst vorigen Montag hat, wie ich bestimmt versichern kann, eine kleine Dosis Silizea Wunder gewirkt. Kennen Eure Exzellenz nicht den schönen, alten Spruch:

›Ein kluger Arzt, der nimmt da seine Hilfe her,
von wo der Schaden kömmt,
Löst Salzsucht auf durch Salz,
löscht Feuer aus durch Flammen.
Ihr Kinder der Natur, ihr zieht die Kunst zusammen,
Macht Weniges aus Viel
und wirket Viel durch Wenig.‹«

Feuerbach mußte unwillkürlich lächeln. »Mag sein, mag sein«, polterte er, »aber damit ist nichts bewiesen, und wenn auch, so trifft es die Sache nicht.«

»Meine Sache steht auch nicht darauf.«

»Um so besser. Vergessen Sie nicht, daß hier ein Recht durchzusetzen ist, das Recht eines Lebens. Ist es nötig, deutlicher zu sein? Ich glaube kaum. Gar bald, ich hoffe es, wird das Dunkel sich lüften, das über den rätselhaften Menschen gebreitet ist, und der Dank, den ich und andere Ihnen schon jetzt schulden, lieber Daumer, wird nicht durch ein Mißvergnügen geschmälert sein, das sich an Ihre vielleicht schädlichen Irrtümer heften muß.«

Das klang feierlich.

Man kanzelt mich ab wie einen Schulbuben, dachte Daumer erbittert, als der Präsident und Direktor Wurm sich verabschiedet hatten. Was ist mir doch in den Kopf gefahren, daß ich die Sache des heimatlosen Findlings zu meiner eigenen machen mußte! Wär' ich nur bei meinen Leisten geblieben, in meiner Einsamkeit!

Es geht mich wenig an, was sie da über sein Schicksal fabeln, fuhr er in seinen verdrossenen Überlegungen fort; allerdings, der Ton des Präsidenten läßt auf etwas Ungewöhnliches schließen. Das seltsame Gerede über Caspars Herkunft, sollte es wirklich einen Bezug haben? Gleichviel, was wäre das mir? Ob eines Bauern, ob eines Fürsten Sohn, was würde es besagen? Freilich, wenn so ein hoher Herr einem in den Weg läuft, gibt man sich als beflissenen Diener, verbriefter Adel und erlauchte Abstammung fordern nun einmal Respekt des Bürgers. Doch ein andres ist das Leben und ein andres die Idee, ein andres, den Mächtigen zu willfahren, weil es zwecklos ist, ihnen zu trotzen, und ein andres, ihrer zu vergessen, eingeschlossen und gefeit in der goldenen Wohnung der Philosophie. Zwischeninne führt die Grenze, die den Menschen aus Staub von dem Menschen aus Geist trennt. Sollte ich in meinem Optimismus zu weit gegangen sein, wenn ich in Caspar den Menschen aus Geist sah? Noch steht es zu bezweifeln. –

Ein Gedankengang, der nicht frei von ahnungsvoller Betrübnis war.

Daumer stellt die Metaphysik auf die Probe

Der Präsident blieb länger als eine Woche in der Stadt. Während dieser Zeit kam er entweder ins Daumersche Haus, um Caspar zu sprechen, oder er ließ den Jüngling zu sich in den Gasthof rufen. Feuerbach liebte nicht Zeugen seines Zusammenseins mit Caspar. Seit er an einem der ersten Tage mit ihm durch die Straßen gegangen war – wo der früh gealterte, doch mächtig anzuschauende Mann neben dem zarten, ein wenig gebückt gehenden jungen Menschen allenthalben Aufsehen erregt hatte – und an einer Ecke, an der die beiden vorüber mußten, ein Kerl wie aus der Erde gewachsen plötzlich neben ihnen her geschlichen war, verzichtete der Präsident darauf, sich mit seinem Schützling öffentlich zu zeigen.

Seine Gespräche mit Caspar, so geschickt sie auch eine Beziehungslosigkeit bisweilen vortäuschen mochten, verfolgten natürlich einen ganz bestimmten Zweck. Caspar, der davon wenig merkte, teilte sich seinem hohen Gönner ohne Befangenheit mit, und durch sein unschuldiges Geplauder wurde Feuerbachs Herz oft sonderbar bewegt, so daß er, dem Wort und Sprache in Fülle gegeben waren, sich nicht selten zum Schweigen verurteilt fand. Ja, er verlor an Sicherheit. – »Caspars Blick gleicht dem Glanz eines morgendlich reinen Himmels, bevor die Sonne aufgeht«, schrieb er an eine altvertraute Freundin, »und manchmal ist mir unter diesem Blick zumute, als halte der rasend dahinstürmende Schicksalswagen zum ersten Male still; die ganze Vergangenheit steht auf, erlittene Willkür und der Trug des Rechts, die Kränkungen des Neides und manche Tat, deren Früchte faul und ekel am Wege liegen. Dazu kommt, daß ich ihm betreff seiner unbekannten Herkunft auf einer Spur bin, die mich, ich fürchte sehr, an den Rand eines verderblichen Abgrunds führt, wo es gilt, sich den Göttern zu vertrauen, denn Menschen werden dort keinem Gesetz mehr untertan sein.« –

Am letzten Tag der Anwesenheit Feuerbachs schickte sich Caspar eine Stunde vor Abend zum Ausgehen an, da der Präsident ihn zu sich bestellt hatte. Er trat ins Wohnzimmer, um zu sagen, daß er gehe, und fand Anna Daumer allein. Sie saß am Fenster und las gerade das Büchlein des Polizeirats Merker. Kaum daß Caspar die Tür geöffnet, versteckte sie das Heft rasch und erschrocken unter der Schürze. »Was lesen Sie denn da, und warum verbergen Sie es denn?« fragte Caspar lächelnd.

Anna errötete und stotterte etwas. Darauf schaute sie mit feuchten Augen empor und sagte: »Ach, Caspar, die Menschen sind doch gar zu schlecht!«

Er entgegnete nichts, sondern lächelte noch immer. Das erschien Anna auffallend, aber Caspar dachte sich weiter gar nichts dabei. Es war eine seiner Seltsamkeiten, daß er sich nie entschließen konnte, eine Frauensperson ganz ernst zu nehmen. – »Frauenzimmer können nichts als dasitzen und ein wenig nähen oder stricken«, pflegte er zu sagen, »sie essen und trinken unaufhörlich und alles durcheinander, und deswegen sind sie immer krank; auf andre Weiber schmähen sie, und wenn sie dann mit ihnen beisammen sind, tun sie schön und lieb.« – Als er einmal in solcher Weise redete, beklagte sich Frau Daumer, doch er antwortete ihr: »Sie sind kein Frauenzimmer, Sie sind eine Mutter.« Auch ereignete es sich einst, daß er bei einem Paradezug von Seiltänzern einem zu Pferd sitzenden Mädchen, dessen bunter Putz und Reitkunst seine Aufmerksamkeit erregt hatten, ein paar Straßen weit folgte. Darüber ärgerte er sich nachher gewaltig, und er meinte, nun sei ihm doch auch einmal geschehen, was bei andern, wie er höre, zuweilen der Fall sei, er sei einem Weibe nachgelaufen. –

Er sagte, daß er zum Nachtessen wieder zu Hause sein werde, aber Anna erwiderte, das sei wohl zu spät, ihr Bruder habe davon gesprochen, daß er den Abend mit Caspar bei der Magistratsrätin Behold verbringen wolle; die Rätin habe schon einige Male darum gebeten, sie sei eine einflußreiche Person, und wenn Daumer sich nicht eine Feindin an ihr machen wolle, müsse er der Einladung folgen.

»Der Herr Präsident geht vor«, sagte Caspar verdrossen und ging.

Es war mildes Wetter, der Schnee war längst verschwunden, weiße Wolken zogen über die spitzgiebligen Dächer hin. Als Caspar in das Zimmer trat, das der Präsident bewohnte, saß dieser am Schreibtisch und blickte mit zurückgelehntem Körper düster sinnend ins Leere. Erst nach einer Weile wandte er sich zu Caspar und redete ihn, aus seinem dunklen Nachdenken heraus, ohne Begrüßung an. »Ich kehre morgen nach Ansbach zurück, Caspar, wie Sie ja wissen«, begann er und verdeckte die Augen mit der Hand. »Sie werden mich einige Wochen, ja vielleicht monatelang nicht sehen. Ich möchte hie und da von Ihnen Nachricht haben, von Ihnen selbst, will Sie aber nicht auffordern, mir regelmäßig zu schreiben, damit Ihnen nicht eine ungern erfüllte Pflicht daraus erwachse. Nun dachte ich mir, Ihnen eine Gelegenheit zur Mitteilung zu geben, bei der Sie mehr auf sich selbst als an andere gewiesen sind. Sie sollen nicht zur Rechenschaft befohlen sein, aber was Sie einem Freund oder sagen wir Ihrer Mutter vertrauen würden, das sollen Sie hier bewahren.«

Damit reichte er Caspar ein in blauen Pappdeckel gebundenes Schreibheft. Caspar ergriff es mechanisch und las auf einem weißen herzförmigen Schildchen: »Tagebuch – Stundenbuch für Caspar Hauser«. Er schlug es auf und gewahrte, auf der ersten Seite eingeklebt, das Bild Feuerbachs und darunter, von der Hand des Präsidenten geschrieben, die Worte: »Wer die Stunde liebt, der liebt Gott, der Lasterhafte entflieht sich selbst.«

Caspar schaute den Präsidenten mit großen Augen ängstlich an. Er wiederholte für sich im stillen, mit sichtbarer Bewegung der Lippen, die geschriebenen Worte und dann, was der Präsident zu ihm gesagt. Alles verfloß im Nebel und, des feierlichen Tones halber, in eine Ahnung von Gefahr.

Es pochte an die Tür, und auf das Herein des Präsidenten brachte ein Eilbote einen Brief. Kaum hatte Feuerbach, ohne das Schreiben zu öffnen, einen Blick auf das Siegel geworfen, als er die Handglocke läutete und dem eintretenden Diener den Befehl gab, es solle sogleich angespannt werden. »Ich muß noch diesen Abend reisen«, sagte er zu Caspar.

In unbestimmtem Lauschen und Warten blieb Caspar stehen. Der Postillion im Hof knallte mit der Peitsche. Ein Hauch der Ferne umwehte Caspar, er spürte plötzlich etwas von der Größe der Welt, und die Wolken am Himmel schienen Arme herunterzustrecken, um ihn emporzuheben. Als der Präsident ihm die Hand zum Abschied reichte, bat er schmeichelnd, mit verlangendem Lächeln: »Möcht' auch mitfahren.«

»Wie, Caspar!« rief der Präsident in gespielter Überraschung, und plötzlich wieder das frühere Du der Anrede wählend. »Willst du denn fort von den Nürnbergern? Hast du denn vergessen, was du deinem gütigen Pflegevater schuldig bist? Was würde Herr Daumer sagen, wenn du ihn so undankbar verließest? Und viele andere wackere Männer, die sich deiner angenommen haben? Es erstaunt mich, Caspar. Bist du denn nicht gern hier?«

Caspar schwieg und senkte die Augen. – Hier ist immer dasselbe, dachte er. Er sehnte sich fort, er dachte, einmal könnte man fortgehen, man könnte in der Nacht das Tor öffnen und könnte gehen, ohne den Weg zu wissen. Vielleicht käme dann einer, um zu fragen: »Wohin, Caspar?« – Und er führt ihn zu einem Schloß, vor dem viel Volk versammelt ist; drinnen ruft eine Stimme Caspars Namen, die Leute machen Platz, und viele Arme deuten auf das Tor, dem er zuschreitet.

»Sprich!« mahnte der Präsident barsch.

»Sie sind alle gut zu mir«, flüsterte Caspar mit zuckenden Lippen.

»Nun also!«

»Es ist nur . . .«

»Was? Was ist? Heraus mit der Sprache!«

Caspar schlug langsam die Augen auf, machte mit dem Arm eine weite Geste, als wolle er den ganzen Erdkreis in das Wort einbeziehen, und sagte: »Die Mutter.«

Feuerbach wandte sich weg, ging zum Fenster und blieb schweigend stehen.

Eine Viertelstunde später schritt Caspar durch die engen Gassen beim Rathaus und kam alsbald auf den menschenverlassenen Egydienplatz. Es war schon dunkel geworden, vor der Kirche brannte eine Öllaterne, und während er nach links abbog, wo das niedere Buschwerk einer Gartenanlage den Platz gegen die Laufergasse schloß, gewahrte er einen ruhig stehenden Mann, der gebeugten Kopfes nach ihm hersah. Caspar ging ein wenig langsamer, plötzlich sah er, daß der Mann den Arm erhob und mit dem Finger winkte.

Caspars Herz klopfte laut. Irgend etwas zwang ihn, der stummen Aufforderung des Unbekannten zu folgen. Der Mann fuhr fort, mit dem Finger zu winken, und wie hingezogen trat Caspar ein paar Schritte auf ihn zu. Da ging der Mann tiefer in das Gehölz, hörte aber nicht auf zu winken. Caspar konnte sein Gesicht nicht sehen, das unter dem weit in die Stirn gedrückten Hut versteckt war.

Er folgte dem Menschen, obwohl alle Fibern seines Leibes widerstrebten, mit Grauen fühlte er sich Schritt um Schritt gezogen, seine Augen waren aufgerissen, Staunen und Schrecken lagen in seinem Gesicht, und die Hände hielt er mit gespreizten Fingern von sich gestreckt.

Schon war er dem Unbekannten so nahe, daß er dessen gelbe Zähne zwischen den Lippen schimmern sah, und wer weiß, was geschehen wäre, wenn sich nicht in diesem Augenblick auf der andern Seite des Gebüsches ein Trupp betrunkener junger Leute hätte hören lassen. Der fremde Mann stieß einen gurrenden Laut aus, bückte sich rasch und war unter dem Schutz des Laubwerks im Nu verschwunden.

Auch Caspar kehrte um und rannte gegen die Kirche, er

lief geradewegs mitten in die Schar der Lärmmacher hinein, die ihn aufzuhalten suchten, und so vermischte sich ein Schrecken mit dem andern. Nur mit Mühe riß er sich los, einige folgten ihm schreiend, er verdoppelte seine Eile, der Hut fiel ihm vom Kopf, er ließ ihn liegen, rannte, so schnell er konnte, durch die Judengasse und weiter und ging erst wieder langsamer, als er sich auf der Brücke zur Insel Schütt befand.

Daumer war schon unruhig geworden und wartete vor dem Haustor. Betroffen hörte er Caspars hastigen und unklaren Bericht an, und nach einiger Überlegung meinte er, er glaube nicht recht an das Abenteuer. »Da hat dir wohl deine allweil erregte Phantasie einen törichten Streich gespielt«, sagte er ungewöhnlich streng. »Nein, es ist wirklich wahr«, beteuerte Caspar. Dann klagte er, daß er den Hut verloren habe, und schließlich zeigte er, auf einmal ganz heiter geworden, das Heft, das ihm der Präsident geschenkt und das er während der ganzen Zeit krampfhaft in der Hand festgehalten hatte.

Zerstreut besah es Daumer. »Hat dir Anna nicht gesagt, daß wir zur Magistratsrätin gehen?« fragte er mißgelaunt. »Es ist höchste Zeit, mach flink und zieh dir den Sonntagsrock an!«

Caspar schaute ihn mit schrägem Blick von unten an und ging zögernd ins Haus. Daumer, der schon in Gesellschaftskleidung war, wandelte zweimal bis zum Pegnitzufer und wieder zurück. Eine halbe Stunde verfloß, und Caspars langes Ausbleiben machte ihn endlich ungeduldig. Er eilte die Stiege hinan und betrat Caspars Zimmer, wo eine Kerze brannte. Zu seinem Ärger nahm er wahr, daß Caspar angekleidet auf dem Bette lag und schlief. Er rüttelte ihn an der Schulter, ließ aber plötzlich ab, durchmaß ein paarmal das Zimmer, ohne seines Mißmuts Herr zu werden. Dann stieß er zornig hervor: »Ach was, soll die Neugier der guten Leute um ihren Schmaus betrogen werden!«

Durch den finstern Flur schritt er ins Gemach der Schwester, die vor dem Klavier saß und spielte. Er legte ihr den Fall vor, und Anna gab ihm ohne weiteres recht, daß er Caspar zu Hause lasse. »Dann muß jemand zur Rätin und unser Ausbleiben entschuldigen«, sagte Daumer in einem Ton, als ob das Versäumnis sonst schlecht ausgelegt werden könne und er Unannehmlichkeiten zu befürchten habe. Anna erwiderte, die Magd sei nicht da, und nach einigem Besinnen erklärte sie sich bereit, den Gang selbst zu tun.

Als sie fort war, setzte sich Daumer zu den Büchern, rückte die Lampe zurecht und las. Doch er hatte ein schlechtes Gewissen und fuhr bei jedem Laut zusammen. Nach einer geraumen Weile hörte er Schritte. Anna trat hinter seinen Stuhl und sagte hastig, die Magistratsrätin sei mitgekommen, um Caspar zu holen. Daumer sprang auf. »Das heiße ich den Spaß zu weit getrieben«, murmelte er entrüstet. Anna legte ihm die Hand auf den Mund, denn schon stand die Rätin in der Tür; reich geschmückt, im Seidenmantel, ein kostbares Spitzentuch um den Kopf.

Sie war eine nicht mehr ganz junge, aber sehr stattliche Frau, ungewöhnlich groß gewachsen, mit ungewöhnlich kleinem Kopf. In ihrem Betragen vermischte sich das Modisch-Französische und das Nürnbergerisch-Provinzliche auf eine nicht immer ganz einwandfreie Weise, und wo jenes zur Geltung kommen sollte, guckte dieses wie der Zipfel eines schlecht verborgenen Armeleutegewands unter einer brokatenen Tunika hervor.

Sie rauschte auf Daumer zu, majestätisch wie eine schaumige Woge, und der gute Mann, niedergeschmettert von soviel Glanz, vergaß seinen Groll und führte die dargereichte Hand der Dame an seine Lippen. »Muß ich selbst Sie an Ihr Versprechen erinnern?« rief sie mit einer sonoren, kräftigen Stimme. »Was soll's bedeuten, Professor? Was ist vorgefallen? Weshalb die Absage? Sie sehen, ich verlasse meine Gäste, um ein Wort einzulösen, das Ihnen zu brechen so leicht wird. Keine Ausflucht, lieber Daumer, Caspar muß mit! Wo ist er?«

»Er schläft«, erwiderte Daumer zaghaft.

»*Nom de Dieu!* Er schläft! Daß dich das Mäusle beißt! So wird man ihn halt wecken. Marsch, marsch, voran!«

Daumer hatte nicht den Mut, zu widersprechen, dies zupackende Gebaren beraubte ihn der gegenständlichen Gründe. Er nahm die Lampe und schritt voraus. Anna, die zurückblieb, räusperte sich empört, dies beirrte aber Frau Behold keineswegs, als Antwort zuckte sie nur verächtlich die Achseln.

Daumer stand so versonnen an Caspars Lager, daß er die Lampe wegzustellen vergaß. In der Tat mochte es schwerlich etwas Schöneres zu sehen geben, als den Engelsfrieden und die rosenhafte Heiterkeit, die auf dem Gesicht des Schläfers leuchteten. Frau Behold schlug unwillkürlich die Hände zusammen, und darin lag Wahrheit und Gefühl.

»Bestehen Sie noch darauf, ihn zu wecken?« fragte Daumer richterlich. »Der Schlaf ist heilig. Die seligen Geister werden fliehen, sobald unsre Hand ihn berührt.«

Frau Behold klappte die Lider auf und zu, als wollte sie das bißchen Rührung davonjagen, wie man Fliegen mit einem Wedel vertreibt. »Schön gesagt«, spottete sie, und ihre Stimme surrte wie das Rädchen einer Spindel. »Aber ich bestehe auf meinem Schein. Ich will dem Buben was dafür schenken, und was die seligen Geister betrifft, die kommen wieder, zum Schlafen gibt's Nächte genug.«

Während Daumer den Schlafenden bei den Schultern emporhob und durch zärtliches Zureden mehr sich selbst als Caspar zu beschwichtigen schien, zeigte sich in dem kleinen Gesicht der Frau Behold eine wunderliche Erregung. Sie blinzelte mit den Augen, ihre Unterlippe wurde schlaff und entblößte eine schmale, feste Zahnreihe wie bei einem Nagetier. *»Pauvre diable«,* murmelte sie, »armes Herzle«, und erfaßte Caspars Hand.

Davon erwachte Caspar völlig, befreite die Hand mit einem Ruck und schüttelte sich. Sein trunken-müder Blick fragte, was man mit ihm vorhabe. Daumer erklärte es, schenkte Wasser in ein Glas und gab es ihm zu trinken, nahm den Sonntagsrock, der schon bereitlag, und hielt ihn zum Anziehen hin.

Caspar heftete den verdunkelten Blick auf Frau Behold und sagte trotzig: »Ich will nicht zu der Frau.«

»Wie, Caspar?« rief Daumer erstaunt und verletzt. Zum erstenmal vernahm er dies »Ich will nicht«, zum erstenmal stand Caspars Wille gegen ihn auf. Caspar war selber erschrocken, sein Blick war schon wieder gefügig, als Daumer mit ernsthaftem Ton fortfuhr: »Ich aber will es. Ich will auch, daß du die Dame um Verzeihung bittest. Es geht nicht an, daß du eine Laune über dich Herr werden läßt. Wenn wir uns der Rücksichten gegen die Menschen entbinden würden, stünden wir alle so hilflos da wie du am ersten Tag.«

Mit niedergeschlagenen Augen tat Caspar, was ihm befohlen worden. Frau Behold nahm den ganzen Auftritt nicht schwer. Sie tätschelte Caspars Wange und fand den Professor Daumer ziemlich komisch.

Eine halbe Stunde später waren sie in den festlich erleuchteten Zimmern der Rätin. Caspar, von Menschen umdrängt, mußte die gewöhnliche Flut der Fragen über sich ergehen lassen. Frau Behold wich nicht von seiner Seite, sie lachte beinahe zu allem, was er sagte, und er wurde allmählich verwirrt und unruhig, empfand Angst vor den Worten; es schien ihm gefährlich zu sprechen, es war, als ob alle Worte zwiefach vorhanden wären, einmal offenbar, das andre Mal verhüllt, und so wie die Worte hatten auch die Menschen etwas Zwiefaches, und unwillkürlich suchten seine Blicke in ein und derselben Person die zweite, die lauernd hinterherging und verführerisch mit dem Finger winkte.

Es war ihm unverständlich, was sie von ihm wollten, ihre Kleidung, ihre Gebärden, ihr Nicken, ihr Lächeln, ihr Beisammensein, alles war ihm unverständlich, und auch er selbst, er selbst fing an, sich unverständlich zu werden.

Indessen verlebte Daumer eine böse Stunde. Frau Behold, die stolz darauf war, ihr Haus zum Sammelort vornehmer Fremder zu machen, hatte heute einen Herrn zu Gast, der, wie man sich erzählte, unter falschem Namen reiste, da er in wichtiger diplomatischer Mission nach einer Residenz im Osten des Landes unterwegs sei. Man raunte sich auch zu, daß der hohe Fremde großes Interesse an dem Findling Hauser nehme und daß er vielen einflußreichen Personen gegenüber sich abfällig und tadelnd über die unsinnigen Gerüchte geäußert habe, die Caspars Herkunft zum Gegenstand hatten. Und man muß gestehen, daß die einflußreichen Personen sich dem Gewicht einer solchen Meinung nicht verschlossen, aber das Treiben des vornehmen Herrn gab auch Anlaß zu mancherlei Verdacht, und der Redakteur Pfisterle, Querulant wie immer, behauptete sogar, der diplomatische Herr sei nach seiner Ansicht nichts andres als ein verkappter Spion.

Wie dem auch war, von all diesen Neuigkeiten hatte Daumer in seiner Weltverlorenheit nichts erfahren. Der Fremde gesellte sich nach kurzer Weile zu ihm, und sie kamen ins Gespräch, wobei es jener leicht anzustellen wußte, daß sie sich von den übrigen Gästen absonderten. Daumer, eingeschüchtert durch die Manieren, die delikate Zwanglosigkeit des hohen Herrn, dessen Rockbrust voller Orden hing, wußte zuerst kaum etwas zu sagen, antwortete bloß wie ein Schüler mit nein und ja. Allmählich gab er sich freier und erzählte seinem Zuhörer vieles von Caspar, kam auf dessen furchtsames Wesen zu sprechen und schilderte wie zur Erläuterung das Benehmen des Jünglings, als er heute abend vor einem eingebildeten, ohne Zweifel eingebildeten Verfolger flüchtend nach Hause gekommen war.

Der Fremde hörte aufmerksam zu.

»Vielleicht hat er sich aber gar nicht getäuscht«, entgegnete er vorsichtigen Tons, »es mag sich da mancherlei in der Verborgenheit abspielen. Meines Wissens haben ja auch Sie, lieber Professor, vor längerer Zeit eine Art von Warnung erhalten. Sie dürfen sich daher nicht wundern, wenn aus gewissen Drohungen Ernst wird.«

Daumer stutzte, doch der Fremde fuhr mit liebenswürdiger Offenheit, scheinbar harmlos plaudernd, fort: »Sie sollten sich an den Gedanken gewöhnen, daß da Mächte im Spiel sind, die vor nichts zurückschrecken, um ihre Maßregeln mit Nachdruck durchzuführen. Das unruhige Gemunkel wird vielleicht als störend empfunden, vielleicht hat man etwas auf dem Kerbholz und möchte die Öffentlichkeit vermeiden. Vorläufig mag es der Gewalt, die da im Hintergrund ist, darum zu tun sein, die Dinge möglichst in Verborgenheit abzumachen, aber sie könnte wohl auch offenes Spiel treiben, sie könnte der Polizei und den Gerichten mit Gemütsruhe die Hände binden. Einstweilen begnügt man sich aber, die Fäden hinter den Kulissen zu ziehen.«

Von neuem stutzte Daumer; die Worte seines Gegenübers schienen einen genauen Bezug zu haben; doch der Fremde ließ ihm keine Zeit zu überlegen, er fuhr mit heller Stimme, fast vertraulichen Tones fort: »Ich glaube vor allem, daß man die Verbreitung all des hirnlosen Geschwätzes durch das bequeme und naheliegende Mittel der Druckschrift fürchtet und ahnden wird. Man demaskiert sich dort oben ungern, und noch weniger will man von andern demaskiert werden, man liebt es nicht, auf den Markt zu treten, noch seine privaten Angelegenheiten da ausgeboten zu sehen. Das ist begreiflich. Der Staatsbürger hat Freiheiten genug, in seinem Bereich mag er sich tummeln, nach oben soll er sich gebunden finden.«

Was war das? – Daumer meinte zu verstehen, worauf es hinauswollte, er beschloß, dem dunkeln Befehl zu gehorchen, war doch dem Zwang schon seine eigne Freiwilligkeit zuvorgekommen.

»Ich möchte mir eine Frage erlauben, verehrter Professor«, begann der Fremde wieder, »sind Sie wirklich überzeugt, daß der hergelaufene Knabe, an dem ich auf meine Art, ich will es nicht leugnen, ein gewisses äußeres Interesse nehme, die ununterbrochene Aufmerksamkeit ernsthafter Männer verdient und rechtfertigt? Lohnt es sich denn, die ganze Welt mit seiner zweifelhaften Sache zu beschäftigen? Was bleibt für die großen Angelegenheiten der Nation, der Wissenschaft, der Kunst, der Religion, des Lebens überhaupt, wenn ein Mann wie Sie die besten Geisteskräfte an ein empfindsames Naturspiel verschwendet? Man rühmt die außergewöhnlichen Gaben des Findlings. Ich bemühe mich umsonst, solche Gaben zu entdecken; ich bin kühn genug zu behaupten, daß ich damit nur an Ihre eigne Ungewißheit rühre. Lassen wir noch ein wenig Zeit vergehen, und wir werden über diesen Punkt eine betrübende Sicherheit gewinnen. Innerhalb der menschlichen Gesellschaft gibt es Hunderttausende von Wesen, die, mit ebenso großen oder noch größeren Eigenschaften geboren, dennoch einem ungleich elenderen Los verfallen sind. Die wahrhafte Tugend müßte sich auch für sie entflammen, denn in der Idee darf dem Erbarmen mit der menschlichen Not keine Grenze gesetzt sein. Aber wo endete der Mann, der sein Herz nach allen Seiten hin zerrisse und in Fetzen austeilte? Er stünde leer da an dem Tage, wo ein würdiger Gegenstand ein würdiges Opfer von ihm forderte. Denken Sie sich von Caspars Lebensalter ein Dutzend Jahre hinweg, und das vermeintliche Wunder ist enthüllt bis auf den Grund und hat Ihnen nichts mehr zu geben als die beschämende Selbstverständlichkeit einer natürlichen Tatsache. Bestenfalls bleibt ein Kuriosum und das bißchen Geheimnis, das allen unreifen Köpfen so aufregend dünkt.«

Widerspruch und Abwehr malten sich in Daumers Zügen, sein umherschweifender Blick suchte nach Caspar; aber alles, was er zu sagen wußte, war: »Nicht durch Worte kann die Seele für sich zeugen.«

Der Fremde lächelte bitter. »Die Seele! Die Seele!« erwiderte er spöttisch. »Sie kann nicht durch Worte zeugen, denn sie ist nur ein Wort wie jedes andre. Das Auge schaut, der Finger spürt, jedes Härchen lebt auf eigene Weise, das Blut durchspritzt die Adern, jeder Sinn macht den Raum lebendig, den Tod fühlbar, was ziert ihr euch da und wollt ein Besonderes haben und sprecht von Seele, als sei die Seele wie ein Schmuckstück, das eine eitle Frau im Kästchen verschließt und gelegentlich an ihren Busen steckt, um beim Ball damit zu glänzen! Jeder ist im allgemeinen ausgeteilt, und sein Zuschuß von Kräften ist kein Privileg, sondern nur Hoffnung. Oder dürfte der Adler die Seele für sich in Beschlag nehmen, weil er besser zu fliegen vermag als die Gans? Die Seele! Ihr Herren beleidigt den Schöpfer damit, ob ihr sie leugnet oder ob ihr Bücher schreibt, um sie zu beweisen.«

Es entstand ein Schweigen. Er spricht wie ein Satan, dachte Daumer, und als er sich anschickte zu antworten, kam ihm der Fremde mit höflicher Eindringlichkeit zuvor. »Ich weiß, Sie lieben Caspar«, sagte er mit veränderter Stimme, ernst und herzlich, »Sie lieben ihn brüderlich, und nicht Mitleid nährt diesen Trieb, sondern die schöne Begierde, die stets den Gott in der Brust des andern sucht und nur im Ebenbild sich selbst erkennen will. Aber Sie möchten eine Ausrede haben für Ihre Liebe, das ist es. Muß ich Ihnen sagen, daß es keine tieferen Wunden gibt als die Enttäuschungen aus solchem Zwiespalt? Ich rate Ihnen, fliehen Sie den Anblick und die Gesellschaft dessen, der Ihnen nichts mehr zu bieten hat als Enttäuschung.«

»Also sind wir denn zu schwach, dem Erlebnis gegenüber so zu bleiben, wie wir zu sein glaubten, indem wir es ersehnten!« rief Daumer verzweifelt.

Der Fremde verzog sein faltig-altes Gesicht zu einer Grimasse des Bedauerns. Eine leichte Gebärde verriet, daß das Gespräch für ihn erschöpft sei, und sie mischten sich wieder unter die übrigen Gäste. Daumer, völlig aus der Fassung gebracht, wünschte nichts weiter, als den lärmenden Kreis zu verlassen. Er suchte Caspar und bemerkte ihn, blaß und schweigsam, mitten unter schillernden Roben und grauen und braunen Fräcken; Frau Behold saß auf einem niedrigen Schemel fast zu seinen Füßen, und ihr Gesicht sah hart und düster aus.

Der Abschied war umständlich. Als sie auf den vereinsamten Gassen schweigend ein Stück Wegs zurückgelegt hatten, schlang Daumer den Arm um Caspars Schulter und sagte: »Ach, Caspar, Caspar!« Es klang wie eine Beschwörung.

Caspar, den es nach Belehrung dürstete und dessen Herz zum Überfließen voll von Fragen war, seufzte auf und lächelte seinem Lehrer in wiedererwachtem Vertrauen zu. Sei es nun, daß Blick und Lächeln Daumer an einer Stelle seines Innern trafen, wo er sich unsicher und schuldig fühlte, sei es, daß die Nacht, die Einsamkeit, die quälenden Zweifel, das wunderliche Gespräch, das er eben geführt, seinen Geist zu übertriebener Inbrunst entzündeten, er blieb stehen, umarmte Caspar noch fester und rief mit emporgewandten Augen: »Mensch, o Mensch!«

Das Wort ging Caspar durch Mark und Bein. Ihm war, als eröffne sich ihm auf einmal, was dies zu bedeuten habe: Mensch! Er sah ein Geschöpf, tief unten verstrickt und angekettet, von tief unten hinaufschauend, fremd sich selbst, fremd dem andern, dem es das Wort Mensch zuschrie und der ihm nichts antworten konnte als eben diesen inhaltsvollen Ruf: Mensch.

Sein Ohr hielt den Klang fest, der durch die Ergriffenheit Daumers etwas Weihevolles für ihn bekommen hatte. Am andern Morgen nahm er sein Tagebuch zur Hand, und die erste Eintragung, die er darin machte, waren die drei Worte: »Mensch, o Mensch«, für jeden anderen natürlich eine sinnlose Hieroglyphe, für ihn aber ein deutungsvoller Hinweis, ein entschleiertes Geheimnis beinahe, ein Wahl- und Zauberspruch zur Abwendung von Gefahren. Es entsprach seinem kindlichen Wesen, daß er von derselben Stunde an das Tagebuch als eine Art von Heiligtum betrachtete, welches nur in Zeiten der Andacht und Sammlung zugänglich war, und in einer jener sehnsüchtigen und angstvolltraurigen Stimmungen, die ihn häufig befielen, faßte er den sonderbaren und folgenschweren Entschluß, daß kein anderer Mensch außer seiner Mutter jemals Einblick in dieses Heft erlangen, jemals lesen sollte, was er darin aufschreiben würde. Solche Vorsätze starrsinnig zu halten, dazu war er durchaus imstande.

Als wenige Tage nachher die Prinzessinnen von Kurland in Daumers Haus kamen, die mit Feuerbach befreundet waren und große Teilnahme für Caspar hegten, kam zufälligerweise die Rede auf das Geschenk, das der Präsident seinem Schützling gemacht, und da Daumer erzählte, es befände sich in dem Büchlein ein sehr gutes Stahlstichporträt des Präsidenten, wünschten die Damen das Heft gern zu sehen. Zu aller Erstaunen weigerte sich Caspar, es zu zeigen. Daumer warf ihm erschrocken seine Unhöflichkeit vor, aber er blieb hartnäckig. Die Damen bestanden nicht weiter darauf, ja, sie lenkten sogar die Unterhaltung taktvoll in eine andere Richtung, aber als sie fortgegangen waren, nahm Daumer den Jüngling ins Gebet und fragte ihn nach dem Grund seiner Weigerung. Caspar schwieg. »Und würdest du auch mir, wenn ich es verlangte, das Heftchen vorenthalten?« fragte Daumer. Caspar sah ihn groß an und antwortete treuherzig: »Sie werden es gewiß nicht verlangen, bitte schön!«

Daumer war sehr betroffen und entfernte sich still.

Gegen Abend kam Herr von Tucher, bat Daumer um eine Unterredung unter vier Augen, und als sie allein waren, sagte er ohne weitere Einleitung: »Ich muß Sie leider davon in Kenntnis setzen, daß ich unsern Caspar zweimal beim Lügen ertappt habe.«

Daumer schlug stumm die Hände zusammen. Das fehlte nur noch, dachte er.

Beim Lügen! Zweimal beim Lügen ertappt! Ei, du gütiger Himmel! Wie war das zugegangen?

Die Sache verhielt sich so: Am Sonntag sei er mit dem Bürgermeister in Caspars Zimmer getreten, erzählte Herr von Tucher, und habe den Jüngling ersucht, ihn in seine Wohnung zu begleiten. Da habe Caspar, der bei den Büchern gesessen, erwidert, er dürfe nicht, Daumer habe ihm verboten, das Haus zu verlassen. Dem Bürgermeister sei das gleich bedenklich erschienen, besonders da Caspar ihn kaum anzusehen gewagt; er habe sich unauffällig bei Daumer erkundigt, wie dieser sich wohl erinnern werde, und seinen Verdacht bestätigt gefunden. Am andern Tag seien beide, Herr Binder und Herr von Tucher, während Daumer von Hause fort gewesen, zu Caspar gekommen und hätten ihm seine Unwahrheit vorgehalten. Unter Erglühen und Erblassen habe er sein Vergehen zugestanden, habe aber, wie ein gescheuchter Hase in die Enge getrieben und den ersten besten Ausweg ergreifend, albernerweise eine Geschichte erfunden von einer Dame, die bei ihm gewesen und die ihm ein Geschenk versprochen, weshalb er auf sie gewartet habe.

»Auf unser mehr bestürztes als strenges Zureden bekannte er sich auch dieser Unwahrheit schuldig«, fuhr Herr von Tucher mit unerschütterlichem Ernst fort. »Er gab zu, daß er nur in Ruhe habe studieren wollen und daß ihm kein andres Mittel eingefallen sei, um die lästigen Störungen abzuwenden. Inständig flehte er uns an, Ihnen nichts von seinem Fehltritt zu erzählen, er wolle es nie wieder tun. Ich hab' mir's aber überlegt und bin zu dem Schluß gelangt, daß es besser ist, wenn Sie alles wissen. Es ist vielleicht noch Zeit, um das böse Laster mit Erfolg zu bekämpfen. Man kann ihm ja nicht ins Herz schauen, doch ich glaube noch immer an die Unverdorbenheit seines Gemüts, wenngleich ich überzeugt bin, daß uns nur die äußerste Wachsamkeit und unerbittliche Maßnahmen vor gröberen Enttäuschungen bewahren können.«

Daumer sah vollkommen vernichtet aus. »Und das von einem Menschen, auf dessen heiliges Wahrheitsgefühl ich Eide geschworen hätte«, murmelte er. »Wenn Sie es nicht wären, der mir das erzählt, ich würde lachen. Noch vor einer Stunde hätte ich jeden für einen Schurken erachtet, der mir gesagt hätte, Caspar sei einer Lüge fähig.«

»Auch mir ist es nahegegangen«, versetzte Herr von Tucher. »Aber wir müssen Geduld haben. Sehen Sie zu, halten Sie die Augen offen, warten Sie auf den nächsten gegründeten Anlaß, dann greifen Sie ein, und zwar mit wuchtiger Hand.«

Eine Lüge, nein, zwei Lügen auf einmal! Der arme Daumer, er wußte sich keinen Rat. Er ging hin und überlegte. Herr von Tucher nimmt den ganzen Vorgang zu schwer, sagte er sich, Herr von Tucher ist eine sehr gerechte Natur, aber ohne Zweifel ein Mann mit vielen Vorurteilen, die ihn dazu verführen, eine Lüge mit allen verfemenden Zeichen der Übeltat auszustatten; Herr von Tucher kennt das tägliche Leben nicht, das unsereinen unterscheiden lehrt zwischen dem, was schlecht ist und was der Andrang gebieterischer Umstände aus dem Redlichsten entpreßt. Aber was geht mich Herr von Tucher an, hier handelt es sich um Caspar. Ich glaubte einst, von ihm fordern zu dürfen, was keiner sonst von keinem fordern darf. War es eine Verblendung, eine Anmaßung von mir? Wir wollen sehen; ich muß jetzt herausbekommen, ob er schon zu den Gewöhnlichen gehört oder ob sein Wille noch einer unhörbar rufenden Stimme zu gehorchen fähig ist. Hat sich sein Ohr jedem Geisterhauch und -schall schon verschlossen, dann ist seine Lüge eine Lüge wie jede andere, kann ich aber noch übersinnliche Kräfte des Verstehens in ihm wecken, dann will ich die Philister verachten, die immer gleich mit dem Bakel erscheinen.

Es bedurfte einer schlaflosen Nacht, um dem sonderbaren Plan Daumers, der eine Art Gottesurteil in sich schließen sollte, auf die Beine zu helfen. Die Weigerung Caspars, sein Tagebuch zu zeigen, gab den Anstoß. Ich will ihn bewegen, mir aus eigenem Trieb das Heft zu bringen, kalkulierte Daumer; ich will etwas wie eine metaphysische Kommunikation zwischen mir und ihm herstellen; ich werde ihn, ohne ein Wort zu sprechen, mit meinem geistigen Verlangen zu erfüllen trachten und werde eine Stunde festsetzen, innerhalb deren das nur Gewünschte zu geschehen hat. Kann er folgen, so ist alles gut; wenn nicht, dann ade, Wunderglaube, dann hat dieser beredsame Materialist recht gehabt, mir die Seele wegzudisputieren.

Am Morgen, so gegen neun Uhr, kam Anna zu ihrem Bruder und sagte, Caspar gefalle ihr heute ganz und gar nicht; er sei schon um fünf aufgestanden, und es sei eine Unruhe in ihm, die sie noch nie wahrgenommen; beim Frühstück habe er fortwährend ängstlich um sich herumgeschaut und keinen Bissen gegessen.

Daumer lächelte. Sollte er jetzt schon spüren, was ich mit ihm vorhabe? dachte er, und seine Stimmung wurde mild und zuversichtlich.

Ein schicklicher Vorwand, die Frauen aus dem Haus zu schaffen, fand sich ungezwungen; Frau Daumer mußte ohnehin auf den Markt, Anna wurde überredet, einige Besuche zu machen. Um elf Uhr machte sich Caspar an seine Schularbeiten, Daumer ging ins Nebenzimmer, ließ aber die Tür offen. Er setzte sich, das Gesicht gegen Caspars Platz gerichtet, ein wenig hinter der Schwelle auf ein Stühlchen, und es gelang ihm alsbald, mit erstaunlicher Energie all seine Gedanken auf das eine Ziel zu richten, auf dem einen Punkt zu sammeln. Im Haus war es sehr still, kein Laut störte das wunderliche Beginnen.

Bleich und gespannt saß er also und beobachtete, daß Caspar häufig aufstand und zum Fenster trat. Einmal öffnete er das Fenster, das andere Mal schloß er es wieder. Dann begab er sich zur Tür und schien zu überlegen, ob er hinausgehen solle. Sein Auge war ohne Stetigkeit und sein Mund eigentümlich gramvoll verzogen. Aha, es rumort in ihm, frohlockte Daumer, und immer, wenn Caspar sich dem Schränkchen näherte, in dem das blaue Heft wahrscheinlich lag, bekam der unglückliche Magier vor Erwartung Herzklopfen.

Wie weit war Caspar davon entfernt, auch nur zu ahnen, was in Daumer vorging, zu ahnen, daß in dieser Stunde sein Geschick und Wesen vor ein Tribunal gestellt wurde!

Es war ihm ungeheuer bang heute. Es war ihm so bang, daß er ein paarmal die ganz bestimmte Vorstellung hatte, es würde ihm etwas Schlimmes zustoßen. Ja, er hatte das unabweisbare Gefühl, daß einer unterwegs sei, der ihm etwas zuleide tun werde. Erstickend lag die Luft im Raum, die Wolken am Himmel blieben lauernd stehen; wenn durch die Baumkronen vor dem Fenster eine Schwalbe strich, sah es aus, als ob eine schwarze Hand pfeilschnell auf und nieder tauche; das Deckengebälk bog sich niedriger, hinter dem Getäfel der Wand knackte es unheimlich.

Caspar ertrug es nicht mehr. Sein Blick stach, eine kühlschaurige Angst floß ihm durch die Haare, die Brust wurde eng, es trieb ihn hinaus, hinaus. – Plötzlich verließ er mit fliehenden Gebärden das Zimmer.

Ruhig blieb Daumer sitzen und stierte vor sich hin wie einer, der aus dem Rausch erwacht. Vorüber, die Frist war verstrichen. Er schämte sich sowohl seiner Niederlage als auch seines vermessenen Unterfangens, denn er war ja ein gescheiter Kopf und hatte Selbstbesinnung genug, um die spielerische Willkür dessen, was er gewollt, ernüchtert zu empfinden.

Trotzdem ergriff ihn eine finstere Gleichgültigkeit. Der Hoffnungen zu gedenken, die sich noch vor kurzem an den Namen Caspar geknüpft, verursachte ihm einen schalen Geschmack auf der Zunge. Er faßte den unerschütterlichen Vorsatz, sein Leben wie ehedem dem Beruf, der Einsamkeit und den Studien zu widmen, und die Kräfte des Geistes nur dort zu opfern, wo im Frieden der Erkenntnis und des Forschens jede Gabe sichtbar bezahlt wird.

Eine vermummte Person tritt auf

Caspar war in den Garten gegangen. Er lief über den feuchten Boden bis zum Zaun und schaute gegen den Fluß hinüber. Ein bleifarbener Dunst umkleidete die Türmchen und ineinandergeschobenen Dächer der Stadt, nur das bunte Dach der Lorenzkirche glänzte hell, doch glich alles zusammen mehr einem Spiegelbild im Wasser als einer greifbaren Wirklichkeit.

Caspar fröstelte, und es war doch warm. Er wandte sich wieder gegen das Haus. Als er das Pförtchen geöffnet hatte, machte ihn der leer daliegende Flur betroffen. Ein breiter Streifen Sonne, der über die Steinfliesen kam und zitternd die weißen Stufen der Wendeltreppe hinauflief, verstärkte den Eindruck der Verlassenheit. Hinter einer Tür des Flurs, aus der Wohnung des Kandidaten Regulein, tönten Geigenklänge, der Kandidat übte. Den einen Fuß schon auf der Treppe, blieb Caspar stehen und lauschte.

Da! Da war es! Da kam er! Ein Schatten erst, dann eine Gestalt, dann eine Stimme. Was sagte die Stimme, die tiefe Stimme?

Eine tiefe Stimme sprach hinter ihm die Worte: »Caspar, du mußt sterben.«

Sterben? dachte Caspar erstaunt, und seine Arme wurden steif wie Hölzer.

Er sah einen Mann vor sich stehen, der ein seidigschwarzes, lang hängendes, vom Zugwind ein wenig geblähtes Tuch vor dem Gesicht hatte. Er hatte braune Schuhe, braune Strümpfe und einen braunen Anzug. Über seinen Händen trug er Handschuhe, und in seiner Rechten funkelte etwas Metallenes, funkelte und erlosch. Er schlug Caspar damit. Während Caspar den gelähmten Blick nach oben zwang, spürte er einen donnernden Schmerz im Hirn.

Auf einmal hörte der Kandidat Regulein auf, die Geige zu spielen. Es erschallten Schritte, die wieder verklangen, doch mochte der Vermummte stutzig geworden sein und die Furcht ihn verhindern, zum zweitenmal auszuholen. Als Caspar die Augen auftat, über die von der Mitte der Stirn herunter eine brennende Nässe floß, war der Mann verschwunden.

Ei, hätte er nur nicht Handschuhe gehabt, unter tausend Händen wollte ich seine Hand erkennen, dachte Caspar, indem er zur Seite torkelte. An der Schmalseite des Flurs fand er keinen Halt; er probierte die Stiege hinaufzuklimmen, aber der Sonnenstreifen erschien wie ein hindernder Strom Feuers. Er glitt nieder, umklammerte die Steinsäule und blieb eine halbe Minute lautlos sitzen, bis ihn die Angst packte, der Vermummte könne wieder zurückkommen. Mit aller Kraft hielt er das fliehende Bewußtsein noch fest, richtete sich auf, taumelte vorwärts und tastete sich an der Wand entlang, als suche er ein Loch, um sich zu verkriechen.

Als er bei der Kellertreppe war, gab die nur angelehnte Tür dem Druck seiner Hand nach, so daß er fast hinuntergestürzt wäre. Kaum sehend und ohne zu überlegen, tappte er so schnell wie möglich die finsteren Stufen hinunter, denn schon glaubte er den Vermummten hinter sich. Als er im Keller war, spritzte Wasser von seinen Schritten auf; es war Regenwasser, das bei schlechtem Wetter hier unten Pfützen bildete. Endlich fand er einen trockenen Winkel. Während er sich niederließ und sich, voller Furcht und Grauen, förmlich zusammenrollte, hörte er noch von den Turmuhren zwölf schlagen, danach sah und fühlte er nichts mehr.

Um Viertel eins kamen die Daumerschen Frauen zurück. Anna, die im Flur voranging, gewahrte die große Blutlache vor der Stiege und schrie auf. Gleichzeitig kam der Kandidat Regulein aus seiner Wohnung und meinte: »Na, was ist denn das für eine Bescherung?« Die alte Frau, die an nichts Schlimmes dachte, äußerte sich, wahrscheinlich habe jemand Nasenbluten gehabt. Anna jedoch, mehr und mehr voll Ahnung, wies auf die blutigen Fingerabdrücke hin, die an der Mauer bis zur Kellertür sichtbar waren. Sie sprang hinauf, ihr erster Gedanke war Caspar, sie suchte ihn in allen Zimmern und sagte zum Bruder: »Du, da unten ist alles voll Blut.« Daumer erhob sich mit einem beklommenen Ausruf vom Schreibtisch und eilte hinaus.

Inzwischen war der Kandidat der Blutspur bis in den Keller gefolgt. Mit heiserer Stimme schrie er von unten nach Licht und fügte gellend hinzu: »Da unten ist er, da liegt der Hauser! Hilfe! Hilfe! Schnell!«

Alle drei Daumers stürzten in den Keller, Anna kam keuchend wieder zurück, um die Kerze zu holen, die andern versuchten, den kauernden Körper Caspars aufzurichten, und dann trugen sie ihn hinauf. »Zum Arzt, zum Arzt!« kreischte Frau Daumer der entgegenrennenden Anna zu, die das Licht ausblies, zu Boden warf und davonsprang.

Als Caspar endlich oben auf dem Bett lag, wuschen sie das gestockte Blut von seinem Gesicht, und es kam eine nicht unbedeutende Wunde inmitten der Stirn zum Vorschein. Daumer lief mit gerungenen Händen im Zimmer auf und ab und stöhnte fortwährend: »Das muß mir passieren! Das muß in meinem Haus passieren! Ich hab's ja gleich gesagt, ich hab's immer gewußt!«

Der Platz vor dem Haus war schon voller Menschen, als Anna mit dem Arzt zurückkam. Im Flur standen einige Magistrats- und Polizeileute. Ein wenig später erschien auch der Gerichtsarzt. Beide Doktoren versicherten, daß die Wunde ungefährlich sei, ob aber das Gemüt des Jünglings nicht eine bedenkliche Erschütterung erlitten habe, ließen sie dahingestellt.

Ein amtliches Protokoll konnte nicht aufgenommen werden, Caspar war immer nur kurze Zeit bei Besinnung. Er stammelte dann ein paar Worte, die allerdings das, was mit ihm geschehen war, wie unter Blitzesleuchten erkennbar machten, sprach von dem Vermummten, von seinen glänzenden Stiefeln und gelben Handschuhen, fiel aber danach in heftige Wahn- und Fieberdelirien. Bei der Besichtigung der Lokalität wurde der Weg entdeckt, auf dem der Unbekannte ins Haus gedrungen war: unter der Stiege befand sich nämlich gegen den Baumannschen Garten ein kleines Türchen, dessen Vorlegeschloß gesprengt war.

Die Vernehmung Daumers war fruchtlos, er stand kaum Rede. Gegen Abend kam Herr von Tucher und teilte mit, daß man einen Eilboten an den Präsidenten Feuerbach abgefertigt habe.

Das Bürgermeisteramt hatte sogleich umfassende Nachforschungen veranstaltet. An allen Haupt- und Nebentoren der Stadt wurde die Wache zu erhöhter Aufmerksamkeit verpflichtet, die Wirtshäuser und Herbergen, wo Leute gemeinen Schlags sich aufzuhalten pflegten, wurden sorgfältig durchsucht, auch wurden die Gendarmerie und die benachbarten Landgemeinden zu tätiger Vigilanz aufgefordert. An die Amtstafel des Rathauses wurde eine öffentliche Bekanntmachung angeschlagen, und zwei Aktuare und die halbe Polizeimannschaft wurden mit der Verfolgung des Frevlers betraut.

Die Untat geschah an einem Montag. Eine zu leitende Gerichtsverhandlung hinderte unglücklicherweise den Präsidenten, sofort nach Nürnberg zu kommen, erst am Donnerstag traf er mit Extrapost in der Stadt ein und begab sich unverzüglich aufs Rathaus. Er ließ sich vom Magistratsvorstand über die polizeilichen Maßregeln und deren Ergebnisse Bericht erstatten, zeigte sich aber mit allem so unzufrieden und geriet über eine Reihe von Mißgriffen in solchen Zorn, daß die ganze Beamtenschaft den Kopf verlor. Über die vom Aktuar ihm vorgelegten Protokolle und Zeugenaussagen machte er sarkastische Bemerkungen. Da war eine Hallwächtersfrau, welche am Schießgraben beim Hauptspital einen wohlgekleideten Herrn gesehen hatte, der sich in einer Feuerkufe die Hände wusch; da war ein Öbstnerweib, das in Sankt Johannis einem Fremden begegnet war, welcher sich bei ihr erkundigt hatte, wer am Tiergärtner Tor Examinator sei und ob man, ohne angehalten zu werden, in die Stadt gelangen könne; da waren verdächtige Handwerksburschen und unterstandslose Strolche verhaftet worden; da hatte man zwei Kerle beobachtet, den einen im hellen Schalk, den andern im dunklen Frack, die auf der Fleischbrücke zusammengekommen waren und einander Zeichen gegeben hatten.

»Zu spät, zu spät!« knirschte der Präsident. »Warum hat man nicht die Namensliste der zu- und abgereisten Fremden in den Gasthöfen kontrolliert?« fuhr er den zitternden Aktuar an.

»Die Spuren laufen nach vielen Richtungen«, bemerkte schüchtern der Unglückliche.

»Gewiß, die Unfähigkeit hat viele Wege«, antwortete der Präsident beißend, und mit Bedeutung fügte er hinzu: »Hören Sie, Mann Gottes! Der Übeltäter, auf den wir da fahnden, wäscht seine Hände nicht auf offener Straße, er läßt sich mit keinem Öbstnerweib in Gespräche ein und braucht keinen Examinator zu fürchten. Zu niedrig habt ihr gegriffen, viel zu niedrig.«

Er nahm einen Schreiber mit, um den Lokalaugenschein im Daumerschen Haus nochmals selbst vorzunehmen. Der Magistratsrat Behold begleitete ihn und ward ihm durch mannigfaches Reden lästig; unter anderm äußerte Behold, er habe gehört, Professor Daumer wolle Caspar nicht länger behalten, und machte sich erbötig, dem Jüngling in seinem Haus Obdach zu gewähren. Feuerbach hielt dies für leeres Geschwätz und entledigte sich des Mannes, indem er ihn mit einem Auftrag zu Herrn von Tucher schickte.

Aber als er dann mit Daumer sprach, erregte dessen Zerfahrenheit sein Befremden. Um ihn nicht noch mehr zu verwirren, legte Feuerbach das Verhör mit ihm so an, daß es mehr einer freundschaftlichen Unterhaltung glich. Daumer erinnerte sich der geheimnisvollen Begegnung, die Caspar vor der Ägidienkirche gehabt hatte, und rückte damit heraus.

»Und davon erfährt man jetzt erst?« brauste der Präsident auf. »Und hatte die Sache keine unmittelbaren Folgen? Haben Sie nachher nichts Verdächtiges beobachtet?«

»Nein«, stotterte Daumer, in Furcht gesetzt durch den stählern durchdringenden Blick des Präsidenten. »Das heißt, eines fällt mir noch ein: Ich traf am selben Abend bei Frau Behold einen Herrn, der sich mir gegenüber in ganz seltsamen Andeutungen oder Warnungen gefiel; wie man es auffassen soll, weiß ich nicht.«

»Was war der Mann? Wie hieß er?«

»Man sagte, es sei ein zugereister Diplomat, des Namens entsinne ich mich nicht. Oder doch, jawohl: Herr von Schlotheim-Lavancourt, er soll sich aber unter falschem Namen hier aufgehalten haben.«

»Wie sah er aus?«

»Dick, groß, ein wenig pockennarbig, ein hoher Fünfziger.«

»Schildern Sie mir das Gespräch mit ihm.«

Daumer gab, so gut er es vermochte, den Inhalt der Unterredung wieder. Feuerbach versank in langes Nachdenken, dann schrieb er einige Notizen in sein Taschenbuch. »Lassen Sie uns zu Caspar gehen«, sagte er, sich erhebend.

Caspars Stirn war noch verbunden, das Gesicht war beinahe so weiß wie das Tuch; auch das Lächeln, womit er den Präsidenten empfing, war gleichsam weiß. Er hatte bereits drei oder vier Verhöre überstanden. Schon beim ersten hatte er alles Erzählenswerte erzählt. Das hielt den guten Amtsschimmel nicht ab, immer wieder von neuem anzutraben, man fragte die kreuz und quer, um das Opfer auf einem Widerspruch zu erwischen, mit Widersprüchen kann man arbeiten. Wenn einer jedesmal dasselbe sagt, wird die Geschichte aussichtslos. Der Präsident unterließ das Fragen, er fand einen veränderten Menschen in Caspar, es war etwas Beklommenes an ihm, sein Blick war weniger frei, nicht mehr so tiefstrahlend und seltsam ahnungslos, näher an die Dinge gekettet.

Während die Frauen sich über Caspars Befinden befriedigt äußerten, kam auch der Arzt und bestätigte gern, daß von irgendwelcher Gefahr keine Rede mehr sein könne. In einem Ton, der mehr Befehl als Wunsch enthielt, sagte der

Präsident, er hoffe, daß in diesen Tagen fremde Besucher ohne Ausnahme abgewiesen würden. Daumer erwiderte, das verstehe sich von selbst, erst diesen Morgen habe er einem betreßten Lakaien abschlägigen Bescheid geben lassen.

»Es war der Diener eines vornehmen Engländers, der im Gasthof zum Adler wohnt«, fügte Frau Daumer hinzu, »er war übrigens nach einer Stunde noch einmal da, um sich ausführlich zu erkundigen, wie es Caspar ginge.«

Es klopfte an die Tür, Herr von Tucher trat ein, begrüßte den Präsidenten und machte nach kurzer Weile eine überraschende Mitteilung: Derselbe Engländer, ein anscheinend sehr reicher Graf oder Lord, habe dem Bürgermeister einen Besuch abgestattet und ihm hundert Dukaten überreicht als Belohnung für denjenigen, dem es gelingen würde, den Urheber des an Caspar verübten Überfalls zu entdecken.

Ein erstauntes Schweigen entstand, welches der Präsident mit der Frage unterbrach, ob man wisse, weshalb sich der Fremde in der Stadt aufhalte. Herr von Tucher verneinte. »Man weiß nur, daß er vorgestern abend angekommen ist«, antwortete er, »ein Rad seines Wagens soll in der Nähe von Burgfarrnbach gebrochen sein, und er wartet hier, bis der Schaden ausgebessert ist.« Der Präsident zog die Brauen zusammen, Argwohn umdüsterte seinen Blick – so wird der Jagdhund stutzig, wenn sich abseits von verwirrenden Fährten eine neue Spur zeigt.

»Wie nennt sich der Mann?« fragte er scheinbar gleichgültig.

»Der Name ist mir entfallen«, entgegnete Baron Tucher, »doch soll es in der Tat ein hoher Herr sein, Bürgermeister Binder preist seine Leutseligkeit in allen Tönen.«

»Hohe Herren gelten schon für leutselig, wenn sie einem auf den Fuß treten und sich nachher freundlich entschuldigen«, ließ sich Anna, die an Caspars Bett saß, naseweis vernehmen. Daumer warf ihr einen strafenden Blick zu, doch der Präsident brach in eine schmetternde Lache aus, die auf alle ansteckend wirkte. Noch minutenlang kicherte er vor sich hin und zwinkerte vergnügt.

Bloß Caspar nahm an dem heiteren Zwischenspiel keinen Teil, sein Blick war nachdenklich ins Freie gerichtet, er wünschte jenen Mann zu sehen, der aus weiter Ferne kam und so viel Geld hergab, damit er gefunden werde, der ihn geschlagen. Aus weiter Ferne! Das war es, nur aus weiter Ferne konnte kommen, wonach Caspar Verlangen trug, vom Meere her, von unbekannten Ländern her. Auch der Präsident kam aus der Ferne, aber doch nicht von so weit, daß seine Stirn gefärbt war von fremdem Schein, daß ein süßer Wind an seinen Kleidern hing oder daß seine Augen wie die Sterne waren, ohne Vorwurf, ohne das ewige Fragen. Der aus der Ferne kam, im silbernen Kleid vielleicht und mit vielen Rossen, der brauchte nicht zu fragen, er wußte alles von selbst, die anderen aber, alle die Nahen, die immer da waren, immer hereingingen und immer wieder fort, sie sahen niemals aus, als ob sie von schäumenden Rossen gestiegen wären, ihr Atem war dumpf wie Kellerluft, ihre Hand müde wie keines Reiters Hand, ihr Antlitz war vermummt; nicht schwarz vermummt wie das Gesicht dessen, der ihn geschlagen und der ihm so nahe gewesen wie keiner sonst, sondern undeutlich vermummt. Darum redeten sie mit unreiner Stimme und in verstellten Tönen, und darum war es auch, daß Caspar sich jetzt verstellen mußte und nicht mehr imstande war, ihnen fest ins Auge zu sehen und alles zu sagen, was er hätte sagen können. Er fand es heimlicher und trauriger zu schweigen, als zu reden, besonders wenn sie darauf warteten, daß er reden solle; ja, er liebte es, ein wenig traurig zu sein, viele Träume und Gedanken zu verbergen und sie zu dem Glauben zu bringen, daß sie ihm doch nicht nahekommen könnten.

Daumer war zu sehr mit sich selbst beschäftigt und zu bedrückt von der bevorstehenden Ausführung eines unabänderlichen Entschlusses, um darauf zu achten, ob Caspar ihm noch in derselben kindlich offenen Weise entgegenkomme wie sonst. Erst Herr von Tucher war es, der auf gewisse Sonderbarkeiten in Caspars Betragen hinwies, und er ließ auch gegen den Präsidenten einige Andeutungen darüber fallen, als sie zusammen aus dem Daumerschen Haus gingen. Der Präsident zuckte die Achseln und schwieg. Er bat den Baron, ihn nach dem »Gasthof zum Adler« zu begleiten. Dort erkundigten sie sich, ob der englische Herr zu Hause sei, erfuhren jedoch, daß Seine Herrlichkeit Lord Stanhope, so drückte sich der Kellner aus, vor einer knappen Stunde abgereist war. Der Präsident war unangenehm überrascht und fragte, ob man wisse, welche Richtung der Wagen genommen habe. Das wisse man nicht genau, wurde geantwortet, doch da er das Jakobstor passiert, sei zu vermuten, daß er die Richtung nach Süden, etwa nach München, eingeschlagen habe.

»Zu spät, überall zu spät«, murmelte der Präsident. »Ich hätte gern gewußt«, wandte er sich an Herrn von Tucher, »was Seine Herrlichkeit bewogen hat, so viele Dukaten aufs Rathaus zu tragen.« Das Gesicht Feuerbachs war dermaßen zerarbeitet von Gedanken und Sorgen, von der Anstrengung einer beständigen Wachsamkeit wie von der Glut eines zehrenden Temperaments, daß es dem eines Kranken oder eines Besessenen glich.

Und so war es seit Monaten. Die ihm unterstellten Beamten fürchteten seine Gegenwart, die geringste Pflichtverletzung, ja, der geringste Widerspruch brachte ihn zur Raserei. Und waren die Ausbrüche seines Zornes schon von jeher furchtbar gewesen, so zitterten sie jetzt um so mehr davor, als der unbedeutendste Anlaß einen solchen Sturm heraufbeschwören konnte. Dann gellte seine Stimme durch die Hallen und Korridore des Appellgerichts, die Bauern auf dem Markt unten blieben stehen und sagten bedauernd: »Die Exzellenz hat das Grimmen«, und vom Regierungsrat bis zum letzten Schreibersmann saß alles blaß und artig auf den Stühlen.

Vielleicht hätten sie williger dies Joch getragen, wenn sie gewußt hätten, welche Pein dadurch dem Urheber selbst bereitet ward, wie sehr er, besiegt durch sein eigenes Wüten, Scham und Reue litt, so daß er bisweilen, wie um durch irgendeine Handlung sich loszukaufen, dem erstbesten

Bettler auf der Gasse eine Silbermünze hinwarf. Sie ahnten freilich nicht, daß die trüben Nebel dieser Laune ein bewegtes Widerspiel von Pflicht und Ehre bargen, und daß hier ein Genius am Werk war, um inmitten scheinbarer Unrast und Friedlosigkeit ein Wunderwerk der Kombination zu schaffen und mit wahrem Seherblick eine Hölle von Verworfenheit und Missetat zu durchdringen.

Mit Zauberhand war es ihm gelungen, aus den dunkeln Fäden, die das Schicksal Caspar Hausers an eine unbekannte Vergangenheit banden, ein Gewebe zu knüpfen, auf welchem jählings wie in Brandlettern flammte, was durch die Fügung der Umstände und die Zeit selbst mit Finsternis bedeckt war.

Voll Schrecken stand er vor seiner Schöpfung, denn der Boden seiner Existenz wankte unter ihm. Es gab für ihn keinen Zweifel mehr. Aber durfte er es wagen, mit der fürchterlichen Wahrheit auf den Plan zu treten und die Rücksicht hintanzusetzen, die ihm durch sein Amt und das Vertrauen seines Königs auferlegt war? Schien es nicht besser, das Geschäft des Spions in Heimlichkeit weiter zu betreiben, um den ränkevollen Gewalten, tückisch wie sie selbst, erst bei gelegener Stunde in den Rücken zu fallen? Es war nichts zu gewinnen, nicht einmal Dank, aber alles war zu verlieren.

O Qual, dachte er oft in schlaflosen Nächten, sonderbare Qual, dem rechtlosen Treiben als bestellter Wächter und mit untätiger Hand zusehen zu müssen, große und kleine Sünde am ungenügenden Gesetz zu messen, die Feder auf den Buchstaben zu spießen, indes das Leben seine Bahn läuft und Form auf Form gebiert, zerstört, niemals Herr der Taten zu sein, immer Spürhund der Täter, und nie zu wissen, was zu verhüten sei, was zu befördern!

Er wäre nicht der gewesen, der er war, wenn er nicht einen Weg zwischen Öffentlichkeit und feigem Verschweigen gefunden hätte, der seiner Selbstachtung Genüge tat. Er richtete ein ausführliches Memorial an den König, worin er mit bedächtiger Gliederung aller Merkmale den Fall darlegte, frei und kühn vom Anfang bis zum Ende, ein Hammerschlag jeder Satz.

Das Schriftstück begann mit der Auseinandersetzung, daß Caspar Hauser kein uneheliches, sondern ein eheliches Kind sein müsse.

»Wäre es ein uneheliches Kind«, hieß es, »so wären leichtere, weniger grausame und weniger gefährliche Mittel angewendet worden, um seine Abstammung zu verheimlichen, als die ungeheure Tat der viele Jahre lang fortgesetzten Gefangenhaltung und endlichen Aussetzung. Je vornehmer eines der Eltern war, desto müheloser konnte das Kind entfernt werden, und noch weniger Ursache zu so bedeutenden und verräterischen Anstalten hätten Leute geringen Standes und geringen Vermögens gehabt; das Brot und Wasser, welches Caspar im Verborgenen verzehren mußte, hätte man ihm auch vor aller Welt reichen dürfen. Denkt man sich Caspar als uneheliches Kind hoher oder niedriger, reicher oder armer Eltern, in keinem Fall steht das Mittel im Verhältnis zum Zweck. Und wer übernimmt grundlos die Last eines so schweren Verbrechens, zumal wenn er dabei die angstvolle Plage hat, es für unabsehbare Zeit Tag für Tag wieder und wieder verüben zu müssen? Aus alledem geht hervor, so fuhr der unerbittliche Ankläger fort, daß sehr mächtige und sehr reiche Personen an dem Verbrechen beteiligt sind, welche über gemeine Hindernisse unschwer hinwegschreiten, welche durch Furcht, außerordentliche Vorteile und glänzende Hoffnungen willige Werkzeuge in Bewegung setzen, Zungen fesseln und goldene Schlösser vor mehr als einen Mund legen können. Ließe es sich sonst erklären, daß die Aussetzung Caspars in einer Stadt wie Nürnberg am hellen Tage erfolgen und der Täter spurlos verschwinden konnte; daß durch alle seit vielen Monaten mit unermüdlichem Eifer betriebenen Nachforschungen kein rechtlich geltend zu machender Umstand entdeckt werden konnte, der auf einen bestimmten Ort oder einen bestimmten Menschen führte, daß selbst hohe Belohnungen keine befriedigende Anzeige veranlaßten?

Deshalb muß Caspar eine Person sein, mit deren Leben oder Tod weittragende Interessen verkettet sind, folgerte Feuerbach. Nicht Rache und nicht Haß konnten Motive zur Einkerkerung gewesen sein, sondern er wurde beseitigt, um andern Vorteile zuzuwenden und zu sichern, die ihm allein gebührten. Er mußte verschwinden, damit andere ihn beerben, damit andere sich in der Erbschaft behaupten konnten. Er muß von hoher Geburt sein, dafür sprechen merkwürdige Träume, die er gehabt, und die sonst nichts sind als wiedererwachte Erinnerungen aus früher Jugend, dafür sprechen der ganze Verlauf seiner Gefangenschaft und die daraus sich ergebenden Schlüsse; er wurde freilich im Kerker gehalten und spärlich ernährt, aber man hat Beispiele von Menschen, die nicht in böswilliger, sondern in wohltätiger Absicht eingekerkert wurden, nicht um sie zu verderben, sondern um sie gegen diejenigen zu schützen, die ihnen nach dem Leben getrachtet. Vielleicht auch, daß durch sein bloßes Dasein ein Druck ausgeübt werden sollte auf jemand, der mit zauderndem Gewissen an der Unternehmung teilgehabt und doch nicht wagen durfte, Einspruch zu erheben. Es wurde Sorgfalt und Milde an Caspar geübt. Warum? Warum hat ihn der Geheimnisvolle nicht getötet? Warum nicht einen Tropfen Opium mehr ins Wasser getan, das ihn bisweilen betäuben sollte? Das Verlies für den Lebendigen wurde ein doppelt sicheres für den Toten.

Wenn nun in irgendeiner hohen, oder nur vornehmen, oder nur angesehenen Familie in Caspars Person ein Kind verschwunden wäre, ohne daß man über dessen Tod oder Leben und wie es hinweggekommen, etwas in Erfahrung brachte, so müßte doch längst öffentlich bekannt sein, in welcher Familie dies Unglück vorgefallen. Da aber seit Jahren und unerachtet Caspars Schicksal ein weitbesprochenes Ereignis geworden, nicht das mindeste davon verlautet hat, so ist Caspar unter den Gestorbenen zu suchen. Das will heißen: Ein Kind wurde für tot ausgegeben und wird noch jetzt dafür gehalten, welches in Wirklichkeit am Leben ist, und zwar in der Person Caspars; das will heißen, ein Kind, in dessen Person der nächste Erbe oder der ganze Mannesstamm seiner Familie erlöschen sollte, wurde beiseite geschafft, um nie wieder zu erscheinen; es wurde diesem Kind, das vielleicht gerade krank gelegen, ein anderes, totes oder sterbendes Kind untergeschoben, dieses als tot ausgestellt und begraben und so Caspar in die Totenstille gebracht. War der Arzt im Spiel, hatte er Befehl, das Kind zu morden, fand er jedoch in seinem Herzen oder in seiner Klugheit Gründe, den Auftrag scheinbar zu vollziehen und das Kind zu retten, so konnte der fromme Betrug leichterdings vollzogen werden. Hier handelte jeder auf höhere Weisung, aber wo war der gebietende Mund? Wo der mächtige Geist, der ein solches Gewicht von Verantwortung für ewige Zeiten zu tragen unternahm? Wo das Haus, in welchem das Unerhörte geschah?«

An dieser Stelle des Berichts stockte die Hand des Präsidenten – tagelang, wochenlang. Nicht aus Schwäche noch aus Wankelmut, sondern mit dem schmerzlichen Zagen eines Feldherrn, der des Unheils und Verderbens sicher ist, wie immer die Schlacht auch enden möge. Die Krone von einem Fürstenhaupt zu reißen und mit Fingern auf das befleckte Diadem deuten, hieß das nicht, die Majestät auch des eigenen Königs beleidigen, geheiligte Überlieferungen mit Füßen treten, die unmündigen Völker zum Widerpart stacheln? Doch wie nie zuvor empfand er die zeugende Gewalt des Wortes, und wie Wahrheit aus Wahrheit fließt und drängt. Er nannte das Haus mit Namen. Er wies nach, daß das alte Geschlecht, jählings, in auffallender Weise und gegen jede menschliche Vermutung im Mannesstamm erloschen sei, um einem aus morganatischer Ehe entsprossenen Nebenzweig Platz zu machen. Nicht etwa in einer kinderlosen, sondern in einer mit Kindern wohlgesegneten Ehe hatte sich dies Aussterben ereignet, und nur die Söhne starben, die Töchter aber lebten weiter. So wurde die Mutter zur wahrhaften Niobe, doch traf Apollos tötendes Geschoß ohne Unterschied Söhne und Töchter, hier aber ging der Würgeengel an den Töchtern vorüber und erschlug die

Söhne. Und nicht bloß auffallend, sondern einem Wunder ähnlich, daß der Würgeengel schon an der Wiege der Knaben stand und sie herausgriff mitten aus der Reihe blühender Schwestern. Wie wäre es erklärbar, fragte Feuerbach, daß eine Mutter demselben Vater drei gesunde Töchter gebiert und als Söhne lauter Sterblinge? – Darin ist kein Zufall, behauptete er furchtlos, sondern System, oder man muß glauben, die Vorsehung selbst habe einmal in den gewöhnlichen Lauf der Natur eingegriffen und Außerordentliches getan, um einen politischen Streich auszuführen. Nicht lange nach dem Erscheinen Caspars hat sich in Nürnberg das Gerücht verbreitet, Caspar sei ein für tot ausgegebener Prinz jenes Geschlechts, und immer wieder redeten die dunklen Stimmen, sogar von einer angeblichen Geistererscheinung wurde, wie öffentliche Blätter erzählten, die Behauptung gewagt, daß die gegenwärtigen Regenten den Thron durch Usurpation besäßen und daß noch ein echter Prinz am Leben sei. Gerüchte sind freilich nur Gerüchte. Aber sie fließen oft aus guten Quellen, sie haben, wo es geheime Verbrechen gibt, häufig ihre Entstehung darin, daß ein Mitschuldiger geplaudert oder mit seinem Vertrauen zu freigebig gewesen, oder eine Unvorsichtigkeit begangen, oder sein Gewissen erleichtern wollte, oder seine getäuschten Hoffnungen zu rächen sich vorgesetzt, oder im stillen die Entdeckung der Wahrheit herbeizuführen gesucht, ohne die Rolle des Verräters spielen zu müssen.

Der Präsident nannte nicht bloß die Dynastie mit Namen und das Land, das ihr erbeigen war; er nannte auch den Fürsten, dessen plötzlicher Tod vor mehr als einem Jahrzehnt Argwohn erregt hatte; er nannte die Fürstin, die, von hocherlauchter Abkunft, in selbsterwählter Einsamkeit ein unfaßbares Geschick betrauerte; er nannte diejenigen, die so über Leichen zum Thron geschritten, und neben dem Bild eines schwachen, doch ehrgeizigen Mannes tauchte die Gestalt eines Weibes auf, voll von dämonischem Wesen, der regierende Wille über dem grausen Geschehen. Es war etwas von der Bitterkeit eigenen Erlebens in den unumwundenen Hinweisen des Präsidenten. Denn er kannte die höfische Welt, in der Tücke und Hinterlist in eine Wolke von Wohlgerüchen gebettet sind und wo die Niedertracht ihre Opfer mit heuchlerischen Gnaden betäubt; er hatte ihre Luft geatmet, er hatte von ihren Tischen gespeist, von ihrem Gift genossen, den besten Teil seines Lebens und seiner Kräfte in ihrem Dienst vergeudet und war für die reinste Hingebung mit Schmach und Verfolgung belohnt worden; er kannte ihre Kreaturen und Helfershelfer, er kannte sie, denen die Geschichte nichts bedeutet als eine Stammbaumchronik, Religion eine Priesterlitanei, Philosophie einen fluchwürdigen Jakobinismus, Politik einen Blindekuhreigen mit Noten und Protokollen, der Staatshaushalt ein Rechenexempel ohne Probe, Menschenrechte ein Pfänderspiel, der Monarch ein Schild ihrer eigenen Größe, das Vaterland ein Pachtgut und Freiheit das sträfliche Vermessen aberwitziger Toren. Die unersetzlichen Jahre schrien hinter seinen Worten hervor, erlittene Zurücksetzung und ein verfinsterter Geist. Er wollte seiner selbst nicht gedenken, doch die Worte entschleierten seinen Gram, wenn auch nicht für das Auge des Königs, der nur zu lesen brauchte, was geschrieben stand.

Die Schrift ward unter Anwendung peinlicher Vorsicht abgesandt, damit sie in keine anderen Hände als in die des Regenten gerate, und der Präsident wartete von Woche zu Woche vergeblich auf Erwiderung, auf einen Bescheid, auf irgendein Zeichen. Da kam die Kunde von dem Mordanfall auf Caspar. Feuerbach reiste nach Nürnberg; seine eigenen Maßnahmen hatten so wenig Erfolg wie die der Polizei. Am zehnten Tag seines Aufenthalts erhielt er ein Schreiben aus der königlichen Privatkanzlei, worin mit gebührendem Dank von seinen Mitteilungen Notiz genommen und mit Anerkennung des nicht genug zu bestaunenden Scharfsinns in der Entwirrung verwickelter Verhältnisse gedacht war, das aber in allen wesentlichen Punkten eine spröde Zurückhaltung zeigte; man werde prüfen; man werde überlegen; man müsse abwarten; gewichtige Rücksichten seien zu beachten; leicht erklärliche Beziehungen legten unbequeme Pflichten auf; die Natur des Unglaublichen selbst veranlasse eher zur Verwunderung, zur Bestürzung, als zu unbesonnenem Eingreifen; doch verspreche man, ja, man verspreche; vor allem werde Schweigen empfohlen, unbedingtes Schweigen; bei Verlust aller Gnade dürfe keine derartige Kunde als authentisch durch den Mund eines hohen Staatsbeamten nach außen dringen: man erwarte über den Punkt Verständigung und Unterwerfung.

Die Wirkung dieses geheimen Erlasses, mit welchem man ihm zugleich schmeichelte und drohte, der einer freundlich dargereichten Hand glich, worin der geschliffene Dolch blitzte, war um so heftiger, als der Inhalt längst geahnt und gefürchtet war. Feuerbach schäumte. Er zertrat das Sendschreiben mit den Füßen; er rannte mit keuchender Brust, die Fäuste gegen die Schläfen gedrückt, eine ganze Weile im Zimmer auf und ab, dann stürzte er aufs Bett, das Sausen seiner Pulse beängstigte ihn, und er erlöste sich schließlich in einem lauten, langen Gelächter voll Wut und Zorn.

Dann blieb er stundenlang liegen und konnte nichts anderes denken als das einzige Wort: Schweigen, Schweigen, Schweigen.

An demselben Nachmittag war der Bürgermeister Binder mehrmals im Gasthof gewesen und hatte den Präsidenten zu sprechen gewünscht. Der Kellner war stets mit dem Bescheid zurückgekommen, sein Pochen sei vergeblich, der Herr Staatsrat scheine zu schlafen oder wünsche nicht gestört zu werden. Gegen Abend kam Binder wieder und wurde endlich vorgelassen. Er fand den Präsidenten in ein Aktenheft vertieft, und seine Entschuldigung wurde mit der verletzend kurzen Bitte erwidert, er möge zur Sache kommen.

Der Bürgermeister trat betroffen einen Schritt zurück und sagte stolz, er wisse nicht, wodurch er sich das Mißfallen Seiner Exzellenz zugezogen haben könne, doch wie dem auch sei, er müsse eine derartige Behandlung zurückweisen. Da erhob sich Feuerbach und entgegnete: »Um Himmels willen, Mann, lassen Sie das! Wer auf einem

Scheiterhaufen schmort, hat einigen Grund, wenn er die Regeln der Höflichkeit vergißt!«

Binder senkte den Kopf und schwieg verwundert. Dann erklärte er den Zweck seines Besuchs. Daß Daumer die Absicht habe, Caspar aus seinem Haus zu entfernen, sei dem Präsidenten wahrscheinlich bekannt. Da nun der Jüngling so weit hergestellt sei, habe sich Daumer entschlossen, damit nicht hinzuwarten, sondern ihn baldmöglichst zu den Beholdischen zu bringen, die Caspar mit Freuden aufnehmen wollten. Alles dies sei genügend besprochen, und man wünsche nur, den Präsidenten zu unterrichten und bitte um seine Gutheißung.

»Ja, ich weiß, daß Daumer die Geschichte satt hat«, antwortete Feuerbach verdrießlich. »Ich mache ihm keinen Vorwurf daraus. Niemand hat Lust, sein Haus zu einer umlauerten Mordstätte werden zu lassen, obwohl dagegen Maßnahmen ergriffen werden können, werden müssen. Von heute an soll Caspar unter genauer polizeilicher Überwachung stehen, die Stadt haftet mir für ihn. Doch warum hat Daumer solche Eile? Und warum gibt man Caspar in die Familie Behold, warum nicht zu Herrn von Tucher oder zu Ihnen?«

»Herr von Tucher ist während der nächsten Monate berufshalber gezwungen, seinen Aufenthalt in Augsburg zu nehmen, und ich ...«, der Bürgermeister zögerte, und sein Gesicht wurde vorübergehend bleich, »... was mich betrifft, mein Haus ist kein Ort des Friedens.«

Rasch schaute der Präsident empor. Sodann ging er hin und reichte Binder stumm die Rechte. »Und was ist es mit diesen Beholds? Was sind es für Leute?« fragte er ablenkend.

»Oh, es sind gute Leute!« versetzte der Bürgermeister etwas unsicher. »Der Mann ist jedenfalls ein geachteter Kaufherr. Die Frau – darüber sind die Meinungen geteilt. Sie gibt viel auf Putz und dergleichen, verschwendet viel Geld. Böses kann man ihr nicht nachsagen. Da es für Caspar, wie wir ja verabredet, von Vorteil ist, wenn er jetzt die öffentliche Schule besucht, genügt schließlich die bloße Beaufsichtigung in einem Kreis anständiger Menschen.«

»Haben die Leute Kinder?«

»Ein dreizehnjähriges Mädchen.« Der Bürgermeister, dem es wie aller Welt wohlbekannt war, daß Frau Behold diese Tochter schlecht behandelte, wollte noch etwas hinzufügen, um sein Gewissen zu beruhigen, doch da wurden Daumer und der Magistratsrat Behold gemeldet. Der Präsident ließ bitten. Alsbald zeigte sich das freundlich grinsende Gesicht des Rats; der feierliche schwarze Kinnbart stand in einem komischen Gegensatz zu dem schon ergrauten Kopfhaar, das in feuchten Strähnen pomadeduftend über die Stirn hing.

Unter ständigen Verbeugungen trat er auf Feuerbach zu, der ihn nur eines flüchtigen Grußes würdigte und sich sogleich an Daumer wandte. Dieser wagte kaum dem forschenden Auge des Präsidenten zu begegnen, und die Frage, ob man Caspar die innere und äußere Anstrengung eines so durchgreifenden Wechsels schon zumuten dürfe, beantwortete er durch verlegenes Schweigen. Als sich Herr Behold ins Gespräch mischte und versicherte, Caspar solle in seinem Haus wie ein leiblicher Sohn betrachtet werden, unterbrach ihn der Bürgermeister mit den fast widerwillig hervorgepreßten Worten, darauf halte er nichts; wie man an Caspar selbst sehe, gebe es ja Eltern, die ihre leiblichen Kinder verkümmern ließen. Der Rat machte ein verlegenes Gesicht, rieb seine ausgemergelten Finger an der Stuhlkante und stotterte, er könne nichts weiter sagen, was an ihm liege, wolle er tun.

Der Präsident, stutzig geworden durch die beziehungsvollen Reden, sah die beiden Männer abwechselnd an. Darauf trat er dicht vor Daumer hin, legte die Hand auf dessen Schulter und fragte ernst: »Muß es denn sein?«

Daumer seufzte und entgegnete bewegt: »Exzellenz, wie hart mein Entschluß mich ankommt, das weiß nur Gott.«

»Gott mag es wissen«, versetzte der Präsident grollend, und seine untersetzte feiste Gestalt schien plötzlich drohend zu wachsen, »aber wird er es darum schon billigen? Wenn man Stein und Stahl zusammenschlägt, gibt es Funken – wehe aber, wenn bloß Schmutz und Krümel vom Stein fliegen! Da ist keine Dauer und keine Tüchtigkeit der Natur.«

Er kanzelt mich schon wieder ab, dachte Daumer, und die Röte des Unwillens stieg ihm ins Gesicht. – »Ich habe getan, was in meinen Kräften stand«, sagte er hastig und mit Trotz. »Ich verschließe Caspar nicht mein Haus. Und mein Herz schon ganz und gar nicht. Aber erstens kann ich keine Gewähr für seine Sicherheit mehr leisten, und ich glaube, niemand kann es. Wie ist es möglich, Sämann zu sein auf einem Acker, unter dem ein verderbliches Feuer glost und jeden Samen verbrennt? Und dann, was mehr ist, ich bin enttäuscht. Nie will ich vergessen, was mir Caspar gewesen ist! Wer könnte ihn auch vergessen! Aber das Wunder ist vorüber, die Zeit hat es aufgefressen.«

»Vorüber, ja, vorüber«, murmelte Feuerbach düster, »das Wort mußte fallen. Die Augen werden stumpf vom Schauen ins Licht. Die Söhne werden verstoßen, wenn sie unserer Liebe ein Übermaß abnötigen. Aber der Bettler kriegt seine Bettelsuppe. Meine geschätzten Herren«, fuhr er laut und förmlich fort, »tun Sie, wie Ihnen beliebt; in jedem Fall, dessen seien Sie eingedenk, bleiben Sie mir für das Wohl Caspars verantwortlich.«

Als Daumer auf der Straße war, ärgerte er sich noch immer über den Ton und die Worte des Präsidenten. Doch zugleich konnte er sich seine Selbstunzufriedenheit nicht verhehlen. In einer der verödeten Straßen nahe der Burg begegnete er dem Rittmeister Wessenig. Daumer war froh, eine Ansprache zu haben, und begleitete den Mann bis zur Reiterkaserne. Von Anfang an lenkte der Rittmeister die Unterhaltung auf Caspar, und Daumer bemerkte nicht oder wollte nicht bemerken, daß die Gesprächigkeit des Rittmeisters einen hohnvollen Beigeschmack hatte.

»Eine geheimnisvolle Sache, das mit dem Vermummten«, meinte Herr von Wessenig, plötzlich deutlicher werdend.

»Sollte es Leute geben, die daran ernstlich glauben? Am hellichten Tag dringt ein Kerl, ein Kerl mit Handschuhen, bitte, dringt in ein bewohntes Haus, hängt sich einen Schleier übers Gesicht und zieht ein Beil aus der Tasche? Oder sollte er das Beil vorher offen über die Straße getragen haben? Mit Handschuhen, wie? Beim heiligen Thomasius, das ist eine gewaltige Räuberhistorie!«

Da Daumer nichts antwortete, fuhr der Rittmeister eifrig fort: »Nehmen wir einmal an, der famose Vermummte hat die Absicht gehabt, den Burschen zu töten. Warum dann die unbedeutende Wunde? Er brauchte ja nur ein bißchen kräftiger zuzuschlagen, und alles war aus, der Mund, der ihn verraten mußte, war stumm. Man muß rein glauben, der behandschuhte Mörder hat sein Opfer einstweilen nur ein bißchen kitzeln wollen. Wahrhaftig, eine kitzlige Geschichte. Alle meine Bekannten – *Parole d'honneur*, lieber Professor – sind empört über die Leichtgläubigkeit, die sich von so albernem Spuk zum besten halten läßt.«

Daumer hielt es für unter seiner Würde, Zorn oder Entrüstung zu zeigen. Er stellte sich, als hätte er nicht übel Lust, dem Rittmeister beizustimmen, und fragte gelehrig, wie man sich aber den ganzen Vorgang zu denken habe. Herr von Wessenig zuckte vielsagend die Achseln. Er mochte heftiges Aufbrausen und scharfe Zurechtweisung erwartet haben, und weil dies nicht eintraf, legte er sein verhalten-feindseliges Wesen ab, war jedoch vorsichtig genug, sich nur in allgemeinen Vermutungen zu äußern. »Vielleicht ist der gute Hauser betrunken gewesen und auf der Treppe gefallen und hat dann die Mordsgeschichte ausgeheckt, um sich interessant zu machen. Das wäre ja noch harmlos. Andre sehen bei weitem schwärzer – man traut dem Halunken schon zu, daß er seine Wohltäter durch einen fein gefädelten Streich hinters Licht geführt hat.«

Jetzt vermochte Daumer nicht mehr an sich zu halten. Er blieb stehen, wehrte mit beiden Händen ab, als drängen die Reden seines Begleiters wie giftige Fliegen auf ihn ein, und stürzte ohne Wort und Gruß davon.

Das ist also die Welt, das sind ihre Stimmen! dachte er bestürzt; das zu denken ist möglich, es auszusprechen steht jedem Mund frei! Und dieser Abgrund von Unsinn und Bosheit soll dich verschlingen, armer Caspar! Wenn du auch nicht der Himmelszeuge bist, den ich wähnte, über ihnen schwebst du doch wie der Adler über Koboldsgezücht. Freilich, sie werden dir die Flügel brechen. Vergebens wird die Schuldlosigkeit aus deinem Innern strahlen, sie werden es nicht sehen; vergebens wirst du vor ihnen weinen und vergebens lächeln, du wirst ihre Hand fassen und vor Kälte schaudern, du wirst sie anblicken, und sie werden stumm sein, angstvoll sucht dein Geist die Wege zu ihnen, und Verrat führt dich auf den verderblichsten von allen. –

Man ist Prophet und hat ein mitleidiges Gemüt, man kennt die Menschen, man weiß, daß das Feuer brennt, daß die Nadel sticht und daß der Hase, wenn er angeschossen wird, ins Gras fällt und stirbt; man kennt die Folgen dessen, was man tut, nicht wahr, Herr Daumer? Aber ist dies etwa ein Grund, den Geschehnissen wie einem Feind, der das Schwert erhoben hat, in die Arme zu fallen und den Schlag abzuwenden? Nein, es ist kein Grund. – Oder ist es nur Grund, ein kleines Entschlüßchen rückgängig zu machen? – Nein, es ist kein Grund. Darin haben die Idealisten und Seelenforscher nichts voraus vor Dieben und Wucherern.

Man geht nach Hause, philosophierend geht man nach Hause, legt sich schlafen, und am nächsten Morgen sieht die Welt weit annehmbarer aus als am gestrigen, reichlich verstimmten Abend.

Das Amselherz

Vierundzwanzig Stunden später hält eine Kutsche vor dem Daumerschen Haus, und Frau Behold selber kommt, um Caspar zu holen. Wirklich, Frau Behold hat sich's etwas kosten lassen, eine schwarzlackierte Kutsche mit zwei Pferden und einem Mann mit goldenen Knöpfen auf dem Bock.

Caspar wird von Daumer und den beiden Frauen zum Tor geleitet, auch der Kandidat Regulein verläßt seine Junggesellenklause. Anna kann sich der Tränen nicht erwehren, Daumer blickt finster vor sich hin, Frau Behold gibt dem Kutscher ein Zeichen, die Rosse schnauben, die Räder rollen, und die Zurückbleibenden schauen stumm in die Dunkelheit, die das Gefährt verschlingt.

Das war der Abschied, und Caspar war's, als gehe es weit fort. Aber es ging nur von einem Haus auf der Schütt zu einem Haus am Markt. Es war dies ein schmales, hohes Haus, welches so eingepreßt stand zwischen zwei andern, daß es aussah, als fehle ihm die Luft zum Atmen. Es hatte einen gezinnten Giebel, steil abhängend wie die Schultern eines verhungerten Kanzlisten, die Fenster hatten nichts frei Schauendes, sondern etwas Blinzelndes, das Tor war seltsam versteckt, und innen wand sich eine dunkle Treppe in vielen Biegungen, gleichsam in vielen Ausreden, durch die Stockwerke; die alten Treppen knarrten und stöhnten bei jedem Schritt, und wenn die Türen geöffnet wurden, floß nur ein dämmeriges Licht aus den Stuben.

Caspar wohnte in einem Gemach gegen den viereckigen Hof, vor den Fenstern lief eine Holzgalerie mit verschnörkeltem Geländer, auf jeder Seite waren grünverhangene Glastüren, und unten stand ein eiserner Brunnen, aus dem kein Wasser floß.

Das Wunderliche lag darin, daß draußen der Markt war,

wo viele Menschen laut redeten, wo die Händler ihre kleinen Läden und Verkaufszelte hatten, wo von morgens bis abends Frauen feilschten, Kinder kreischten, Rosse wieherten, das Geflügel gackerte, und daß man bloß das Tor hinter sich zu schließen brauchte, und es wurde so still, als ob man in die Erde hineingestiegen sei.

Dies machte Caspar im Anfang Spaß. Es glich einem Versteckenspiel. Er fand es lustig, sich zu verstecken, und gelegentlich sah er es darauf ab, ein andres Gesicht zu zeigen, als ihm zu Sinn war, oder andere Dinge zu sagen, als man von ihm erwartete. An einem der ersten Tage verlor Frau Behold ein silbernes Kettchen. Caspar behauptete, es im Vorplatz gesehen zu haben, obwohl er es keineswegs gesehen hatte.

Es wurde ihm verboten, ohne Erlaubnis das Haus zu verlassen. Er fragte, wer es verboten habe. Da wurde ihm geantwortet, Frau Behold habe es verboten, und als er sich an Frau Behold wandte, sagte sie, der Magistratsrat habe es verboten, und als er sich an den Magistratsrat wandte, sagte der, der Präsident habe es verboten. Dermaßen war alles verzwickt und versteckt in diesem Haus.

Einmal wollte Frau Behold in sein Zimmer gehen; sie fand es versperrt, er hatte von innen zugeriegelt. »Was sperrst du dich denn ein am hellichten Tag?« fragte sie und schnüffelte auf dem Tisch herum, wo seine Bücher und Schularbeiten lagen. »Fürchtest du dich vielleicht?« fuhr sie zungengeläufig fort. »Bei mir brauchst du dich nicht zu fürchten, bei mir gibt es keine vermummten Spitzbuben.« Er gab zu, daß er sich fürchte, und das schmeichelte Frau Behold, sie nahm eine grimmige Beschützermiene an und lächelte herausfordernd.

Jeden Vormittag, wenn er von der Schule kam – er besuchte jetzt zwei Stunden täglich die dritte Klasse des Gymnasiums –, erkundigte sich Frau Behold, wie es gegangen sei. »Schlecht ist's gegangen«, entgegnete er dann trübselig, und in der Tat, er hatte wenig Freude davon. Die Lehrer klagten, daß seine Gegenwart die andern Schüler der

Aufmerksamkeit beraube. Der Umstand, daß auf der Gasse stets ein Polizeidiener hinter ihm her ging und daß die Polizei Tag und Nacht das Haus bewachte, in dem er wohnte, dünkte die Knaben aufregend sonderbar, und sie belästigten ihn mit den albernsten Fragen. Seine Schweigsamkeit wurde natürlich ganz falsch gedeutet, und wenn er von selbst unbefangen das Wort an sie richtete, wichen sie entweder scheu zurück oder höhnten ihn, denn er war in ihren Augen nichts weiter als ein großer dummer Teufel, der, fast doppelt so alt wie sie, noch in den Anfangsgründen der Wissenschaft steckte. Es kam häufig vor, daß er während des Unterrichts aufstand und eine seiner kindischen Fragen stellte. Dann brach denn die ganze Klasse in Gelächter aus, und der Lehrer lachte mit. Einmal, während eines gewaltigen Sturmwinds, der draußen heulte, verließ er seinen Platz und flüchtete in die Ofenecke. Da kannte das Vergnügen der andern keine Grenzen, und als ihn der dicke Lehrer hervorzog und zu den Bänken schob, begleiteten sie den Vorgang mit einer wahren Katzenmusik.

Am eigentümlichsten war es aber anzusehen, wenn er auf dem Nachhauseweg mitten unter der Knabenschar ging, still, verschlossen und sorgenvoll unter den Lärmenden und Unbekümmerten, männlich unter den Halbwüchslingen, und ihm zur Seite beständig der Wächter des Gesetzes.

Sehr häufig sprach Daumer vor, um bei den Kollegen Auskunft über Caspar einzuholen. »Ach«, hieß es da, »er hat freilich den besten Willen, aber leider nur einen mittelmäßigen Kopf. Er erweist sich anstellig, aber es bleibt nicht viel haften. Wir können ihn nicht tadeln, aber zu loben ist auch nichts.«

Daumer war gekränkt. Ihr könnt nicht tadeln, ihr Herren, ei, und tadelt doch, dachte er. Tadel ist leicht, besonders wenn er den Tadler lobt, wie es sein Merkmal ist. Er wandte sich an den Magistratsrat und suchte ihm eine Lobpreisung auf Caspar förmlich abzulisten, aber Herr Behold war kein Freund von offenen Meinungen. Er war ein einschichtig lebender Mensch, der seine Tage in einem düstern

Kontor am Zwinger verbrachte, und wer von ihm etwas haben wollte, erhielt gewöhnlich die Antwort: »Da müssen Sie sich an meine Frau wenden.«

Daumer glich fast einem unglücklichen Liebhaber darin, wie er jetzt achtsam und bekümmert den Wegen seines früheren Pfleglings folgte, wobei er aber gern vermied, Caspar zu sehen und zu sprechen. Mit großem Mißtrauen verfolgte er insgeheim das Tun und Treiben der Frau Behold, und er zerbrach sich den Kopf darüber, weshalb diese so gierig getrachtet hatte, den Jüngling in ihre Nähe zu bekommen. »Was willst du«, meinte Anna, die ebensoviel gesunden Menschenverstand besaß wie ihr Bruder phantastischen Pessimismus, »es ist ja ganz klar, sie braucht eine Spielpuppe, eine Unterhaltung für ihren Salon.«

»Eine Spielpuppe? Sie hat doch ein Kind, und sie vernachlässigt sogar dieses Kind, wie man hört.«

»Freilich; aber daran ist nichts Merkwürdiges, ein Kind zu haben wie alle anderen Leute. Es muß etwas sein, wovon man redet, was Interessantes muß es sein, man kann dabei die große Dame spielen und liest hier und da den eignen Namen in der Zeitung. Auch gilt man nebenher für eine Wohltäterin, der Herr Gemahl kann einen hohen Orden bekommen, und, was die Hauptsache ist, man vertreibt sich die Langeweile. Die Person kenn' ich, als ob ich's selber wäre. Der Caspar tut mir leid.«

Frau Behold war immer unterwegs und eigentlich nur zu Hause, wenn sie Gäste hatte. Sie mußte immer Menschen sehen, sie liebte wohlgekleidete, gutgelaunte Menschen, Männer mit Titeln und Frauen von Rang, liebte Feste, Schmuck und prächtige Gewänder. Man hätte sie eine joviale Natur nennen dürfen, wenn der Ehrgeiz sie nicht so unruhig gemacht hätte. Sie wäre bisweilen behäbig, ja gemütlich erschienen ohne eine gewisse ziellose Neugierde, von der sie bis ins Innerste, bis in den Schlaf der Nächte behaftet war. Sie hatte eine Unmasse französischer Romane verschlungen und war dadurch empfindsam und abenteuerlustig geworden, und das gute Teil Phlegma, das ihrem

Temperament beigemischt war, machte diese Eigenschaften nur um so hintergründiger. Wer sie so nahm, wie sie sich gab, war im voraus betrogen.

Was Caspar betrifft, so sah sie ihn zunächst bloß humoristisch und am meisten dann, wenn er ernst und nachdenklich war. »Nein, was er heute wieder Komisches gesagt hat«, war ihre beständige Phrase. Es hatte oft den Anschein, als habe sie einen kleinen Hofnarren in Dienst genommen. »Also, mein liebes Mondkälbchen, sprich«, forderte sie ihn vor den Gästen auf. Wenn sie ihn gar eifrig beflissen sah, lateinische Vokabeln auswendig zu lernen, lachte sie aus vollem Hals. »Wie gelehrt, wie gelehrt!« rief sie und fuhr ihm mit der Hand wüst durch das Lockenhaar. »Laß es sein, laß es sein«, tröstete sie ihn, wenn er über die Schwierigkeit einer Rechenaufgabe klagte, »bringst's ja doch zu nichts, ist genauso, wie wenn ich seiltanzen wollte.«

Indes erregte er auf andre Weise bald eine wunderliche Neugierde in ihr. Eines Morgens kam sie dazu, als er in der Küche stand und Zeuge war, wie der Metzgerbursche das rohe und noch blutige Fleisch aus dem Korb nahm und auf die Anrichte legte. Eine unendliche Wehmut malte sich in Caspars Zügen, er wich zurück, zitterte und war keines Lautes fähig. Dann floh er mit bedrängten Schritten. Frau Behold war betroffen und wollte ihrer Rührung nicht nachgeben. – Was ist das? dachte sie, er verstellt sich wohl, was ist ihm das Blut der Tiere? –

Um ihm gefällig zu sein, tat sie mehr, als ihre Bequemlichkeit ihr sonst verstattet hätte. Trotzdem schien er sich nicht wohl im Haus zu fühlen. »Sapperment, was ist dir übers Leberlein gekrochen?« fuhr sie ihn an, wenn sie ein trauriges Gesicht an ihm bemerkte. »Wenn du nicht lustig bist, führ' ich dich in die Schlachtbank, und du mußt zuschauen, wie man den Kälbern den Hals abschneidet«, drohte sie ihm einmal und wollte sich ausschütten vor Lachen über die Miene des Entsetzens, die er darüber zeigte.

Nein, Caspar fühlte sich keinesfalls wohl. Frau Behold war ihm ganz und gar unverständlich, ihr Blick, ihre Rede, ihr Gehaben, alles das stieß ihn aufs äußerste ab. Es kostete ihn nicht wenig Kunst und Nachdenken, um seinen Widerwillen nicht merken zu lassen, gleichwohl war er krank und elend, wenn er nur eine Stunde mit Frau Behold verbracht hatte. Es fehlte ihm dann jegliche Arbeitslust, und die Schule zu besuchen, die ihm ohnehin verhaßt war, unterließ er ganz. Die Lehrer beschwerten sich beim Magistrat. Herr von Tucher, der jetzt wieder in der Stadt weilte und der vom Gericht zu Caspars Vormund ernannt worden war, stellte ihn zur Rede. Caspar wollte nicht mit der Sprache heraus, ein Betragen, das Herr von Tucher als Verstocktheit auffaßte und das ihm zu schlimmen Befürchtungen Anlaß bot.

Und da war noch eines, was Caspar zu denken gab. Manchmal begegnete ihm auf der Stiege oder im Flur oder in einem entlegenen Zimmer Frau Beholds Tochter, ein Mädchen, halb erwachsen und bleich von Gesicht. Ihre Augen waren feindselig auf ihn gerichtet. Wenn er sie anreden wollte, lief sie davon. Einmal schaute er von der Galerie in den Hof und sah sie am Brunnen stehen, hinter dessen eisernem Rohr ein Brett weggeschoben war, so daß der Blick in die Tiefe offen lag. Das Mädchen stand unbeweglich und starrte mindestens eine Viertelstunde lang in das schwarze Loch. Caspar verließ leise die Galerie und schlich hinunter. Er betrat jedoch kaum den Hof, so flüchtete das Mädchen mit bösem Gesicht an ihm vorüber. Als Caspar ihr zaudernd folgte, begegnete ihm der Rat, und Caspar erzählte voll Eifer, was er mit angeschaut. Herr Behold zog die Stirn kraus und sagte beschwichtigend: »Ja, ja, gewiß, das Kind ist nicht gesund. Kümmere Er sich nicht darum, Caspar, kümmere Er sich nicht darum!«

Caspar kümmerte sich aber doch darum. Er fragte die Mägde, was mit dem Kind sei, und eine von ihnen erwiderte bissig: »Sie kriegt nichts zu essen, der Findling frißt ihr alles weg!« Darauf eilte er spornstreichs zu Frau Behold, wiederholte ihr die Worte der Magd und fragte, ob das wahr sei. Frau Behold bekam einen Wutanfall und jagte die

Magd auf der Stelle davon. Als jedoch Caspar sie auch dann noch in seiner ungeschickten und altklugen Weise ermahnte, daß sie mehr auf ihre Tochter achten möge als auf ihn und daß er sonst fortgehen werde, schnitt sie ihm das Wort ab und verwies ihm den Vorwitz. »Wie willst du denn fortgehen?« fuhr sie auf. »Wohin denn? Wo bist du denn daheim, wenn man fragen darf?«

Es entstand jetzt in Frau Behold die Meinung, daß Caspar in ihre Tochter verliebt sei. Sie legte es darauf an, ihn über den Punkt auszuholen. Auf ihre Fragen antwortete er jedoch so blöde, daß sie sich beinahe ihres Verdachts geschämt hätte. *»Grand Dieu«*, sagte sie laut vor sich hin, »mir scheint, der Einfaltspinsel weiß nicht einmal, was Liebe ist!« Ja, noch mehr, sie spürte, daß er sich nicht einmal im entferntesten einen Gedanken darüber machte. Das war der guten Dame doch überaus seltsam, ihr, deren Begierden und Gelüste immer im trüben Gewässer halb romanhafter, halb schlüpfriger Leidenschaften plätscherten, so tugendhaft sie sich auch vor ihren Mitbürgern halten mußte.

Er ist doch aus Fleisch und Blut, kalkulierte sie, und wenn schon der närrische Daumer in allen Tönen von seiner Engelsunschuld schwärmt, als erwachsener Mensch weiß man, was der Hahn mit den Hühnern treibt. Er heuchelt, er hält mich zum besten. Warte, Kerl, ich will dir den Gaumen trocken machen. –

Auf dem Markt, zur Rechten vor dem Beholdschen Haus, stand der sogenannte Schöne Brunnen, ein Meisterwerk mittelalterlich Nürnberger Kunst. Seit grauen Zeiten erzählte man den Kindern, daß der Storch die Neugeborenen aus der Tiefe des Brunnens hole. Frau Behold fragte Caspar, ob er davon vernommen habe, und als er verneinte, sah sie ihn mit schlauem Augenzwinkern an und wollte wissen, ob er daran glaube. »Ich seh' nur nicht, wo der Storch da hinunterfliegen kann«, antwortete er harmlos, »es ist ja alles mit Gittern vermacht.«

Frau Behold staunte. »Ei, du Tropf!« rief sie auf. »Schau mich einmal aufrichtig an!«

Er schaute sie an. Da mußte sie die Augen senken. Und plötzlich erhob sie sich, eilte zur Kredenz, riß eine Lade auf, schenkte sich ein Glas Wein voll und trank es auf einen Zug leer. Sodann ging sie ans Fenster, faltete die Hände und murmelte mit einem Ausdruck von Stumpfsinn: »Jesus Christus, bewahre mich vor Sünde und führe mich nicht in Versuchung!«

Es bedarf kaum der Erwähnung, daß sie sonst eine höchst aufgeklärte Dame war, die sich das ganze Jahr nicht in der Kirche sehen ließ.

Es war schon Mitte August, und große Hitze herrschte. An einem Sonntag veranstaltete der Bürgermeister ein Waldfest im Schmausenbuk. Caspar war am Morgen mit dem Stallmeister Rumpler und einigen jungen Leuten bis Buch geritten und war so müde, daß er nach Tisch in seinem Zimmer einschlief. Frau Behold weckte ihn selbst und hieß ihn sich ankleiden, da der Wagen warte, der sie zum Festplatz bringen sollte. Auf Caspars Frage, ob noch wer mitgehe, erwiderte sie, zwei Knaben führen mit hinaus, die Söhne des Generals Hartung. Da sagte Caspar enttäuscht, er wünsche, daß Frau Behold ihre Tochter mitgehen lasse, denn die werde sich grämen, wenn sie zu Hause bleiben müsse. Frau Behold stutzte und wollte zornig werden, nahm sich aber zusammen. Sie beugte sich vor, ergriff mit der Hand ein Bündel Locken auf Caspars Kopf und sagte boshaft: »Ich schneide dir die Haare ab, wenn du wieder davon anfängst.«

Caspar entwand sich ihr. »Nicht so nahe«, flehte er mit aufgerissenen Augen, »und nicht schneiden, bitte!«

»Hab' ich dich?« drohte Frau Behold, gezwungen scherzend. »Hab' ich dich, furchtsames Menschlein? Noch ein Widerpart, und ich komme mit der Schere!«

Während der Fahrt blieb Caspar schweigsam. Die beiden Knaben, die vierzehn und fünfzehn Jahre alt waren, neckten ihn und suchten etwas aus ihm herauszulocken, da sie stets wie über eine Art Wundertier über ihn hatten sprechen gehört. Nach Schuljungengewohnheit fingen sie an, prahlerische Reden zu führen, als ob es keine gelehrteren und scharfsinnigeren Menschen gäbe. Weit auf der Landstraße draußen rief der eine, er höre schon die Musik aus dem Wald. Da entgegnete Caspar, ärgerlich über das Wesen, das die beiden von sich machten, das wundre ihn, er höre nichts, dagegen sehe er auf einer hohen Stange fern über den Bäumen eine kleine Fahne. »Oh, die Fahne«, meinten jene geringschätzig, »die sehen wir schon lang!« Auch hierüber wunderte sich Caspar, denn er hatte sie erst im Augenblick wahrgenommen, ein schmales Streifchen, das nur im Wehen des Windes sichtbar war.

»Gut«, sagte er, »wenn sie wieder weht, will ich euch fragen, ob ihr es bemerkt.« Er wartete eine Weile und stellte dann, während die Fahne ruhig war, die irreführende Frage: »Also, weht sie jetzt oder nicht?«

»Sie weht!« antworteten die Knaben wie aus einem Mund. Doch Caspar versetzte ruhig: »Ich sehe daraus, daß ihr nichts seht.«

»Oho!« riefen jene. »Dann lügst du!«

»So sagt mir doch«, fuhr Caspar unbekümmert fort, »was für eine Farbe sie hat.«

Die Knaben schwiegen und guckten. Dann riet der eine ziemlich kleinlaut: »Rot«, der andre, etwas kühner: »Blau«. Caspar schüttelte den Kopf und wiederholte: »Ich sehe, daß ihr nichts seht: weiß und grün ist sie.«

Daran war schwer zu mäkeln, eine Viertelstunde später konnten sich alle von der Wahrheit überzeugen. Aber die Knaben blickten Caspar voll Haß ins Gesicht, sie hätten gern vor Frau Behold geglänzt, die die ganze Unterhaltung wortlos mit angehört hatte.

Caspars Gegenwart beim Fest zog, wie immer, eine Anzahl Gaffer herbei. Darunter waren einige Bekannte, junge Leute, die sich seiner annehmen zu sollen glaubten und ihn Frau Behold unerachtet ihres Widerspruchs entrissen. Es war anfangs nur eine kleine Gesellschaft, die sich aber allgemach vergrößerte und, indem einer den andern anfeuerte, lauter Tollheiten beging. Sie warfen Tische und Bänke um, schreckten die Mädchen, kauften die Krämerbuden leer, verübten ein wüstes Geschrei und stellten sich dabei an, als ob Caspar ihr Gebieter sei und sie kommandiere. Das Treiben wurde immer ausgelassener. Als es Abend geworden war, rissen sie die Lampions von den Bäumen und zwangen ein paar Musikanten, ihnen vorauszuziehen, um den Tumult mit ihren Trompeten zu begleiten. Zwei junge Kaufleute hoben Caspar auf ihre Schultern, und er, dem schon Hören und Sehen verging, wünschte sich weit weg und kauerte mit dem unglücklichsten Gesicht von der Welt auf seinem lebendigen Sitz.

Unter Gesang und Gelächter kam die entfesselte Schar vor die Estrade, wo der Tanz begonnen hatte. Hier konnte sie nicht weiter, die angesammelte Menge versperrte den Weg nach rückwärts und seitwärts. Plötzlich sah Caspar ganz nahe die beiden Knaben, die in Frau Beholds Kutsche mitgefahren waren; sie standen auf der Treppe zum Tanzpodium und trugen einen langen Baumzweig mit einem weißen Pappendeckel an der Spitze, worauf in großen Lettern die Worte gemalt waren: »Hier ist zu sehen Seine Majestät Casperle, König von Schwindelheim.« Sie hielten die Tafel so, daß die Aufschrift Caspar zugekehrt war. Auch alle Umstehenden gewahrten sie alsbald, und es erhob sich ein schallendes Gelächter. Die Trompeter gaben einen Tusch, und der Zug setzte sich wieder, am Wirtshaus vorbei, gegen den illuminierten Wald in Bewegung.

Caspar rief, man solle ihn herunterlassen, aber niemand achtete darauf. Nun zog er mit der einen Hand am Ohr des einen, mit der andern an den Haaren des zweiten seiner Träger. »Au, was zwickst du mich?« schrie dieser, und der andere: »Au, mich zebelt er!« Wütend traten sie beiseite, wodurch Caspar heruntergleitt. Die beiden Schildträger standen vor ihm und grinsten höhnisch. »Wir haben auch ein Fähnlein für dich«, sagte der ältere, »sieh mal zu, ob es weht!« Im selben Augenblick schraken sie zusammen, denn eine gebieterische Stimme schrie dröhnend ihre Namen. Es war der Vater der beiden, der General, der mit einigen andern Herren und mit Frau Behold in geringer Entfernung an einem abseits stehenden Tisch saß. Diese alle erhoben sich, denn am Himmel waren schwere Wolken aufgezogen, und man hörte schon den Donner grollen.

Frau Behold empfing Caspar mit den Worten: »Du machst ja schöne Streiche! Schämst dich nicht? *Allons!* Wir fahren heim.« Mit überlautem Wesen verabschiedete sie sich von den Herren und eilte zum Ausgang des Festplatzes, wo sie mit kreischender Stimme ihren Kutscher rief. »Setz dich!« herrschte sie Caspar an, als sie den Wagen erreicht hatten. Sie selbst stieg zum Kutscher auf den Bock, ergriff die Zügel, und nun begann ein tolles Fahren, erst durch den Wald, dann die staubschäumende Chaussee entlang. Sie trieb die Tiere an, daß sie nur so hüpften und von jedem Kieselstein, den ihr Huf traf, Funken spritzten. Kein Stern war zu sehen, die Landschaft breitete sich düster hin, häufig zuckten Blitze auf, und der Donner rollte näher.

In wenig mehr denn einer halben Stunde waren sie in der Stadt, und als die Pferde am Marktplatz hielten, dampfte der Schweiß von ihren Flanken. Frau Behold sperrte das Haustor auf und ließ Caspar vorangehen. Er tastete sich in der Dunkelheit bis zu seiner Zimmertür. Doch die Frau ergriff ihn am Arm, zog ihn weiter und trat mit ihm in den sogenannten grünen Salon, einen großen Raum, wo die Fenster geschlossen waren und eine muffige Luft herrschte. Frau Behold zündete eine Kerze an, warf Hut und Mantille auf das Sofa und setzte sich in einen Ledersessel. Sie summte leise vor sich hin. Plötzlich unterbrach sie sich und sagte in derselben singenden Weise: »Komm einmal her zu mir, du unschuldiger Sünder.«

Caspar gehorchte.

»Knie nieder!« gebot die Frau.

Zögernd kniete er auf den Boden und sah Frau Behold ängstlich an.

Wie am Nachmittag näherte sie wieder ihr Gesicht dem seinen. Ihr schmales, langes Kinn zitterte ein wenig, und ihre Augen lachten sonderbar. »Was sträubst du dich denn so?« gurrte sie, da er den Kopf zurückbäumte. »*Ma foi,* er sträubt sich, der Jüngling! Hast wohl noch kein lebendiges Fleisch gerochen? He, du Strick, wer's glaubt! Was, Teufel, fürchtest du dich am Ende? Hab' ich dir nicht die besten Bissen auftragen lassen? Hab' ich dir nicht gestern erst eine schöne Amsel geschenkt? Ich hab' ein gutes Herz, Caspar – da, horch, wie's schlägt, wie's tickt!«

Mit großer Kraft zog sie seinen Kopf gegen ihre Brust. Er dachte, sie wolle ihm ein Leids tun, und schrie, da drückte sie die Lippen auf seinen Mund. Ihm wurde eiskalt vor Grauen, sein Körper sank zusammen, wie wenn die Knochen aus den Gelenken gelöst wären, und als Frau Behold dieser jähen Erschlaffung inne ward, erschrak sie und sprang auf. Ihr Haar hatte sich gelockert, und ein dicker Zopf lag wie eine Schlange auf der Schulter. Caspar hockte auf dem Boden, krampfhaft umklammerte seine Linke die Rücklehne. Frau Behold beugte sich noch einmal zu ihm und schnupperte seltsam, denn sie liebte den Geruch seines Leibes, der sie an Honig erinnerte. Aber kaum spürte Caspar ihre abermalige Nähe, als er emportaumelte und ans andre Ende des Zimmers floh. Die Seite gegen die Tür geschmiegt, den Kopf vorgeduckt, die Arme halb ausgestreckt, so blieb er stehen.

Die ferne Ahnung von etwas Ungeheuerm dämmerte in ihm auf. Kein jemals gehörtes Wort gab einen Hinweis, doch er ahnte es, wie man auf eine Feuersbrunst, die hinter den Bergen wütet, aus der Röte des Himmels schließt. Schändlich war ihm zumut, insgeheim fühlte er sich an, ob er denn auch seine Kleider am Körper trüge, und dann schaute er auf seine Hände nieder, ob sie nicht voll Schmutz seien. Er schämte sich, er schämte sich, vor den Wänden, vor dem Sessel, vor der brennenden Kerze schämte er sich; er wünschte, die Tür möchte von selber sich öffnen, damit er unhörbar verschwinden könnte.

Es war wie das entsetzliche Aufleuchten von Augen, als ein rosiger Blitzstrahl ins Zimmer fuhr. Der Donner folgte wie ein enormer Schrei. Caspar drückte die Schultern zusammen und fing an zu zittern.

Mittlerweile ging Frau Behold mit wahren Mannesschritten auf und ab, lachte ein paarmal kurz vor sich hin, plötzlich ergriff sie die Kerze und trat auf Caspar zu. »Du Aas, du verdorbenes, was hast du denn geglaubt?« sagte sie erbittert. »Glaubst du vielleicht, mir liegt etwas an dir? Ja, einen alten Stiefel! Mach, daß du weiterkommst, und untersteh dich nicht, darüber zu sprechen, sonst massakrier' ich dich!«

Sie lachte dabei, als sollte es im Grunde doch nur Scherz sein, aber Caspar erschien sie übergroß, ihr schwarzer Schatten erfüllte den ganzen Raum. Außer sich vor Furcht rannte er hinaus, die Frau hinter ihm her, er die Treppe hinab zum Tor, rüttelte an der Klinke – es war zugesperrt. Er hörte draußen den Regen aufs Pflaster prasseln, zugleich vernahm er hastig trippelnde Schritte, ein Schlüssel drehte sich im Schloß, und der Magistratsrat erschien auf der Schwelle. Die unaufhörlichen Blitze beleuchteten Caspars schlotternde Gestalt, und das Donnergeschmetter verschlang die Fragen des bestürzten Mannes.

Oben an der Stiege stand Frau Behold, der nahe Kerzenschein durchfurchte ihr Gesicht mit verwildernden Lichtern, und ihre Stimme übertönte den Donner, als sie ihrem Manne zuschrie: »Er hat sich betrunken, der Kerl! Auf dem Schmausenbuk haben sie ihn betrunken gemacht! Laß Er sich heute nur nicht mehr blicken! Marsch, ins Bett mit ihm!«

Der Magistratsrat schloß das Tor und klappte den triefenden Parapluie zu. »Nun, nun – aber, aber«, machte er, »so schlimm wird's doch nicht gleich sein!«

Frau Behold antwortete nicht. Sie schlug eine Tür zu, dann war es still und finster.

»Komm Er nur mit, Caspar«, sagte der Rat, »wir wollen mal Licht anzünden und nachsehen, was es denn da gibt. Reich Er mir den Arm, so.« Er geleitete Caspar in dessen Zimmer, machte Licht und murmelte fortwährend kleine, beschwichtigende Sätzchen vor sich hin. Dann beroch er Caspars Atem, um zu sehen, ob er wirklich getrunken habe, schüttelte den Kopf und meinte verwundert: »Nichts dergleichen. Die Rätin ist da sicherlich im Irrtum. Aber mach Er sich nichts draus, Caspar, empfehl Er Seine Sache dem Herrn, und es wird wohl enden. Gute Nacht!«

Als Caspar allein war, irrte sein scheues Auge von Blitz zu Blitz. Bei jedem Aufflammen hatte er unter den Lidern Schmerzen wie von Nadelstichen, bei jedem Donnerschlag war ihm, als ob alles in seinem Leibe locker sei. Hände und Füße waren ihm eiskalt. Er wagte sich nicht ins Bett zu begeben, sondern blieb wie angewurzelt stehen, wo er stand. Er erinnerte sich mit Grauen des ersten Gewitters, das er im Turm auf der Burg erlebt hatte. Er war in einen Mauerwinkel gekrochen, und die Frau des Wärters war gekommen, ihn zu trösten. Sie sagte: »Man darf nicht hinausgehen, es ist ein großer Mann draußen, der zankt.« Immer, wenn es donnerte, bückte er sich ganz zur Erde, und die Frau sagte: »Hab keine Angst, Caspar, ich bleibe bei dir.«

Auch jetzt war es ihm, als sei ein großer Mann draußen, der zankte. Aber es war niemand da, um ihn zu trösten. Die Amsel, die in einem Käfig beim Fenster geduckt auf dem Holzstäbchen hockte, ließ bisweilen piepsende kleine Laute hören. Er hätte sie schon längst freigelassen, weil ihn das Tier erbarmte, doch fürchtete er Frau Beholds Zorn.

Als das Gewitter im Wegziehen war, entledigte er sich schnell der Kleider, kroch ins Bett und deckte sich bis zur Stirn hinauf zu, um das Blitzen nicht sehen zu müssen. In der Eile vergaß er sogar die Tür abzuriegeln, und dieser Umstand hatte ein gar sonderbares Geschehnis zur Folge.

Am Morgen beim Aufwachen spürte er einen durchdringenden Geruch. Ja, es roch nach Blut im Zimmer. Schaudernd blickte er sich um, und das erste, was er sah, war, daß der Vogelbauer am Fenster leer war. Caspar suchte nach dem Tierchen und gewahrte, daß die Amsel auf dem Tisch lag, tot, mit ausgebreiteten Flügeln, in einem Blutgerinnsel.

Und daneben, auf einem weißen Teller, lag das blutige kleine Herz.

Was mochte dies bedeuten? Caspar verzog das Gesicht, und sein Mund zuckte wie bei einem Kind, bevor es weint. Er kleidete sich an, um in die Küche zu gehen und die Leute zu fragen. Doch als er das Zimmer verließ, erschrak er, denn Frau Behold stand im Flur neben der Tür. Sie hatte einen Kehrbesen in der Hand und sah unordentlich aus. Caspar schaute in ihr fahles Gesicht, er sah sie lange an, fast so matt und bewegt, wie er den toten Vogel angesehen.

Botschaft aus der Ferne

Es war aber von da an nicht mehr auszuhalten mit Frau Behold. Wahrscheinlich bereitete sich in dieser Zeit schon der furchtbare Gemütszustand vor, der späterhin ihr Schicksal verhängnisvoll beschloß. Jedermann scheute sich, mit ihr zu tun zu haben. Kaum hatte sie sich irgendwo hingesetzt, so sprang sie auch schon wieder auf, um fünf Uhr früh war sie schon munter, lärmte in den Zimmern und auf den Stiegen und klopfte Caspar aus dem Schlaf, wobei sie ein solches Gepolter an seiner Tür machte, daß er mit wehem Kopf erwachte und den ganzen Tag zu keiner Arbeit fähig war. Bei Tisch sollte er nicht reden, und wenn er einmal Widerspruch hielt, drohte sie, ihn beim Gesinde in der Küche essen zu lassen. Kam ein Fremder und Caspar wurde gerufen, so erging sie sich in bissigen Wendungen. »Ich bin neugierig, ob Sie aus dem Stockfisch was herausbringen«, sagte sie etwa. »Man hat Ihnen sicherlich weisgemacht, daß sie ein Unikum von Klugheit an ihm finden werden. Überzeugen Sie sich doch; sehen Sie zu, ob die arme Seele ein vernünftiges Wort hergibt.« Solches machte den Gast, wer er auch war, verlegen, und Caspar stand da und wußte nicht, wohin er schauen sollte.

Wie früher mußten Menschen her, um die Räume des Hauses zu füllen, Gelächter sollte über die morschen Stiegen hallen und knisternde Schleppen den Staub der Jahrzehnte abfegen. Aber die Tage waren von den Nächten so verschieden wie der Ballsaal, wenn die Lichter brennen und dann, wenn die Leute gegangen sind, der Pförtner die Kerzen auslöscht und die Mäuse über die befleckten Teppiche huschen. In einem solchen Dasein wächst Schuld wie das Unkraut auf nichtgepflügtem Acker. Große Schuld kann reinigen in Buße oder Leiden; die kleinen Versäumnisse und unnennbaren Missetaten, die an vielen Stunden vieler Tage hängen, zermürben die Seele und fressen das Mark des Lebens auf.

Jedenfalls war Frau Behold eine sehr moralische Natur, weil sie dem Menschen nicht verzeihen konnte, der ihre Tugend ins Wanken gebracht hatte, wenngleich nur für eine schwüle Gewitterstunde. – Aber lag es bloß daran? War ihr nicht vielmehr die ganze Welt auf den Kopf gestellt durch das unerwartete Bild der Unschuld, das ihr der Jüngling dargeboten hatte? – Eine solche umgedrehte Welt war ihr nicht erträglich, um darin zu leben. Es war ein Raub an ihr geschehen, und sie verlangte nach Rache.

Den Freunden Caspars blieb der veränderte Zustand im Hause Behold nicht verborgen. Bürgermeister Binder war der erste, der mit Nachdruck erklärte, Caspar dürfe nicht länger dort verbleiben. Daumer unterstützte diese Meinung lebhaft, und der Redakteur Pfisterle, hitzig und unbequem wie immer, beschimpfte in seiner Zeitung den Magistratsrat und äußerte den Verdacht, man wünsche den Findling unschädlich zu machen und die Stimmen mit Gewalt zum Schweigen zu bringen, welche die Anrechte seiner geheimnisvollen Geburt durchsetzen wollten. »Da lebt er, der rätselhafte Knabe, dem ein unsichtbares Diadem auf der Stirn glänzt, wie ein einsames Tier, das sich nur mit ein paar schüchternen Sprüngen ans Licht getraut und, während es über den Acker hüpft, possierlich mit Schwanz und Ohren wackelt, um seine Feinde zu ergötzen, dabei aber ängstlich nach allen Seiten spitzt, um bald wieder ins erste beste Loch zu kriechen.«

So der aufgeregte Schreibersmann. Danach entschlossen sich die Stadtväter nach mancherlei Beratungen, wie vordem einen Erziehungs- und Kostbeitrag aus der Gemeindekasse auszusetzen, und weil niemand so wie Herr von Tucher geeignet schien, dem Elternlosen Obdach zu bieten, legte man ihm die Sache beweglicherweise ans Herz, appellierte an seine Großmut und an die ausgezeichnete Stellung seiner Familie, deren Name allein genügen würde, den Jüngling vor gemeinen Verfolgungen zu schützen.

Herr von Tucher hatte jedoch Bedenken. Das plötzliche Gezeter gegen die Beholdschen verdroß ihn. »Erst seid ihr froh gewesen, für den jungen Menschen einen Unterschlupf zu finden, und auf einmal wird Hohes Kammergericht gespielt«, sagte er. »Soll ich annehmen, daß es mir besser ergeht? Ich will nicht Gefahr laufen, daß mein Privatleben von oben bis unten beschnüffelt wird, ich will nicht jedem müßigen Hahn erlauben, sein Kikeriki in meinen Frieden zu krähen.«

Auch die Familie, besonders seine Mutter, erhob Einspruch und warnte ihn, sich in Abenteuer zu begeben. Es hieß sogar, die alte Freifrau habe dem Sohn einen unangenehmen Auftritt bereitet und ihm gesagt, wenn er den Hauser zu sich nehmen wolle, möge er nur dessen Unterhalt aus Gemeindekosten bestreiten, sie gebe keinen Groschen dafür her.

Aber Herr von Tucher war ein Pflichtmensch. Er fand, daß es seine Pflicht sei, Caspar aufzunehmen. Da er in ihm schon einen halb Verlorenen sah, stellte er sich vor, daß er damit einen unglücklich Irrenden wieder auf die gebahnten Wege des Lebens führen könne. Der gute Caspar ermangelte vielleicht nur einer männlich-kräftigen Hand, sagte er sich. Die Faseleien von Übernatur und Ausnahmewesen, das beständige Bestarrt- und Bewundertwerden, alles das war ihm verderblich. Einfachheit, Ordnung, überlegte Strenge, kurz, die Prinzipien einer gesunden Zucht werden ihm heilsam sein. Probieren wir's! –

Herr von Tucher hatte sich also hier eine Aufgabe gestellt, und das war das wichtigste. Er erklärte: »Ich bin bereit, den Findling zu betreuen, knüpfe jedoch die Bedingung daran, daß man mich in allen Dingen gewähren und daß niemand, wer es auch sei, sich einfallen läßt, mich in meinen Plänen zu beeinträchtigen oder in irgendwelcher Absicht zwischen mich und Caspar zu treten.«

Natürlich wurde das zugesagt und versprochen.

Kaum hatte Frau Behold gehört, was sich hinter ihrem Rücken abspielte, so beschloß sie, den Ereignissen zuvorzukommen. Sie wartete eine Nachmittagsstunde ab, während welcher Caspar nicht zu Hause war, ließ alles, was sein Eigentum war, Kleider, Wäsche, Bücher und sonstige Gegenstände, in eine Kiste werfen und diese ohne Deckel auf die Straße stellen. Dann sperrte sie selber das Tor zu und lehnte sich befriedigt lächelnd zum Erkerfenster des ersten Stockwerks heraus, um auf Caspars Rückkehr zu harren und die Verblüffung des angesammelten Volkes zu genießen.

Caspar kam bald. Er wurde von seinem Leibpolizisten über das Vorgefallene belehrt, und indes der Mann von Amts wegen aufs Rathaus trollte, um Meldung zu erstatten, lehnte sich Caspar gegen seine Kiste und schaute hin und wieder verwundert zu Frau Behold hinauf. Es dauerte gute zwei Stunden, bis man sich auf dem Rathaus entschieden hatte, was zu tun sei, und Herr von Tucher benachrichtigt worden war. Währenddessen fing es an zu regnen, und hätte nicht ein gutmütiges Marktweib einen Hopfensack herbeigebracht, mit dem sie die Kiste bedeckte, so wäre Caspars ganzes Hab und Gut durchnäßt worden. Endlich zeigte sich der Polizist wieder in Begleitung eines Tucherschen Bedienten; sie brachten ein Handwägelchen mit und schleppten die Kiste hinauf. Nun ging's fort, und ein einfältig schwatzender Haufen Menschen folgte bis in die Hirschelgasse ans Tucherhaus.

Es begann nun wieder ein ganz neues Leben für Caspar. Vor allem hörte der Besuch der Schule auf, und statt dessen kam zweimal täglich ein junger Lehrer ins Haus, ein Studiosus namens Schmidt. Sodann wurde jedem unberufenen Fremden die Tür verriegelt. Ferner wurde das Reiten nicht mehr gestattet. »Derlei Übungen sind für Aristokraten und reiche Leute, nicht aber für einen Menschen, der zu bürgerlichem Brotverdienst erzogen werden muß und sicherlich einst darauf angewiesen sein wird, sich mit seiner Hände Arbeit durchzuschlagen«, sagte Herr von Tucher.

Daraus war ersichtlich, daß er den Redereien von vornehmer Abstammung, die im Lauf der Zeit keineswegs verstummt waren, nicht die mindeste Bedeutung zumaß. »Die gegebenen Verhältnisse sind schwierig genug«, erwiderte Herr von Tucher, wenn man ihn nur auf eine Möglichkeit dieser Art hinwies. »Ich bin durchaus nicht gesonnen, einem solchen Phantom – und mehr ist es nicht – meine Grundsätze zu opfern.«

Herr von Tucher war ein Mann, der unerschütterlich an seine Grundsätze glaubte. Grundsätze zu haben, war für ihn das erste Element des Lebens, nach ihnen zu handeln, ein selbstverständliches Gebot. Es gehörte zu diesen Grundsätzen, daß er von Anfang an eine Entfernung zwischen sich und Caspar schuf, die den Respekt sicherte. Vertrauliche Beziehungen waren ohnehin seine Sache nicht, Gefühle zu zeigen, war ihm verhaßt; die aufrechte Haltung, der gemessene Gang, der kühle Blick, die Tadellosigkeit in Kleidung und Manieren kennzeichneten auch ganz und gar sein Inneres.

Strenge erschien ihm wichtig. Er zeigte Caspar ein strenges Gesicht. Die oberste Maxime war: sich nicht rühren lassen. Daneben war es billig, für erfüllte Pflicht Anerkennung zu gewähren. Die Stunden vom Morgen bis zum Abend waren aufs genaueste eingeteilt. Am Vormittag der Unterricht, dann ein Spaziergang unter Aufsicht des Dieners oder Polizisten, am Nachmittag beschäftigte sich Caspar allein. Neben seiner Stube war eine kleine Kammer als Werkstätte eingerichtet, und wenn er die Aufgaben beendigt hatte, verfertigte er allerlei Tischler- und Papparbeiten, wozu er viel Geschick bewies. Auch an Uhren und deren Zerlegung und Zusammensetzung fand er Freude. Sein Betragen befriedigte Herrn von Tucher vollkommen. Er konnte nicht umhin, den eisernen Fleiß des Jünglings und seinen hartnäckigen Lern- und Bildungseifer zu bewundern. Es gab nicht Widerspruch noch Auflehnung, niemals tat Caspar weniger, als von ihm gefordert wurde. – Ganz klar, man hat mir falsch berichtet, dachte Herr von Tucher, die Leute, die bisher um ihn waren, haben ihn nicht zu behandeln gewußt, zum erstenmal erfährt er den Segen einer folgerechten Leitung.

Die Grundsätze triumphierten.

Das häufige und lange Alleinsein war Caspar zuerst angenehm, aber im Verlauf der Zeit wurde ihm doch fühlbar, daß dem ein Zwang obwaltete, und er hörte auf, die Gelegenheiten zu fliehen, die ihm Zerstreuung und Unterhaltung versprachen. Wenn auf der sonst so öden Hirschelgasse Lärm entstand, riß er das Fenster auf und lehnte erwartungsvoll über den Sims, bis es wieder still war. Es brauchten nur zwei alte Weiber schwatzend stehenzubleiben, gleich war unser Caspar auf dem Posten und lauschte. Er wußte genau, um welche Zeit die Bäckerjungen am Morgen vom Webersplatz her kamen, und ergötzte sich an ihrem Pfeifen. Sobald der Postillion am Laufertor sein Horn blies, unterbrach er die Arbeit, und seine Augen glänzten. So machte ihn auch jedes Geräusch aus dem Innern des weitläufigen Hauses stutzig, und nicht selten lief er zur Tür, öffnete den Spalt und horchte aufgeregt, wenn er eine Stimme vernommen hatte, die unbekannt klang. Die Dienstleute wurden darauf aufmerksam; sie sagten, er sei ein Türenhorcher und lege es darauf an, sie dem Baron zu verklatschen.

Vor dem Hause selber empfand Caspar eine unbestimmte Hochachtung, er schritt fast auf Zehen über die Korridore, etwa wie man in der Gegenwart eines vornehmen Herrn leise spricht. In stolzer Zugeschlossenheit thronte der Bau abseits vom Getriebe, und wer Einlaß heischte, mußte sich von einem langbärtigen Pförtner besichtigen und befragen lassen. Die Mauern waren so gewaltig in die Erde gebohrt, Fassade, Dach und Giebel so majestätisch gefügt und verwachsen, als hätten altverbriefte Rechte mehr als die Kunst des Baumeisters ihnen zu solchem Ansehen verholfen. Der Turm im Hof mit der Wendeltreppe fesselte Caspars Auge gern am Abend, wenn die feinverschnörkelten Formen, durchglüht von bläulichem Dunst, sich ineinanderwirkend zu beleben schienen.

Bisweilen gewahrte er hinter einem versperrten Fenster einen eisgrauen Scheitel über einem pergamentenen Gesicht. Es war die alte Freifrau, die sich sonst ihm niemals zeigte. Man sagte ihm, daß sie von schwacher Gesundheit sei und ängstlich das Zimmer hüte. Dies Fremdsein Wand an Wand erregte sein Nachdenken. Allmählich wurde es ihm klar, daß er unter lauter fremden Menschen umherging und von der Mitleidsschüssel speiste. Einer nahm ihn und nährte ihn. Da kam ein Wagen, und er wurde geholt. Ein andres Haus. Eines Tages wirft man sein Zeug auf die Gasse – wieder woanders hin.

Wie ging das zu? Andre lebten ständig an ihrer Stelle, kannten ihr Bett von Kindheit an, keiner durfte sie losreißen, sie hatten Rechte. Es gab Arme, die um Geld dienten, die zu den Füßen derer lagen, welche man als reich bezeichnete, selbst die standen irgendwo fest auf der Erde, hielten irgend etwas fest in den Händen, sie verrichteten eine Arbeit, man bezahlte ihnen die Arbeit, und sie konnten hingehen und ihr Brot kaufen. Der eine machte Röcke, der zweite Schuhe, der dritte baute Häuser, der vierte war Soldat, und so war einer dem andern Schutz und Hilfe und bekam einer vom andern Speise und Trank. Warum konnte man sie nicht wegreißen von der Stelle, wo sie hausten? Darum war es, ja, darum war's: weil sie eines Vaters und einer Mutter Sohn waren. Das hielt einen jeden. Vater und Mutter trugen jeden zur Gemeinschaft der Menschen und zeigten somit allen andern an, woher er gekommen sei und was er sein wollte. Das war es: Caspar wußte nicht, woher er gekommen, aus irgendeinem unentdeckbaren Grund war er, er ganz allein, vaterlos, mutterlos. Und er mußte es herausbringen, warum. Er mußte zu erfahren suchen, wer und wo sein Vater und seine Mutter waren, und vor allem mußte er hingehen und sich seinen Platz erobern, von dem man ihn nicht vertreiben konnte.

An einem Winterabend betrat Herr von Tucher Caspars Zimmer und fand ihn tief in sich gekehrt. Zwei- oder dreimal wöchentlich pflegte Herr von Tucher nach beendetem

Tagewerk seinen Zögling zu besuchen, um sich ein wenig mit ihm zu unterhalten. Es lag dies im Schema des Erziehungsplanes. Das Prinzip verlangte aber von Herrn von Tucher, daß er eine würdevolle Unnahbarkeit bewahre; das Prinzip zwang ihn, auf die Freuden eines natürlichen Verkehrs zu verzichten. Und wenn es ihm auch manchmal schwer wurde, solche Überwindung zu üben, sei es durch ein eignes Bedürfnis, sich mitzuteilen, oder weil ein stumm forschender Blick Caspars an sein Herz faßte, es gab kein Schwanken, das Prinzip, grimmig wie ein Vitzliputzli, verstattete nicht, daß man die Grenze der Zurückhaltung mehr als nützlich überschreite.

Wie er aber Caspar so gewahrte, verborgenem Sinnen hingegeben, ergriff ihn der Anblick doch, und seine Stimme nahm wider Willen einen milderen Klang an, als er den Jüngling um die Ursache seines Nachdenkens befragte.

Caspar überlegte, ob er sich aufschließen dürfe. Wie bei jeder Gemütsbewegung war die linke Seite seines Gesichtes konvulsivisch durchzuckt. Dann strich er mit einer ihm eignen unnachahmlich lieblichen Geste die Haare von der einen Wange gegen das Ohr zurück und fragte mit einem Ton aus innerster Brust: »Was soll ich denn eigentlich werden?«

Herrn von Tucher beruhigten diese Worte sogleich. Er machte eine Miene, als wolle er sagen: die Rechnung stimmt. – Darüber habe er auch schon nachgedacht, erwiderte er, Caspar möge ihm doch sagen, wozu er am meisten Lust habe.

Caspar schwieg und schaute unentschlossen vor sich hin.

»Wie wäre es mit der Gärtnerei?« fuhr Herr von Tucher wohlwollend fort. »Oder wie wäre es, wenn du Tischler würdest oder Buchbinder? Deine Papparbeiten sind ganz vortrefflich, und du könntest das Buchbindergewerbe in kurzer Zeit erlernen.«

»Dürft' ich dann alle Bücher lesen, die ich einbinden soll?« fragte Caspar versonnen, der so geduckt saß, daß sein Kinn die Tischplatte berührte.

Herr von Tucher runzelte die Stirn. »Das hieße eben den Beruf vernachlässigen«, antwortete er.

»Ich könnte ja auch Uhrmacher werden«, sagte Caspar. Er hatte in diesem Augenblick eine ziemlich überspannte Vorstellung von einem Uhrmacher: Er sah einen Mann, der im Innern hoher Türme steht und den Glocken zu läuten befiehlt, der goldene Rädchen ineinanderfügt und durch einen Zauberspruch die Zeit unsichtbar macht und in ein winziges Gehäuse bannt. Überhaupt mit solchen Namen war es schwer; nicht sein Wollen lag dahinter, sondern ein unbegreiflich verwickeltes Bild des ganzen Lebens. Herr von Tucher, voll Argwohn, als wurzle in dem Gehabe Caspars doch kein wahrer Ernst, erhob sich und sagte kalt, er werde sich die Sache überlegen.

Am nächsten Abend wurde Caspar in Herrn von Tuchers Zimmer gerufen. »Ich bin nun mit Bezug auf unser gestriges Gespräch zu folgendem Entschluß gelangt«, sagte der Baron. »Du bleibst das Frühjahr und den Sommer über noch in meinem Haus. Wenn du fleißig bist, kann deine Ausbildung in den Elementarfächern bis zum September beendet sein, dessen versichert mich auch Herr Schmidt. Damit nun der Tag ein ununterbrochenes Ganzes für dich wird, sollst du des Mittags nicht mehr mit mir essen, sondern alle Mahlzeiten auf deinem Zimmer einnehmen. Ich werde bald mit einem anständigen Buchbindermeister sprechen, wir wissen dann, woran wir sind. Bist du's zufrieden, Caspar? Oder hast du andre Wünsche? Nur frisch heraus mit der Sprache, du kannst noch immer wählen.«

Ein flüchtiger Schauer lief Caspar über den Rücken. Er schüttelte sich ein wenig, setzte sich nieder und schwieg. Herr von Tucher wollte ihn nicht weiter bedrängen, er wollte ihm Zeit lassen. Eine Weile ging er hin und her, dann nahm er vor dem Flügel Platz und spielte einen langsamen Sonatensatz. Es geschah dies nicht aus zufälliger Laune. Am Dienstag und Freitag von sechs bis sieben Uhr spielte Herr von Tucher Klavier, und da der Kuckuck der Schwarzwälderuhr soeben sechs gekrächzt hatte, wäre eine Versäumnis sehr gegen die Regel gewesen.

Es war eine ziemlich schwermütige Melodie. Für Caspar war dergleichen eine Qual. So gern er Märsche, Walzer und lustige Lieder hörte – »Die Anna Daumer, die kann spielen«, sagte er immer –, so unbehaglich war ihm bei solchen Tönen. Als Herr von Tucher den Schlußakkord des Stückes angeschlagen hatte, sich auf dem Drehsessel umkehrte und Caspar fragend anschaute, dachte er, er solle sich äußern, wie es ihm gefalle, und er sagte: »Das ist nichts. Traurig kann ich von alleine sein, dazu brauch' ich keine Musik.«

Herr von Tucher zog erstaunt die Brauen in die Höhe. »Was maßest du dir an?« entgegnete er ruhig. »Ich habe kein musikalisches Urteil von dir verlangt, und ich habe nicht den Ehrgeiz, deinen Geschmack in dieser Hinsicht zu veredeln. Im übrigen geh auf dein Zimmer.«

Caspar war es ganz lieb, daß er nicht mehr mit dem Baron zu essen brauchte. Das steife Beieinandersitzen erschien ihm jedesmal unsinnig und lästig. Vieles entzückte ihn an diesem Manne, besonders seine Ruhe und sein sachtes Sprechen, das überaus Reinliche seines Körpers, die porzellanweißen Zähne und vor allem die rosigen gewölbten Nägel der langen Hände. Er kannte viele Leute mit blassen Nägeln und mißtraute ihnen; blasse Nägel erweckten ihm die Vorstellung des Neides und der Grausamkeit.

Doch immer hatte Caspar das Gefühl, als ob Herr von Tucher auf irgendwelche Art schlechte Nachrichten über ihn erhalte und sich davon betören lasse; es war ihm manchmal, als müsse er ihm zurufen: »Es ist ja alles nicht wahr!« – Aber was, was sollte nicht wahr sein? – Das wußte Caspar nicht zu sagen.

In seiner Einsamkeit war ihm zumute, als seien die Menschen seiner überdrüssig und gingen damit um, sich seiner zu entledigen. Er war voller Ahnungen, voller Unruhe. In Nächten, wo der Mond am Himmel stand, verlöschte er die Lampe früher als sonst, setzte sich ans Fenster und verfolgte unverwandt die Bahn des Gestirns. An Vollmondtagen ward er häufig unwohl, es fror ihn am ganzen Leibe; erst der Anblick des Mondes selbst nahm den Druck von seiner Brust. Er wußte, von welchem Dach oder zwischen welchen Giebeln die helle Scheibe emporsteigen mußte, hob sie wie mit Händen aus der Tiefe des Himmels heraus, und wenn Wolken da waren, zitterte er davor, daß sie den Mond berühren könnten, weil er glaubte, das strahlende Licht müsse befleckt werden.

Sein Ohr schien in dieser Zeit manchmal den Lauten einer Geisterwelt zu lauschen. Eines Morgens erhob er sich während des Unterrichts plötzlich, ging zum Fenster und beugte sich weit hinaus. Herr Schmidt, der Studiosus, ließ ihn gewähren. Als es aber zu lange dauerte, rief er ihn zurück. Caspar richtete sich auf und schloß das Fenster, sein Gesicht war so bleich, daß der Studiosus besorgt fragte, was ihm sei.

»Mir war, wie wenn jemand käme«, versetzte Caspar.

»Wie wenn jemand käme? Wer denn?«

»Ja, wie wenn mich jemand unten gerufen hätte.«

Der Studiosus fand dies wunderlich. Er dachte eine Weile nach und hätte gern eine Frage gestellt. Es war da neuerdings in der Stadt viel von einer seltsamen Geschichte die Rede, die Caspar betraf oder auf ihn gedeutet wurde und die in allen Journalen, auch draußen im Reich, des langen und breiten durchgehechelt wurde. Aber weil Herr von Tucher dem Studiosus aufs strengste verboten hatte, mit Caspar jemals über solche Dinge zu sprechen, nahm er sich zusammen und schwieg.

Nun hatte Caspar seit Monaten die Gewohnheit, alle Zeitungsblätter, die ihm in die Hand kamen und die er sich zum Teil heimlich zu verschaffen wußte, denn Herr von Tucher fürchtete von dieser Seite her Beeinflussungen mit gutem Grund, aufs genaueste durchzulesen. Hin und wieder geschah es, daß er irgendeine Nachricht, eine Mitteilung über sich selbst entdeckte, und obgleich er noch nie etwas Wesentliches gefunden hatte, bekam er jedesmal Herzklopfen, sobald er nur seinen Namen gedruckt sah. Kurze Zeit nach jenem kleinen Zwiegespräch mit dem Lehrer spielte ihm der Zufall eine schon mehrere Tage alte Nummer der ›Morgenpost‹ in die Hände, und beim Lesen fand er folgende eigentümliche Erzählung:

Vor mehr als zehn Jahren hatte ein Fischer bei Breisach eine schwimmende Flasche aus dem Rheinstrom gezogen, und diese Flasche enthielt einen Zettel, auf welchem geschrieben stand: »In einem unterirdischen Kerker bin ich begraben. Nicht weiß der von meinem Kerker, der auf meinem Thron sitzt. Grausam bin ich bewacht. Keiner kennt mich, keiner vermißt mich, keiner rettet mich, keiner nennt mich.« Dann kam ein halb unleserlicher und verstellter Name, von dem alle deutlichen Buchstaben auch im Namen Caspar Hauser enthalten waren.

Alles das war damals schon von einigen Zeitungen gemeldet worden, war aber bei dem Mangel jeglichen Anhaltspunktes natürlich wieder in Vergessenheit geraten. Da hatte vor vier Wochen etwa ein ungenannter Schnüffler den Vorfall aus einem alten Jahrgang der ›Magdeburger Zeitung‹ neuerdings ans Licht gebracht. Andere Journale bemächtigten sich der Angelegenheit, die nach und nach viel Staub aufwirbelte. Auf einmal wurde nachgewiesen, daß seinerzeit ein Piaristenmönch von einer gewissen Regierung bezichtigt wurde, die Flasche in den Rhein geworfen zu haben. Es stellte sich ferner heraus, daß derselbe Mönch plötzlich verschwunden und eines schönen Tages im Elsaß, in einem Wald der Vogesen, ermordet aufgefunden worden war. Den Täter hatte man nie entdeckt.

»Wenn auf diese Spur hin das Mysterium, das über dem Findling schwebt, nicht endlich gelüftet wird«, rief der Querulant in der ›Morgenpost‹, nachdem er die Geschichte also ausführlich berichtet hatte, »dann gebe ich keinen Pfifferling für unsere ganze Justizpflege!«

Caspar las und las. Zwei Stunden verbrachte er damit, die wunderliche Historia immer wieder von vorn anzufangen und beinahe jedes einzelne Wort zu überlegen. Damit überraschte ihn der Studiosus. Er vergewisserte sich, daß es ebendieselbe Affäre sei, von der er neulich nicht sprechen wollte, und sagte hastig: »Ei, was treiben Sie da, Caspar? Was sagen Sie übrigens dazu? Die meisten Leute halten es für Quark, obwohl es ein unwiderlegliches Faktum ist, daß die Sache damals in der ›Magdeburger Zeitung‹ gestanden hat. Was sagen Sie dazu, Hauser?«

Caspar hörte kaum. Als der Mann seine Frage wiederholte, erhob er das Gesicht, schlug den feuchten Blick zum Himmel empor und sagte leise: »Ich hab' es nicht geschrieben, was da vom Kerker steht.«

»Vom Kerker und vom Throne«, fügte der Studiosus mit sonderbarem und begierigem Lächeln hinzu. »Daß Sie es nicht geschrieben haben, glaub' ich schon, Sie haben ja das Schreiben erst bei uns gelernt.«

»Aber wer kann es geschrieben haben?«

»Wer? Das ist eben die Frage. Vielleicht einer, der helfen wollte, ein verborgener Freund vielleicht.«

»Vom Kerker und vom Throne«, lallte Caspar mit willenlosem Mund. Er begab sich in die Ofenecke, kauerte sich auf einem Schemel zusammen und versank in tiefe Grübelei. Weder Ruf noch Mahnung noch Befehl vermochten ihn zu wecken, und der Studiosus, der sich schuldig fühlte, blieb, um kein Aufsehen zu machen, die Stunde über sitzen und entfernte sich dann still. Am selben Abend war eine Assemblee im Tucherschen Haus, alle Freunde der Familie waren geladen, und eine halbe Stunde lang dauerte das Wagengerassel. Als die ersten Tanzweisen vom Saal heraufschallten, begab sich Caspar in den Korridor und horchte. Er hatte nicht mehr Zutritt zu solchen Festen.

Während er noch stand, ans Geländer gepreßt, den Kopf vorgebeugt, und er sich so recht verstoßen vorkam, berührte eine Hand seine Schulter. Es war der Lakai, der ihm auf silberner Platte einige Süßigkeiten brachte. Caspar schüttelte den Kopf und sagte: »Süßes mag ich nicht«, worauf der Diener ihn mürrisch mit den Blicken maß und sich zu gehen anschickte.

Da kamen Schritte von der zweiten Treppe her, die unbeleuchtet war, und unversehens stand die alte Freifrau in grauseidenem Kleid und seidener Haarschärpe vor den beiden; indem sie ihre blauen Augen streng in die des Jünglings bohrte, sagte sie stolz und befremdet: »Süßes mag Er nicht? Warum mag Er denn Süßes nicht?«

Sie kam von unten, Caspar roch deutlich den Menschendunst an ihren Gewändern. Es war ihre Art, sich früh zurückzuziehen. Bevor sie zur Ruhe ging, pflegte sie täglich durch das ganze Haus zu wandern, um nachzusehen, ob kein Feuer sei und kein Dieb sich eingeschlichen habe.

Vor ihren rauh klingenden Worten duckte Caspar den Kopf. Es ist anzunehmen, daß seine Phantasie ungewöhnlich erregt war. Plötzlich spürte er eine lähmende Furcht. Schwärze stieg um seine Augen, es war ihm, als habe er die Stimme des Vermummten gehört, und den Arm ausstrekkend, schrie er bittend: »Nicht schlagen, nicht schlagen!«

Die alte Dame, die es so schlimm eben nicht gemeint hatte, blickte verwundert und erschrocken auf. Indes hatte Caspars lauter Schrei die Aufmerksamkeit einiger Gäste erregt, die im unteren Flur auf und ab spazierten. Sie wandten sich an Herrn von Tucher, und dieser ging die Treppe empor, gefolgt von einigen Herren. Unter der Gesellschaft im Saal verbreitete sich das Gerücht, es sei etwas passiert, und da Caspars Aufenthalt im Hause natürlich bekannt war, dachten alle an ein Ereignis wie das bei Daumer vorgefallene. Es entstand ein Schweigen, die Tanzmusik verstummte, viele drängten hinaus, besonders die jungen Damen waren erregt, und eine Anzahl von ihnen stieg die Treppe empor und blieb schauend stehen.

Herr von Tucher, der dies alles aufs peinlichste empfand, wie ihm denn jedes unnütze Aufsehen ein Greuel war, schickte sich an, Caspar zur Rede zu stellen, wurde aber durch das versteinerte Bild des Jünglings abgeschreckt; auch machte ihn die bestürzte Haltung seiner Mutter stutzig.

Es ging etwas Ungeheures in Caspar vor. Ihm war, als habe er, was jetzt geschah, schon einmal erlebt. Wie mit einer Sturzwelle riß es ihn zurück, und die Zeit schien ihren

Atem anzuhalten. – Da war die alte Frau, fürstlich geschmückt und majestätisch anzusehen. Wie, glich sie nicht einem Weib, das einst in ein Gemach gekommen, wo auch er gewesen war, und hatte ihre Gegenwart nicht alle anderen erstarren lassen? Lag nicht jemand auf dem Bett und vergrub den Kopf in die Kissen? – Da war der Diener, der eine silberne Platte in Händen hielt – war das nicht ehedem auch so? Stand nicht auch damals einer da, der Geschenke brachte oder Süßes oder Kostbares? – Da waren feierlich gekleidete Männer, die auf einen Befehl zu harren schienen, darauf warteten, daß einer käme, noch festlicher angetan als sie selbst, vor dem sie sich verneigen mußten. Und diese schlanken weißen Mädchen in weißen Schleiern, deren Blicke tief und bang waren? Und hier oben die Dämmerung, die sich über zahllose Marmorstufen hinab ins Licht verlor? – Caspar hätte jauchzen mögen, denn er erschien sich fremd und zugleich von allen angebetet, sie senkten das Haupt, sie erkannten den Herrn in ihm – ja, er ahnte, was er war und von wo er kam, er spürte, was jenes Wort vom Kerker und vom Throne zu bedeuten hatte. – Ein geisterhaftes Lächeln umspielte seine Lippen.

Herr von Tucher bereitete dem unangenehmen Auftritt ein möglichst stilles Ende. Er führte Caspar in sein Zimmer, gebot ihm, sich zu Bett zu begeben, wartete, bis er lag, verlöschte dann selbst das Licht und sagte beim Hinausgehen in scharfem Ton, er werde ihn am andern Morgen wegen seiner ungehörigen Aufführung zur Rechenschaft ziehen. –

Darum scherte sich Caspar wenig. Es wurde auch nicht viel aus der gedrohten Abrechnung. Herr von Tucher sah ein, daß den Grundsätzen eigentlich nichts zuleide geschehen war. Sein Koch verriet ihm im hohlen Ton der Prophezeiung, Caspar sei mondsüchtig und werde sicherlich einmal aufs Dach steigen und herunterstürzen. Herr von Tucher konnte den Mond nicht abschaffen; da der Jüngling krankhaften Zuständen unterworfen schien, durfte man ihn für gewisse Fehltritte nicht verantwortlich machen. Ob Caspar Tischler oder Buchbinder werden solle, war noch immer unentschieden. Es mußte hierzu die Meinung des Präsidenten Feuerbach eingeholt werden. Herr von Tucher nahm sich vor, im April nach Ansbach zu fahren und mit dem Präsidenten zu sprechen.

Caspar aber war voller Erwartung. Er wartete auf einen, der kommen mußte, auf einen, der irgendwo unter den Menschen ging und den Weg zu ihm suchte, und so fest war der Glaube an diesen Kommenden, daß er jeden Morgen dachte: Heute! – und jeden Abend: Morgen! – Er lebte in einem beständigen innerlichen Spähen, und seine ahnungsvolle Freude glich einem Traum. Aber wie der Pfau seinen Schweif niederschlägt, wenn er seine häßlichen Füße gewahrt, so machte seine eigene Stimme, sein eigener Schritt ihn schon wieder zaghaft, um wieviel mehr erst der Anblick von Menschen, die täglich seine Erwartung enttäuschen mußten.

Sein ganzes Treiben in dieser Zeit war außergewöhnlich, und die aufmerksam horchende Spannung gegen ein Leeres hin hatte etwas von Wahnwitz. Freilich, zusammengehalten mit dem Verlauf der Ereignisse bot sie ein anderes Gesicht und hätte einem Mann wie Daumer absonderlichen Stoff für seine Ideen geliefert.

Es lauerte viel Heimliches und Feindseliges auf Caspars Wegen, und es überlief ihn kalt, wenn im Nebel ein Tropfen von einer Dachrinne fiel. Angstvorstellungen begleiteten ihn bis in den Schlaf, und weil er oftmals erwachte und die Finsternis ihn quälte, bat er, daß man neben seinem Bett ein Öllämpchen brennen lasse. Dies geschah.

Einstmals in einer Nacht spürte er, noch schlummernd, ein eigentümliches Ziehen im Gesicht, als ob ihn von oben her ein kühler Atem streife. Jählings richtete er sich auf, blickte über Bett und Wand und gewahrte eine große Spinne, die an einem Faden in der Nähe seines Kopfes hing. Entsetzt sprang er aus dem Bett, und unfähig, sich zu regen, beobachtete er, wie das Tier sich aufs Kissen niederließ und über das weiße Linnen kroch, einen glitzernden Faden hinter sich her schleppend.

Caspars ganzer Leib war wie mit einer neuen, schaudernden kalten Haut bedeckt. Er preßte die Hände zusammen und flüsterte angstvoll und seltsam schmeichelnd: »Spinne! Was spinnst du, Spinne?«

Die Spinne duckte den gelblichen Leib.

»Was spinnst du, Spinne?« wiederholte er flehend.

Das Tier überklomm den Bettpfosten und gewann die Mauer. »Was schickst du dich denn so, Spinne?« hauchte Caspar. »Warum so eilig? Suchst du was? Ich tu' dir nichts.«

Die Spinne war schon oben an der Decke. Caspar setzte sich auf den Stuhl, wo die Kleider hingen. »Spinne, Spinne!« sagte er tonlos vor sich hin. Es schlug vier Uhr draußen, und er hatte sich noch immer nicht ins Bett zurückgetraut. Dann, ehe er sich hinlegte, wischte er Kissen und Wand eifrig mit dem Taschentuch ab.

Er trug von der unbekleidet verwachten Stunde eine Erkältung davon, die ihn mehrere Tage ans Lager fesselte. Er wurde traurig, des Wartens war er schon müde. Obwohl ihm schließlich nichts mehr fehlte, hatte er keine Lust, das Zimmer zu verlassen. Herr von Tucher nahm seinen Zustand für ein hypochondrisches Zwischenspiel. Als er sich jedoch überzeugte, daß sowohl seine vorsätzliche Gleichgültigkeit wie sein gütiger Zuspruch fruchtlos blieben, und daß da eine unverstellte seelenvolle Betrübnis waltete, wurde er besorgt.

Nun geschah es an einem dieser Tage, daß ein auswärtiger Bote im Haus vorstellig wurde, der zu Caspar geführt zu werden verlangte, um ihm einen Brief auszuhändigen. Herr von Tucher verweigerte die Erlaubnis dazu. Nach einigem Bedenken überließ ihm der Mann das Schreiben und entfernte sich wieder. Herr von Tucher hielt sich für berechtigt, den Brief zu öffnen. Er war von rätselhafter Fassung, noch rätselhafter dadurch, daß ihm ein kostbarer Diamantring beilag, den Caspar damit als Geschenk bekam. Herr von Tucher war unschlüssig, was er tun solle. Brief und Ring dem Gericht oder dem Präsidenten Feuerbach auszuliefern, erschien ihm das ratsamste. Doch widersprach es immerhin seinem Rechtsgefühl. Eine flüchtige Stimmung von Weichheit gegenüber Caspar ließ ihn den Vorsatz völlig vergessen, er hoffte, den Jüngling aus seiner Niedergeschlagenheit aufzurütteln, und diesen Zweck erreichte er vollkommen. Er brachte den Brief und Ring herbei.

Caspar las: »Du, der Du das Anrecht hast, zu sein, was viele leugnen, vertrau dem Freund, der in der Ferne für Dich wirkt! Bald wird er vor Dir stehen, bald Dich umarmen! Nimm einstweilen den Ring als Zeichen seiner Treue und bete für sein Wohlergehen, wie er für das Deine zu Gott fleht.«

Als Caspar dies gelesen hatte, drückte er das Gesicht gegen den Arm und weinte still für sich hin. Herr von Tucher saß am Tisch und ließ den schönen Stein des Rings nachdenklich im Sonnenlicht spielen.

Der englische Graf

In den Nachmittagsstunden eines der letzten Apriltage rollte ein vornehmer Reisewagen vor die Einfahrt des »Hotel zum wilden Mann«, und alsbald verließ ein hochgewachsener Herr den Schlag und begrüßte leutselig den herbeistürzenden Wirt, der eines solchen Gastes nicht gewärtig war, da in seinem Hause fast nur Kaufleute und Handlungsreisende verkehrten. Der Fremde forderte die besten Zimmer, und ohne sich nach dem Preis zu erkundigen, schritt er durch das Spalier von Gaffern in das weitbogige Tor. Diener und Kutscher trugen die Koffer, den Nachtsack und sonstige Reisegegenstände in die Halle. Der Ankömmling verlangte von selbst das Fremdenbuch, und bald konnte jeder ehrfürchtig schaudernd die mit Riesenschrift geschriebenen Worte lesen: »Henry Lord Stanhope, Earl of Chesterfield, Pair von England.«

Das Ereignis machte solches Aufsehen in der Gegend, daß noch spätabends Leute auf der Gasse standen und zu den hellen Fenstern emporstarrten, hinter denen der erlauchte Herr logierte. Am nächsten Morgen gab der Lord in der Wohnung des Bürgermeisters sowie bei einigen Notabilitäten der Stadt seine Karte ab, und schon wenige Stunden darauf erhielt er in seinem Quartier die Gegenbesuche, vor allem denjenigen Binders, der sich der früheren Anwesenheit des Lords wohl erinnerte.

In der ziemlich langen Unterredung mit dem Bürgermeister gestand Graf Stanhope ohne Umschweife, daß wie jenes erste Mal so auch heute die Person des Caspar Hauser den Grund seines Aufenthaltes in der Stadt bilde. Er hege für den Findling die größte Teilnahme, sagte er und ließ durchblicken, daß er etwas Entscheidendes für ihn zu unternehmen gesonnen sei.

Der Bürgermeister erwiderte, er verstatte Seiner Herrlichkeit, soweit es die Vorschriften erlaubten, freien Spielraum.

»Was für Vorschriften?« fragte der Lord rasch.

Binder versetzte, Herr von Tucher sei Kurator des Findlings, habe weitgehende Rechte und werde der Einmischung eines Fremden nicht freundlich gegenüberstehen; außerdem könne man ohne Wissen des Staatsrats Feuerbach keine Veränderung befürworten, die das Leben Caspar Hausers betreffe.

Der Lord machte ein bekümmertes Gesicht. »Da werde ich einen schweren Stand haben«, bemerkte er. Hierauf erkundigte er sich, ob man wegen des Überfalls im Daumerschen Hause irgend Anhaltspunkte gewonnen habe und ob die seinerzeit von ihm ausgesetzte Prämie keinen Empfänger habe finden können. Dies mußte Binder verneinen. Er entgegnete, die so großmütig zur Verfügung gestellte Summe liege unangetastet im Rathaus, und Seine Lordschaft könne sie zu beliebiger Stunde zurückerhalten, da doch jede Entdeckungsaussicht nunmehr geschwunden sei.

Die nächsten Tage verbrachte der Lord ausschließlich mit der Erfüllung gesellschaftlicher Pflichten. Zu Mittag, zum Tee und zu Abend war er eingeladen oder gab kleine, aber exzellente Mahlzeiten in seinem Hotel, wozu er eigens einen französischen Koch in Dienst nahm. Wenn es seine geheime Absicht war, sich auf diese Weise Freunde und Bewunderer zu verschaffen, so blieb ihm darin nichts zu wünschen übrig. Wenn er den Zweck verfolgte, all die guten Leute und ihre Gesinnungen kennenzulernen, so fiel ihm das nicht sonderlich schwer; man gab sich rückhaltlos, man fühlte sich geehrt durch seine Gegenwart, man bestaunte seine geringsten Handlungen.

Jeder Anlaß war ihm recht, um das Gespräch auf Caspar Hauser zu lenken; er wollte wissen, immer Neues wissen, schwelgte in den rührenden Einzelheiten, die man zu berichten wußte, fand es aber dabei doch nicht notwendig – eine Unterlassung, die allerdings auffallend gefunden wurde –, den Professor Daumer zu besuchen, sondern begnügte sich damit, den Gefängniswärter Hill zu sich kommen zu lassen und ihn auszufragen.

Hill, von dieser Auszeichnung etwas aus dem Gleichgewicht gebracht, schilderte so beweglich, daß es von einem unter Verbrechern ergrauten Mann wunderbar zu hören war, jenes hold-verlorene Weben und ergreifende Darniedersinken Caspars während seines Aufenthaltes im Turm. Zum Schluß rief er, glühend vor Eifer, er, was an ihm liege, er werde die Unschuld des Jünglings bezeugen, und wenn Gott selber das Gegenteil behauptete. – Graf Stanhope war sichtbar erschüttert, er lächelte, sagte, hier sei ja nicht von Schuld die Rede, und entließ den Mann fürstlich belohnt.

Nun endlich entschloß er sich, Herrn von Tucher und damit auch Caspar selbst gegenüberzutreten. Wenn man ihn verwundert gefragt hatte, weshalb er dies solang verzögere, hatte er erwidert, er bedürfe dazu seiner ganzen Sammlung und Seelenkraft, denn vor dem Augenblick, wo er Caspar zum erstenmal sehen werde, sei ihm bange, freudig bang wie einem Kind vor dem Weihnachtsabend.

Herr von Tucher befand sich in seinem Arbeitszimmer, als man ihm die Karte des Engländers brachte. Es versteht sich von selbst, daß er von der Anwesenheit Stanhopes in der Stadt Kenntnis hatte und von dessen Umtrieben unterrichtet war. Da er in jedem Fall einen Friedensstörer in ihm sah, war er nicht zugunsten des Mannes voreingenommen.

Nach allen Beschreibungen hatte er in dem Fremden eine liebenswürdige und gewinnende Erscheinung zu finden erwartet; gleichwohl war er überrascht, als er den vornehmen Gast auf sich zuschreiten sah, und im Nu schwand seine durch das Hörensagen und trübe Vorgefühle entstandene Abneigung.

Es war allerdings etwas Gefährliches um den Mann, das spürte Herr von Tucher auf den ersten Blick, doch ebensosehr lag ein bestrickender Reiz von Weltlichkeit und geistreicher Anmut über seiner Person. Da seine Haltung stolz war, erschien die Zartheit der schlanken Gestalt nicht weibisch; die Züge, durchaus englisch markant, waren edel geschnitten und ließen die fahle Färbung der Haut vergessen; das wechselnde Feuer der durchsichtigen Augen erinnerte bald an die sanfte Gazelle, bald an die Ruhe des Tigers, kurz, Herr von Tucher wurde in einen Zustand angenehmer Spannung und Erregung versetzt, der durch das schnell in Fluß gebrachte Gespräch nicht im mindesten betrogen wurde.

Die bloßen Fragen des Lords nach Caspars leiblicher und geistiger Verfassung bekundeten schon einen Menschen von hoher Einsicht und Kenntnis des Lebens, und was er sagte, eroberte die Zustimmung des Hörers mühelos.

Auf die Beweggründe seines Hierseins kam er von selbst zu sprechen. Was er vorbrachte, klang unbestimmt genug. Er war augenscheinlich ein Meister in der Kunst, seine wahren Absichten zu verschleiern, aber kein Argwohn konnte Herrn von Tucher beifallen. Der Name Stanhope gab ausreichende Bürgschaft. Was konnte einen Lord Stanhope hindern, deutlich zu sein? War es nicht Feingefühl und angestammter Takt, so war es eine Verschwiegenheit, die zugleich das Gelöbnis enthielt, zur gebotenen Stunde alles schicklich offenbar zu machen. Herr von Tucher fand sich dadurch eher verpflichtet als enttäuscht. Ohne die ausgesprochene Bitte des Lords abzuwarten, fragte er höflich, ob es ihm genehm sei, Caspar zu sehen. Indem er die Versicherung der Dankbarkeit seines Gastes lächelnd abwehrte, läutete er und gab Auftrag, daß man den Jüngling hole.

Es entstand nun eine Stille. Herr von Tucher verblieb in unwillkürlichem Lauschen an der Tür, und der Lord saß mit übergeschlagenen Beinen, den Kopf in die behandschuhte Linke gestützt, das Gesicht dem offenen Fenster zugekehrt. Es war ein sonniger Sonntagnachmittag, der Himmel lag blau strahlend über dem fächrigen Geschiebe der roten Dächer, zwitschernde Schwalben schossen längs der grauen Häuserfronten hin. Als Caspar in das Zimmer trat, veränderte Stanhope langsam die Richtung seines Blikkes, und ohne jenen eigentlich anzusehen, schien er doch das ganze Bild des Menschen in sich festzuketten. Noch während Caspar, durch ein paar rasche Worte des Herrn von Tucher über die Person des illustren Mannes belehrt, auf den Grafen zuging, erhob sich dieser und sagte mit überraschender Erregung und sichtlich tief berührt: »Caspar! Also endlich! Gesegnete Stunde!« Dann streckte er die Arme nach ihm aus, und wie zu einem Tor, das ihm nach sehnsuchtsvollem Harren aufgetan worden, begab sich Caspar in diese geöffneten Arme, ein heller, scharfer, kühler Strahl der Freude durchfuhr ihn von oben bis unten, und er vermochte weder zu sprechen noch sich zu regen. –

Das war er, der aus weiter Ferne kam! Von ihm der Ring, von ihm die Botschaft! Schon oben, als er die Kalesche vor dem Haus stillhalten gehört, war eine Erstarrung von Caspars Gliedern gefallen, und als der Diener ihn rief, war es, als ob ein Morgenschein das Haus durchglühe. Als er die Schwelle des Zimmers erreicht hatte, sah Caspar nur ihn, den Fremden, Fremdvertrauten, und wie wenn ihm bisher die Hälfte seines Herzens gefehlt hätte, fühlte er sich auf einmal ganz geworden, rund und neu: Mit gebadetem Auge sah er sich selbst, zweckvoll erschaffen. Mild an ihre Glocke schlug die Uhr, und das Licht des Nachmittags war wie Honig und süß zu schmecken.

Auf den Lord übte die wunderbare Ergriffenheit Caspars anscheinend große Wirkung. Für die Dauer mehrerer Sekunden war sein Gesicht heftig bewegt, und die Augen trübten sich wie in peinvollem Erstaunen. Er war ohne Zweifel verwirrt, die allzeit dienstbare Phrase versagte sich ihm, und bei der ersten zärtlichen Anrede klang die sonst seidenweiche Stimme rauh. Mit der Hand streichelte er Caspars Haare, preßte die Wange des Jünglings gegen seinen Busen, und ein verlorener Blick traf den stumm abseits stehenden Herrn von Tucher, der mit Verwunderung die ungewöhnliche Szene beobachtete. Stanhope bat ihn dann, weil das Verhüllte des Vorgangs zu irgendeiner Klärung drängte, ob er Caspar für einige Stunden mit sich nehmen dürfe, ein Ansuchen, dem Herr von Tucher nicht widerstehen konnte.

Bald darauf saß Caspar an der Seite des Lords im Wagen; der Polizist mußte natürlich mit und saß hintenauf. Während das Gefährt zum Tor hinaus gegen die Maxfeldgärten rollte, entspann sich langsam ein Gespräch.

Caspar klagte, zum erstenmal durfte er klagen. Doch war er schon versöhnt mit dem Augenblick, wo geschehenes Unrecht als solches erkannt und verstanden wurde. Die Welt schien schlecht bis auf diesen Tag, jetzt tat sich ihr Himmel auf, und es zeigte sich ein waltender Arm.

Doch nicht so sehr um das Nahgeschehene handelte sich's: Hier war einer, der *wissen* mußte! Caspar fragte. Kühn und leidenschaftlich fragte er: »Wer bin ich? Wer war ich? Was soll ich? Wo ist mein Vater? Wo meine Mutter?« – Und die Antwort des Grafen: Verlegenheit. Eine Umarmung. »Geduld, Caspar, bis morgen nur Geduld: das läßt sich nicht in einem Atemzug abtun, allzuviel ist zu sagen! Erzähl mir lieber: wie hast du gelebt? Erzähl von deinen Träumen. Man sagt mir, du habest wunderbare Träume. Erzähl!«

Caspar ließ sich nicht lange bitten. Die wesensvollen Gebilde machten den Lauscher stutzig, er umschloß Caspar fester und verbarg so sein Gesicht vor ihm. Bei der geschilderten Erscheinung der Mutter fuhr er wie vor Schreck zusammen, und abermals suchte er abzulenken, wollte Einzelheiten über das Leben Caspars im Daumerschen, im Beholdschen Hause wissen; der Gegenstand war gefahrlos. Stanhope fand sich ergötzt durch Caspars ursprüngliche und bezeichnende Ausdrucksweise, die komische Anwendung von Sprichwörtern und Nürnberger Redensarten. Auf dem Rückweg fragte er, wo Caspar den Ring habe, den er ihm geschickt. »Hab' mich nicht getraut, ihn an den Finger zu tun«, antwortete Caspar.

»Warum denn nicht?«

»Weiß nicht, warum.«

»War er dir nicht schön genug?«

»O nein! Umgekehrt wird ein Schuh draus! Viel zu schön war er mir. Hab' immer Herzklopfen gehabt, wenn ich ihn angesehen.«

»Aber jetzt wirst du ihn tragen?«

»Ja, jetzt will ich ihn tragen. Jetzt weiß ich, er gehört wirklich mir.«

Der Wagen hielt vor dem Tor, Stanhope nahm zärtlich Abschied von Caspar und bestellte ihn für den nächsten Vormittag in den Gasthof. »Auf Wiedersehen, Liebling!« rief er ihm noch zu.

Caspar stand beklommen. Jetzt kroch die Zeit wieder träge. Jeder Schritt ins Haus war ein schmerzliches Sichentfernen aus dem Kreis des herrlichen Mannes. Was jetzt die Hand, der Blick berührte, war alt, war tot.

Schon um zehn Uhr morgens war er im »Wilden Mann«. Der Unterrichtsstunde war er einfach entlaufen. Hätte ihn jemand abzuhalten versucht, er wäre an einem Strick vom Fenster heruntergeklettert.

Der Lord kam ihm in der oberen Halle entgegen, küßte ihn vor vielen Zuschauern auf die Stirn und führte ihn ins Empfangszimmer, wo auf einem Tischlein Geschenke für Caspar lagen: eine goldene Uhr, goldene Hemdknöpfe, silberne Schuhschnallen und feine weiße Wäsche. Caspar traute seinen Augen nicht, der Überschwang des Dankes versperrte ihm die Kehle, er wußte nichts anderes, als immer nur die freigebige Hand des Spenders in der seinen festzuhalten.

Der Lord nahm den stillen Ansturm mit gerührtem Schweigen auf. Aber nachdem sie ein paarmal Arm in Arm durch die Mitte des Raumes gewandelt waren und Caspar noch immer mit sichtbarer Anstrengung nach Zeichen seiner Erkenntlichkeit rang, ermahnte Stanhope ihn sanft, er möge doch jeden Dank unterlassen. »Diese Dinge sind ja nur geringfügige Merkmale meiner Liebe zu dir«, sagte er, »das Wirkliche, das Große, was ich für dich tun will, bleibt der Zukunft vorbehalten. Inzwischen bleibe du so, wie du bist, mein Caspar, denn so bist du mir eben recht; nicht geräuschvoll in Worten, aber zuverlässig in deinem Herzen! Zuverlässig und treu sollst du mir bleiben, ein Sohn, ein Kamerad, ein Freund!«

Caspar seufzte. Das war zuviel des Glücks. Nie hätte er geglaubt, daß ein Menschenmund so sprechen könne. Zur Beteuerung war er ohnmächtig, nur sein Auge gab Kunde in einem schwärmerischen Blick.

Stanhope öffnete eine Tür und geleitete den Jüngling zu einer kleinen Frühstückstafel, die im Nebenzimmer bloß für sie beide gedeckt war. Sie nahmen Platz, der Lord füllte Wein in die Gläser und lächelte sonderbar, als Caspar erklärte, er trinke niemals Wein. »Wie wird es dann werden, Caspar, wenn wir zusammen in die Länder des Südens reisen? Auf allen Hügeln glüht dort der Wein, und die Luft ist voll davon. Was schaust du mich so an? Glaubst du mir nicht?«

»Wirklich? Werden wir wirklich zusammen reisen?« fragte Caspar jubelnd.

»Gewiß werden wir das. Denkst du denn, daß ich mich von dir trennen will? Oder denkst du, daß ich dich in dieser Stadt lasse, wo dir so viel Übles widerfahren ist?«

»Also fort? Wirklich fort? Fort in die weite Ferne?« rief Caspar, preßte wie außer sich beide Hände vor den Mund und zog in freudigem Krampf die Schultern bis an die Ohren. »Was wird aber Herr von Tucher dazu sagen? Und der Herr Bürgermeister? Und der Herr Präsident?« fügte er hinzu, vor lauter Hast plappernd, während sich in seinem Gesicht die ganze Betrübnis malte, die er bei der Vorstellung empfand, jene Männer könnten die Pläne des Grafen mißbilligen oder zunichte machen.

»Sie werden es geschehen lassen, sie werden keine Gewalt mehr über dich haben, dein Weg führt dich über sie empor«, antwortete Stanhope ernst und sah Caspar zugleich mit einem scharfen, ja durchbohrenden Blick an.

Caspar erbleichte, von einem grenzenlosen Gefühl überwältigt. Während in seiner Brust Wunsch und Zweifel, dunkel umschlungen, alle Kräfte der Seele an sich zogen, erhob sich vor seinem Geiste leuchtender als je das Bild der Frau aus dem Traumschloß. Mit einer ergreifenden Gebärde des Flehens wandte er sich zu Stanhope und fragte: »Herr Graf, werden Sie mich zu meiner Mutter bringen?«

Stanhope legte Messer und Gabel beiseite und stützte den Kopf in die Hand. »Hier liegen furchtbare Geheimnisse, Caspar«, flüsterte er dumpf. »Ich werde reden, und ich muß reden, aber du mußt schweigen, keinem andern Menschen darfst du vertrauen als mir. Deine Hand, Caspar, dein Gelöbnis! Herzensmensch! Unglücklich-Glücklicher, ja, ich will dich zu deiner Mutter bringen, die Vorsehung hat mich erwählt, dir zu helfen!«

Caspar sank hin, die Beine trugen ihn nicht mehr, sein Kopf fiel auf die Knie des Grafen. Die Luftadern pochten um ihn, ein Schluchzen löste die ungeheure Spannung seiner Brust. »Wie soll ich denn zu dir reden?« fragte er mit der Kühnheit eines Trunkenen, denn die Formeln, in denen man sonst zu Menschen spricht, erschienen ihm fremd, sie taten seiner dankbaren Liebe nicht genug.

Der Lord hob ihn sachte empor und sagte zärtlich: »Recht so, das traute Du soll zwischen uns herrschen, du sollst mich Heinrich nennen, als ob ich dein Bruder wäre.«

In so inniger Nähe erblickte sie der eintretende Bediente, der den Bürgermeister und den Regierungskommissar anmeldete. Durch die geöffnete Tür forderte der Lord die Wartenden ins Zimmer. Es sah aus, als wünsche er, daß die beiden Zeugen seiner Liebkosungen gegen Caspar würden. Er tat, als könne er sich nicht von ihm trennen. Da die Besucher nach ehrfürchtigem Gruß Platz genommen, schritt er, noch leise plaudernd und ihn bei der Schulter umschlungen haltend, mit Caspar auf und ab. Sodann begleitete er ihn zur Stiege, eilte zurück, ging ans Fenster, beugte sich hinaus, sah Caspar nach und winkte ihm mit dem Taschentuch. Die Verwunderung seiner Gäste wohl bemerkend, mäßigte er sich trotzdem nicht, im Gegenteil, er gebärdete sich wie ein Verliebter, der seine Empfindungen ohne Scheu preisgibt.

Die Geschenke des Lords wurden einige Stunden nachher ins Tuchersche Haus gebracht. Herrn von Tuchers Erstaunen beim Anblick der wertvollen Gaben war groß. »Ich werde diese Gegenstände an mich nehmen und aufbewahren«, äußerte er zu Caspar nach einigem Nachdenken, »es steht einem zukünftigen Buchbinderlehrling nicht an, derlei auffallenden Luxus zu treiben.«

Da hätte man Caspar sehen sollen! »O nein«, rief er aus, »das gehört mir! Das ist mein, und ich will's haben, das darf mir keiner nehmen!« Seine Haltung war geradezu drohend, und sein Blick funkelte.

Aus Herrn von Tuchers Zügen wich alle Farbe. Ohne eine Silbe zu erwidern, verließ er das Zimmer. – Also ein Undankbarer, dachte er bitter, ein Undankbarer! Einer, der eigensüchtig die Gelegenheit nutzt und den einen Wohltäter verleugnet, wenn der andre besser zahlt! –

Die Grundsätze hörten auf zu triumphieren. Sie machten ein zerknirschtes Gesicht und hüllten sich in Sack und Asche.

Nachgiebigkeit wäre in diesem Fall eine unwürdige Schwäche, deren ich mich schämen müßte, sagte sich Herr von Tucher. Aber was tun? Soll ich Gewalt anwenden? Gewalt ist unmoralisch. Er wandte sich an Lord Stanhope und trug ihm die Sache vor. Der Graf hörte ihn freundlich an, er gab sich Mühe, die Vergehung Caspars als eine kindische Maßlosigkeit zu verteidigen, und versprach, ihn dahin zu bringen, daß er dem Vormund die Geschenke freiwillig überreiche.

Herr von Tucher war von der Liebenswürdigkeit des Lords bezaubert und verließ ihn in bester Zuversicht. Auf den verheißenen Gehorsam Caspars wartete er aber vergeblich. Kein Zweifel, die Mühe des Lords war ohne Erfolg geblieben; kein Zweifel, Caspar verstand es, den gütigen Mann zu beschwatzen. Kein Zweifel, dieser Bursche war mit allen Salben geschmiert, ein Charakter voll Heimlichkeit und List. Viel zu stolz, um einen Dritten zum Mitwisser seiner niederschmetternden Erfahrungen zu machen, begnügte sich Herr von Tucher vorläufig, den Ereignissen ruhig zuzusehen, wenn auch mit dem Verdruß eines Mannes, der sich hintergangen fühlt. Daß Caspar sich nicht ein einziges Mal bewogen fand, über die Art seiner Beziehung zu dem Lord, über den Gegenstand ihrer Gespräche sich zu äußern, verletzte ihn tief; einen solchen Mangel an zutraulicher Mitteilsamkeit hätte er zum allerwenigsten erwartet.

In der ersten Zeit hatte sich der Lord darauf beschränkt, Caspar im Tucherschen Haus zu besuchen oder ihn höchstens nach förmlich erbetener Erlaubnis des Barons zu einer Spazierfahrt abzuholen. Allmählich änderte sich das, und er bestellte den Jüngling an fremde Orte, wo Caspars unvermeidliche Leibwache sich fünfzig Schritte entfernt halten mußte. Herr von Tucher führte beim Bürgermeister Beschwerde; er behauptete, der Lord handle damit seiner ausdrücklich gegebenen Zusage entgegen. Aber was konnte Herr Binder tun? Durfte er den vornehmen Herrn zur Rede stellen? Er wagte einmal eine schüchterne Andeutung. Der Lord beruhigte ihn mit einem Scherz; um nicht für wortbrüchig zu gelten, war es leicht, den Verstoß auf Caspars Unbesonnenheit zu schieben.

So sah man die beiden auffallenden Gestalten häufig am Abend durch die Gassen wandeln. Arm in Arm, im eifrigen Gespräch achteten sie der Blicke nicht, die sie verfolgten. Meist gingen sie über den Stadtgraben und dann auf die Burg; hier durfte sich Caspar wehmütiger Erinnerung überlassen. Der düstere Turm barg die größten Schrecknisse seines Lebens, und wenn er auf die Stadt niederschaute, wo zwinkernde Lichter aus vielen Fenstern das dunkel verschlungene Gassengewirr belebten, vernahm er mit ganz andern Gefühlen die Stundentöne der Glocke. Jetzt band und einte die Zeit ihre Schläge und zerriß sie nicht mehr zu Pausen des Grauens.

Der Lord wurde nicht müde zu erzählen. Er erzählte von seinen Reisen. Er verstand es, Dinge und Begebenheiten mit einfachen Worten zu malen. Caspar erfuhr von den Alpen, und daß dort Berge mit ewigem Schnee seien und glückliche Täler, wo freie Menschen lebten. Er sah Italien, das Wort war schon ein Rausch, geschmückte Kirchen, enorme Paläste, Gärten mit wunderbaren Statuen, voller Rosen, Lorbeer und Orangen, einen märchenhaft blauen Himmel und die schönsten Frauen. Er sah das Meer und Schiffe mit blanken Segeln auf der Flut. Seine Sehnsucht wurde so groß, daß er manchmal plötzlich lachen mußte. Einmal wirklich dort sein dürfen in den Ländern der Sonne und der unbekannten Früchte, dort sein dürfen, und das bald, solche Hoffnung machte das Herz stillstehen. Es war eine Freude, die weh tat.

An einem regnerischen Abend befanden sie sich im Hotel. Der Lord öffnete eine Truhe und zeigte einiges von den Schätzen, die er auf seinen Reisen gesammelt. Da waren seltene Münzen und Steine; Kupferstiche, Statuetten, Gemmen, Kameen, Perlen und altertümliches Geschmeide; ein geweihter Rosenkranz aus dem Heiligen Land; ein silberner Becher mit kunstvoll gravierten Figuren; eine Bibel mit den herrlichsten Initialen und Malereien, ein Damaszener Dolch mit goldenem Griff, der Siegelring eines Papstes, ein indischer Mantel aus Seide, bestickt mit Sternen; ein pompejanisches Lämpchen und altfranzösische Porzellanväschen und vieles andere, alles seltsam, alles fremdartig, alles mit einem Duft von weiter Welt und großem Schicksal.

»Das hab' ich vom Kurfürsten von Mainz bekommen«, sagte der Lord etwa, »und dies ist ein Geschenk des Herzogs von Savoyen; diese schöne Miniatur habe ich bei einem Händler in Barcelona gekauft, und dies Tonfigürchen stammt aus Syrakus. Da ist ein Talisman, den hat mir Scheik Abderrahman verehrt, und diese orientalischen Stoffe hat mir meine Base aus Syrien geschickt; sie ist eine wunderliche Person, zieht mit Arabern und Beduinen durch die Wüste, schläft in Zelten und treibt Alchimie und Astrologie.«

Welche Laute, welche Fernen! Mit offenbarer Lust schürte der Graf das Feuer des Verlangens in Caspar. Vielleicht nahm er es mit seinen Verheißungen ernst. Vielleicht bereitete es ihm bloß eine Wonne, Wunsch und Lüste aufzupeitschen. Vielleicht war es nur ein Spiel der Rede. Vielleicht aber das furchtbare Vergnügen, dem Vogel im Bauer, im nie zu öffnenden, so lange vom Flug durch den goldnen Äther zu erzählen, bis endlich der jubelnde Freiheitsgesang durch seine Kehle bricht.

Wie er sprach, wie er die Worte besaß! Zwischen den Lippen und den weißen Zähnen spielte das Lächeln wie ein listiges Tierchen. Er war nicht gleichmäßig heiter. Was war das? Oft zog Finsternis über sein Gesicht. Bisweilen pflegte er aufzustehen und wie ein Lauscher an die Tür zu treten. Seine Liebkosungen waren nicht selten voll Schwermut, dann saß er wieder schweigend da, und sein suchender Blick glitt düster an dem Jüngling vorüber. Da faßte Caspar einmal Mut und fragte: »Bist du denn eigentlich glücklich, Heinrich?«

»Glücklich, Caspar? O nein! Glücklich, was sprichst du da? Hast du schon von Ahasver gehört, dem ewigen Juden, dem ewigen Wanderer? Er gilt als der unglücklichste aller Menschen. Ach, ich möchte mein Leben vor dir aufblättern, denn auf seinen dunkeln Seiten liegt der Gram. Aber ich darf nicht, ich kann nicht. Später vielleicht, wenn dein eignes Geschick sich entschieden hat, wenn du mit mir in meine Heimat gehst . . .«

»Ist denn das möglich, wird denn das sein?«

Es schüttelte den Lord plötzlich, es war, als werfe er einen Mantel ab oder wolle sich einem unsichtbaren Druck entziehen. Eine krampfhafte Lebendigkeit ergriff ihn, er begann, von Caspars künftiger Größe zu sprechen, doch wie stets nur in geheimnisvollen Wendungen und mit der feierlichen Ermahnung zur Verschwiegenheit. Ja, er sprach von Caspars Reich, von seinen Untertanen, und das zum erstenmal, wie einem Zwang gehorchend, selber schaudernd, selbst zitternd, immer von neuem das Gelöbnis des Schweigens betonend, hingerissen von einem Phantom gleichsam und alle Gefahr vergessend. »Ich will dich führen, ich will deine Feinde zermalmen, du bist tausendmal mehr wert als jeder einzelne von ihnen! Wir gehen zuerst nach dem Süden, um sie irrezuführen, dann fliehen wir zu mir nach Hause, schaffen uns einen Hinterhalt, von wo die Verfolger zu treffen sind, wo man Kräfte sammeln kann für den entscheidenden Schlag.«

Wieder zur Tür, wieder lauschen, nachsehen, ob kein Horcher versteckt sei. Dann, ängstlich ablenkend, schilderte der Graf seine Heimat, den Frieden eines englischen Landsitzes, die herrenhafte Unabhängigkeit auf erbgesessenem Gebiet, die tiefen Wälder und klaren Flüsse, die balsamische Luft, das behagliche Weilen überall, Frühling, Herbst und Winter, eingeschlossen in einem Ring unschuldiger Genüsse.

In solchen Bildern lag etwas von der Wehmut reuigen Gewissens und dem Schmerz eines auf immer Verstoßenen. Zum andern Teil aber enthielten sie viel von der modischen Empfindsamkeit, die auch das verhärtetste Gemüt unter Umständen davon schwärmen ließ, seine selbstgeschaffene Unrast am Busen der Natur zu besänftigen. Und dann sprach er doch von seinem Leben. Er wußte sich als einen Mann darzustellen, der, vielbeneidet, mit Ehren und Ämtern und greifbaren Glücksgütern beladen, gleichwohl das Opfer feindlicher Mächte ist. Das Schicksal trat in romantischer Verkleidung auf und jagte den Sohn eines verfluchten Geschlechts unstet von Land zu Land. Vater und Mutter tot, ehemalige Freunde gegen den edeln Sproß des Hauses verschworen, und er, ein Mann von fünfzig Jahren, ohne Heim und Weib und Kind, Ahasver!

Derlei Enthüllungen öffneten wie nichts sonst Caspars Herz der Freundschaft. Denn da war endlich einer, der sich gab, sich öffnete, die Vermummung abwarf. Es war bittersüße Lust, die angebetete Gestalt den Sockel verlassen zu sehen, auf dem sie für alle übrigen thronte.

Was ihn betrifft, er bot in dieser Zeit das Schauspiel eines ruhenden Menschen, außen und innen ruhend, gelöst von hemmender Fessel, Blick und Gebärde gelöst, die Gestalt aufgerichtet, die Stirn wie entschleiert, die Lippen geschwellt von einem beständigen Lächeln.

Er wurde seiner Jugend inne. Er dehnte sich aus, es war ihm, als sei er ein Baum und seine Hände wie Zweige voller Blüten. Ihm schien, als ströme sein Blut einen Wohlgeruch aus; die Luft schrie nach ihm, das Land schrie nach ihm, alles war voll von ihm, alles nannte seinen Namen.

Er pflegte manchmal laut mit sich selbst zu reden, und wenn er dabei überrascht wurde, lachte er. Die Leute, die mit ihm in Berührung kamen, waren bezaubert, sie fanden kein Ende, die über alles liebliche Erscheinung zu preisen, in der Kind und Jüngling zu rührendem Verein gediehen waren. Es gab junge Frauen, die ihm zärtliche Briefchen schrieben, und Herr von Tucher wurde vielfach mit Bitten belästigt, ihn von einem Maler konterfeien zu lassen.

Das üble Gerede gegen ihn war auf einmal wie verblasen. Keiner wollte je etwas Schlechtes gesagt haben, die eingefleischten Widersacher duckten sich, die ganze Stadt warf sich plötzlich zu seinem Beschützer auf. Es hieß mit immer kühnerer Deutlichkeit, man müsse ihn gegen die Machenschaften des englischen Grafen in Schutz nehmen.

Eines Tages mußte Stanhope zu seiner größten Bestürzung wahrnehmen, daß er von allen Seiten peinlich überwacht und behorcht war. Er mußte sich entschließen zu handeln.

Die geheimnisvolle Mission und was ihrer Ausführung im Wege steht

Schon lange hieß es an allen Wirtshaustischen, der Lord wolle Caspar Hauser an Sohnes Statt annehmen. In der Tat stellte Stanhope Mitte Juni den förmlichen Antrag an den Magistrat, ihm den Jüngling zu überlassen, er wünsche, für seine Zukunft zu sorgen. Der Magistrat ließ durch den Bürgermeister erwidern: zum ersten, daß ein solches Ersuchen *in pleno* vorgetragen werden müsse; zum zweiten, daß der Lord vor allem den Nachweis eines hinlänglichen Vermögens erbringen müsse, damit die Stadt eine sichere Gewähr für das Wohlergehen ihres Pfleglings habe.

Stanhope nahm den Bescheid sehr ungnädig auf. Er ging zum Bürgermeister, zeigte ihm seine Orden, die Beglaubigungen fremder Höfe, sogar vertrauliche Briefe hoher Fürstlichkeiten; Herr Binder, bei aller Ehrfurcht vor seiner Lordschaft, bedauerte, den einstimmigen Beschluß des Kollegiums nicht rückgängig machen zu können. Der Graf war unvorsichtig genug, in einer Gesellschaft, wo er zu Gast geladen war, seine Geringschätzung gegen das pedantisch-überhebliche Bürgerpack zu äußern. Dies wurde ruchbar, und obgleich er sich beeilte, in einem Brief an den Magistratsvorstand sein Benehmen zu entschuldigen und es als einen durch Weinlaune verursachten Ausbruch verzeihlichen Ärgers hinzustellen, machte die Sache doch böses Blut. Der Argwohn war einmal geweckt. Man wollte wissen, daß er in seinem Hotel häufig Persönlichkeiten von zweifelhaftem Aussehen empfange, mit denen er hinter verschlossenen Türen lange Verhandlungen führte. Wie kommt es überhaupt, fragte man sich, daß der angeblich so reiche und vornehme Mann sein Quartier in einem Gasthaus zweiten Ranges nimmt? Fürchtet er am Ende, von seinen eigenen Landsleuten gesehen zu werden, wenn er wie sie im »Adler« oder im »Bayrischen Hof« wohnt? Dies schien plausibel, wenn man einer unverfolgbaren Nachricht trauen durfte, die irgendwer eines Tages verbreitete und nach welcher der Lord ehedem als Traktätchenverkäufer im Dienst der Jesuiten in Sachsen herumgezogen sei.

Stanhope beeilte sich zu reisen. Er stattete dem Bürgermeister in seiner Kanzlei einen Abschiedsbesuch ab und sprach von dringlichen Geschäften, die ihn wegberiefen, bei seiner Rückkunft werde er den geforderten Vermögensnachweis vorlegen. Zugleich deponierte er fünfhundert Gulden in guten Scheinen, welche Summe ausschließlich für die kleinen Wünsche und Bedürfnisse seines Lieblings zu verwenden sei. Der Bürgermeister wandte ein, daß eigentlich Herr von Tucher die Verwaltung dieses Geldes übernehmen müsse, doch der Lord schüttelte den Kopf und meinte, in Herrn von Tuchers Verfahren liege zuviel vorgefaßte Strenge, er handle nach einem erdachten Ideal von Tugend, eine so zarte Lebenspflanze könne nur in liebevollster Nachsicht aufgezogen werden. »Seien wir doch eingedenk, daß das Schicksal eine alte Schuld an Caspar abzutragen hat, und daß es engherzig ist, immerfort hemmen und beschneiden zu wollen, wo die Natur selbst gegen den Willen der Menschen ein so herrliches Gebilde erzeugt hat.«

Der Ernst dieser Worte wie auch das hoheitsvolle Wesen des Lords machten großen Eindruck auf den Bürgermeister. Er sprach nochmals sein Bedauern darüber aus, daß die Absichten des Grafen nicht sogleich verwirklicht werden konnten, und versicherte, daß die Stadt es sich stets zur Ehre rechnen würde, einen solchen Gast in ihren Mauern zu beherbergen.

Von hier begab sich Stanhope unverweilt zu Herrn von Tucher. Man sagte ihm, der Baron sei mit einigen Bekannten auf die Jagd geritten, auch Caspar sei ausgegangen, müsse aber bald zurückkehren, er möge zu warten geruhen. Ungeduldig schritt er in dem großen Salon auf und ab. Er nahm die Brieftasche heraus, zählte Geld, notierte mit dem

Bleistift Ziffern auf ein Blatt, wobei er mit den Zähnen knirschte und der feine weiße Hals sich langsam dunkelrot färbte wie bei einem Trinker. Er stampfte auf den Boden, das Gesicht war förmlich aufgerissen, der Blick glitzerte. »Gottverdammte Bestien!« murmelte er, und auf den schmalen Lippen lag eine wilde Verachtung.

Da war nichts mehr von der Gemessenheit und Würde des Edelmanns. Oh, Herr Graf, muß der Vorhang des öffentlichen Theaters nur für eine Viertelstunde fallen, damit der Schauspieler, überdrüssig der gut gelernten Rolle, sein geschminktes Antlitz zu furchtbarer Wahrheit verändere? Schade, daß kein Spiegel in dem Raum angebracht war, vielleicht hätte er den Lord zur Besinnung gebracht und zur Behutsamkeit ermahnt, denn es brauchte ja nur schnell eine Tür aufzugehen, und das Stück begann von neuem. Aber zeugte dieser Umstand nicht zugunsten des Grafen? Wäre mehr Beherrschung nicht ein Beweis von größerer Kunst gewesen? Der echte Komödiant tragiert sein Spiel auch leeren Räumen vor und macht selbst die Wände zu Zuschauern. In dieser Brust aber waren noch Stimmen des Verrats, in ihrer Tiefe war noch Sturm, ihr dumpfes Höhlengetier hatte noch Augen, die vom Strahl der Wandelbarkeit getroffen wurden.

Es scheint, daß der Lord ein schlechter Rechner war, denn die aufgestellten Zahlen wollten nicht das notwendige Ergebnis liefern, so daß er immer wieder von neuem begann und mit gerunzelter Stirn einzelne Posten auf ihre Richtigkeit prüfte. »Für Popularitätszwecke entschieden zu wenig«, sagte er mürrisch, eine Äußerung, deren Unbedachtsamkeit dadurch gemildert war, daß sie in englischer Sprache getan wurde. Dann noch ein sonderbares Wort, unheimlich anzuhören, nicht wie aus einem geistreichen Schauspiel, sondern wie aus einem Räuberdrama: »Wenn der Graue sich wieder blicken läßt, will ich ihn in den Schwanz kneifen; seine Beute ist wahrhaftig groß genug. Kronen sind keine Marktware, er mag ehrlicher im Teilen sein.«

Beklagenswerter Lord! Auch die Einsamkeit hat ihre Laute. Durch eine schlecht verschlossene Fensterspalte zwängt sich der Wind, und es gleicht einer Stimme, oder das Holz der jahrhundertealten Möbel zieht sich zusammen, und es klingt wie ein Schuß oder wie ein Miniaturgewitter. Zudem war Graf Stanhope abergläubisch; das Rieseln der Kalkkörner hinter den Tapeten erinnerte ihn an den Tod; wenn er mit dem linken Fuß ein Zimmer betrat, wurde ihm übel und ängstlich. Dies war hier geschehen. Er nahm sich zusammen und schwieg, um so mehr, als er vom Flur herauf Caspars helle Stimme hörte. Er begab sich wieder in seine Rolle, die Augen gewannen ihren gazellenhaften Glanz zurück, er holte einen Band Rousseauscher Schriften aus dem Bücherregal in der Ecke, setzte sich in den Lehnstuhl und begann mit sinniger Miene zu lesen.

Und doch, als Caspar eintrat, als das freudeverklärte Antlitz aus dem Dämmer tauchte, da zitterte empfundener Schmerz über die Züge des Lords, und eine plötzliche Verzagtheit raubte ihm die Sprache. Ja, er wurde verwirrt, er lenkte den Blick abseits, und erst als Caspar, durch das fremdere Wesen betroffen, ihn leise anrief, brach er das Schweigen. Es lag nahe, die bevorstehende Reise als Grund der Verstimmung anzuführen, aber der Zustand inneren Zurückbebens und jähen Wankelmutes in solchen Augenblicken war dem Lord nicht unbekannt, wenngleich er sich heute stärker als sonst fühlbar machte. Ihm war dann, als ob der Anblick des Jünglings den vorgesetzten Willen lähme, als ob mühsam aufgebaute Pläne zusammenbrächen, wie von einem Orkan gefaßt, so daß er das Werk wieder von vorn beginnen konnte, wenn er allein war und sich erholt hatte; er glich dann der Penelope, die, was sie tagsüber kunstvoll gesponnen, bei Nacht wieder in seine Fäden trennte.

Caspars wehmütige Klage bei der unerwarteten Kunde wurde nicht beschwichtigt durch den Hinweis, daß sein eignes Wohl diese Trennung erforderlich mache, auch nicht durch die Versicherung Stanhopes, daß er so bald als möglich, vielleicht schon nach Verlauf eines Monats, zurückkehren werde. Caspar schüttelte den Kopf und sagte mit erstickter Stimme, die Welt sei gar zu groß. Er umklammerte den Freund und bat flehentlich, mitgenommen zu werden, der Graf solle den Diener entlassen, er, Caspar, wolle dienen, er brauche kein Bett, auch keinen Lohn, er wolle wieder von Brot und Wasser leben. »Ach, tu es, Heinrich!« rief er unter Tränen. »Was soll ich denn ohne dich hier anfangen?«

Der Lord stand auf und befreite sich sanft aus den Armen des Jünglings. Der Trost, den er spenden durfte, rettete ihn vor sich selbst und verlieh seinen Worten größeres Gewicht. »Daß du so kleinmütig bist, Caspar, beweist ein kleines Vertrauen zu mir«, sagte er, »wie kannst du nur glauben, daß Gott, der uns endlich vereinigt hat, uns nun wieder voneinander reißen wird? Das hieße seine Weisheit und Güte verdächtigen. Die Welt ist ein Bau von hoher Harmonie, und der Mensch findet sich zum Menschen durch ein auserwähltes Gesetz; halte du deine Bestimmung fest, so tragen dich Raum und Zeit ans Ziel, und ob ich eine Stunde lang oder wochenlang von dir fort bin, gilt gleichviel vor der Gewißheit der Erfüllung. Wartet doch mancher bis zum Tod auf den Erlöser und wird nicht ungeduldig. Auch mußt du dich beherrschen lernen, Caspar, Fürstensöhne weinen nicht.«

Es war mittlerweile dunkel geworden; der Lord führte Caspar zum offenen Fenster und sprach bewegt: »Blick auf zum Himmel, Caspar, schau, wie die Sterne durch das Firmament brechen! In diesem Zeichen wollen wir uns erkennen.«

Mit Befriedigung bemerkte Stanhope, daß Caspar nachdenklich wurde und, feierlich gestimmt, sich der zügellosen Verzweiflung schämte, die keinen Zwang des Wechsels anerkennen, keine Zukunft gegen die beglückte Gegenwart in Kauf nehmen wollte. Es war, als spüre Caspar die höhere Notwendigkeit, welche die Schicksale steigert und heimlich ineinanderstickt; vielleicht erwachte sein verwundert umherschauendes Auge in dieser Stunde zum Begreifen, und der Damm, der den Strom der Sehnsucht hemmte, wurde eine Kraft der Seele. Die besiegte Leidenschaft adelt den Jüngling zum Mann. – Fürstensöhne weinen nicht: ein starkes Wort, der leise Windhauch, der die Vorhänge bauschte, flüsterte es nach.

Der Lord schaute auf die Uhr und erklärte, daß er Eile habe, er wolle der Hitze wegen die Nacht durch fahren. Vor dem Wagen unten nahm er Abschied. Stanhope reichte Caspar einen kleinen, mit Goldstücken gefüllten Beutel. Er gebot ihm, damit nach seinem Belieben zu schalten und keiner Einrede Gehör zu leihen. Diese unbedachte oder vielleicht schlau berechnete Weisung verschuldete ein ernstes Zerwürfnis zwischen Caspar und seinem Vormund. Herr von Tucher erfuhr von dem abermaligen Geschenk des Grafen und verlangte, daß Caspar ihm das Geld abliefere. Caspar weigerte sich wiederum, Herr von Tucher bestand jedoch mit seiner ganzen Autorität darauf, und er würde Gewalt angewendet haben, wenn nicht Caspar, eingeschüchtert durch Drohungen wie durch das Gefühl der Abwesenheit seines mächtigen Freundes, klein beigegeben hätte. Doch verharrte er in dumpfer Auflehnung, und dies brachte Herrn von Tucher außer sich. »Ich werde dich aus dem Haus stoßen«, rief er, nicht mehr fähig, sich zu beherrschen, »ich werde deine Schande der Welt offenbaren, man soll dich endlich kennenlernen, du Schlack!«

Caspar, betrübt und erregt, glaubte in seiner Weise ebenfalls drohen zu sollen. »Ach, wenn das der Graf wüßte, der würde Augen machen!« sagte er erbittert und mit naiver Bedeutsamkeit, als ob es in der Macht des Grafen läge, jedes Unrecht zu sühnen.

»Der Graf? Auch gegen ihn machst du dich ja des Undanks schuldig«, versetzte Herr von Tucher. »Wie oft hat er mir versichert, er habe dich zur Folgsamkeit und Treue ermahnt, habe dich himmelhoch gebeten, deinen Wohltätern keinen Anlaß zur Klage zu geben. Du aber mißachtest sein Gebot und bist seiner großmütigen Liebe ganz und gar unwürdig.«

Caspar erstaunte. Von solchen Ratschlägen des Grafen wußte er nichts, eher vom Gegenteil; er bestritt daher, daß der Lord dergleichen gesagt habe. Da schalt ihn Herr von Tucher mit verächtlicher Ruhe einen Lügner, woraus ersichtlich ist, daß das so weise aufgerichtete Erziehungssystem sich nicht einmal für seinen Schöpfer als tragfähig genug erwies, um Ausbrüche empörter Leidenschaft und verwundeten Selbstgefühls hintanzuhalten.

Die Grundsätze waren endgültig in die Flucht geschlagen. Herr von Tucher war des unerquicklichen Kampfes müde. Obwohl entschlossen, Caspar nicht länger zu behalten, verschob er die Ausführung seines Vorsatzes bis zur Rückkehr des Grafen. Um nicht durch Caspars Anblick der beständigen Pein der Enttäuschung ausgesetzt zu sein, folgte er der Einladung eines Vetters und begab sich für den Rest des Sommers auf ein Landgut in der Nähe von Hersbruck, wo seine Mutter schon seit drei Monaten weilte. Da es Ferienzeit war und der Lehrer ohnedies nicht ins Haus kam, brauchte er für den Unterricht Caspars keine Maßnahmen zu treffen. Er empfahl ihm fleißiges Eigenstudium, trug Sorge für seine täglichen Bedürfnisse, ließ ihm vier Silbertaler an Taschengeld zurück und ging nach kaltem Abschied, die Aufsicht über ihn der Polizei und einem alten Diener des Hauses überlassend.

Caspar zählte die Tage und strich jeden vergangenen mit roter Kreide auf dem Kalender durch. Das lautlose Haus, die verödete Gasse, in der die Sonne brütete, ließen ihn das Alleinsein stetig fühlbar werden. Gesellschaft hatte er keine, Fremde, die noch immer zahlreich kamen, zahlreicher noch, seit die passionierte Teilnahme eines Lord Chesterfield den Findling wie mit einem Nimbus umgab, wurden nicht zugelassen, die früheren Bekannten aufzusuchen hatte er keine Lust.

Am Abend nahm er manchmal sein Tagebuch zur Hand und schrieb. Da war ihm dann der Freund näher, es glich einer Unterhaltung mit ihm durch die trennende Ferne. Ohne das Gelöbnis des Stillschweigens über das, was

Stanhope ihm anvertraut, zu vergessen, wurde doch auf solche Weise das Papier zum Mitwisser der mysteriösen Andeutungen. Aber aus seiner Art, sie zu fassen, erhellte klar, daß er sich im mindesten nicht dabei zurechtfinden konnte. Es war ein Märchen. Er verstand nicht den Bau der Ordnungen, nicht das labyrinthisch verschlungene Gefüge der menschlichen Gesellschaft. Noch war das Schloß mit seinen weiten Hallen ein Traum: da wehten die Schauer unbekannter Sterne. Nur heimzugehen war sein Wunsch, dies Wort hatte Sinn und Kraft. Wehe, wenn er zum Begreifen erwachte! Erst wenn die Finsternis entwichen, kann der verirrte Wanderer ermessen, wie weit er von seinem Ziel verschlagen worden.

Anfang September erhielt Caspar die erste kurze Nachricht vom Grafen, die auch dessen bevorstehende Rückkehr meldete. Seine Freude war groß, doch war ihr ein ahnender Schmerz zugemischt, als könne es zwischen ihm und dem Freund nicht mehr werden wie vordem, als hätte die Zeit sein Antlitz gewandelt. Bei jedem Wagenrollen, jedem Läuten am Tor dehnte sich sein Herz bis zum Springen. Als der Erwartete endlich erschien, war Caspar keines Lautes mächtig, er taumelte nur so und griff um sich, wie wenn er an der Wahrheit der Erscheinung zweifle. Der Lord veränderte Haltung und Miene, es sah aus, als verschiebe er ein vorgesetztes Anderssein für später, das Lauern seiner Blicke versank in der weicheren Regung, in die der Jüngling ihn stets versetzte, der einzige Mensch vielleicht, dem er Macht über sein Inneres zugestehen mußte und dessen Geschick er zugleich hinter sich her schleifte wie der Jäger das erbeutete Wild.

Er fand Caspar schlecht aussehend und fragte ihn, ob er genug zu essen gehabt habe. Der Bericht über die mit Herrn von Tucher vorgefallenen Streitigkeiten entlockte ihm nur Sarkasmen, doch schien er nicht weiter mißgelaunt darüber. »Hast du denn bisweilen an mich gedacht, Caspar?« erkundigte er sich, und Caspar antwortete mit dem Blick eines treuen Hundes: »Viel, immer!« Dann fügte er hinzu: »Ich habe sogar an dich geschrieben, Heinrich.«

»An mich geschrieben?« wiederholte der Lord verwundert. »Du wußtest doch meinen Aufenthalt nicht!«

Caspar drückte die Hände zusammen und lächelte. »In mein Buch hab' ich's geschrieben«, sagte er.

Der Graf wurde nervös, doch stellte er sich zutraulich. »In welches Buch? Und was hast du denn geschrieben? Darf ich's nicht lesen?«

Caspar schüttelte den Kopf.

»Also Heimlichkeiten, Caspar?«

»Nein, keine Heimlichkeiten, aber zeigen kann ich dir's nicht.«

Stanhope brach das Gespräch ab, nahm sich aber vor, der Sache auf den Grund zu gehen.

Er war wieder im »Wilden Mann« abgestiegen; doch lebte er anders als vorher. Zu jeder Mahlzeit bestellte er Champagner und teure Weine und trieb den größten Aufwand, als sei es ihm darum zu tun, Reichtum zu zeigen. Er brachte seine eigne Equipage mit, deren Räder vergoldet waren, während am Schlag Wappen und Adelskrone prangten. Als Dienerschaft hatte er einen Jäger und zwei Kämmerlinge, und diese drei Betreßten erregten das Staunen der Nürnberger.

Er säumte nicht, sein Ansuchen um die Überlassung Caspar Hausers zu erneuern. Zum Beleg seines günstigen Vermögensstandes wies er, scheinbar nur nebenbei, auf die Kreditbriefe hin, die er seit seiner Rückkunft beim Marktvorsteher Simon Merkel deponiert hatte. Es lag darin eine Gebärde von Prahlerei, als seien so geringfügige Summen kaum der Rede wert; in der Tat aber waren die Akkreditive, von deutschen Wechselhäusern aus Frankfurt und Karlsruhe ausgestellt, von bedeutender Höhe.

Der Magistrat sah sich jedes stichhaltigen Einwands gegen die Wünsche des Lords beraubt. In der Versammlung der Stadtväter wurde die Frage aufgeworfen: ja, warum? Was will er eigentlich mit dem Hauser? Darauf las Bürgermeister Binder mit besonderem Nachdruck eine Stelle aus der Zuschrift des Grafen vor, worin es hieß: »Der Unterzeichnete fühlt um so mehr den Beruf, sich des unglücklichen Findlings anzunehmen, als er bei langem Umgang mit ihm die selbst einem Vaterherzen wohltuende Erfahrung gemacht hat, wie sehr ihm dies kindliche Gemüt in liebender Anhänglichkeit und Dankbarkeit ergeben ist.«

»Fragen wir also den Hauser selber«, hieß es, »man muß wissen, ob er Lust hat, dem Grafen zu folgen.«

Caspar wurde vor Gericht zitiert. In tiefer Bewegung erklärte er, er sei überzeugt, daß der Herr Graf den innigsten Anteil an seinem Schicksal nehme, erklärte, mit dem Grafen gehen zu wollen, wohin ihn dieser auch führen werde.

Trotz alledem verzögerte sich die förmliche Bewilligung des Magistrats durch eine Reihe erst scheinhafter und ungreifbarer Umstände, die aber nach und nach zu entschiedenem Widerstand erwuchsen, bis sie sich schließlich in einer einzigen Stimme Gehör verschafften, welcher niemand zu widerstehen wagte.

Der übermäßige Eifer des Lords, sich der Person Caspars zu versichern, rührte den unterirdisch murrenden Argwohn immer wieder empor. Sein pomphaftes Auftreten mißfiel dem Bürger, der einer bescheidenen Lebensführung, auch bei Großen, mehr Vertrauen entgegenbrachte als einer Verschwendungssucht, die nur die schlechten Instinkte des Pöbels nährte. Es erbitterte, wenn der Graf in seiner Prunkkarosse daherfuhr, mit Absicht die belebtesten Plätze wählte und nach rechts und links Kupfermünzen ins Volk streute, das sich dann, jeder Würde bar, vor dem in nachlässiger Leutseligkeit thronenden Fremdling im Schmutz wälzte.

Man sprach davon, daß Stanhope vom Marktvorsteher Merkel auf die Kreditbriefe hin hohe Summen entlehnt habe. Merkel, wenngleich er gesichert schien, wurde zur Vorsicht ermahnt; es lief das Gerücht, der Lord dürfe die Papiere gar nicht angreifen oder doch nur bis zu einer vorgeschriebenen Grenze.

Mittlerweile war Herr von Tucher vom Land zurückgekehrt. Die Entwicklung der Dinge war ihm bekannt, er wollte für seinen Teil ein klares Ende herbeiführen. Er richtete an den Lord einen ziemlich weitläufigen Brief, in welchem er ihn schließlich vor die Wahl stellte: entweder den Jüngling ganz zu sich zu nehmen und ihn, den Baron, damit seiner Verantwortlichkeitspflicht zu entheben, oder einen jährlichen Beitrag auszusetzen, welcher es ermögliche, Caspar einem verständigen und gebildeten Mann vollständig zu übergeben; in letzterem Falle müsse Seine Herrlichkeit allerdings die Güte haben, jedem Verkehr mit Caspar schriftlich wie mündlich für die Dauer mehrerer Jahre zu entsagen. Er seinerseits würde sich dafür gern verbinden, dem Lord regelmäßigen Bericht über Caspars Tun und Treiben abzustatten.

In der sonstigen Fassung des Schreibens herrschte jedoch die gebotene Devotion vor. »Mit dem wärmsten Dank habe ich, hochzuverehrender Herr, die zahllosen Beweise des Wohlwollens anzuerkennen, mit denen Sie mich seit den wenigen Wochen Ihres Hierseins überschüttet haben«, hieß es unter anderm. »Aus dem Grund meiner Seele habe ich die ungeheuchelte Verehrung an den Tag zu legen, zu welcher mich Ihre Herzensgüte und Ihr seltener Edelmut zwingen. Aus dieser Gesinnung entspringt mir auch die Pflicht des Vertrauens, zu der Sie mich so oft aufgefordert haben, und so trete ich vor Ihnen, edler Mann, geraden und offenen Sinnes auf mit der Zuversicht, daß Sie meinen Worten ein geneigtes Ohr schenken werden. Caspar ist nicht der, für den Sie ihn zu halten scheinen. Wie konnten Sie auch dieses wunderliche Zwitterding kennenlernen, da ihn ja im Umgang mit Ihnen, dem er alles verdankt und von dem er alles erwartet, was sein Sinn begehrt, auch alles dazu einlud, im besten Licht zu leuchten. Herr Graf! Sie haben ihm eine Freundschaft bezeigt, wie man sie nur einem Gleichgestellten schenkt. Bei der unbegrenzten Eitelkeit, mit welcher die Natur neben so reichen Gaben seine Seele verunstaltet hat und die von einfältigen Menschen hier noch großgezogen wurde, haben Sie unschuldigerweise ein Gift in sein an sich schon krankes Wesen gemischt, das kein Seelenarzt, auch nicht der geschickteste, wird jemals wieder daraus entfernen können. Ich bin von nichts weiter entfernt, als Ihnen damit einen Vorwurf zu machen, ich bitte Sie inständig, auch nicht einen solchen finden zu wollen. Sie sind außer Schuld. Aber feststellen muß ich, daß während der ganzen Zeit, die Caspar in meinem Hause weilte, kein Anlaß war, mit ihm unzufrieden zu sein, während er seit Ihrem Aufenthalt dahier, ich sage es mit blutendem Herzen und mit der Zaghaftigkeit, die mir Liebe und Ehrfurcht gegen Sie, vortrefflicher Mann, gebieten, wie umgewandelt und verkehrt ist.«

Eine solche Sprache mußte auch dem verwöhntesten Ohr schmeicheln. Nichtsdestoweniger gab sich Lord Stanhope den Anschein, durch den Brief des Freiherrn herausgefordert und verletzt worden zu sein, sprach auch überall in Gesellschaft davon. In einer Eingabe an das Kreisgericht in Ansbach, die sich als notwendig erwiesen und worin er seine Bereitwilligkeit anzeigte, nicht nur während seines Lebens für Caspar Hauser zu sorgen, sondern auch dessen Erhaltung für den Fall seines Todes zu sichern, erwähnte er, daß zwischen ihm und Herrn von Tucher Verhältnisse eingetreten seien, die ihm für jetzt und künftig jeden Verkehr unmöglich machten; es sei deshalb von Wichtigkeit, daß Caspar tunlichst bald in eine andre Umgebung versetzt werde.

Hofrat Hofmann in Ansbach beeilte sich, Herrn von Tucher von der verhüllten Anklage des Lords zu unterrichten. Herr von Tucher war außer sich. Er teilte der Behörde seinen an Stanhope gerichteten Brief wörtlich mit, schilderte noch einmal und in düsteren Farben den unheilvollen Einfluß des Grafen auf Caspars Charakter und ersuchte um schleunige Decharge von einer Vormundschaft, die ihm, wie er sich ausdrückte, Sorgen, Plagen und Lasten und zuletzt noch Undank und Verargung seines redlichen Willens zugezogen habe. Da das Ansbacher Amt ein Gutachten über die Person des Lords gewünscht, schrieb er zurück, er habe den Herrn Grafen als einen seltenen Mann von ausgezeichneten Eigenschaften kennengelernt. Das Gerücht bezeichne ihn als sehr vermöglich, er selbst behaupte, eine jährliche Rente von zwanzigtausend Pfund Sterling, also dreimal hunderttausend Gulden, zu genießen, welches Einkommen ihn übrigens als Earl und erblichen Pair von Großbritannien noch keineswegs unter die reichen Edelleute seines Landes setze. »Vorausgesetzt, daß die hochlöbliche Kuratelbehörde genügende Sicherheit erlangt«, schloß er sein mächtig langes Schreiben, »auch solche, die über gewisse bedenkliche Konjunkturen in England Aufschluß gibt, habe ich als Vormund gegen die Adoption Caspar Hausers durch Lord Stanhope, sonderlich in finanzieller Hinsicht, nichts einzuwenden.«

Ein umständliches Verfahren, ein endloser Instanzenweg. Stanhope zappelte schon vor Ungeduld und Wut. Doch schienen ungeachtet des geschäftigen Klatsches und der widerstreitenden Meinungen alle Hindernisse beseitigt, und er sah sich dem von Anfang an mit langsamer Zähigkeit verfolgten Ziele nahe, als plötzlich alles wieder vernichtet wurde. Der Präsident Feuerbach legte nämlich sein Veto ein gegen die Entfernung Caspars aus Nürnberg. Er schickte einen Privatboten an den Bürgermeister Binder und ließ ihn wissen, daß er soeben von seiner Badekur in Karlsbad zurückgekommen, und was am Werke sei als vollkommene Neuigkeit vernehme. Er untersagte jede Entscheidung, bevor er den ihm verworren und verdächtig erscheinenden Fall geprüft und die auszuführenden Schritte gutgeheißen habe.

Der Bürgermeister fand sich verbunden, den Lord sogleich von der neuen Wendung der Dinge in Kenntnis zu setzen. Stanhope empfing und las das Briefchen Binders in seinem Hotel gerade, während man ihn rasierte. Er stieß den Bader beiseite, sprang auf und rannte, noch mit dem Seifenschaum auf seiner Wange, heftig erregt durch das Zimmer. Es dauerte geraume Zeit, bis er sich seiner Toilettenpflicht wieder erinnerte. Er zerriß den Zettel, den ihm Binder geschickt, in hundert kleine Stücke und saß dann unter dem Rasiermesser mit einem Gesicht so voll Haß und Galle, daß die Hand des erschrockenen Barbiers zu zittern begann und er sich nach vollendeter Arbeit eilig aus dem Staube machte.

Zu spät bedachte der Graf, daß er sich vergessen habe. Aber wie empfindlich mußte der Schlag sein, der ihn getroffen, wenn dadurch die eherne Ruhe und Zurückhaltung eines so vom Zweck Umpanzerten erschüttert werden konnte!

Mit fliegender Hand schrieb er einige Zeilen, schloß und siegelte den Brief, ließ den Jäger kommen, gebot ihm, ein Pferd zu satteln, und trug ihm auf, die Botschaft vor Ablauf von achtundvierzig Stunden an Ort und Stelle zu bringen, koste es, was es wolle.

Der Mann entfernte sich schweigend. Er kannte seinen Herrn. Er wußte, daß sein Herr sich nicht mit Späßen beschäftigte, Liebeshändeln und kleinen Intrigen. Er kannte dieses Gesicht an Seiner Lordschaft, diese Spannung eines gräßlichen Entweder-Oder, diese Miene eines angestrengten Wettläufers, diese krankhafte Fassung des Hasardspielers. Der Mann hatte dergleichen Ritte schon oft unternommen bei Tag wie bei Nacht. Man mußte eine verschwiegene Zunge haben, um die unbehaglichen Zutaten solcher Obliegenheiten vor einer wißbegierigen Welt bergen zu können, denn es hatte nicht selten den Anschein, als ob man der Mittler lichtscheuer Geschäfte sei. Eile war stets geboten, man kam auch stets zurecht; doch jenes »Koste es, was es wolle« war ein bißchen aufschneiderisch, man erhielt nicht immer seinen Lohn, man mußte oft wochenlang warten und heimlich nach den Brocken haschen, die von der gräflichen Tafel abgetragen wurden. Seine Herrlichkeit war eben nicht bei Kassa, man erwartete Gelder aus England oder aus Frankreich, oder man wurde sogar um Geld zu irgendeinem vornehmen Herrn geschickt, und es war auffallend, daß dem gräflichen Verlangen häufig nicht eben diensteifrig begegnet wurde, der vornehme Herr ließ in seiner Sprache eher etwas von Geringschätzung als von Ehrfurcht gegen die Person des Lords merken.

Woran hing das alles? Wohin liefen die Fäden, die dieses

über den Pöbel erhobene Schicksal an die gemeine Notdurft knüpften? Der edle Abkömmling eines edeln Geschlechts, seine Tage in einer erbärmlichen Spelunke fristend, einer der stolzesten Namen eines stolzen Reiches, abhängig von der schmierigen Freundlichkeit eines Gastwirts, verdammt, seines Lebens Mark und Kern mit eignen Füßen in den Schlamm zu treten, das strenge Gedächtnis unantastbarer Ahnen preiszugeben, wofür? Woran hing das alles?

Jede gegenwärtige Stunde war eine Ruine der Vergangenheit, jeder Tag die Trümmerstätte eines goldenen Ehemals. Ehemals, als der Name Stanhope in den Hauptstädten Europas noch jene Rolle gespielt, die seinem Träger selbst nur noch wie eine Sage erschien, als der jugendliche Lord das Entzücken der Salons von Paris und Wien gewesen war, als er reich gewesen und den Reichtum benutzt hatte, um seine maßlose Jugend damit zu sättigen und der Welt seiner Standesgenossen das Schauspiel einer Verschwendung ohnegleichen zu geben. Seine Feste und Gastmähler waren berühmt gewesen. Er war von Land zu Land gereist mit einem Hofstaat von Köchen, Sekretären, Kammerdienern, Handwerkern und Spaßmachern. Er hatte bei einer Pergola in Madrid für fünfundzwanzigtausend Livres Blumen an die Frauen verteilen lassen. Er hatte während des Wiener Kongresses die Könige und Fürsten bewirtet, Wettrennen veranstaltet, die allein ein Vermögen verschlangen, und Oratorien und Opern für eigne Rechnung aufführen lassen. Seine luxuriösen Launen hielten die Gesellschaft in Atem; er beschenkte seine Freunde mit Villen und Landgütern und seine Freundinnen mit Perlenketten. Er war jahrelang der Timon des Kontinents gewesen, um den sich eine Armee von geilen Schmarotzern drängte, die alle ihr Profitchen an ihm machten und ihre ausschweifenden Gelüste bei ihm befriedigten. Seine Gutherzigkeit und Freigebigkeit war sprichwörtlich geworden, seine Art, mit immer gefüllten Händen Gold um sich her zu streuen, achtlos, ob es in die Gosse oder auf die Teppiche fiel, glich dem Wahnsinn oder einer tollen Probe auf die menschliche Habgier.

Dann das Ende: Fallissement und Selbstmord eines Bankiers beschleunigten den unaufhaltsamen Zusammenbruch. Es war an einem Abend im Palais Bourbon, man hatte hoch gespielt, Stanhope verlor viele Tausende, um so bezaubernder wirkte sein unbefangenes Geplauder, das Feuer und die Anmut seines Geistes. Der Gesandte, Lord Castlereagh, trat zu ihm und machte ihm eine hastige Mitteilung. Man sah ihn erblassen, ein Lächeln von eigner Schwermut gefror auf den feinen Zügen, andern Tags reiste er. Er glaubte in der Heimat das zurückgezogene Leben eines Landedelmannes führen zu können. Dies mißlang. Die Güter waren überschuldet, von allen Seiten drängten Gläubiger, außerdem graute ihm vor der Einsamkeit, haßte er die menschenlose Natur. Er floh. Der Glanz vergangener Zeiten mußte Fetzen borgen für ein Dasein, das allmählich von innen ausgehöhlt wurde durch die Angst um das nackte Brot. Es war still um ihn geworden. Seine Wanderzüge waren eine Jagd nach den früheren Freunden und Genossen, aber auf einmal gab es keinen mehr, der nicht alles vorher gewußt hätte und aus sicherer Schanze heraus Verdammnis predigte. In einem römischen Hotel nahm er, verzweifelt, erschöpft, aller Hoffnung bar, Strychnin. Eine junge Sizilianerin pflegte und rettete ihn. Das Gift, das seinen Körper verlassen hatte, schien von seiner Seele Besitz zu ergreifen. Er rang mit dem Dämon, der ihn niedergestoßen, er wurde wild und kalt; seine ans Erhabene streifende Menschenverachtung erleichterte ihm, die Schwächen seiner Umgebung zu benutzen. Er begab sich in den Dienst hoher Herren und studierte die schmutzigsten Mysterien ihrer Vorzimmer und ihrer Hintertreppen. Er wurde Emissär des Papstes und bezahlter Agent Metternichs. Bald war sein Name ausgestrichen aus der Liste der Untadeligen und jenen Abenteurern zugezählt, die an den Grenzbezirken der Gesellschaft eine gefürchtete Korsarenrolle spielen. Die außerordentlichen Talente, die er besaß, machten ihm keine Aufgabe schwer; der unablässige Zwang zu handeln, die Vielfältigkeit der Beziehungen erstickten die Stimmen des

Gewissens und die Empfindung dunkler Schmach. Oben geächtet und bei aller Nützlichkeit gemieden, war er in den Niederungen noch immer der erlauchte Mann. Er wurde ein geübter Menschenjäger und Seelenfänger. Was dem Druck des Unglücks entsprungen war, wurde Metier, das unwiderstehliche, sanfte Lächeln: Metier; die edeln Manieren, das ritterliche Betragen, die gewinnende Konversation, die treffliche Bildung: alles Metier; jedes Zucken der Wimpern, jede Verbeugung war Geschäft; alles hatte Folgen, alles Ursache, ein nachlässiges Wort konnte das Mißlingen einer Aufgabe bedeuten – und doch, wie entbehrungsvoll war ein solches Dasein, wie jämmerlich der Lohn! Und wie ging es bei alledem langsam bergab, ins Kleine hinein, als ob die Kette, an der er zog, von selber und ohne daß sie sich lokkerte, Glied um Glied absetzte, um ihn in den Abgrund zu zerren.

Eines Tages hieß die Kriegslosung Caspar Hauser. Der Auftrag war deutlich, seine Quelle klar, die Umstände finster wie nichts zuvor. Man sagte: Du bist der rechte Mann, das Unternehmen ist schwer, aber einträglich, es scheint von geringer Bedeutung, doch Ungeheures steht auf dem Spiel. Die Verhandlungen wurden nicht von Gesicht zu Gesicht geführt, alles war hinter Vorhängen versteckt, jeder Mittler trug das Wort eines namenlosen Gebieters. Das Gespenstertreiben reizte die Phantasie, der Abgrund begann zu leuchten. Das Ausspinnen des Plans hatte etwas von Wollust; der seltene Vogel mußte meisterlich beschlichen werden.

Ja, der Auftrag war deutlich, er hatte Hand und Fuß. Du hast den Findling aus dem Bereich zu entfernen, in welchem er anfängt für uns gefährlich zu werden, lautete die Weisung. Nimm ihn zu dir, nimm ihn mit in ein Land, wo niemand von ihm weiß, laß ihn verschwinden, stürze ihn ins Meer oder wirf ihn in eine Schlucht oder miete das Messer eines Bravos oder laß ihn unheilbar krank werden, wenn du dich auf Quacksalberei verstehst; aber verrichte das Werk gründlich, sonst ist uns nicht gedient. Unseres Dankes bist du versichert, wir notieren unsern Dank mit der und der Summe bei Israel Blaustein in X.

Was war zu überlegen? Alle Not konnte zu Ende sein. Jedes Zögern machte schon mitschuldig; den untätigen Wisser zu beseitigen, war für jene ein Zwang. Es gab keine Wahl. Der Beginn des Unternehmens lag weit zurück. Schon damals, wo man den Mordgesellen in Daumers Haus geschickt, hatte Stanhope Befehl, einzugreifen, falls der Anschlag, an dem er selber unbeteiligt war, nicht gelingen sollte. Die Roheit und Verworfenheit der angewandten Mittel schreckten ihn, beleidigten seinen guten Geschmack, rüttelten sein besseres Wesen auf. Er floh, er verbarg sich. Das Elend und drohender Hunger lockten ihn wieder ins Garn, und so machte er sich auf »aus weiter Ferne«, um sein Opfer zu betören.

Doch wie sonderbar war schon das erste Begegnen und Zusammensein! Welch eine Stimme! Welch ein Auge! Was erschütterte den Verderber und riß ihn hin? Er wurde betört, er! Dieser Vogel verstand auch zu singen, das hatte der Netzeknüpfer nicht bedacht. Auf einmal sah er sich geliebt. Nicht wie Frauen lieben, das hatte er erfahren, das kann gewürdigt und auch vergessen werden, es liegt im Fluß der Dinge begründet, Zufall und Trieb haben gleichen Anteil daran; auch nicht wie Männer lieben oder Eltern oder Geschwister oder wie ein Kind liebt. Gesetz und Aneignung, Not und Wille binden die Kreatur an ihresgleichen; doch im tiefsten Grund ruhen Wetteifer, Kampf und Feindschaft. Dies aber war anders, ungeahnt und wundersam rührte die Schönheit einer Seele an das ummauerte Herz.

Es gibt eine Sage, die von einem Land erzählt, wo nicht Tau noch Regen fiel, daher entstand Trockenheit und Wassermangel, weil nur ein einziger Brunnen war, der Wasser erst in großer Tiefe enthielt; wie nun die Leute zu verschmachten anfingen, da kam ein Jüngling zu dem Brunnen, der die Zither spielte und seinem Instrument so süße Melodien entlockte, daß das Wasser bis zur Mündung des Brunnens heraufstieg und im Überfluß dahinströmte.

So wie dem Brunnen erging es dem Lord, wenn der Jüngling Caspar bei ihm weilte und die süßen Melodien seines Wesens spielte. Sein Geist stieg aus der Tiefe, ein jammernder Blick flog rückwärts, Scham entzündete das bebende Gemüt, leicht schien es, das Übel ungeschehen zu machen, er fand sich selbst wieder, es strahlte ihm aus diesem Antlitz das Bild der eignen noch unbefleckten Jugend entgegen, und so, wie er hätte sein können, wenn das Schicksal nicht sein Edelstes zermalmt hätte, so sah er sich genommen, geglaubt und verherrlicht. Und so wahr, so reich, so grundlos schenkend, daß der verruchteste Geizhals und Bösewicht seine Truhe nach Kostbarkeiten durchwühlt hätte, nur um sich der Qual der Verschuldung zu entledigen.

Aber er gab – nichts. Er konnte sich nicht selber geben, denn seine Person war zum voraus verschrieben, sein Leben war von denen bezahlt, denen er diente, bezahlt sein Tag und seine Nacht, bezahlt seine Reue, sein Unfrieden, sein schlechtes Gewissen. Er führte eine Tat im Schilde, die jede Falte seines Gesichts mit Lüge bemalte, aber bisweilen dachte er in Wirklichkeit daran, mit Caspar zu fliehen. Doch wohin? Wo gab es eine Ruhestatt für den Geächteten eines Erdteils? Ach, wenn er die stillen Stunden mit Caspar verbrachte und dieses Antlitz ihm zugeneigt war, in dem der reine Glanz des Menschen wohnte, da fühlte er, daß auch er noch ein Mensch war, und er konnte in unermeßlicher Wehmut vor sich hin trauern. Dann vergaß er Zweck und Sendung und rächte sich an jenen, deren schuldiges Opfer er war, indem er hinwarf, was er von ihren Geheimnissen wußte, und doppelten Verrat beging. Er erfüllte Caspar mit Erwartungen auf Macht und Größe, das war seine Gegengabe, das Geschenk des Geizhalses. Ein Glück, daß der Zauber an Kraft verlor, wenn er von dem Jüngling entfernt war und er nicht mehr jenen fragenden Blick auf sich lasten fühlte, bei dem ihm zumute war, als sei ein Gesandter Gottes neben ihn hingestellt. Inmitten der finstern Überlegung und im Verfolg der furchtbaren Pläne schrieb er gleichwohl kurze, leidenschaftliche Briefchen an den Umgarnten, wie dies: »In der ersten Woche, da ich dich kennenlernte, hieß ich mich deinen Vasall; solltest du je für eine Frau dasselbe fühlen, was du für mich empfindest, so bin ich verloren.« Oder: »Wenn du einmal Kälte an mir bemerkst, so schreibe es nicht einer Herzlosigkeit zu, sondern nimm es für den Ausdruck jenes Schmerzes, den ich bis ans Grab in mir verschließen muß. Meine Vergangenheit ist ein Kirchhof. Als ich dich fand, hatte ich Gott schon halb verloren, du warst der Glöckner, der mir die Ewigkeit einläutete.« Es waren Wendungen im Geschmack der Zeit, beeinflußt durch Modepoeten, aber sie bekundeten doch die Ratlosigkeit eines bis ins Innerste verworrenen Gemüts.

So hin und her gerissen, hemmte er selbst den Gang seiner Unternehmung. Er ließ geschehen, was geschah, und unterlag dem Anprall der Ereignisse, denn sie waren mächtiger als seine Entschlüsse. Er wußte, daß er sein schändliches Werk enden würde und enden müsse, aber er zauderte, und dies Zaudern gab ihm Zeit, sein Geschick zu beklagen. Er versuchte sich eine Ausrede vor dem Himmel zu schaffen, indem er betete, und vor dem Richter in sich selbst, indem er aus seinem Dasein ein Fatum machte. Den an Genuß und Wohlleben hängenden Geist beschwichtigte er durch den Sophismus, daß die Notwendigkeit stärker sei als Liebe und Erbarmen, und das klare Bild des Endes eskamotierte er hinweg mit einem billigen: es wird ja so schlimm nicht werden!

Indessen wurde auch nach der hastigen Absendung des Jägers die Unsicherheit seiner Lage immer größer, die Kosten des Aufenthalts wuchsen beständig, die Kreditbriefe nutzten wenig, sie waren einstweilen nur ein Aushängeschild, die Bedrängnis zwang ihn zu Taten, und er faßte den Entschluß, nach Ansbach zu reisen und mit dem Präsidenten Feuerbach persönlich zu unterhandeln.

An einem Samstag zu Ende November gebot er, eilends den Reisewagen instand zu setzen, und schickte eine Nachricht ins Tuchersche Haus, daß Caspar sogleich zu ihm kommen möge. Er aber begab sich, nachdem er Auftrag erteilt, Caspar bis zu seiner Wiederkehr zurückzuhalten, auf einem Weg, wo er dem Gerufenen nicht zu begegnen fürchten mußte, selbst dorthin, ließ sich in Caspars Zimmer führen, gab vor, auf ihn warten zu wollen, und als er allein war, durchstöberte er in gehetzter Eile alle Schubläden, Bücher und Hefte des Jünglings, um einen vor Wochen von ihm selbst an Caspar geschriebenen Brief zu finden, in welchem ihm höchst unbedachte, auf die Zukunft Caspars bezügliche Bemerkungen entschlüpft waren und den er um jeden Preis aus der Welt schaffen wollte, denn schon hatte man ihn gewarnt, schon hatten die Finsteren hinter dem Vorhang gedroht.

Sein Suchen war vergeblich.

Da öffnete sich auf einmal die Tür, und Herr von Tucher stand auf der Schwelle. In seinem ängstlichen Eifer hatte der Lord die nahenden Schritte überhört. Herr von Tucher sah mächtig groß aus, da sein Scheitel den oberen Pfosten der Tür berührte. In seiner Haltung lag ein schmerzliches Erstaunen, und nach einem langen Schweigen sagte er mit heiserer Stimme: »Herr Graf! Das sind doch nicht etwa die Geschäfte eines Spions?«

Stanhope zuckte zusammen. »Einen Anwurf solcher Art erlauben Sie mir wohl mit Schweigen zu übergehen«, entgegnete er mit gelassenem Hochmut.

»Aber was soll das«, fuhr Herr von Tucher fort, »wie soll ich den Augenschein deuten? Mir ahnt, Herr Graf, eine innere Stimme verrät es mir, daß hier nicht alles auf geraden Wegen vor sich geht.«

Der Lord geriet in Verwirrung, er preßte die eine Hand an die Stirn, und mit flehendem Ton sagte er: »Ich bedarf mehr des Mitleids und der Nachsicht, als Sie denken, Baron.« Er zog das Taschentuch aus der Brusttasche, drückte es vor die Augen und begann plötzlich zu weinen, wirkliche, unverstellte Tränen. Herr von Tucher war sprachlos. Seine erste Regung war düsterer Argwohn und der Verdacht, daß alle trüben und versteckten Redereien über Caspars Schicksal eines ernstlichen Grundes doch nicht entbehren mochten.

Stanhope, als ahne er, was in dem klugen Manne vorging, faßte sich schnell und sagte: »Nehmen Sie sich eines schwankenden Herzens an. Ich tappe im dunkeln. Ja, es will in Worte gebracht sein, ich zweifle an Caspar! Ich vermag ihn nicht loszusprechen von gewissen Unaufrichtigkeiten und heuchlerischen Künsten.«

»Auch Sie also!« konnte sich Herr von Tucher nicht enthalten auszurufen.

»Und ich fahnde nach Beweisen.«

»Diese Beweise suchen Sie in Schubladen und Schränken, Herr Graf?«

»Es handelt sich um geheime Aufzeichnungen, die er mir vorenthielt.«

»Wie? Geheime Aufzeichnungen? Davon ist mir nicht des mindesten bekannt.«

»Sie sind nichtsdestoweniger vorhanden.«

»Vielleicht meinen Sie am Ende das Tagebuch, das er vom Präsidenten erhalten hat?«

Stanhope griff diesen Gedanken, der ihn aus der schiefen Situation halbwegs rettete, mit Vergnügen auf. »Ja, gerade dieses, ohne Frage dasselbe«, beteuerte er rasch, indem er sich zugleich gewisser verräterischer Andeutungen Caspars darüber entsann.

»Ich weiß nicht, wo er es aufbewahrt«, sagte Herr von Tucher, »ich würde auch Anstand nehmen, es Ihnen in seiner Abwesenheit auszuliefern. Im übrigen weiß ich zufällig, daß er vor einiger Zeit aus demselben Tagebuch ein Bildnis des Präsidenten, das sich auf der ersten Seite befand, herausgeschnitten und das Ihre, Herr Graf, an dessen Stelle gesetzt hat.« Damit langte Herr von Tucher nach einer Mappe, die auf dem Schreibpult lag, zog ein darin befindliches Blatt hervor und reichte es Stanhope. Es war Feuerbachs Porträt.

Der Lord sah eine Weile darauf nieder, und beim Anschauen dieser jupiterhaften Züge beschlich ihn eine nie gekannte Furcht. »Das ist also der berühmte Mann«, murmelte er. »Ich bin im Begriff, ihn aufzusuchen, ich erwarte viel von seiner unbestechlichen Einsicht.« Doch alles, was er plante, den Weg dorthin, der Zwang, dem furchtbaren Blick dieser Augen standhalten zu sollen, versetzte ihn in eine Befangenheit, deren er nicht Herr werden konnte.

»Exzellenz Feuerbach wird zweifellos entzückt sein, Ihre Bekanntschaft zu machen«, sagte Baron Tucher höflich, und da Stanhope sich anschickte zu gehen, bat er ihn, dem Präsidenten seine verehrungsvollen Grüße zu übermitteln.

Zwei Stunden später sauste der Wagen des Lords auf der Reichsstraße dahin. Es war ein arger Sturm, in Wellen und Spiralen krümmte sich der Staub empor, der Lord kauerte, in Tücher eingehüllt, in der Ecke des Gefährts und wandte keinen Blick von der herbstlich-trübseligen Landschaft. Doch sein krankhaft leuchtendes Auge sah weder Felder noch Wälder, sondern schien die Ebene nach verborgenen Gefahren zu durchspähen. Das Auge eines Besessenen oder eines Flüchtlings. Als kurz vor dem Städtchen Heilsbronn das Gedudel eines Leiermanns hörbar wurde, drückte er die Hände gegen die Ohren, wandte sich ab und stöhnte seine zur Einsamkeit verdammte Qual in das seidne Ruhekissen des Wagens. Danach saß er wieder aufrecht, hart und kalt wie Stahl, ein Hexenlächeln um die dünnen Lippen.

Zweiter Teil

Gespräch zwischen einem, der maskiert bleibt, und einem, der sich enthüllt

Es regnete in Strömen, als die Kalesche des Lords am späten Abend über den Ansbacher Schloßplatz donnerte. Dazu scheuten die Pferde plötzlich vor einem über den Weg trottenden Hund, und der elsässische Kutscher fluchte in seinem greulichen Dialekt so laut, daß sich hinter den dunkeln Fensterquadraten ein paar weiße Zipfelmützen zeigten. Die Zimmer im »Gasthof zum Stern« waren vorausgemietet, der Wirt tänzelte mit einem Parapluie vors Tor und begrüßte den Fremdling mit unzähligen tiefen Komplimenten und Kratzfüßen.

Stanhope schritt an ihm vorüber zur Treppe, da trat ihm ein Herr in der Uniform eines Gendarmerieoffiziers entgegen, sehr eilfertig, mit regentriefendem Mantel, und stellte sich ihm als Polizeileutnant Hickel vor, der die Ehre gehabt habe, Seiner Lordschaft vor einigen Wochen beim Rittmeister Wessenig in Nürnberg flüchtig, »leider allzu flüchtig«, begegnet zu sein. Er nehme sich die Freiheit, dem Herrn Grafen seine Dienste in der unbekannten Stadt anzubieten, und bitte um Vergebung für die einem Überfall ähnliche Störung, aber es sei zu vermuten, daß Seine Lordschaft wenig Zeit und vielerlei Geschäfte habe, darum wolle er nicht versäumen, in erster Stunde nachzufragen.

Stanhope schaute den Mann verwundert und ziemlich von oben herab an. Er sah ein frisches, volles Gesicht mit eigentümlichen kecken und dabei zärtlich ergebenen Augen. Unwillkürlich zurücktretend, hatte Stanhope das Gefühl, daß hier einer seine ganze Person als Werkzeug antrug, gleichviel zu welchen Zwecken; nichts Neues war ihm der begehrlich streberische Glanz solcher Blicke, schon glaubte er seinen Mann in- und auswendig zu kennen. Aber woher wußte der Dienstbeflissene davon? Wer hatte ihn auf die Fährte gebracht? Eine feine Nase war ihm jedenfalls zuzutrauen. Der Lord dankte ihm kurz und erbat sich für eine bestimmte Stunde seinen Besuch, worauf der Polizeileutnant militärisch grüßte und ebenso eilig, wie er gekommen war, wieder in den Regen hinausrannte.

Stanhope bewohnte den ganzen ersten Stock und ließ sogleich in allen Zimmern Kerzen aufstellen, da ihm unbeleuchtete Räume verhaßt waren. Während der Kammerdiener den Tee bereitete, nahm er ein in Saffian gebundenes Andachtsbüchlein aus der Reisetasche und begann darin zu lesen. Oder wenigstens hatte es den Anschein, als lese er, in Wirklichkeit dachte er hundert zerstreute Gedanken, die Ruhe des kleinen Landstädtchens war ihm unheimlicher als Kirchhofsstille. Nach dem Imbiß ließ er den Wirt rufen, befragte ihn über dies und jenes, über die Verhältnisse im Ort, über den ansässigen Adel und die Beamtenschaft. Der Wirt zeigte sich den neuen Läuften gründlich überlegen. Er hatte noch die selige Markgrafenzeit erlebt, und mit dem Tag, wo Höfling und Hofdame aus ihren ziervollen Rokokopalästchen die Flucht vor dem heransausenden Kriegssturm ergriffen hatten, war es aus mit dem Glanz der Welt; ein stinkendes Rattennest war sie geworden, ein Aktentrödelmarkt mit dem hochtrabenden Namen Appellationssenat, eine Tintenhöhle, ein Paragraphenloch.

Damals, ach, damals! Wie verstand man zu schäkern, wie heiter war das Treiben, man spielte, man parlierte, man tanzte; und der dicke Mann fing vor den Augen des Lords an, einige gravitätische Menuettposen und *Pas de deux* zu illustrieren, wozu er eine verschollene Melodie trällerte und mit zwei Fingern jeder Hand schelmisch die Rockschöße hob.

Der Lord blieb vollkommen ernsthaft. Er fragte auch beiläufig, ob Herr von Feuerbach in der Stadt sei. Doch bei diesen Worten zog der Dicke ein säuerliches Gesicht. »Die Exzellenz?« grollte er. »Ja, die ist da. Wohler wäre uns, sie wär nicht da. Wie ein brummiger Kater lauert sie uns auf und faucht uns an, wenn wir ein bißchen pfeifen. Er kümmert sich um alles, ob die Straßen gekehrt sind, ob die Milch verwässert ist; überall ist er hinterher, aber Galanterie hat er keine im Leib. Nur eines versteht er gründlich, er ist ein scharfer Esser, und halten zu Gnaden, Herr Graf, wenn Sie mit ihm zu tun haben, müssen Sie alles loben, was auf seinen Tisch kommt.«

Stanhope entließ den Schwätzer huldvoll, dann bezeichnete er dem Diener die Kleider, die für morgen instand zu setzen seien, und begab sich zur Ruhe. Am andern Morgen erhob er sich spät, schickte den Lakaien in die Wohnung Feuerbachs und ließ um eine Unterredung bitten. Der Mann kam mit der Botschaft zurück, der Herr Staatsrat könne heute und wohl auch in den nächsten Tagen nicht empfangen, er ersuche Seine Lordschaft, ihm das Anliegen schriftlich mitzuteilen. Stanhope war wütend. Er begriff, daß er sich überstürzt habe, und fuhr sogleich zum Hofrat Hofmann, der ihm empfohlen war.

Indessen hatte sich die Kunde von seiner Anwesenheit verbreitet, und nach weiteren vierundzwanzig Stunden war schon ein Sagenkranz um seine Person geflochten. Ein halb Dutzend mit Goldguineen gefüllte Säcke seien auf dem Reisewagen des Fremdlings aufgeschnallt gewesen, hieß es, und er wolle das Markgrafenschloß samt dem Hofgarten kaufen; er führe ein Bett mit Schwanendaunen mit sich und gestickte Wäsche; er sei ein Vetter des Königs von England und Caspar Hauser sein leiblicher Sohn. Stanhope, kühl bis in die Nieren, sah sich als Mittelpunkt kleinstädtischen Schwatzes und war es zufrieden.

Der Hofrat hatte ihm keine Erklärung über das Verhalten des Präsidenten zu geben vermocht. Um die dienstlichen Schritte zu beraten, suchten sie den Archivdirektor Wurm auf, der bei Feuerbach großes Vertrauen genoß. Stanhope spürte, daß man nur mit scheuer Vorsicht an die Sache ging, die amtssässigen Herren konnten sich keines freien Verhältnisses zu einem Manne rühmen, dessen Hand wie Eisenlast auf ihnen ruhte.

Am Abend folgte Stanhope der Einladung in einen Familienkreis. Als er hier die Rede auf den Präsidenten brachte, wurde eine Reihe von Anekdoten erzählt, die teils lächerlich, teils bizarr klangen, oder man berichtete, wie um den Mangel an Liebe und echtem Sichbescheiden durch Umstände zu verdecken, welche das Mitleid herausforderten, von dem Unglück, welches Feuerbach an zweien seiner Söhne erlebe, von einer zerrütteten Ehe, von der menschenhassenden Einsamkeit, in welcher der Alte hauste, und in der man doch wieder etwas wie eine dunkle Verschuldung sehen wollte. »Er ist ein Fanatiker«, ließ sich ein kahlköpfiger Kanzleivorstand vernehmen, »er würde, wie Horatius, seine eigenen Kinder dem Henkersknecht ausliefern.«

»Er vergibt niemals einem Feind«, sagte ein andrer klagend, »und dies beweist keine christliche Gesinnung.«

»Das alles wäre nicht so schlimm, wenn er nicht in jedem Menschen eine Art von Übeltäter sehen würde«, meinte die Dame des Hauses, »und bei jeder Harmlosigkeit gleich das ganze Strafgesetz aufmarschieren ließe. Neulich ging ich um die Dämmerung mit meiner Tochter auf der Triesdorfer Straße spazieren, und wir waren unbedachtsam genug, ein paar Äpfel von den Bäumen zu pflücken. Auf einmal steht die Exzellenz vor uns, schwingt den Stock in der Luft und schreit mit einer fürchterlich krähenden Stimme: ›Oho, meine Gnädige, das ist Diebstahl am Gemeingut!‹ – Nun bitt' ich einen Menschen, Diebstahl! Was soll denn das heißen?«

»Du mußt aber auch sagen, Mama«, fügte die Tochter hinzu, »daß er dabei ganz pfiffig geschmunzelt hat und sich kaum das Lachen verbeißen konnte, als wir, vor Schreck zitternd, die Äpfel in den Graben warfen.«

Der bloße Name des Mannes glich einem Steinblock im Strom, vor dem das Wasser staut und aufprallt. Stanhope machte kein Hehl aus seiner Bewunderung für den Präsidenten. Er zitierte Stellen aus seinen Schriften, schien selbst die trockensten juristischen Abhandlungen zu kennen und pries die von Feuerbach durchgeführte Abschaffung der Folter als eine Tat, die über die Jahrhunderte leuchten würde. Es war ein Mittel zu blenden wie irgendein andres.

Auf allen Gassen, in allen Salons gab es alsbald nur einen einzigen Gesprächsstoff, und das war Lord Stanhope. Lord Stanhope, der Held und die Zuflucht der unschuldig Verfolgten; Lord Stanhope, der Gipfel der Eleganz, Lord Stanhope, der Freigeist, Lord Stanhope, der Liebling des Glücks und der Mode, Lord Stanhope, der Melancholische, und Lord Stanhope, der Strengreligiöse. Soviel Tage, soviel Gesichter; heute ist Lord Stanhope kalt, morgen ist er leidenschaftlich; zeigt er sich hier heiter und ungebunden, dort wird er tiefsinnig und würdevoll sein; Gelehrsamkeit und leichte Tändelei, die Stimme des Gemüts und sittliche Forderung: es kommt nur auf das Register an, das der geschickte Orgelspieler braucht. Wie interessant sein Aberglauben, wenn er in einem Zirkel bei Frau von Imhoff seine Furcht vor Gespenstern bekennt und schildert, daß er dabeigewesen, wie ein Landsmann in den Krater des Vesuv zur Hölle gefahren sei. Wie entzückend die Ironie, mit der er bei andrer Gelegenheit gottlose Gedichte von Byron zu rezitieren versteht. Die Elemente mischen sich, man weiß nicht wie. Es ist eine Lust, die Welle zu Schaum zu schlagen und den kleinen provinzlichen Sumpf im vergoldeten Kahn zu durchfahren.

Am fünften Tag kam der Jäger zurück. Er brachte erweiterte Vollmachten; Befehle, denen Stanhope durch seine Reise nach Ansbach zum Teil zuvorgekommen war, aus denen als bemerkenswert etwas wie Furcht vor den Maßnahmen Feuerbachs auffiel. Es wurde ihm geboten, sich dem Präsidenten in jedem Fall zu fügen, da Widerstand Verdacht erweckt hätte; das Äußerste zu versuchen, aber sich zu fügen und neue Minen zu graben, wenn die alten wirkungslos geworden. Von einem gefährlichen Dokument war die Rede, das einstweilen beiseite gebracht oder unschädlich gemacht werden müsse, von dessen Inhalt aber jedenfalls Abschrift zu nehmen sei.

Das überbrachte Schreiben sollte im Beisein des Jägers zerrissen und verbrannt werden. Dies geschah. Vor allem brachte der Bursche Geld, herrliches bares Geld. Stanhope atmete auf.

Am nächsten Abend lud er einige der vornehmsten Familien der Stadt zu einem geselligen Beisammensein in die Räume des Kasinos. Man raunte sich zu, daß er die Speisen nach besonderen Rezepten habe bereiten lassen und die Musikpiecen mit dem Kapellmeister selbst durchprobiert habe. Vor Beginn des Tanzes erhielt jede Dame ein ebenso sinniges wie kostbares Angebinde: ein kleines Schildchen von Gold, auf welchem in emaillierter Schrift die Devise stand: *Dieu et le cœur.* Danach nahm der Lord sein Glas und forderte die Anwesenden auf, mit ihm das Wohl eines Menschen auszubringen, der ihm so teuer sei, daß er den Namen vor so vielen Ohren gar nicht auszusprechen wage, wüßten doch alle, wen er meine: jenes wunderbare Geschöpf, vom Schicksal wie auf eine Warte der Zeit hingestellt: *Dieu et le cœur,* dies gelte ihm, dem Mutterlosen, dessen die Mütter gedenken möchten, welche Kinder geboren, und die Jungfrauen, die sich der Liebe weihten.

Man war gerührt, man war außerordentlich gerührt. Ein paar weiße Taschentücher flatterten in sanften Händen, und eine ergriffene Baßstimme murrte: »Seltener Mann.« Der seltene Mann, als ob er seine eigne Bewegung nicht anders meistern könne, begab sich auf den anstoßenden Balkon und schaute sinnend auf das Volk, das teils in ehrfürchtig flüsternden Gruppen stand, teils in der Dunkelheit auf und ab promenierte. Viele auch hatten sich, der Musik lauschend, an die gegenüberliegende Mauer gedrängt, und eine ganze Reihe von Gesichtern glänzte fahl in dem aus den Fenstern flutenden Lichtschein.

Da gewahrte Stanhope den Uniformierten, der sich ihm bei seiner Ankunft in der Stadt präsentierte. Er hatte ihn seitdem völlig aus dem Gedächtnis verloren, der Mann war zur festgesetzten Stunde im Hotel gewesen, doch hatte Stanhope die Verabredung nicht gehalten, und jener hatte nur die Karte zurückgelassen. Jetzt stand er wenige Schritte entfernt unter einem Laternenpfahl, und sein Gesicht schien auffallend böse.

Ein Unbehagen überlief den Lord. Er verbeugte sich höflich nach der Richtung, wo der Regungslose stand. Darauf hatte der nur gewartet; er trat näher, und dicht am Balkon stehend, war sein Gesicht etwa in Brusthöhe des Grafen.

»Polizeileutnant Hickel, wenn ich nicht irre«, sagte Stanhope und reichte ihm die Hand; »ich hatte das Unglück, Ihren Besuch zu versäumen, ich bitte, mich zu entschuldigen.«

Der Polizeileutnant strahlte vor Ergebenheit und heftete den Blick andächtig auf den redenden Mund des Grafen. »Schade«, versetzte er, »ich hätte sonst gewiß den Vorzug, den heutigen Abend in Mylords Gesellschaft zu verbringen. Man rechnet meine Wenigkeit hier gleichfalls zu den oberen Zehntausend, haha!«

Stanhope rückte kaum merklich den Kopf. Was für ein unangenehmer Geselle, dachte er.

»Waren Eure Herrlichkeit schon beim Staatsrat Feuerbach?« fuhr der Polizeileutnant fort. »Ich meine heute. Die Exzellenz war nämlich bis jetzt starrköpfig, wollte mit Eurer Herrlichkeit nur schriftlich unterhandeln. Es ist mir endlich gelungen, den eigensinnigen Mann andern Sinnes zu machen.«

All das wurde in der biedersten Weise vorgebracht; doch Stanhope zeigte ein befremdetes Gesicht. »Wie das?« fragte er stockend.

»Nun ja, ich kann bei dem guten Präsidenten manches durchsetzen, woran andre sich umsonst die Zähne ausbeißen«, erwiderte Hickel, ebenfalls mit dem heitersten und gefälligsten Ausdruck. »Solche Hitzköpfe sind um den Finger zu wickeln, wenn man sie zu nehmen versteht. Haha, das ist lustig: um den Finger gewickelte Hitzköpfe, haha!«

Stanhope blieb eisig. Er empfand einen an Ekel grenzenden Widerwillen. Der Polizeileutnant ließ sich nicht beirren. »Mylord sollten keinesfalls lange überlegen«, sagte er.

»Wenn auch die Angelegenheit jetzt nicht gerade sonderlich drängt, so treffen Sie doch den Staatsrat in einem Zustand von Unentschlossenheit, dünkt mich, der auszunutzen ist. Und was das bedrohliche Dokument anbelangt . . .« Er hielt inne und machte eine Pause. Stanhope fühlte, daß er bis in den Hals erbleichte. »Das Dokument? Von welchem Dokument sprechen Sie?« murmelte er hastig.

»Sie werden mich vollständig verstehen, Herr Graf, wenn Sie mir eine halbe Stunde Gehör schenken wollen«, antwortete Hickel mit einer Unterwürfigkeit, die sich beinahe wie Spott ausnahm. »Was wir uns zu sagen haben, ist nicht unwichtig, muß aber keineswegs noch heute gesagt werden. Ich stehe zu jeder beliebigen Zeit zur Verfügung.«

Seiner Unruhe trotzend, glaubte Stanhope Gleichgültigkeit zeigen zu sollen. Obwohl ein Stichwort gefallen war, das er nicht überhören durfte, verschanzte er sich hinter einer vornehmen Unnahbarkeit. »Ich werde mich sicherlich an Sie wenden, wenn ich Ihrer bedarf, Herr Polizeileutnant«, sagte er kurz und wandte sich stirnrunzelnd ab.

Hickel biß sich auf die Lippen, schaute mit einiger Verblüffung dem Grafen nach, der durch die offene Saaltür verschwunden war, und ging dann leise pfeifend über die Straße. Plötzlich drehte er sich um, verbeugte sich höhnisch und sagte mit geschraubter Verbindlichkeit, wie wenn Stanhope noch vor ihm stünde: »Der Herr Graf sind im Irrtum, auch bei Dero Gnaden wird mit Wasser gekocht.«

Als Stanhope wieder unter seine Gäste getreten war, zog er den Generalkommissär von Stichaner ins Gespräch.

Im Verlauf der Unterhaltung äußerte er, er habe sich entschlossen, dem Präsidenten morgen seinen Besuch zu machen; wenn Feuerbach auch dann bei seinem wunderlichen Starrsinn verbleibe, werde er es als vorsätzlichen Affront auffassen und abreisen.

Er sagte das mit so lauter Stimme, daß einige danebenstehende Herren und Damen es hören mußten; unter diesen befand sich auch Frau von Imhoff, die mit Feuerbach sehr befreundet war. An sie hatte sich der Lord offenbar wenden wollen. Frau von Imhoff war aufmerksam geworden, sie blickte herüber und sagte etwas verwundert: »Wenn ich mich nicht täusche, Mylord, so hat Exzellenz ja Ihnen einen Besuch abgestattet. Ich traf ihn spätnachmittags in seinem Garten, als er eben im Begriff war, zum ›Stern‹ zu gehen. Sie waren wohl nicht zu Hause?«

»Ich verließ mein Hotel um acht Uhr«, antwortete Stanhope.

Eine Stunde später schickten sich viele zum Aufbruch an. Der Lord erbot sich, Frau von Imhoff, deren Gatte verreist war, in seinem Wagen nach Hause zu bringen. Da sie der Weg vorüberführte, ließ Stanhope beim »Stern« halten und erkundigte sich, ob in seiner Abwesenheit jemand vorgesprochen habe. In der Tat hatte Feuerbach seine Karte abgegeben.

Am andern Vormittag um elf Uhr hielt die gräfliche Karosse in der Heiligenkreuzgasse vor dem Tor des Feuerbachschen Gartens. Mit aristokratisch gebundenen Schritten, die gertenhaft biegsame Gestalt unnachahmlich gestreckt, näherte sich Stanhope dem landhausähnlichen Gebäude, indem er genau die Mitte der kahlen Baumallee einhielt. Sein Anzug bekundete peinliche Sorgfalt; in dem Knopfloch des braunen Gehrocks glühte ein rotes Ordensbändchen, die Krawatte war durch eine Diamantschließe gehalten, und wie ein geistiger Schmuck umspielte ein müdes Lächeln die glattrasierten Lippen. Als er ungefähr zwei Drittel des Wegs zurückgelegt hatte, hörte er eine brüllende Stimme aus dem Haus, zugleich rannte eine Katze vor ihm über den Kies. Ein böses Omen, dachte er, verfärbte sich, blieb stehen und schaute unwillkürlich zurück. Es war so neblig, daß er seinen Wagen nicht mehr sah.

Er zog die Glocke am Tor und wartete geraume Weile, ohne daß geöffnet wurde. Indes dauerte das Geschrei drinnen fort, es war eine Männerstimme in Tönen wilder Wut. Stanhope drückte endlich auf die Klinke, fand den Eingang unversperrt und betrat den Flur. Er sah niemand und trug Bedenken weiterzugehen. Plötzlich wurde eine Tür aufgerissen, ein Frauenzimmer stürzte heraus, anscheinend eine Magd, und hinterher eine gedrungene Gestalt mit mächtigem Schädel, in welcher Stanhope sofort den Präsidenten erkannte. Doch erschrak er dermaßen vor dem zornverzerrten Gesicht, den gesträubten Haaren und der durchdringenden Stimme, daß er wie angewurzelt stehenblieb.

Was hatte sich ereignet? War ein Unheil passiert? Ein Verbrechen zutag gekommen? Nichts von alledem. Bloß ein stinkender Qualm zog durch den Korridor, weil ein Topf mit Milch in der Küche übergelaufen war. Die Frauensperson hatte sich beim Wasserholen verschwatzt, und da war es denn ein gar würdeloser Anblick, den alten Berserker zu sehen, wie er mit den Armen fuchtelte und bei jeder jammernden Widerrede der Gescholtenen von neuem raste, die Zähne fletschte, mit den Füßen stampfte und sich vor Bosheit überschrie.

Ein komisches Männlein, dachte Stanhope voll Verachtung; und vor diesem kleinen Provinztyrannen und Polizeiphilister habe ich gebebt! Sich vornehm räuspernd, schritt er die drei Stufen empor, die ihn noch von dem lächerlichen Kriegsschauplatz trennten, da wandte sich Feuerbach blitzschnell um. Der Lord verneigte sich tief, nannte seinen Namen und bat nachsichtig lächelnd um Entschuldigung, wenn er störe.

Schnelle Röte überflog das Gesicht Feuerbachs. Er warf einen seiner jähen, fast stechenden Blicke auf den Grafen, dann zuckte es um Nase und Mund, und auf einmal brach er in ein Gelächter aus, in welchem Beschämung, Selbstironie und irgendeine gemütliche Versicherung lag, kurz, es hatte einen befreienden, wohltuenden und überlegenen Klang.

Mit einer Handbewegung forderte er den Gast zum Eintreten auf; sie kamen in ein großes, wohlerhaltenes Zimmer, das bis in jeden Winkel von außerordentlicher Akkuratesse zeugte. Feuerbach begann sogleich, über sein bisheriges Verhalten gegen den Lord zu sprechen, und ohne Gründe anzuführen, sagte er, die Notwendigkeit, die ihn bestimmt, sei stärker als die gesellschaftliche Pflicht. Doch habe er eingesehen, daß er einen Mann von solchem Rang und Ansehen nicht verletzen könne, zumal ihm schätzenswerte Freunde soviel Anziehendes berichtet hätten, deshalb habe er Seine Lordschaft gestern aufgesucht.

Stanhope verbeugte sich abermals, bedauerte, daß er Seiner Exzellenz nicht habe aufwarten können, und fügte bescheiden hinzu, er müsse diese Stunde zu den höchsten seines Lebens rechnen, vergönne sie ihm doch die Bekanntschaft eines Mannes, dessen Ruf und Ruhm einzig und über die Grenzen der Sprache wie der Nation hinausgedrungen sei.

Von neuem der jähe, scharfe Blick des Präsidenten, ein schamhaft satirisches Schmunzeln in dem verwitterten Gesicht und dahinter, fast rührend, ein Strahl naiver Dankbarkeit und Freude. Der Lord seinerseits stellte vollendet einen Mann der großen Welt dar, der vielleicht zum erstenmal befangen ist.

Sie nahmen Platz, der Präsident durch die Gewohnheit des Berufs mit dem Rücken gegen das Fenster, um seinen Gast im Licht zu haben. Er sagte, eine der Ursachen, weshalb er ihn zu sprechen verlange, sei ein gestern eingetroffener Brief des Herrn von Tucher, worin ihm dieser nahelege, Caspar zu sich ins Haus zu nehmen. Diese plötzliche Sinnesänderung sei ihm um so merkwürdiger erschienen, als er ja wisse, daß Herr von Tucher den Absichten des Grafen geneigt gewesen; er habe den Faden verloren, die ganze Geschichte sei ihm verschwommen geworden, er habe nun sehen und hören wollen.

Im Tone größten Befremdens erwiderte Stanhope, er könne sich das Vorgehen Herrn von Tuchers durchaus nicht erklären. »Man braucht den Menschen nur den Rücken zu kehren, und sie verwandeln ihr Gesicht«, sagte er geringschätzig.

»Das ist nun so«, versetzte der Präsident trocken. »Ich will übrigens Ihre Erwartung nicht hinhalten, Herr Graf. Wie ich schon dem Bürgermeister Binder mitteilte, kann es auf keinen Fall geschehen, daß Ihnen Caspar überlassen werde. Ein solches Ansinnen muß ich gänzlich und ohne Bedenken abweisen.«

Stanhope schwieg. Ein schlaffer Unwillen malte sich in seinen Zügen. Er blickte unablässig auf die Füße des Präsidenten, und als ob ihn das Sprechen Überwindung koste, sagte er endlich: »Lassen Sie mich Ihnen, Exzellenz, vor Augen führen, daß Caspars Lage in Nürnberg unhaltbar ist. Aufs sonderbarste angefeindet und von keinem unter allen, die sich seine Schützer nennen, verstanden, mit dem Druck einer Dankesschuld beladen, die das Schicksal selbst für ihn aufgenommen hat und die er niemals wird bezahlen können, da ihm ja sonst jeder Tag und jedes Erlebnis zu einer wucherischen Zinsenabgabe würde und er, ein Junger, ein Wachsender, der er ist, sein Dasein für sich verzehren muß, ist er waffenlos ausgesetzt. Zudem will die Stadt, wie mir ausdrücklich versichert wurde, nur noch bis zum nächsten Sommer für ihn sorgen und ihn dann einem Handwerksmeister in die Lehre geben. Das, Exzellenz, dünkt mich schade.« – Hier erhob der Lord seine Stimme ein wenig, und sein Gesicht mit den niedergeschlagenen Augen erhielt den Ausdruck verbissenen Hochmuts. – »Es dünkt mich schade, die seltene Blume in einen von aller Welt zerstampften Rasen setzen zu lassen.«

Der Präsident hatte aufmerksam zugehört. »Gewiß, das alles ist mir bekannt«, antwortete er. »Eine seltene Blume, gewiß. War doch sein erstes Auftreten derart, daß man einen durch ein Wunder auf die Erde verlorenen Bürger eines anderen Planeten zu sehen vermeinte, oder jenen Menschen des Plato, der, im Unterirdischen aufgewachsen, erst im Alter der Reife auf die Oberwelt und zum Licht des Himmels gestiegen ist.«

Stanhope nickte. »Meine Hinneigung zu ihm, die dem allgemeinen Urteil übertrieben erschienen ist, entstand mit dem ersten Hörensagen über seine Person; sie findet auch in der Geschichte meines Geschlechts etwas wie eine atavistische Rechtfertigung«, fuhr er in kühlem Plauderton fort.

»Einer meiner Ahnen wurde unter Cromwell geächtet und floh in ein Grabgewölbe. Die eigne Tochter hielt ihn verborgen und nährte ihn, bis die Flucht gelang, kümmerlich mit erstohlenen Brocken. Seitdem weht vielleicht ein wenig Grabesluft um die Nachgeborenen. Ich bin der Letzte meines Stammes, ich bin kinderlos. Nur noch ein Traum oder, wenn Sie wollen, eine fixe Idee bindet mich ans Leben.«

Feuerbach warf den Kopf zurück. Die Linie seines Mundes zuckte in die Länge wie ein Bogen, dessen Sehne zerrissen ist. Plötzlich lag Größe in seiner Gebärde. »Eine innere Verantwortung hindert mich, Ihnen zu willfahren, Herr Graf«, sagte er. »Hier steht so Ungeheures auf dem Spiel, daß jeder Gnadenbeweis und jedes Liebesopfer daneben gar nicht mehr in Frage kommt. Hier ist den in Abgründen kauernden Dämonen des Verbrechens ein Recht zu entreißen und dem bangen Auge der Mitwelt, wenn nicht als Trophäe, so doch als Beweis dafür entgegenzuhalten, daß es auch dort eine Vergeltung gibt, wo Untaten mit dem Purpurmantel bedeckt werden.«

Der Lord nickte wieder, doch ganz mechanisch. Denn innerlich erstarrte er. Es wurde ihm schwül vor der elementaren Gewalt, die aus der Brust dieses Mannes zu ihm redete und die selbst das Pathos verzehrte, das ihm anfangs unbehaglich war und ihn ironisch gestimmt hatte. Er fühlte, daß gegen diesen Willen zu kämpfen, der sich wie Unwetter verkündigte, ein aussichtsloses Mühen sein würde, und wenn es ein Beschluß über ihm war, durch den er in das Labyrinth lichtscheuer Verrichtungen mehr geglitten als geschritten war, so fand er sich jetzt ratlos und ohnmächtig darin, und es wurde ihm auf einmal wichtig, einen Anschein von Ehre und Tugend aus dem Chaos seines Innern zu retten. Er beugte sich vor und fragte sanft: »Und ist das Recht, das Sie jenen entreißen wollen, die Leiden dessen wert, dem es zukommt?«

»Ja! Auch dann, wenn er daran verbluten müßte!«

»Und wenn er verblutet, ohne daß Sie Ihr Ziel erreichen?«

»Dann wird aus seinem Grab die Sühne wachsen.«

»Ich ermahne Sie zur Vorsicht, Exzellenz, um Ihretwillen«, flüsterte Stanhope, indem sein Blick langsam von den Fenstern zur Tür wanderte.

Feuerbach sah überrascht aus. Es war etwas Verräterisches in dieser Wendung, in irgendeinem Sinn verräterisch. Aber die blauen Augen des Lords strahlten durchsichtig wie Saphire, und eine frauenhafte Trauer lag in der Neigung des schmalen Hauptes. Der Präsident fühlte sich hingezogen zu dem Manne, und unwillkürlich nahmen seine Worte einen milden, ja fast liebreichen Klang an, als er sagte: »Auch Sie? Auch Sie sprechen von Vorsicht? Meine Sprache scheint Ihnen kühn; sie ist es. Ich bin es satt, auf einem Schiff zu dienen, das durch die Verblendung seiner Offiziere in den schmählichen Untergang rennt. Aber ich könnte mir denken, daß es einem Bürger des freien England unbegreiflich ist, wenn ein Mensch wie ich seine Ruhe und die Sicherheit der Existenz aufgeben muß, um das Gewissen des Staats für die primitivsten Forderungen der Gesellschaft wachzurütteln. Es ist überflüssig, mich zur Vorsicht zu mahnen, Mylord. Ich würde alles das auch demjenigen ins Ohr schreien, der sich mir als Denunziant bekennte. Ich fürchte nichts, weil ich nichts zu hoffen habe.«

Stanhope ließ einige Sekunden verstreichen, bevor er versonnen antwortete: »Mein Unkenruf wird Sie weniger verwundern, wenn ich Ihnen gestehe, daß ich nicht uneingeweiht in die Verhältnisse bin, auf die Sie hindeuten. Ich bin nicht das Werkzeug des Zufalls. Ich bin nicht ohne äußeren Antrieb zu dem Findling gekommen. Es ist eine Frau, es ist die unglücklichste aller Frauen, als deren Sendboten ich mich betrachte.«

Der Präsident sprang empor, als ob ein Blitz im Zimmer gezündet hätte. »Herr Graf!« rief er außer sich. »Sie wissen also ...«

»Ich weiß«, versetzte Stanhope ruhig. Nachdem er mit düsterer Miene beobachtet hatte, wie der Präsident krampfhaft die Stuhllehne gepackt hielt, so daß die Arme sichtbar zitterten, und wie das große Gesicht sich verfaltete und bewegte, fuhr er mit monotoner Stimme und einem matten, seltsam süßlichen Lächeln fort: »Sie werden mich fragen: Wozu die Umwege? Was wollen Sie mit dem Knaben? Ich antworte Ihnen: Ich will ihn in Sicherheit bringen, ich will ihn in ein anderes Land bringen, ich will ihn verbergen, ich will ihn der Waffe entziehen, die fortwährend gegen ihn gezückt ist. Kann man klarer sein? Wollen Sie noch mehr? Exzellenz, ich habe Kenntnis von Dingen, die mein Blut gefrieren lassen, selbst wenn ich nachts erwache und in der Pause zwischen Schlaf und Schlaf daran denke, wie man an ein Fieberbild denkt. Ersparen Sie mir die Ausführlichkeit. Rücksichten, bindender als Schwüre, machen meine Zunge lahm. Auch Sie scheinen ja, es ist mir rätselhaft, auf welche Weise, Einblick gewonnen zu haben in diesen grauenhaften Schlund von Schande, Mord und Jammer; so darf ich Ihnen wohl sagen, daß ich, der den Königen und Herren der Erde sehr genau und sehr nah ins Gesicht geschaut hat, niemals ein Antlitz sah, dem Geburt und Geist einen gleich hohen Adel und der Schmerz eine ergreifendere Macht verliehen haben als dem jener Frau. Ich ward ihr Sklave mit dem Augenblick, wo das Bild ihrer tragischen Erscheinung zum erstenmal mein Gemüt belud. Es wurde meine Lebensidee, die ihr vom Schicksal zugefügten Wunden in ihrem Dienst zu mildern. Ich will schweigen darüber, wie ich Gewißheit über den Zustand der gemarterten und am Rande des Todes hinsiechenden Seele gewann und wie sich mir von denen, die ein Jahrzehnt hindurch fortgesponnenes Gewebe von Leiden um das unbeschützte Dasein der Unglücklichen flochten, langsam Stirn um Stirn entschleierte. Das Haupt der Meduse kann nicht gräßlicher sein. Genug damit, daß ich meine wahre Natur unterdrücken und mich harmlos geben mußte; ich mußte lügen, schmeicheln, schleichen und Ränke durch Ränke schlagen, ich habe mich verkleidet und täuschungsvolle Aufgaben übernommen. Dabei fraß mir der Zorn am Mark, und ich fragte mich, wie es möglich sei, weiterzuleben mit solcher Wissenschaft in der Brust. Aber das ist es ja eben: man lebt weiter. Man ißt, man trinkt, man schläft, man geht zu seinem Schneider, man promeniert, man läßt sich die Haare scheren, und Tag reiht sich an Tag, als ob nichts geschehen wäre. Und genauso ist es mit jenen, von welchen man glaubt, daß das böse Gewissen ihre Sinne verwüsten und ihre Adern verdorren müsse, sie essen, trinken, schlafen, lachen, amüsieren sich, und ihre Taten rinnen von ihnen ab wie Wasser von einem Dach.«

»Sehr wahr! Das ist es, so ist es!« rief Feuerbach leidenschaftlich bewegt. Er eilte ein paarmal durch das Zimmer, dann blieb er vor Stanhope stehen und fragte streng: »Und weiß die Frau von allem? Weiß sie von ihm? Was ist ihr bekannt? Was erwartet, was hofft sie?«

»Aus persönlicher Erfahrung kann ich darüber nichts melden«, entgegnete der Lord mit derselben traurigen und matten Stimme wie bisher. »Vor kurzem wurde bei der Gräfin Bodmer erzählt, sie habe laut aufgeweint, als man den Namen Caspar Hauser vor ihr genannt. Mag sein, ganz glaubwürdig ist es nicht. Hingegen ist mir ein andrer Vorfall bekannt, der auf eine fast übersinnliche Beziehung schließen läßt. Eines Mittags vor zwei Jahren befand sich die Fürstin allein in der Schloßkapelle und verrichtete ihr Gebet. Nachdem sie geendet und sich erheben wollte, sah sie plötzlich über dem Altar das Bild eines schönen Jünglings, dessen Gesicht einen unendlichen Kummer ausdrückte. Sie rief den Namen ihres Sohnes, Stephan hieß er, der Erstgeborene, dann fiel sie in Ohnmacht. Später erzählte sie die Vision einer vertrauten Dame, und diese, die Caspar selbst in Nürnberg gesehen hatte, war von der Ähnlichkeit tief berührt. Und das Wunderbare ist, daß die Erscheinung sich am selben Tag und zur selben Stunde gezeigt hatte, wo der Mordanfall im Hause Daumers stattfand. So viel ist klar, daß sich auf beiden Seiten ein geheimnisvolles Zusammenstreben offenbart. Ferner ist es klar, Exzellenz, daß jedes Zaudern Gefahr bedeutet und ein leichtfertiges Vergeuden günstiger Gelegenheit. Ich rufe Ihnen das in ernster Not entgegen. Es könnte kommen, daß unsre Versäumnisse vor einen Richterstuhl gefordert werden, wo keine Reue das Geschehene ausgleicht.«

Der Lord erhob sich und trat zum Fenster. Seine Augenlider waren gerötet, sein Blick verdunkelt. Wen verriet er eigentlich, wen belog er? Seine Auftraggeber? Den Jüngling, den er an sich gekettet? Den Präsidenten? Sich selbst? Er wußte es nicht. Er war erschüttert von seinen eignen Worten, denn sie erschienen ihm wahr. Wie sonderbar, alles das erschien ihm wahr, als ob er der Retter wirklich sei. Er liebte sich in diesen Minuten und hätschelte sein Herz. Eine Finsternis des Vergessens kam über ihn, und sofern er Müdigkeit und Ekel zu erkennen gab, galten sie nur dem wesenlosen Schemen, das an seiner Stelle gesessen, an seiner Statt geredet und gehandelt hatte. Er löschte zwanzig Jahre Vergangenheit von der Tafel seines Gedächtnisses hinweg und stand da, reingewaschen durch eine Halluzination von Güte und Mitleid.

Feuerbach hatte sich vor seinem Schreibtisch niedergelassen. Den Kopf in die Hand gestützt, schaute er sinnend in die Luft. »Wir sind die Diener unsrer Taten, Mylord«, begann er nach langem Schweigen, und die sonst polternde oder schrille Stimme hatte einen sanften und feierlichen Klang. »Vor dem schlimmen Ende zittern, hieße jede Schlacht aufgeben, bevor sie geschlagen. Offenheit gegen Offenheit, Herr Graf! Bedenken Sie, ich stehe hier auf einem verlorenen Posten des Landes. Mein Leben war für eine andre Bahn bestimmt, einst glaubte ich es wenigstens, als in der Verborgenheit einer Kreisstadt beschlossen zu werden. Ich habe meinem König Dienste geleistet, die gewürdigt worden sind und die vielleicht dazu beigetragen haben, seinem Namen das stolze Attribut des Gerechten zu verleihen. Noch größere wollte ich leisten, sein Volk erhöhen, die Krone zu einem Symbol der Menschlichkeit machen. Dies scheiterte. Ich ward zurückgestoßen. Freilich, man hat mich belohnt, aber nicht anders, als wie Domestiken belohnt werden.«

Er hielt inne, rieb das Kinn mit dem Handrücken und

knirschte mit den Zähnen. Dann fuhr er fort: »Von früher Jugend an habe ich mich dem Gesetz geweiht. Ich habe den Buchstaben verachtet, um den Sinn zu veredeln. Der Mensch war mir wichtiger als der Paragraph. Mein Streben war darauf gerichtet, die Regel zu finden, die Trieb von Verantwortung scheidet. Ich habe das Laster studiert wie ein Botaniker die Pflanze. Der Verbrecher war mir ein Gegenstand der Obsorge; in seinem erkrankten Gemüt wog ich ab, was von seinen Sünden auf die Verirrungen des Staates und der Gesellschaft entfiel. Ich bin bei den Meistern des Rechts und bei den großen Aposteln der Humanität in die Lehre gegangen, ich wollte das Zeitalter der überlebten Barbarei entreißen und Pfade zur Zukunft bauen. Überflüssig zu beteuern. Meine Schriften, meine Bücher, meine Erlässe, meine ganze Vergangenheit, das heißt eine Kette ruheloser Tage und arbeitsvoller Nächte, sind Zeugen. Ich lebte nie für mich, ich lebte kaum für meine Familie; ich habe die Vergnügungen der Geselligkeit, der Freundschaft, der Liebe entbehrt; ich zog keinen Gewinn aus eroberter Gunst; kein Erfolg schenkte mir Rast oder nachweisbares Gut, ich war arm, ich blieb arm, geduldet von oben, begeifert von unten, mißbraucht von den Starken, überlistet von den Schwachen. Meine Gegner waren mächtiger, ihre Ansichten waren bequemer, ihre Mittel gewissenlos; sie waren viele, ich einer. Ich bin verfolgt worden wie ein räudiger Hund, Pasquillanten und Verleumder besudelten meine gute Sache mit Schmutz. Es war eine Zeit, da konnte ich nicht durch die Straßen der Residenz gehen, ohne die gröblichsten Insulten des Pöbels fürchten zu müssen. Als ich, durch widerwärtige Intrigen und Anfeindungen gezwungen, mein Professorenamt in Landshut aufgeben mußte, als man den studentischen Janhagel gegen mich in Raserei versetzt hatte und ich nach meiner Heimat floh, Weib und Kind im Stich lassend, da trachteten mir bezahlte Schergen nach dem Leben. Es war der große Krieg, alle Ordnung war zerrüttet; von der österreichischen Partei wurde ausgesprengt, daß ich mit der französischen Partei im Bündnis stehe, die dem Kaiser Napoleon zur Errichtung eines okzidentalischen Kaiserreichs den Weg bahnen und die souveränen Fürsten stürzen wolle, die Franzosen verdächtigten umgekehrt meine Beziehungen zu Österreich. Es gab einen Mann, einen Amts- und Berufsgenossen, einen Gelehrten, berühmt und angesehen, oh, ein feiger Poltron, die Zeit wird seinen Namen an einen der Schandpfähle des Jahrhunderts heften, der sich nicht entblödete, mich öffentlich als Spion zu bezeichnen, und mein Protestantentum zum Vorwand nahm, den König gegen mich mißtrauisch zu machen. Ich erlag nicht. Die Widrigkeiten hatten ein Ende, mein Fürst nahm mich wieder in Gnaden auf, freilich nur in Gnaden. Ein neuer Herr bestieg den Thron, ich blieb in Gnaden. Heute bin ich ein alter Mann, sitze hier in der Stille, immer in Gnaden. Auch meine Feinde sind besänftigt, oder sie stellen sich so, auch sie sind in Gnaden. Aber was es bedeutet, eine aufs Große und Allgemeine gerichtete Existenz vernichtet zu sehen, bevor noch die letzte Faser des Geistes, der sie trug und nährte, ihre Kraft verzehrt hat, das empfinden nicht jene, das weiß nur ich.«

Feuerbach stand auf und atmete tief. Hierauf griff er zur Schnupftabaksdose, nahm eine Prise, dann wandte er Stanhope voll das Gesicht zu, und unter den barschen Brauen blitzte ein rührend-ängstlicher und dankbarer Blick hervor, während er sagte: »Herr Graf, ich bin mir nicht ganz klar darüber, was mich bewegt, so zu Ihnen zu sprechen. Es erstaunt mich selbst. Sie sind der erste, der zu hören bekommt, was so verzweifelt den Klagen eines Zurückgesetzten ähnelt und doch nur die Erklärung für eine unabänderliche Notwendigkeit bieten soll. Es ist mir in der Angelegenheit Caspars nichts an dem Besonderen des Falles gelegen, und nicht das Besondere der Person ist es, was meinen Beschluß stärkt. An mich tritt der härteste Zwang heran, der einen Mann von grauen Haaren treffen kann, und nötigt mich zu der Frage an das Schicksal: ob denn alles Geopferte und Gewirkte umsonst gewesen, ob es mir und den Gleichstrebenden keine andre Frucht gezeitigt hat als

Ohnmacht hier und Gleichgültigkeit dort. Ich muß die Probe machen, ich muß es durchführen, komme, was da wolle; ich muß wissen, ob ich in Wind geredet und auf Sand geschrieben habe; ich muß wissen, ob die Versprechungen, mit denen man die Bitterkeit meines Exils versüßt hat, nur wohlfeile Lockspeise waren; ich muß und will wissen, ob man es ernst meint mit mir und meiner Sache. Ich habe Beweise, Graf, es liegen furchtbare Indizien vor, ich kann dreinschlagen, ich habe den Donnerkeil und kann das Wetter machen. Alles ist von mir fixiert und in einem besonderen Dokument dargestellt, man weiß es, man wird es nicht zum Äußersten treiben, denn zum Äußersten bin ich entschlossen, um das kostbare Gut zu wahren, zu dem ich vor Gott und den Menschen als Hüter bestellt bin. Immerhin, ich werde warten, große Dinge brauchen viel Geduld. Aber Caspar darf mir nicht entfernt werden. Er ist die lebendige Waffe und der lebendige Zeuge, deren ich bedarf, und zwar in stets erreichbarer Nähe. Verlöre ich ihn, so wäre das Fundament meines letzten Werks dahin, ich spür' es wohl, es ist das letzte, und jeder Anspruch auf Gehör würde wesenlos. Und Sie, edler Mann, was verlören Sie? Wollen Sie eine Tat der Barmherzigkeit oder der Liebe verrichten und der Gerechtigkeit nicht gedenken? Das hieße Gold wegwerfen, um Häckerling zu erhalten.«

Stanhopes Gesicht war nach und nach so fahl geworden, als flösse kein Blut mehr unter der Haut. Er hatte sich niedergesetzt, sich geduckt, wie wenn er sich verkriechen wollte; ein paarmal waren Blicke aus seinen Augen gebrochen wie wilde Tiere, die ihren Käfig zertrümmert haben, dann rief er sie wieder zurück, saugte sie in sich hinein, hielt den Atem an, nestelte mit den Fingern am Kettchen des Lorgnons, und als der Präsident am Ende war, richtete er sich mit einer leidenschaftlichen Bewegung auf. Er hatte Mühe, sich zu finden, er hatte Mühe, Worte zu finden, in heftigem Wechsel zuckte es um seinen Mund, wie wenn er lachen oder einen körperlichen Schmerz verbeißen wollte, und als er die Hand des Präsidenten ergriff, wurde ihm eiskalt; der Doppelgänger stand an seiner Seite, dieser Schattenleib des Gelebten, Begangenen, Versäumten, und zischelte ihm das Wort des Verrats ins Ohr, aber seine Augen waren feucht, als er sagte: »Ich verstehe. Alles, was ich zu antworten vermag, ist: nehmen Sie mich als Freund, Exzellenz, betrachten Sie mich als Ihren Helfer. Ihr Vertrauen ist mir wie ein Wink von oben. Doch welche Bürgschaft haben Sie? Welche Gewähr, daß Sie Ihr Herz nicht einem Unwürdigen eröffnet haben, der nur besser zu heucheln versteht als alle andern? Ich hätte Caspar entführen können, ich könnte es noch.«

»Wenn dies Antlitz lügt, Mylord, mit dem Sie hier vor mir stehen, dann will ich es meinetwegen für ein Hirngespinst erklären, Wahrheit auf Erden zu suchen«, unterbrach ihn Feuerbach lebhaft. »Entführen, Caspar entführen?« fuhr er gutmütig lachend fort. »Sie scherzen; ich möchte das jedem Manne widerraten, der noch Wert darauf legt, im Sonnenschein spazierenzugehen.«

Stanhope versank eine Weile in regungsloses Grübeln, dann fragte er hastig: »Was soll aber geschehen? Schnelles Handeln ist Pflicht. Wohin mit Caspar?«

»Er soll hierher nach Ansbach«, versetzte Feuerbach kategorisch.

»Hierher? Zu Ihnen?«

»Zu mir, nein. Das ist leider unmöglich, aus vielen Gründen unmöglich. Ich muß viel allein sein, ich habe viel zu arbeiten, ich bin viel auf Reisen, meine Gesundheit ist erschüttert, mein Charakter eignet sich schlecht zu der Rolle, die ich dabei übernehmen müßte, und außerdem verbietet es die Sache, ein allzu persönliches Band zu knüpfen.«

Stanhope atmete auf. »Wohin also mit ihm?« beharrte er.

»Ich werde nach einer Familie Umfrage halten, wo er gute Pflege und geistige wie sittliche Unterstützung findet«, sagte der Präsident. »Noch heute will ich mit Frau von Imhoff sprechen und ihren Rat einholen, sie kennt die hiesigen Leute. Seien Sie dessen versichert, Mylord, daß ich über den Jüngling wachen werde wie über mein eignes Kind. Die

Nürnberger Schwabenstreiche sind zu Ende. Daß ich Ihrem Verkehr mit Caspar keinerlei Schranken setze, bedarf nicht der Erwähnung. Herr Graf, mein Haus ist das Ihre. Glauben Sie mir, auch unter der Hülle des Beamten und Richters schlägt ein für Freundschaft empfängliches Herz. Man wird in diesem Land der Kleingeisterei nicht verwöhnt durch den Umgang mit Männern.«

Nachdem sie noch flüchtig über die an Herrn von Tucher und den Nürnberger Magistrat zu sendenden Nachrichten beraten hatten, verabschiedete sich Stanhope.

Der Präsident schritt lange Zeit, in tiefe Gedanken versunken, auf und ab. Von Minute zu Minute wurde sein Gesicht unruhiger und finsterer. Ein sonderbares nagendes, nicht abzuweisendes Mißtrauen stieg in seiner Brust empor. Je mehr Frist verstrich, seit der Graf das Zimmer verlassen hatte, desto mehr wuchs diese peinigende Empfindung. Er war ein zu gewiegter Menschenkenner, um sich gewissen Merkmalen zu entziehen, die ihn bedenklich stimmten. Plötzlich schlug er sich mit der Hand vor die Stirn, begab sich an den Schreibtisch und schrieb in großer Hast drei Briefe: einen nach Paris an einen hochgestellten englischen Freund, einen an den bayrischen Geschäftsträger nach London und einen dritten an den Staatsminister der Justiz, Dr. von Kleinschrodt, in München. In jenen beiden zog er genaue Erkundigungen über die Person des Grafen Stanhope ein, im letzten meldete er seine baldige Ankunft in der Residenz und ersuchte um Reiseurlaub.

Alle drei Briefe ließ er zur Stunde mit expresser Post aufgeben.

Nacht wird sein

Stanhope hatte dem Kutscher befohlen, vorauszufahren, und ging zu Fuß durch die menschenleeren Gassen, in denen sein Schritt wie in einer Kirche widerhallte. Er war verstört, zerschlagen und außerstande, eine vernünftige Überlegung anzustellen. Im Gasthof angelangt, schloß er sich ein und machte eine halbe Stunde lang Fechtübungen mit dem Florett.

Er unterbrach sich erst, als er von draußen eine Stimme vernahm, die mit dem Kammerdiener unterhandelte, der Auftrag hatte, niemand vorzulassen. Stanhope lauschte. Er erkannte die Stimme, nickte gleichgültig, und mit dem Degen noch in der Hand öffnete er. Es war Hickel, der auch sofort eintrat und den ihn schweigend betrachtenden Grafen etwas verlegen begrüßte.

Nach seinem Begehr gefragt, räusperte er sich und stotterte ein paar unzusammenhängende Floskeln, aus denen hervorging, daß er um den Besuch Stanhopes bei Feuerbach wußte. Sein Benehmen verriet trotz einer unangenehm wirkenden Kriecherei eine nicht zu fassende freche Vertraulichkeit.

Stanhope verwandte keinen Blick von dem aufgeregten Mann in der kleidsamen Uniform. »Was hatte es eigentlich zu bedeuten, daß Sie mir zu einer Zusammenkunft mit dem Herrn Präsidenten Ihre Hilfe anboten?« fragte er frostig.

»Der Herr Graf haben sich aber meine Hilfe doch gefallen lassen«, erwiderte Hickel. »Wer weiß, ob der Staatsrat ohne mich zu haben gewesen wäre, er versteht es, sich zu verschanzen. Der Herr Graf geruhen das nicht anzuerkennen. Je nun«, fügte er achselzuckend hinzu, »große Herren haben ihre Launen.«

»Wie kommen Sie denn überhaupt dazu, sich zum Zwischenträger anzubieten?«

»Zwischenträger? Der Herr Graf legen meiner unschuldigen Zuvorkommenheit ein zu großes Gewicht bei.«

»Das Gewicht gaben Sie selbst. Sie beliebten dunkel zu sein. Sie gefielen sich in einigen Wendungen, um deren Aufklärung ich höflichst gebeten haben möchte.« Stanhope verbarg nach wie vor unter steifer Würde die Unsicherheit, die er diesem Menschen gegenüber empfand.

»Ich stehe dem Herrn Grafen ganz zu Diensten«, versetzte Hickel. »Darf ich meinerseits fragen, inwieweit sich der Herr Graf zu eröffnen gedenken werden?«

»Zu eröffnen? Wem zu eröffnen? Ihnen? Ich habe nichts zu eröffnen.«

»Der Herr Graf haben in mir einen Mann von unbedingter Verschwiegenheit vor sich.«

»Was soll das heißen?« fuhr Stanhope auf. »Wollen Sie mir Scharaden zu lösen geben?«

»Man hat sich vor der Ankunft Eurer Lordschaft nach einer vertrauenswürdigen Persönlichkeit umgesehen«, sagte Hickel plötzlich mit eisiger Ruhe. »Meine langjährigen Beziehungen zu Exzellenz Feuerbach empfahlen mich mehr als einige bescheidene Fähigkeiten.«

Stanhope entfärbte sich und sah zu Boden. »Sie haben also direkte Aufträge?« murmelte er.

Der Polizeileutnant verbeugte sich. »Aufträge? Nein«, entgegnete er zögernd. »Man versicherte sich meines guten Willens, und ich wurde angewiesen, mich Eurer Lordschaft zur Verfügung zu stellen.«

Es war Stanhope zumute, als ob er an diesem Tag schon einmal gestorben wäre, und zwar einen bußfertigen Tod, und als ob er nun wieder zum Leben aufgestanden und ein für allemal seiner Bestimmung übergeben sei.

Er wollte um fünf Uhr bei Frau von Imhoff zum Tee erscheinen und fragte den Polizeileutnant, ob er ein Stück Wegs mitfahre. Obwohl aus der Frage der Wunsch einer Ablehnung klang, nahm Hickel, dem es darum zu tun war, mit dem Lord öffentlich gesehen zu werden, das Anerbieten dankbar an.

Die Straßen waren jetzt etwas belebter als am Mittag, die alten Beamten und Pensionisten machten um diese Stunde ihren täglichen Spaziergang über die Promenade. Viele blieben stehen und grüßten gegen das Innere der hocherlauchten Kutsche.

Nun passierte es, daß an einer Straßenecke der Mann auf dem Bock wieder einmal sein welsches Geschrei ertönen ließ. Es stand nämlich mitten auf dem Fahrdamm ein träumerisch wolkenwärts guckender Herr, der von dem Herannahen der gräflichen Karosse keine Notiz zu nehmen schien. Höchst erschrocken sprang er beiseite, als der Elsässer zu fluchen begann; doch nicht schnell genug, daß nicht seine Kleider durch den Straßenschmutz verunreinigt wurden, der von den Hufen der Pferde und den Rädern aufspritzte.

Hickel hob den Kopf zum Fenster hinaus und griente, denn der Besudelte stand mit einem verdutzten und unglücklichen Gesicht, hielt die Arme vom Leib und sah sich die Bescherung an.

»Wer ist der ungeschickte Mann?« erkundigte sich Stanhope, den die Schadenfreude des Polizeileutnants verdroß.

»Das? Das ist Lehrer Quandt, Mylord.«

Eigner Zufall; eine halbe Stunde später wurde bei Frau von Imhoff derselbe Name genannt. Der Präsident und seine Freundin waren nach langen Beratungen übereingekommen, Caspar in die Obhut des Lehrers Quandt zu geben.

»Er ist ein aufgeklärter und gebildeter Kopf und genießt als Bürger wie als Mensch allgemeine Achtung«, sagte Frau von Imhoff.

»Und ist er denn geneigt, eine so verantwortungsreiche Aufgabe zu übernehmen?« fragte der Lord zerstreut. Doch darüber konnte Frau von Imhoff keine Auskunft geben.

Als Stanhope sich am andern Morgen beim Präsidenten melden ließ, traf er Herrn Quandt dortselbst. Beide waren offenbar schon einig, denn Feuerbach zeigte sich sehr aufgeräumt, und als sich der Lord wegen des gestrigen Zwischenfalls mit dem Wagen bei Quandt entschuldigte, hatte der Präsident seinen Spaß an der Verlegenheit des Lehrers, die er durch harmlose Witzchen über zerstreute Denker und dergleichen noch steigerte. Sein Gelächter trieb einen wahren Angstschweiß auf Quandts Stirn, er verneigte sich vor Stanhope wie ein Muselmann vor dem Kalifen, und es hatte den Anschein, als müsse er sich geschmeichelt fühlen, daß der Schmutz der gräflichen Karosse seine geringe Person der Beachtung wert gefunden.

»Na, Quandt, machen Sie sich nicht so mausig«, mahnte der Präsident belustigt, »ich wette, Ihre Ehefrau hat Ihnen tüchtig den Marsch geblasen und sich gemüht, das Röcklein wieder sauber zu kriegen.«

»Es war ja nur der Mantel, Euer Exzellenz«, erwiderte Quandt lächelnd und von soviel Leutseligkeit beglückt.

Stanhope blieb gemessen. Sie befanden sich diesmal im Staatszimmer des Präsidenten, und drei hohe Fenster gewährten Aussicht gegen den Garten. Der Raum war wohnlich geschmückt, auch hier alles von der größten Nettigkeit. In einer Art von vertiefter Nische hing ein gutes Ölbild Napoleon Bonapartes im Krönungsornat. Stanhope betrachtete es mit vorgeblichem Interesse, in Wirklichkeit prüfte er aufmerksam das Wesen und Gehaben des Lehrers.

Quandt war mittelgroß und hager, über der hohen Stirn waren tabaksgelbe Haare mit Hilfe von Pomade ganz lächerlich glatt zurückgekämmt. Die Augen blickten schüchtern, fast betrübt, und blinzelten bisweilen, die Hakennase stach ein wenig prahlerisch in die Luft, der Mund, versteckt unter demütigen und zerbissenen Schnurrbartstoppeln, hatte einen säuerlichen Zug, der die Berufsgewohnheit vielen Nörgelns verriet.

Der Lord war nicht unzufrieden mit dem Ergebnis seiner Beobachtung, er fragte den Präsidenten, ob die Verhandlungen zum gewünschten Ziel geführt hätten, und als dieser bejahte, wandte er sich an Quandt, reichte ihm stumm dankend die Rechte und sagte, er werde ihm am Nachmittag seinen Besuch abstatten. Sehr benommen von solcher Huld, verbeugte sich der Lehrer abermals tief, machte sein Kompliment gegen den Präsidenten und ging.

Auch Stanhope entfernte sich bald, da Feuerbach zu einer Gerichtssitzung mußte. Im Hotel angekommen, verbrachte er zwei Stunden mit dem Schreiben eines Briefes, und als er fertig war, schickte er den Jäger damit ab. Um halb zwei stellte sich, wie verabredet, der Polizeileutnant ein. Sie aßen zusammen und gingen hernach zu Quandt.

Das Häuschen des Lehrers, das am Kronacher Buck beim oberen Tor lag, war auf den Glanz hergerichtet; Frau Quandt, eine frische, gefällige junge Frau, mit dem rostfarbigen Seidenkleid wie zu einer Hochzeit angetan, stand knicksend am Eingang, in der guten Stube war der Tisch mit Konditorkuchen beladen, und das feine Porzellanservice blinkte einladend auf dem schneeweißen Tuch.

Der Lord war gegen die Lehrerin von väterlicher Freundlichkeit; da sie guter Hoffnung war, wünschte er Glück, ein Händedruck bekräftigte seine zarte Teilnahme. Er fragte, ob es das erste Mal sei. Das junge Weib wurde purpurrot, schüttelte den Kopf und sagte, sie habe schon einen dreijährigen Knaben. Als der Kaffee aufgetragen war, gab ihr Quandt einen Wink, sie ging still hinaus, und die drei Männer blieben allein.

Stanhope sagte, noch könne er sich nicht in den Gedanken einer Trennung von Caspar finden, aber er sei enchantiert von dieser friedlichen und geordneten Häuslichkeit, und es beruhige ihn ungemein, seinen Liebling hier untergebracht zu wissen. So dürfe man denn endlich hoffen, daß der Unglückliche, an dem schon so viele Pfuscherhände herumprobiert und der dabei an Leib und Seele Schaden erlitten, einen rettenden Port erreicht habe.

Quandt legte beteuernd die Hand auf die Brust.

»Ja«, mischte sich Hickel ein, indem er den letzten Bissen Kuchen hinunterschluckte und Schnurrbart und Lippen mit dem Handrücken abwischte, »das wohl; und es muß nun einmal Licht werden um dieses Kind der Dunkelheit.«

Der Lord runzelte die Brauen, ein Zeichen des Unwillens, das Hickel nicht entging; er lächelte leer vor sich hin, nahm aber eine drohende Miene an.

»Leider ist ja Anlaß zum Argwohn vorhanden«, fuhr Stanhope fort, und seine Stimme war tonlos und kalt. »Wohin man sich auch wendet und wie man es auch betrachtet, überall Argwohn und Zweifel. Da ist es kein Wunder, wenn die ursprüngliche Neigung von Bitterkeit durchtränkt ist. Will ich mich gleich dem liebenden Gefühl hingeben, so melden sich doch immer wieder Stimmen, deren Urteil oder Gewicht zu verdächtigen sinnlos wäre, und der schlummernde Funke des Mißtrauens löscht nicht aus.«

»Nun also«, ließ sich Hickel wieder vernehmen, »so hab' ich doch recht! Man muß reinen Tisch machen. Man muß den hinterlistigen Burschen endlich Mores lehren. Man muß ihm die Mucken aus dem Kopf jagen.«

Stanhope erblaßte. Über Hickel hinwegblickend, sagte er schneidend: »Herr Polizeileutnant, ich muß mich gegen einen solchen Ton verwahren. Was immer auch gegen den Jüngling zeugen mag, so ist er doch nur als die mißleitete Kreatur eines unbekannten Frevlers zu betrachten.«

Hickel senkte den Kopf, und von neuem irrte das leere Lächeln über sein Gesicht. »Verzeihen, Eure Lordschaft«, entgegnete er hastig und ziemlich erschrocken, »aber das ist die Meinung der ganzen Welt, zumindest des aufgeklärten und vernünftigen Publikums. Erst gestern war ich Zeuge, wie der Ritter von Lang und der Pfarrer Fuhrmann sich über den Findling und die Dummheit der Nürnberger geäußert haben. Das hätten der Herr Graf nur hören sollen. Wir wissen ja dahier auch, es ist von Gerichts wegen bekannt geworden, was der Herr von Tucher über den Undank und die moralische Verderbtheit des Findlings an Eure Lordschaft geschrieben hat. Zeigen Sie doch Herrn Quandt den Brief des Barons, und er wird sich überzeugen, daß ich nur gesagt habe, was jeder anständige und vorurteilslose Mann darüber denkt.« Und Hickel heftete auf den Grafen einen befremdet-forschenden Blick.

»Dem ist nicht ganz so«, versetzte Stanhope abweisend und nippte mechanisch von der Kaffeetasse. »Herr von Tucher spricht in seinem Brief nur von einigen übeln Gewohnheiten Caspars. Auch ich habe Augen, ein liebendes Herz ist niemals blind; versteht es nicht abzuwägen, so ist ihm doch die Gabe der Ahnungen eigen. Im übrigen wollen wir unserm würdigen Gastgeber nicht vorgreifen. An ihm wird es sein zu richten. Was krumm gewachsen ist, kann er geradebiegen, und wenn er mir die häßlichen Flecken von meinem Kleinod nimmt, will ich's ihm fürstlich danken.«

Hickel verzog das Gesicht und schwieg. Quandt hatte mit gespannter Aufmerksamkeit das Gespräch verfolgt. Wozu der Wortstreit? dachte er; als ob es nicht die leichteste Sache von der Welt wäre zu erkennen, ob einer ein Spitzbube ist. Man muß die Augen offen halten, das ist alles; der Gute ist gut, der Böse ist bös, wo liegt da die Schwierigkeit? Ein Übel auszurotten, wenn es sich nicht zu tief eingefressen hat, ist nur eine Frage der Tatkraft und Umsicht. Aber mir scheint, mir scheint, meditierte der Lehrer in seinem stillen Sinne weiter, da sind noch ganz andre Dinge verborgen, die Herren reden nicht von der Leber weg.

Und damit traf er wohl das Richtige, wie sich bald erweisen sollte. Er entwickelte dem höflich zuhörenden Lord seine Anschauungen über Moral, über den Verkehr mit Menschen, den Umgang mit Schülern, die Notwendigkeit der Aufmunterung, den Wert der Zensur, alles ein wenig umständlich und verklausuliert, aber einfach, staunenswert einfach; nur die sorgenvolle Miene gab einen Schein von Schwierigkeit und Philosophie. Der Lord nickte ein paarmal, während Hickel entschiedene Zeichen von Ungeduld von sich gab. Dann beim Fortgehen, während Stanhope sich von der Frau verabschiedete, zog Hickel den Lehrer beiseite und flüsterte ihm zu: »Lassen Sie sich nicht ins Bockshorn jagen durch die Reden des Grafen, lieber Quandt. Der gute Graf betrügt sich selber und möchte das Sonnenklare nicht wahrhaben. Die Teufelsgeschichte nimmt ihn absonderlich her. Sie leisten ihm einen gewaltigen Dienst, wenn Sie den Schwindler entlarven.«

Das war das Merkwort und der Anschlag. Es barg den Kern des Komplotts. Nun, Caspar, sollst du in ein kleines Städtchen gehen und in ein kleines Haus, sollst in Verborgenheit leben, und die Wände der Welt sollen sich verengen, bis sie wieder zum Kerker werden. Gewalt hat sich der List verbrüdert, der Richter wird richten, was er sieht, und nicht wissen, was er fühlt. Niedrig sollst du werden, damit die Freunde sich in Feinde verwandeln und deine Einsamkeit leichtere Beute des Verfolgers sei. Das Blut soll gegen sich selber zeugen, Licht soll verweslich werden, Frucht soll nicht mehr wachsen, die Stimme des Himmels soll verstummen, und auf die Nacht, denn Nacht wird sein, soll keine Frühe folgen.

Ein Kapitel in Briefen

Freiherr von Tucher an Lord Stanhope:

Seit geraumer Zeit bin ich ohne Nachricht von Eurer Herrlichkeit. Die unsichere Lage, in der ich mich Caspar gegenüber befinde, veranlaßt mich, zudringlicher zu sein, als es Ihnen, verehrter Herr, genehm sein mag, und Sie um eine rasche Erledigung der schwebenden Angelegenheit zu bitten, um so mehr, als meine Teilnahme an dem Findling nicht mehr die gleiche wie ehedem ist, und er selbst wiederum durch den gezwungenen Aufenthalt in meinem Hause sich mehr als ein Gefangener denn als Gast und zugehöriges Glied erscheinen muß. Ein endgültiger Zustand wäre dem Jüngling ehestens zu wünschen; seine aufgeregten Hoffnungen enthalten seinem Geist jede Ruhe vor, und Tag für Tag glüht er in einer so fieberhaften Erwartung, daß an ein vorgesetztes Studium nicht mehr zu denken ist und auch dem blödesten Auge die Unruhe seines Gemüts nicht entgeht. Die Abende bringt er mit unnützen Schreibereien hin, und sein Hauptvergnügen ist, mit der Spitze eines Bleistifts auf einer großen Landkarte die Straßen zu verfolgen, die er bald mit Eurer Lordschaft zu fahren hofft, jedenfalls eine praktische, wenn auch einseitige Art, Geographie zu treiben. Er spricht, denkt und träumt von nichts anderm als von der bevorstehenden Reise, und wenn Ihnen, Mylord, noch ein Geringes an dem Wohl des unglücklichen Jünglings gelegen ist, so vermag ich keinen stärkeren Appell an Ihre Güte zu erheben als den, ein so drängendes und fruchtloses Hinweben möglichst bald zu beenden. Sie sind der einzige Mensch auf Erden, dessen Wort und Name noch Gewicht in seinen Ohren hat, und sein grenzenloses Vertrauen gegen Sie muß auch das Herz desjenigen bewegen, der sonst durch die Launen, die Unverläßlichkeit und

Zwitterhaftigkeit des rätselvollen Wesens eines ehemals intensiven Attachements für ihn beraubt wurde.

Daumer an den Präsidenten Feuerbach:

Eure Exzellenz haben mir die Ehre erwiesen, mich um Auskunft über Caspar Hausers nunmehrige Verfassung zu ersuchen. Ich muß gestehen, daß mich dies einigermaßen in Verlegenheit gesetzt hat. Ich habe mich in den letzten anderthalb Jahren wohl gehütet, dem so sorgfältig Abgeschlossenen nahezutreten, weil ja hierzulande jeder ängstlich bedacht ist, sein kleinstes Privileg vor fremdem Einspruch zu wahren, und so wird ein Interesse, das die Menschheit angeht und jeden freien Geist in Mitleidenschaft ziehen muß, unversehens zur Angelegenheit einer Partei. Eure Exzellenz möge diese Insinuation entschuldigen, sie möge lediglich für meine unerloschene Teilnahme an dem Los des Findlings zeugen, das seinen Freunden heute weniger als je Anlaß zu übertriebenen Hoffnungen gibt. Die vertrauensvolle Zuschrift Eurer Exzellenz hat meine Bedenklichkeit besiegt, ich habe Caspar letzter Tage im Tucherschen Haus aufgesucht, er ist auch, zum erstenmal seit langer Zeit, bei mir gewesen, und ich gebe Ihnen hier einige Mitteilungen über ihn, die, wiewohl allgemeiner Natur, doch das Besondere seiner gegenwärtigen Lage erhellen.

Caspar ist ein hoch aufgeschossener junger Mann geworden, der jetzt gut und gern den Eindruck eines etwa Zweiundzwanzigjährigen macht. Träte er, der nun den gesitteten Menschen von Lebensart zugerechnet werden muß, unerkannt in eine Gesellschaft, so würde er doch als eine befremdliche Erscheinung auffallen; sein Gang hat etwas von dem furchtsam Zaudernden und Vorsichtigen einer Katze; seine Züge sind weder männlich noch kindlich, weder jung noch alt: sie sind alt und jung zugleich, besonders auf der Stirn verraten einige leicht gezogene Furchen seltsam ein vorzeitiges Altern. Auf seiner Lippe sproßt heller Bartflaum, dies scheint ihn oft befangen zu machen, will auch nicht zu der sanften Mädchenhaftigkeit des Gesichts und den noch immer bis zur Schulter hängenden braunen Haarlocken stimmen. Seine Freundlichkeit ist herzgewinnend, sein Ernst bedächtig, über beiden schwebt stets ein Hauch von Melancholie. Sein Benehmen ist altklug, hat aber eine vornehme, ganz ungezwungene Gravität. Tölpelhaft und schwerfällig sind bloß noch manche seiner Gebärden, auch seine Sprache ist hart, und die Worte sind ihm nicht immer bereit. Er liebt es, mit wichtiger Miene und in anmaßendem Ton Dinge zu sagen, die bei jedem andern läppisch klängen, aus seinem Mund jedoch sich ein schmerzlich-mitleidiges Lächeln erzwingen. So ist es höchst possierlich, wenn er von seinen Zukunftsplänen spricht, von der Art, wie er sich einrichten wolle, wenn er was Rechtes gelernt, und wie er es mit seiner Frau halten wolle. Eine Frau betrachtet er als notwendigen Hausrat, als etwas wie eine Obermagd, die man behält, solange sie taugt, und fortschickt, wenn sie die Suppe versalzt oder die Hemden nicht ordentlich flickt.

Sein immer sich gleichbleibendes stilles Gemüt ähnelt einem spiegelglatten See in der Ruhe einer Mondscheinnacht. Er ist unfähig zu beleidigen, er kann keinem Tier weh tun, er ist barmherzig gegen den Wurm, den er zu zertreten fürchtet. Er liebt den Menschen, jedes Menschengesicht wird ihm zum Götterantlitz, und er sucht den ganzen Himmel darin. Nichts Außerordentliches ist mehr an ihm als das Außerordentliche seines Schicksals. Ein reifer Jüngling, der keine Kindheit besessen, die erste Jugend verloren, er weiß nicht wie, ohne Vaterland, ohne Heimat, ohne Eltern, ohne Verwandte, ohne Altersgenossen, ohne Freunde, gleichsam das einzige Geschöpf seiner Gattung, erinnert ihn jeder Augenblick an seine Einsamkeit mitten im Gewühl der ihn umdrängenden Welt, an seine Ohnmacht, an seine Abhängigkeit von der Gunst und Ungunst der Menschen. Und so ist eigentlich all sein Tun nur Notwehr: Notwehr, seine Gabe zu beobachten, Notwehr der umsichtige Scharfblick, womit er jede Besonderheit und Schwäche des andern erfaßt, Notwehr die Klugheit, womit er seine Wünsche anbringt und den guten Willen seiner Gönner sich dienstbar zu machen weiß.

Ja, Eure Exzellenz, er ist ohne Freunde. Denn wir, die ihm wohlwollen, ihn vor der gröbsten Bedrängnis des Lebens bewahren, wir sind doch nur Zuschauer vor dem Ungeheuern seiner Existenz. Und jener vielberedete Mann, Graf Stanhope, darf er in Wahrheit Caspars Freund genannt werden? Was dürfen wir glauben? Wo findet der begründete Zweifel Stillung? Mir ahnt Schreckliches, wenn ich der Erwartungen des Jünglings in bezug auf den Grafen denke, der ein Heiliger, ein Ohnegleichen sein müßte, wenn sich alle Versprechungen erfüllen würden, die mit seinem Auftreten für Caspar verbunden waren. Und erfüllten sie sich nicht, erfüllt sich nur ein Hundertstel von ihnen nicht, so prophezeie ich ein böses Ende. Denn ein solches Herz, aus der Tiefe emporgehoben zum Leben der Welt, aus äußerstem Frieden den ausschweifendsten Lockungen erschlossen, will alles, fordert das ganze Maß des Glücks oder muß, nur um ein Weniges betrogen, einer ungemessenen Devastation anheimfallen.

Ich gestehe, daß mein schwarzsichtiges Temperament mehr als das immer unverhohlener werdende Gerede der Hiesigen mir die Kühnheit zu solchen Erwägungen gibt. Wie dürfte sich auch mein Mißtrauen an einem so hochgestellten Mann vermessen! Aber man spricht seit heute davon, daß Caspar nach Ansbach in Pflege kommen solle. Frau Behold, die alte Feindin Caspars, trägt das Gerücht in der Stadt herum und verkündet überall mit Schadenfreude, daß aus der englischen Reise und aus den Luftschlössern des Grafen nichts geworden sei. Wie mir meine Schwester erzählt, habe die Magistratsrätin indirekte Nachricht von der Lehrerin Quandt erhalten; beide Frauen sind Jugendfreundinnen und in demselben Haus mitsammen aufgewachsen. Gott verhüte, daß Caspar von diesem Geschwätz etwas erfährt.

Ich wäre Eurer Exzellenz sehr zu Dank verpflichtet, wenn Sie mir darüber genaue Auskunft berichten ließen, damit ich dem ungereimten Geklatsche so entgegentreten kann, wie es für das Wohl unsers Schützlings wünschbar ist.

Feuerbach an Herrn von Tucher:

Dem Verlangen Euer Hochgeboren wie der eingetretenen Notwendigkeit Rechnung tragend, teile ich Ihnen hierdurch mit, daß Sie Ihres Amtes als Vormund Caspar Hausers von heute ab enthoben sind. Eine gleichzeitige Urkunde des Kreis- und Stadtgerichts wird Ihnen dies in amtlicher Form bekanntgeben, wie auch weiterhin die Verfügung, daß Caspar dem Grafen Stanhope zu überlassen sei; freilich einstweilen nur der Form nach, denn bis die schwierigen und verwickelten Verhältnisse eine Änderung erlauben werden, soll Caspar in der Familie des Lehrers Quandt Aufnahme finden; Lord Stanhope hat während dieser Zeit für seine zweckmäßige Erziehung und Verpflegung zu sorgen, ich selbst werde in Abwesenheit des Pflegevaters über das Wohl des Jünglings wachen. Am siebenten des Monats wird der Gendarmerieoberleutnant Hickel bei Ihnen eintreffen, ein energischer Beamter, der durch Regierungsdekret zum Spezialkurator für die Übersiedlung Caspars nach Ansbach bestellt ist. Seine Lordschaft, Graf Stanhope, hat sich in letzter Stunde entschlossen, einer Handlung, die in den Augen des Publikums einen durchaus amtlichen Charakter tragen soll, fernzubleiben, und dieser Vorsatz hat meine volle Billigung. Ich sehe keine Schwierigkeit darin, Caspar von der veränderten Lage der Dinge zu unterrichten, und halte die Besorgnisse wegen dieses Punktes für übertrieben.

Ich selbst werde dieser Tage eine längst vorbereitete Reise nach der Hauptstadt antreten, ich hoffe, bei dieser Gelegenheit eine günstige Wendung in den Lebensumständen Caspars endgültig herbeizuführen.

Baron Tucher an den Präsidenten Feuerbach:

Eurer Exzellenz die untertänige Nachricht, daß der plötzliche Tod meines Oheims mich zwingt, die Stadt zu verlassen und nach Augsburg zu reisen. Ich habe die Obsorge für den noch in meinem Hause weilenden Caspar Herrn Bürgermeister Binder und Herrn Professor Daumer übergeben und es ihnen anheimgestellt, Caspar hier zu belassen oder für die restliche Frist seines Aufenthaltes in der Stadt zu sich zu nehmen. Eine Mitteilung über das Bevorstehende oder auch nur eine Andeutung ist von meiner Seite aus gegen den Jüngling noch nicht erfolgt, und ich muß ohne Hehl bekennen, daß mich eine gewisse unbesiegbare Furcht davon abhält. Caspar glaubt noch steif und fest daran, daß er mit seinem erlauchten Beschützer nach England oder Italien reisen soll, ihm erscheint eine, wenn auch nur zeitweise Entfernung von dem Grafen als eine Sache der Unmöglichkeit, und derjenige, der ihm eine solche Kunde überbringt, müßte eine göttliche Überredungskunst besitzen, um ihn mit den neuesten Umständen zu versöhnen. Meinem unmaßgeblichen Erachten nach ist es ein Fehler, den Knaben wiederum in enge Verhältnisse zu bringen, die ihn niemals werden befriedigen, seinen Durst nach Leben und Betätigung nicht werden stillen können. Der Hang seiner Ideen hat eine verhängnisvolle Anmaßung gewonnen, er ist dem Kreis friedlicher Bürgerlichkeit entwachsen, sein Lerneifer in den vergangenen Monaten war gleich Null, alle seine Gedanken, sein ganzes Streben ist auf den Lord gerichtet, und wenn nun Graf Stanhope von ihm gehen wird, dann bin ich sicher, daß er einen unglücklichen Gesellen, ein unnützes und bedauernswertes, aus jedem sozialen Zusammenhang gelöstes Glied der menschlichen Gesellschaft zurücklassen wird. Wenn es der eigentliche Wesenszug der Fürstenkinder wäre, daß sie dem privaten Leben untauglich und hilflos gegenüberstehen, dann allerdings wäre Caspar ein Auserwählter unter den Prinzen. Vielleicht aber schmiedet ihn das Schicksal noch, und es wird ein Mann aus ihm, der eine Krone zu erwerben vermag, wenn es auch eben keine Fürstenkrone ist.

Für mich ist die Episode Caspar Hauser nunmehr abgeschlossen, und was auch immer ich an Enttäuschung und

Bitterkeit daraus gewonnen habe, sie hat mir einen Einblick in Menschenwahn und Menschengeschäfte gegeben, den ich für mein ferneres Leben nicht missen möchte. So muß eben jeder auf seine Weise bezahlen.

Daumer an den Präsidenten Feuerbach:

Ich fühle mich verpflichtet, Eurer Exzellenz von den Ereignissen der letzten Tage eine wahrheitsgetreue Darstellung zu machen, insoweit eben Wahrheit auf zwei Augen ruht. Vielleicht klingt vieles von dem, was ich zu berichten habe, so ungewöhnlich, daß ich mich fragen muß, ob ein Mann, der den üblen Ruf eines nicht ganz nüchternen Kopfes genießt, die geeignete Person ist, solche Vorfälle zu beschreiben. Aber die strenge Einsicht Eurer Exzellenz habe ich noch am wenigsten zu fürchten; wenn ich sachlich bin, wird die Sache für sich selber sprechen, und meiner Hand bleibt nur die Aufgabe, die Reihenfolge der Begebnisse festzuhalten, was freilich nicht immer ganz leicht sein mag.

Vor vier Tagen besuchte mich Herr von Tucher und teilte mir mit, daß er wegen eines Todesfalles verreisen müsse. Schon vorher hatte er mich wie auch Herrn Binder gebeten, die Aufsicht über Caspar zu führen so lange, als der Jüngling noch in Nürnberg bleiben müsse. Da mir dies befremdlich erschienen war, ließ Herr von Tucher durchblikken, die an höherer Stelle beliebte Umgehung seiner Person mache ihm ein solches Handeln zum Gebot. Er meinte das Schreiben Eurer Exzellenz, durch welches ich, halb wider Willen, bewogen wurde, Caspar aufzusuchen und mich neuerdings mit ihm zu beschäftigen. Dies hatte Herr von Tucher sehr übel aufgenommen. Ich gab mir keine Mühe, den stolzen Mann andern Sinnes zu machen, auch vermute ich zu meiner Ehre, daß dies Betragen noch eine ernstere, menschliche Regung habe, denn als ich ihn fragte, ob er Caspar schon eine Andeutung über die zu erwartende Ankunft des Polizeileutnants Hickel gemacht, wich er aus und entgegnete hastig, er wolle dies mir überlassen, der ich doch eines gewinnenderen Zuredens fähig sei und bei Caspar mehr Vertrauen genieße.

Am Nachmittag beschloß ich, zu Caspar zu gehen. Als ich in sein Zimmer trat, las er die christliche Andacht des Tages. Er schaute heiter von dem Buch empor, blickte in mein Gesicht und, Seltsameres ist nicht zu denken, im Nu überzogen sich seine Wangen mit leichenfahler Blässe. Es war mir schwül um die Brust, ich setzte mich auf einen Stuhl und schwieg ängstlich. Ganz und gar vergaß ich die übernommene Rolle, ich fühlte bloß mit ihm, ich sah, daß er alles, was ich ihm zu sagen hatte und weswegen ich gekommen war, von meinen Augen abgelesen hatte, die unbewußte Furcht mußte wohl in seinem Innern geschlummert haben, anders kann ich es auf natürlichem Wege nicht erklären, ich fühlte, wie plötzlich die Wurzeln seines Herzens aufgerissen wurden. Er erhob sich, er schwankte, ich wollte ihn halten, er gewahrte mich kaum, er schien völlig betäubt. Ich folgte ihm bis zum Bett, er warf sich darauf hin, krümmte den Körper und fing in einer solchen Weise zu weinen an, daß mir das Mark in den Knochen gefror.

Noch war nichts geschehen, es konnte noch alles gut werden; so bildete ich mir ein und ließ es an tröstlichen Worten nicht fehlen. Das Weinen dauerte ungefähr eine halbe Stunde. Dann erhob er sich, schlich sich in den Winkel, kauerte hin und bedeckte das Gesicht mit den Händen. Ich redete unablässig in ihn hinein, ich weiß nicht mehr, was ich alles vorbrachte. Gegen sechs Uhr abends verließ ich ihn, und obgleich er bis dahin noch nicht einmal den Mund aufgetan, dachte ich mir, er werde mit der Geschichte schon fertig werden. Ich empfahl dem Diener, sich bisweilen nach Caspar umzusehen, und im stillen nahm ich mir vor, nach ein paar Stunden wiederzukommen, aber es war unausführbar, meine Berufsarbeit nahm mich bis in die Nacht in Anspruch. Als ich von Caspar fortgegangen war, saß er auf einem Schemel zwischen Ofen und Wandschrank. Am andern Morgen um halb neun Uhr trat ich wieder in sein Zimmer, und wer beschreibt das schmerzliche Erstaunen, das ich empfand, als ich ihn an genau derselben Stelle, in unveränderter Haltung, noch immer die Hände vors Gesicht geschlagen, so sah, wie ich ihn vierzehn Stunden früher verlassen. Das Bett war noch in demselben Zustand, etwas zerdrückt von seinem ersten Draufhinsinken, kein Gegenstand war berührt, auf dem Tisch stand der mit einer dicken Haut überzogene Milchbrei, sein Nachtessen, daneben die Schale mit erkaltetem Kaffee vom Morgen, und es herrschte eine stickige, ungelüftete Atmosphäre. Der Diener kam, begegnete meiner stummen Frage mit einem Achselzucken, ich wandte mich an Caspar selbst, ich rüttle ihn an der Schulter, ich packe seine eiskalte Hand: nichts, keine Antwort, kein Laut, er schwelt vor sich hin, kaum daß sich seine Augen rühren. So verging wieder eine Viertelstunde, da wurde mir's unheimlich, ich beschloß, nach dem Arzt zu schicken, vielleicht habe ich auch dergleichen vor mich hingemurmelt, jedenfalls hatte Caspar verstanden, was ich wollte, denn jetzt regte er sich, hob den Kopf wie aus einer Grube heraus und schaute mich an. Ach, diesen Blick! Und wenn ich Abrahams Alter erreichte, nie könnte ich diesen Blick vergessen! Das war ein andrer Mensch. Leider liegt es nicht in meiner Natur, eine Situation momentan in ihrer ganzen Bedeutung zu erfassen; anstatt zu schweigen, begann ich wieder mit Scheintröstungen, aber ich spürte gleich, daß es besser sei, das letzte Abendrot der Hoffnung nicht noch einmal über die verdunkelte Seele heraufzubeschwören. Was mich entschuldigt, ist, daß ich selber ja kaum mit Klarheit wußte, was im Werk war, und daß mich die zermalmende Wirkung von etwas vollständig Unausgesprochenem, deren Zeuge ich war, mehr lähmte und erschütterte als das Wissen darum. Doch ich will Eure Exzellenz nicht durch Betrachtungen verwirren und hübsch in der Ordnung bleiben.

Ich hatte schon zuviel Zeit verloren, ich mußte fort. Nach vieler Mühe war es mir gelungen, Caspar zu überreden, daß er sich ein bißchen niederlegte, auch hatte er mir versprochen, mittags bei uns zu essen. Das war mehr, als ich erwarten durfte. Ich ging also beruhigter meinen Geschäften nach, war um halb eins wie gewöhnlich zu Hause, wir warteten einige Zeit, aber wer nicht kommt, ist Caspar. Ich vermutete, er sei eingeschlafen, denn daß er die Nacht über nicht ein Auge geschlossen, hatte ich ihm angesehen, und ohne böse Gedanken ging ich um zwei Uhr wieder ins Gymnasium mit dem Vorsatz, beim Nachhauseweg in der Hirschelgasse nachzuschauen. Das tat ich auch, es war halb fünf und dämmerte schon stark, als ich am Tucherhaus war, aber wie wurde mir, als mir der Pförtner mitteilte, Caspar habe schon um zwölf Uhr das Haus verlassen und angegeben, er gehe zu mir. Ich war wie vor den Kopf geschlagen, neben aller Verantwortlichkeit durfte ich auch die begründetste Sorge für den armen Menschen hegen. Ich lief in meine Wohnung, da hatte sich kein Caspar blicken lassen, ich schickte die Schwester zum Bürgermeister, die alte Mutter sogar machte sich auf die Beine, um bei einigen Bekannten nachzufragen. Währenddessen beriet ich mit dem Kandidaten Regulein, und als meine Schwester Anna binnen kurzem zurückkam und wir gleich an ihrem Gesicht merkten, daß sie nichts erfahren hatte, schien es geboten, ohne Verzug die Polizei zu unterrichten, die ja im Fall eines Unglücks mitschuldig war, da man die Bewachung in letzter Zeit auffallend vernachlässigt hatte. Ich gab hastig noch ein paar Anweisungen und war eben im Fortgehen begriffen, als sich die Tür auftat und Caspar auf die Schwelle trat.

Aber war er es wirklich? Wir glaubten sein Gespenst zu sehen. Ich mache mich keiner Übertreibung schuldig, wenn ich versichere, daß wir alle den Tränen nahe waren. Ohne sich umzusehen und ohne zu grüßen, schritt er mit sonderbarer Langsamkeit durch die Stube bis zum Tisch, nahm auf dem Holzsessel Platz, stützte das Kinn in die Hand und schaute mit unverwandtem Blick regungslos ins Licht der Lampe. Wir waren alle drei wie verzaubert, und meine Schwester sowie der Kandidat gestanden mir später, daß ihnen ganz fröstlich zumute gewesen sei. Mittlerweile war auch meine Mutter zurückgekehrt. Sie war die erste, die an den Tisch trat und Caspar fragte, wo er gesteckt habe. Er gab keine Antwort. Meine Schwester Anna glaubte, ihn besser zum Reden bringen zu können, sie nahm ihm den Hut vom Kopf, strich mit der Hand über seine Haare und suchte ihn mit leiser Stimme seinem Brüten zu entreißen. Ganz vergeblich. Er schaute immer nur ins Licht, immer ins Licht, die geöffnete Hand an der Wange, das Kinn über dem Daumen. Ich sah mir ihn jetzt genauer an, in dem ich mich unauffällig näherte, jedoch sein Antlitz verriet nichts als einen unbeweglichen, gar nicht einmal schmerzlichen, sondern starren, fast stupiden Ernst. Meine Mutter fuhr fort, in ihn zu dringen, er solle doch sagen, wo er herkomme und wo er gewesen sei. Da sah er uns alle der Reihe nach an, schüttelte den Kopf und faltete bittend die Hände.

Wir beredeten uns nun, daß Caspar in unserm Hause bleiben und da übernachten solle. Wir hatten, um das Aufsehen wegen Caspars Verschwinden gleich wieder zu erstikken, die Magd zum Bürgermeister geschickt, auch zu den andern Leuten, die wir schon inkommodiert hatten, und meine Mutter ging in die Küche, um fürs Abendessen zu sorgen, da erschien der Tuchersche Diener, erkundigte sich, ob Caspar bei uns sei, und als wir dies bejahten, sagte er, er solle gleich nach Hause, der Polizeileutnant Hickel aus Ansbach sei da, und Caspar müsse noch am Abend mit ihm abfahren. Eine solche Botschaft kam mir nicht weiter unerwartet, nur daß die Sache gar so eilig sein sollte, versetzte mich einigermaßen in Wallung, und ich war unüberlegt genug, dem Menschen eine scharfe Antwort zu geben. Wenn ich mich recht erinnere, so sagte ich, der Herr Polizeileutnant möge sich doch gedulden, es sei ja nicht ein Sack Kartoffeln zu expedieren, den man holterdiepolter auflade. Meine Erregung muß jedem verständlich erscheinen, der das Vorhergegangene in gerechte Erwägung zieht, es kamen mir aber doch Bedenken an, ich ärgerte mich nachher über meine Unbesonnenheit und veranlaßte den Kandidaten Regulein, daß er ins Tuchersche Haus gehe, um mit dem Herrn aus Ansbach zu sprechen und ihn tunlichst aufzuklären. Das wäre soweit ganz gut gewesen, nur passierte dabei die Fatalität, daß der Kandidat, der etwas redseliger Natur ist und der froh war, den Fremden mit irgend etwas unterhalten zu können, dem Herrn Polizeileutnant die Geschichte von dem Verschwinden Caspars brühwarm hinterbrachte, woraus sich denn später der peinlichste Auftritt ergab.

Es war schon sieben, als das Essen auf den Tisch gesetzt wurde, der Kandidat war noch nicht zurück, wir nahmen alle Platz und waren nun wieder einmal, wie in früheren Zeiten, mit Caspar ganz unter uns. Aber wie anders waren die Zeiten, wie anders Caspar! Ich mußte den Menschen beständig ansehen, wie er mit niedergeschlagenen Augen dasaß und lustlos in der Grütze löffelte. Seine Blicke waren jetzt unruhig, und bisweilen überlief ein Schauder seine Haut. Lange konnte ich mich solchen Betrachtungen nicht überlassen, denn gegen Viertel acht wurde mit sonderbarer Heftigkeit an der Hausglocke gerissen, Anna lief hinunter, um zu öffnen, und alsbald erschien ein Offizier in Gendarmenuniform, und bevor er noch seinen Namen nannte, wußte ich natürlich, wer es war. Caspar war bei dem grellen Glockenlärm stark zusammengefahren. Hinzufügen muß ich noch, daß die vorher erwähnte Auseinandersetzung mit dem Diener sowie das Gespräch mit dem Kandidaten im Flur vor der Treppe stattgefunden und Caspar nichts davon gehört hatte. Er erhob sich jetzt und schaute mit einem langen Blick gegen die Tür, und als er des Herrn Polizeileutnants ansichtig geworden, wurden seine Wangen wieder genauso tödlich fahl wie tags zuvor, da ich in sein Zimmer gekommen war. Ich kann mir, wenn ich die Tatsachen im Zusammenhang gegeneinander halte, keine andre Erklärung denken, als daß Caspar alles das, was sich nun seit vierundzwanzig Stunden abspielte, von innen aus erriet, sozusagen durch ein inneres Gesicht, und daß er der äußeren Bestätigung durch die Ereignisse gar nicht mehr bedurfte, denn es gab sich eine Versunkenheit an ihm kund, die ich nur mit der schrecklichen Ruhe eines Schlafwandlers vergleichen kann. Ich selbst war nachgerade so benommen, daß ich, wie ich fürchte, Herrn Hickel mit einer unfreundlich wirkenden Kälte empfing. Glücklicherweise schien dieser keine Notiz davon zu nehmen, und nachdem er sich gegen meine Damen verbeugt, wandte er sich an Caspar und sagte mit einem Ton der Überraschung, der freilich nicht ganz aufrichtig klang: »Das ist also der Hauser! Ist ja ein ganz ausgewachsener Mensch, mit dem wird sich ja reden lassen.« Caspar schaute den Mann groß an, und zwar mit einem finster prüfenden Blick, in dem durchaus nichts Wehleidiges oder Jämmerliches war. Es entstand nun ein allseitiges Schweigen; ich überlegte mir, wie ich es anstellen sollte, damit Caspar die Nacht über noch in meinem Hause bleiben könne, denn in seinem Zustand ihn einem Fremden zu überlassen, erschien mir unratsam. Ich erklärte mich Herrn Hickel mit offenen Worten, er hörte mich ruhig an, sagte aber dann, er habe gemessenen Auftrag, Caspar gleich mitzunehmen, es sei keine Zeit zu verlieren, die Sachen müßten noch gepackt werden, und der Wagen stehe schon bereit. Meine Schwester Anna, unbändig wie sie ist, rief mir zu, ich solle mich darum nicht kümmern, zugleich trat sie, wie um ihn zu schützen, an Caspars Seite. Herr Hickel lächelte und sagte, wenn uns soviel an einem Aufschub gelegen sei und wir noch etwas mit Caspar zu besprechen hätten, sein Ton war dabei so beziehentlich, daß ich stutzig wurde, wolle er nicht den Spielverderber machen, ich müsse mich aber verpflichten, Caspar Punkt neun Uhr zum Tucherschen Haus zu bringen. Jetzt verlor auch ich die Fassung und fragte, ob denn die Sache um Gottes willen so dringlich sei, daß er in die Nacht hineinreisen wolle. Herr Hickel zuckte die Achseln, schaute auf die Uhr und antwortete kalt, ich möge mich entschließen. Jetzt begann Caspar zu sprechen, und mit einer Stimme, deren Klarheit und Festigkeit mir bei ihm etwas ganz Neues war, sagte er, er wolle sogleich mitgehen. Wir sahen aber alle, daß er vor Erschöpfung zitterte und daß er sich kaum auf den Beinen zu halten vermochte. Meine Mutter und Schwester beschworen ihn zu bleiben, Herr Hickel, der bei Caspars Worten abermals gelächelt hatte, oh, ich kenne dieses Lächeln! Wie oft hat es mir die Schamröte ins Gesicht getrieben, kehrte sich gegen mich und sagte: »Also um neun Uhr, Herr Professor«, und zu Caspar gewandt, erhob er den Finger und sagte schalkhaft drohend: »Daß Sie mir ja pünktlich sind, Hauser! Auch muß ich wissen, wo Sie sich den Nachmittag über herumgetrieben haben. Lassen Sie sich beileibe nicht einfallen, mich anzulügen, sonst gibt's was. Da kenn ich keinen Scherz.«

Grüßend ging Hickel und ließ uns in einem Zustand von Empörung, Zweifel und Unruhe zurück. Das alles nahm sich ja schlimmer aus, als es die ärgste Befürchtung malen konnte. Besonders die letzten Worte des Leutnants hatten mich wie auch meine Angehörigen mit Schrecken erfüllt. Was sollten wir von der Zukunft Caspars denken, was von seinem Glück erhoffen, wenn Drohungen von so brutaler Art unverhüllt auftreten durften? Das Herz war mir schwer geworden. Doch war zu grübeln nicht die Zeit. Ich beschloß, zum Bürgermeister zu gehen und mich mit ihm zu beraten. Anna hatte schnell auf dem Sofa ein Lager bereitet, sie führte Caspar hin, er sank nieder, und kaum ruhte sein Kopf auf dem Kissen, so schlief er auch schon. Indes ich mich zum Fortgehen anschickte, läutete es, und Herr Binder kam selbst. Ich verständigte ihn in der Eile von dem Vorgefallenen, er war höchlichst befremdet von dem Auftreten des Ansbacher Herrn, und da er es für tunlich hielt, mit diesem selbst zu sprechen, forderte er mich auf, ihn zu begleiten. Wir überließen Caspar der Obhut der Frauen und gingen in die Hirschelgasse. Es hatten sich trotz der Abendstunde eine Menge Menschen hauptsächlich aus der niederen Volksklasse vor dem Tucherschen Haus eingefunden, die, ich weiß nicht durch welche Umstände, von der bevorstehenden Abreise Caspars unterrichtet waren und teils laut, teils murrend ihre Mißbilligung ausdrückten.

Als wir die Tür von Caspars Zimmer geöffnet hatten, bot sich uns ein sonderbarer Anblick. Die Kommodeschubladen und Schränke waren vollständig ausgeräumt; Wäsche, Kleider, Bücher, Papier, Spielwaren, alles lag wüst auf dem

Boden und auf Stühlen, und Herr Hickel kommandierte den Diener, der damit begonnen hatte, die Sachen ordnungslos in einem Reisekoffer und einer kleinen Kiste unterzubringen. Als er uns gewahrte und den Unwillen aus unsern Blicken las, sagte er lächelnd, als ob es sich um eine Schmeichelei handle, jetzt fange ein neues Regiment für den Findling an, jetzt werde alles an den Tag kommen. Mit finsterem Gesicht entgegnete Herr Binder, was er damit meine, was denn eigentlich an den Tag kommen solle. Zugleich gab er sich unter Nennung seines Namens zu erkennen. Herr Hickel geriet in Verlegenheit. Mit einigen nichtssagenden Wendungen entschlug er sich der Antwort. Er behauptete, Caspar zu lieben, es sei ihm nur darum zu tun, den jungen Menschen vor falschen Illusionen zu bewahren. Da stieg mir das Blut zu Kopfe, und ich antwortete, wer denn anders solche Illusionen erzeugt und genährt hätte als gewisse Herrschaften, die sich nun aus dem Staub zu machen schienen; erst schmücke man den Arglosen mit einem festlichen Kleid, und wenn er dann darin herumzuspazieren wage, sehe man einen gefährlichen Überhebling in ihm. Das begreife, wer wolle, ein solches Spiel sei verdammungswürdig. Das war heftig, war unvorsichtig, es sei gestanden, doch muß ich hinzufügen, daß mich die ironische Ruhe des Polizeileutnants aufreizte. Um so verblüffter war ich, als er mir nun in jedem Punkt beipflichtete, sich aber auf keine weitere Erörterung einließ und sich wieder zu dem Diener kehrte, indem er Eile vorschützte, da er nicht in so später Nacht abreisen wolle. Herr Binder bemerkte ihm darauf, daß die Abfahrt sehr gut bis morgen verschoben werden könne, Caspar bedürfe der Ruhe, die Verantwortung sei er bereit auf sich zu nehmen. Herr Hickel versetzte, das sei unmöglich, er habe strikten Befehl und müsse auf seiner Anordnung bestehen. Wir waren ratlos.

Der Polizeileutnant hatte sich auf den Tischrand gesetzt und blickte uns Schweigende spöttisch-erwartungsvoll an. Da vernahmen wir Schritte, und als wir uns umwandten, die Tür stand offen, sahen wir Caspar und hinter ihm meine

Schwester. Anna flüsterte mir zu, Caspar sei kurz nach unserm Fortgehen erwacht, er habe erklärt, mit dem fremden Mann gehen zu wollen, und sich durch keinen Einwand zurückhalten lassen. So habe sie ihn denn begleitet.

Caspar schaute sich forschend um, dann sagte er, zu Herrn Hickel gewandt: »Nehmen Sie mich nur mit, Herr Offizier. Ich weiß schon, wohin Sie mich bringen wollen, ich fürcht' mich nicht.« Es war in diesen Worten, so wenig Besonderes sie enthielten, ein wunderbarer Antrieb und das, was man Haltung nennt, und ich kann nicht verhehlen, daß ich durch sie aufs tiefste bewegt wurde. Ich hätte viel darum gegeben, wenn ich Caspar jetzt eine Stunde lang für mich allein hätte haben können. Der Herr Polizeileutnant verbarg seine Freude über die unerwartete Wandlung nicht und antwortete lachend: »Na, fürchten, Hauser! Warum nicht gar! Es geht ja nicht nach Sibirien!« Er näherte sich nun dem Jüngling, legte beide Hände auf dessen Schulter und fragte: »Jetzt seien Sie einmal ganz offen, Hauser, und sagen Sie mir ohne Umschweife, wo Sie den Nachmittag über gesteckt haben?« Caspar schwieg und besann sich, dann entgegnete er dumpf: »Das kann ich Ihnen nicht sagen.« – »Ja, wie denn, was denn, was soll das heißen, heraus mit der Sprache!« rief der Leutnant, und Caspar darauf: »Ich hab' was gesucht.« – »Ja, was denn gesucht?« – »Einen Weg.« – »Zum Donnerwetter«, begehrte Herr Hickel auf, »spielen Sie mir kein Theater vor und machen Sie keine Flausen, sonst werde ich Ihnen zeigen, was die Glocke geschlagen hat! Wir in Ansbach werden Ihnen nicht auf das aberwitzige Wesen hereinfallen, das lassen Sie sich nur gesagt sein!«

Herr Binder und ich waren durch solche herausfordernde Redeweise wie begreiflich sehr empört. Aber Herr Hickel zeigte keine Lust, sich zu rechtfertigen, er befahl Caspar in knappen Worten, sich fertigzumachen, in einer halben Stunde werde er fahren. Währenddessen kamen der Baron Scheuerl, der Assessor Enderlin und andere Bekannte Caspars, die von der Abreise gehört hatten und ihm Lebewohl sagen wollten. Ich hatte keine Zeit mehr, nur drei Worte mit ihm zu wechseln, binnen kurzem waren wir alle im Hausflur versammelt. Die Menge auf der Straße hatte sich vermehrt, in der Dunkelheit sah es aus, als ob ganz Nürnberg auf den Beinen sei. Die Zunächststehenden stießen drohende Reden aus, Herr Hickel forderte vom Bürgermeister, daß er die Wache aufziehen lassen solle, doch eine solche Maßregel erklärte dieser für überflüssig, und in der Tat genügte sein bloßes Erscheinen, um die Ruhe wiederherzustellen.

Als Caspar zum Wagenschlag trat, rannte alles zuhauf, jeder wollte ihn noch einmal sehen. Die Fenster der gegenüberliegenden Häuser waren erleuchtet, und Frauen winkten mit Tüchern herab. Die Kisten und Vachen waren aufgebunden, der Kutscher schnalzte, die Pferde zogen an – und fort war er.

Überzeugt, daß Eure Exzellenz zu den wenigen aufrichtigen Gönnern des Jünglings gehören, fühlte ich mich im Innersten gedrängt, Ihnen über diese Vorfälle genauen Bericht zu erstatten. Nur einige Stunden sind seit den erzählten Begebenheiten verflossen, es ist weit über Mitternacht, die Feder will meiner Hand entsinken, aber ich durfte keine Frist verstreichen lassen, um nicht selber zum Fälscher meiner Erinnerung zu werden. Wo die Verleumdung so unermüdlich am Werk ist, soll auch der Gutgesinnte eine Nachtwache nicht scheuen, wenn er zu fürchten hat, daß ihn der bloße Schlaf nur um eine Linie von der Deutlichkeit seines Erlebens betrügen könnte. Vielleicht finden Eure Exzellenz, daß ich die Dinge falsch deute oder in ihrer Wichtigkeit überschätze. Mag sein, ich habe jedoch meine Pflicht erfüllt und bin mir keiner Versäumnis bewußt. Ich trage schwere Sorge um Caspar, ohne daß ich ganz zu sagen vermöchte weshalb, aber ich bin nun einmal als Geister- und Gespensterseher auf die Welt gekommen, und mein Auge sieht den Schatten früher als das Licht.

Nicht vergessen will ich zum Schluß die Erwähnung, daß mir Herr von Tucher bei seinem letzten Besuch die hundert Goldgulden übergab, die Caspar vom Herrn Grafen

Stanhope geschenkt erhalten. Ich werde die Summe mit nächster fahrender Post an Eure Exzellenz überschicken.

Frau Behold an Frau Quandt:

Werte Frau, *excusez*, daß ich mich schriftlich an Sie wende, was Sie *extraordinaire* finden werden, da ich Ihnen doch im ganzen fremd bin, obwohl Sie in meiner Eltern Hause Ihre Jugend verlebten. Mit großem *Etonnement* vernehme ich, daß der Caspar Hauser nunmehr in Ihrem Heim weilen wird, und ich fühle mich gedrungen, Ihnen zum Belehr etwelches über den Sonderling zu eröffnen. Sie wissen doch, daß der Hauser das Wunderkind von Nürnberg war. Lob und Verhätschelei hätten bei einem Haar den Knaben zum Narren gemacht, es ist eben ein tolles Volk dahier. In solchem verderbten Zustand haben wir ihn aus reinem christlichen Mitleid und, ich schwöre, ohne jede Nebenabsicht zu uns genommen. Bei aller Tollheit haben die andern doch vor dem vermummten Kerl mit dem Beil Angst gehabt, wir aber fürchteten nichts, und der Hauser wurde bei uns wie ein Kind geliebt und estimieret. Übel ist uns das gelohnt worden; keine Erkenntlichkeit vom Hauser, und noch dazu die böse Nachrede seines Anhangs. Wieviel ärgerliche Stunden, wieviel Verdruß er uns durch seine entsetzliche Lügenhaftigkeit bereitet hat, davon sind alle Mäuler stumm. Nachher freilich hat er alleweil Besserung gelobet und ward mit frischer Liebe an unser Herz geschlossen, aber fruchten tat es nichts, der Lügengeist war nicht zu bannen, immer tiefer versank er in dieses abscheuliche Laster. Ist viel Gerede gewesen von seinem keuschen Sinn und seiner *Innocence* in allem Dahergehörigen. Auch hierüber kann ich ein Wörtlein melden, denn ich hab's mit meinen eigenen Augen gesehen, wie er sich meiner damals dreizehnjährigen Tochter, heute ist sie in der Schweiz in Pension, unziemlich und unmißverstehlich näherte. Nachher zur Rede gestellt, wollt er's nicht wahr haben, und aus Rache hat er mir die arme Amsel umgebrungen, die ich ihm donationieret. Gebe Gott, daß Sie nicht ähnliche Erfahrungen an ihm machen; er steckt voller Eitelkeit, meine Liebe, voller Eitelkeit, und wenn er den Gutmütigen agieret, ist der Schalk dahinter verborgen, und so man ihm den Willen bricht, ist es mit seiner Katzenfreundlichkeit am Ende. Wieviel wir auch durch sein detestables Betragen zu dulden hatten, Undank und *Calomnie,* aus unsern Lippen ist keine Klage gefahren, denn warum, man hätt' ihm auch dann die Wahrheit nicht mehr glauben können, und ein Betrüger ist er nicht, nur ein armer Teufel, sehr armer Teufel. Ihnen und dem Herrn Gemahl glaube ich hingegen einen Gefallen zu erweisen, wenn ich die Decke lüpfe, unter der er seinen Unfug treibet; der gegen ihn so gütig gesinnte Graf Stanhope wird gewiß bald zu der schmerzlichen Entdeckung gelangen, daß er eine Schlange an seinem Busen nähret. Wäre der Herr Graf nur zu mir gekommen, dieses aber hat der Pfiffikus Hauser hintertrieben, und aus guten Gründen. Seien Sie nur recht wachsam, gute Frau; er hatte alleweil Heimlichkeiten, bald da, bald dort versteckt er was in einem Winkel, das läßt auf nichts Gutes schließen. Und nun bitte ich Sie oder den Herrn Gemahl, mir in einiger Zeit Nachricht zu geben, wie sich Ihr Zögling produziert und was Sie von ihm halten, denn ohneracht alles Geschehenen nimmt er doch ein Plätzchen in meinem Herzen ein, und ich wünsche nur, daß er tätig an seiner Selbstbesserung arbeite, ehe er in die große Welt entrieret, wo er viel mehr Kraft und Beständigkeit vonnöten haben wird als in unsrer kleinen.

Von mir selbst ist nicht viel Gutes zu sagen, ich bin krank; der eine Doktor meint, es ist ein Geschwür auf der Milz, der andre nennt's eine *maladie du cœur.* Die große Teuerung der Lebensmittel ist auch nicht angetan, einem die Laune zu verbessern, Gott sei Lob gehen die Mannsgeschäfte im allgemeinen gut.

Bericht Hickels über den vollführten Auftrag der Übersiedlung Caspar Hausers:

Ich traf am 7. ds. vorschriftsgemäß in Nürnberg ein, verfügte mich sogleich in die Wohnung des Freiherrn von

Tucher, fand aber den Kuranden nicht zu Hause und erfuhr zu meiner Verwunderung, daß er sich den ganzen Nachmittag über aufsichtslos und unbekannt wo herumgetrieben habe, was doch gegen die Vorschrift ist, und daß er sich zur Zeit beim Professor Daumer aufhalte, wahrscheinlich in der Absicht, die Reise zu verzögern und dabei die Unterstützung seiner Freunde zu finden. Denn als ich bei Herrn Daumer vorsprach, wurden zu besagtem Zweck alle möglichen Ausreden versucht, auch gefiel sich der Hauser selbst in einigen leicht durchschaubaren Schnurrpfeifereien, was mich aber nicht hinderte, auf der mir erteilten Weisung zu beharren. Eine strenge Inquisition nach seinem Verbleib während des Nachmittags blieb fruchtlos, der Bursche gab die albernsten Antworten von der Welt. Mein entschiedenes Auftreten hatte die Wirkung, daß von einer Verzögerung nicht weiter gesprochen wurde, um neun Uhr war der Wagen zur Stelle, es war großer Zulauf in den Gassen, die Leute, vermutlich insgeheim aufgehetzt, gebärdeten sich einigermaßen revoltant, wurden aber durch meine Drohung, daß ich die Wache aufziehen lassen würde, schnell eingeschüchtert. Dem Kutscher gebot ich Eile, und nach einer Viertelstunde hatten wir das Weichbild der Stadt verlassen. Während der ganzen drei Stunden bis zum Dorfe Großhaslach ließ mein Kurand nicht eine Silbe verlauten, sondern starrte ununterbrochen in die Dunkelheit hinaus; gewiß mag es ihm gar trübselig zumute gewesen sein, da er nun doch erkennen mußte, daß es mit seinen großen Hirngespinsten Matthäi am letzten war. Ich hatte den Sergeanten nach Großhaslach bestellt, und derweil die Pferde gefüttert und getränkt wurden, verfügten wir uns in die Poststube. Hauser legte sich daselbst alsogleich auf die Ofenbank und entschlief. Ich konnte aber des Verdachts nicht ledig werden, daß er sich nur schlafend stellte, um mich und den Sergeanten sicher zu machen und unser Gespräch zu belauschen. In diesem Argwohn bekräftigte mich auch das jedesmalige Blinzeln seiner Lider, wenn ich in nicht gerade schmeichelhaften Ausdrücken seine Person erwähnte. Um der Sache auf den Grund zu gehen und zugleich herauszubringen, was es mit dem allerwärts verbreiteten Märchen von seinem steinernen Schlummer für eine Bewandtnis habe, nahm ich meine Zuflucht zu einer kleinen List. Nach einer Weile gab ich nämlich dem Sergeanten einen Wink, und wir erhoben uns leise, als ob wir gehen wollten, und siehe da, kaum hatte ich die Türklinke gefaßt, so schnellte mein Hauser wie von der Tarantel gestochen empor, tat ein wenig wirr und verstört und folgte uns, die wir uns kaum das Lachen verbeißen konnten. Im Wagen fragte mich Hauser plötzlich, ob der Herr Graf noch in Ansbach weile. Ich bejahte, fügte aber hinzu, daß Seine Lordschaft dieser Tage gen Frankreich fahren werde, worauf Hauser einen tiefen Seufzer ausstieß. Er lehnte sich in die Ecke zurück, schloß die Augen und schlief nun wirklich ein, wie ich aus seinen tiefen Atemzügen entnehmen konnte. Die Weiterfahrt verlief ohne bemerkenswerte Vorfälle, es war ein Viertel nach drei, als wir bei Schneetreiben vor dem Sterngasthof anlangten; ich hatte diesmal harte Mühe, den Hauser aus dem Schlaf zu bringen, und erst als ich ihn energisch anschrie, entschloß er sich, aus der Kutsche zu steigen. Da nur der Torwart zugegen war und ich den Herrn Grafen nicht wekken lassen wollte, brachten wir den jungen Menschen in eine Kammer unterm Dach. Ich befahl ihm, sich zu Bette zu begeben, sperrte der größeren Sicherheit halber die Tür von außen zu und hieß meinen Sergeanten, bis zum Anbruch des Tages auf Wache zu bleiben. Soll ich nun zum Schlusse über die Person und das Betragen des Kuranden ein Urteil abgeben, so muß ich bekennen, daß mir der junge Mann wenig Sympathie oder Mitgefühl abnötigte. Sein verschlossenes, trotziges und hinterhältiges Wesen läßt auf einen, wenn auch nicht verdorbenen, so doch angefaulten und widrigen Charakter schließen. Von wunderbaren Eigenschaften hab' ich an ihm nichts beobachtet als eine in der Tat wunderbare Begabung zur Schauspielerei, was noch milde ausgedrückt ist. Ich fürchte, man wird hiesigenorts manche Enttäuschung an ihm erleben.

Binder an Feuerbach:

Um des ferneren allem überflüssigen Gerede und Vermuten vorzubeugen, das in derselben Sache schon an Eure Exzellenz gelangt sein mag, diene die Nachricht, daß ich bereits genügenden Aufschluß habe über den rätselhaften, vier bis fünf Stunden andauernden Verbleib Caspar Hausers am letzten Nachmittag seines Aufenthalts in hiesiger Stadt. Freilich, dieser Aufschluß ist im Grunde keiner, denn so wenig der Jüngling sich selbst hatte erklären wollen, so wenig erklären die mir bekannt gewordenen Einzelheiten seine ganze Handlungsweise.

Ich will mich kurz fassen. Am Morgen nach Caspars Abreise kam der Gefängniswärter Hill zu mir und berichtete, der Hauser sei gestern mittag nach eins bei ihm auf dem Turm erschienen und habe gebeten, ihm die Kammer zu zeigen, worin er einst gefangen gewesen. Zufällig war an jenem Tag kein Häftling auf dem Luginsland, und er, Hill, habe nach einigem verwunderten Fragen und Forschen Caspar eintreten lassen. Nachdem er eine Weile grübelnd dagestanden, begab er sich in dieselbe Ecke, wo ehedem sein Strohlager gewesen, hockte auf den Boden und brütete stumm vor sich hin. Dem Hill war das befremdlich, und da alle Versuche, den Jüngling seiner Lethargie zu entreißen, nichts fruchteten, kehrte er in seine Wohnung zurück und machte seiner Ehefrau von dem Vorfall Mitteilung. Sie überlegten gerade, was zu tun sei, da kam Caspar von selbst die Stufen herunter und trat in das Zimmerchen, das ihm ebenfalls von früher wohlbekannt war, das er jedoch mit bohrend nachdenklichen Blicken durchmusterte, genau wie er oben in der Zelle getan. Hill und sein Weib dachten nicht anders, als der arme Mensch habe den Verstand eingebüßt. Die Frau näherte sich ihm, stellte einige Fragen, erhielt aber keine Antwort. Da fiel sein schweifendes Auge auf die beiden Kinder des Wärters, die auf einem Tritt beim Fenster mitsammen spielten, und plötzlich lächelte er gar wunderlich, schlich sich heran und setzte sich am Rand des über den Boden erhöhten Tritts nieder.

Hill tat das Vernünftigste, was er tun konnte, er ließ ihn gewähren und wartete ab, was daraus werden würde. Nachdem sich Caspar also niedergelassen, begann er die zwei Kinder auf eine Weise anzustarren, als ob er nie im Leben Kinder gesehen hätte; er beugte sich vorwärts, er studierte förmlich ihre Finger, ihre Lippen, seine heißhungrigen Blicke verschlangen gleichsam jede ihrer Gebärden; der Frau wurde dabei angst und bang, mit Mühe hielt Hill sie ab, dazwischenzufahren, denn er fürchtete nichts. »Kenn' ich doch Hausers sanfte Seele«, so drückte er sich mir gegenüber aus. Auf einmal sprang Caspar auf, streckte die Arme in die Luft, stöhnte, starrte vor sich hin, als sehe er einen Geist, dann kehrte er sich um und rannte mit erstaunlicher Geschwindigkeit zur Tür und die Treppe hinunter auf den Platz. Hill folgte ihm unverzüglich, denn er schloß mit Recht, daß Caspar in einer bedenklichen Verfassung sei, und daß man ihn so nicht sich selber überlassen dürfe. Als er den Burgberg herunter gegen die Füll lief, gewahrte er ihn noch rechtzeitig und konnte ihn im Auge behalten.

Caspar eilte nun durch mehrere Gassen, und zwar ganz unsinnig die kreuz und quer, danach über die Glacis und nach St. Johannis hinüber. Hill folgte in einer Entfernung von fünfzig oder sechzig Ellen und hatte auf jede Bewegung Caspars genau acht. Obwohl es den Anschein ziellosen Gehens hatte, war doch der Schritt des Jünglings so beschleunigt, ja ungeduldig, als wolle er ein vor ihm fliehendes Etwas erhaschen. Es ging nun durch die Mühlgasse, am Ende dieser Gasse breitet sich das flache Feld aus, und die Straße verwandelt sich in einen Wiesenweg, der längs der Mauer des Johanniskirchhofs zur Pegnitz und zum Wald hinunterführt. An der Kirchhofsmauer, die so niedrig ist, daß auch ein mittelgroßer Mensch leicht über sie hinwegblicken kann, blieb Caspar jählings stehen, riß den Hut vom Kopf und preßte die Hand gegen die Stirn. Es wird Eurer Exzellenz bekannt sein, eine wie ungeheure Wirkung schon früher einmal bei der Annäherung an den Gräberort an ihm wahrgenommen worden ist. Er schien zu zittern, er atmete mit offenem Mund, seine Züge drückten Grauen aus, die Hautfarbe wurde bleifahl, er sah aus, als könne er sich nicht losreißen, plötzlich aber stürzte er so schnell weiter, daß sein Beobachter Mühe hatte, ihm nah zu bleiben, auch dachte Hill, Caspar müsse ins Wasser stürzen, da er am Flußufer in ein wildes Torkeln geriet. Glücklicherweise wandte er sich gegen den nahen Forst und verschwand alsbald zwischen den Stämmen. Hill hatte Angst, daß er ihm entkommen könnte. Er bemerkte einige Arbeiter, die an einer Erdgrube Sand schaufelten, und forderte sie auf, ihm zu helfen. Drei oder vier gesellten sich zu ihm, und sie drangen verteilt ins Gehölz; doch Hill selbst war es, der Caspar nach langem Suchen und als er schon höchlichst besorgt wurde, zuerst wieder erblickte. Er sah ihn kniend am Fuß einer mächtigen Eiche, er sah, wie er die Hände aufhob, und hörte ihn mit einer leidenschaftlich flehenden Stimme rufen: »O Baum! O du Baum!« Nichts weiter als diese Worte, und mit solchem Gefühl, wie man ein Gebet spricht, wenn der Geist in höchster Bedrängnis ist. Hill sagte aus, er habe es nicht über sich gebracht, ihn anzurufen, überhaupt hat der einfache Mann bei all diesen Vorgängen ein Zartgefühl und eine Menschlichkeit bewiesen, um deretwillen ich ihm meine Anerkennung nicht versagen kann. Die Arbeiter, die er mitgenommen, riefen ihm, er gab ein Zeichen, sie kamen herbei. Caspar hatte sich indes erschrocken aufgerichtet, blickte die Leute der Reihe nach an, und es schien, als erkenne er Hill nicht. Dieser dankte den Männern und bedeutete ihnen, daß er sie nicht mehr brauche. Von ihm untergefaßt, ließ sich Caspar ohne Widerstand aus dem Forst herausführen. Im Gegensatz zu seinem bisherigen Wesen zeigte er nun eine vollkommene Gelassenheit. Hill fragte ihn, wohin er denn gehen wolle, und nach einigem Zögern antwortete Caspar, er müsse zum Mittagessen zu Herrn Daumer. Da lachte Hill und erinnerte ihn, daß Mittag längst vorbei sei. Als sie vor der Stadtmauer ankamen, begann es schon zu dämmern. Caspar ging jetzt außerordentlich langsam, und obwohl Hill um vier Uhr auf der Polizeiwache hätte sein sollen, begleitete er ihn noch zu Professor Daumers Haus und wich erst von der Stelle, als sich das Tor hinter seinem Schützling geschlossen hatte.

Dies, Exzellenz, die getreue Wiedergabe dessen, was der Mann berichtet hat. Ich habe seine Erzählung, deren Glaubwürdigkeit zu bezweifeln kein Anlaß vorliegt, protokollieren lassen. Aus den Begebnissen selbst weiß ich, wie gesagt, nichts zu machen, auch ist es nicht an mir, den Schlüssen Eurer Exzellenz vorzugreifen. Gestern habe ich mich von Hill zu der Stelle führen lassen, wo Caspar kniend gefunden wurde, denn ich dachte mir, daß da vielleicht etwas Besonderes sei. Es ist, ungewöhnlich bei solcher Stadtnähe, ein friedensvoller Ort; der Wald ist dicht bestanden, lautlose Einsamkeit fordert zu beschaulicher Stimmung auf. Hill erkannte den Platz mit Sicherheit wieder und zeigte zum Beweis Fußabdrücke und zerwühltes Moos. Sonst habe ich nichts Bemerkenswertes wahrgenommen.

Der Polizeisoldat, der durch seine Nachlässigkeit in Caspars Bewachung all dieses verschuldet hat, wurde der verdienten Strafe zugeführt.

Lord Stanhope an den Grauen:

Ich weile noch immer in dem weltentlegenen Nest, obwohl ich zu Weihnachten in Paris sein wollte. Ich sehne mich nach freier Konversation, nach Maskenbällen, nach der italienischen Oper, nach einem Spaziergang auf den Boulevards. Hier sind aller Augen auf mich gerichtet, jeder will teilhaben an mir. Von einer gewissen Hofratsfamilie, die nicht in den besten Verhältnissen lebt, wird erzählt, sie habe eine goldene Stehuhr, ein vortreffliches Erbstück, versetzt, um eine Soiree zu Ehren des Lords geben zu können. Man verdächtigt eine Dame, Frau von Imhoff, uralter Patrizieradel, der näheren Beziehung zu mir, vielleicht nur deswegen, weil die Arme in einer unglücklichen Ehe lebt, an der sich der Klatsch seit Jahren mästet. Scherzhafter Unsinn. Die Dame ist, leider, ein makelloser Mensch. Das übrige Volk ist kaum der Rede wert. Die guten Deutschen sind servil bis zum Erbrechen. Der behäbige Kanzleidirektor, der mit einer sklavisch tiefen Reverenz den Hut vor mir zieht, würde mir mit Vergnügen die Stiefel putzen, wenn ich's ihm befähle. Nichts hindert mich, hier eine Art Caligula zu spielen.

Zur Sache. Ein äußerer Grund meines Verweilens hier ist nicht mehr vorhanden. Der bislang vorgeschriebene Teil meiner Aufgabe ist erfüllt. Was verlangt man noch von mir? Wessen hält man mich noch weiterhin für fähig? Hat Euer Hochgeboren oder Dero Gebietende noch intime Wünsche, so wäre es geraten, sie in Bälde vernehmen zu lassen, denn der ergebenst Unterzeichnete ist satt. Die Mahlzeit füllt ihn bis zum Hals, er muß jetzt ans Verdauen denken. Ich gehe mit der Absicht um, in Rom Prälat zu werden oder mich hinter Klostermauern einzusperren, vorher muß ich noch das nötige Schwergeld für den Ablaß beisammen haben. Wenn der Papst kein Einsehen hat, kehr' ich in den Schoß der puritanischen Kirche zurück, so bin ich wenigstens der Sorge und des Ekels enthoben, mir den Bart wachsen lassen zu müssen. Auch in meinem Land gibt es Masken und jedenfalls ein würdigeres Kostüm. Ist der Minister H. in S., der Pensionist, von allen Vorgängen verständigt, und hat man ihn gegen Überfälle gesichert? An welcher Bankstelle kann ich meinen nächsten Zinsgroschen beheben? Dreißig Silberlinge? Mit welcher Zahl darf ich die Summe multiplizieren? Denn auf Multiplikation ist nun einmal mein Leben gestellt. Herr von F. ist vor einigen Tagen nach München abgereist, dies zur Notiz. Das bewußte Dokument ist wie ein ranziges Stück Fleisch, von einem gewissenhaften Raben in Aussicht genommen, vorläufig aber noch unzugänglich. Wie hoch normiert man den Preis und, sollten im Kriegsfalle kühnere Maßregeln geboten sein, was billigt man demjenigen zu, der die Hölle um einen neuen Untertanen reicher machen will? Ich muß dies wissen, gegenwärtig stellen auch die geringsten Diener des Satans ihre Ansprüche. Wenn Herr von F. so weit kommt, mit der Königin zu verhandeln, wie er beabsichtigt, muß ein geeigneter Repräsentant gefunden werden, um das angefachte Feuer zu löschen. Freilich wird dann das ranzige Stück Fleisch anfangen zu stinken. Dabei fällt mir ein penetranter Passus in dem letzten Schreiben von Eurer Hochgeboren ein; wie lautet er doch gleich: »Sie beginnen, mein lieber Graf, zuviel Wert auf das Verruchte und Verfluchte zu legen, sobald es nur einen Anschein von Zweckmäßigkeit und Behendigkeit hat.« Ich nehme diesen Worten die Schminke und lese: Es ist unglaublich, was für ein Spitzbube Sie sind! Kennen Sie die hübsche Replik des alten Fürsten M., als ihn der amerikanische Gesandte ins Gesicht hinein einen Betrüger nannte? »Mein Lieber, Teurer«, erwiderte der Fürst mit seinem sanftesten Lächeln, »daß Sie doch in Ihren Ausdrücken niemals maßhalten können!« Ja, halten wir maß, wenn auch nicht im Tun, so doch im Reden. Wozu Sottisen? Ein Schurke wird geboren so gut wie ein Edelmann. Wer sich anmaßt, in den Lauf eines fremden Schicksals zu pfuschen, ist ein Philister oder ein Dummkopf, wenn nicht beides. Wer kennt mich? Wer will mich richten oder formen? Verrät mich nicht jeder Atemzug? Verwandte Sterne haben über Ihrer und meiner Wiege geleuchtet. Sie sind ein getreuer Diener. Das ist eine wunderschöne Ausrede. Werfen Sie ab, was Sie bindet, fliehen Sie in eine Einöde, auf das Meer, in die Wüste, zum Pol, auf einen andern Planeten, zu sich selbst, und erproben Sie, ob Sie sich noch am Glanz des Himmels und am Schein der Sonne zu freuen vermögen, und wenn das der Fall ist, wollen wir über das Thema weiterverhandeln. Schlagen wir uns in die Nacht wie Wölfe, und sammeln wir Mut, denn das Opfer könnte wehrhaft werden.

Unser Schutzbefohlener bereitet mir neuestens mancherlei Sorge, und ich muß gestehen, daß er es ist, der mich in dieser gottverlassenen Gegend noch immer festhält. Allerdings ohne daß er davon weiß, aber er ist mir in jeder Hinsicht verdächtig geworden, und ich komme mir bisweilen wie ein tauber Musikant vor, der auf einer verstopften Flöte spielen muß. Aber nicht nur dies hält mich, sondern auch noch ein andres, womit ich jedoch Ihr allen Empfindsamkeiten abholdes Ohr nicht belästigen will. Auf jeden Fall, und dies nun im Ernst, entlassen Sie mich aus der Arena. Ich bin betäubt, ich bin müde, meine Nerven gehorchen nicht mehr, ich werde alt, ich fange an, den Geschmack an Treibjagden zu verlieren; es erregt meinen Widerwillen, wenn der geängstigte Hase dem bissigsten der Hunde von selbst in die Zähne rennt, ich bin zu sehr Schöngeist, um dies noch ergötzlich zu finden, und ich könnte kaum dafür einstehen, daß ich nicht im letzten Moment eine Bresche in die Treiberkette schlage, die der verfolgten Kreatur zur Flucht verhilft. Dann aber könnte sich eine merkwürdige Metamorphose begeben, der Hase könnte zum Löwen werden und zurückkehren, und die blutgierige Meute müßte zitternd in ihre Hinterhalte schleichen. Doch fürchten Sie nichts: dies sind Zuckungen und Phantasien eines senilen Gewissens. Auch ich bin ein treuer Diener – meiner selbst. Das Werk befiehlt. Unsre Lüste sind die Schergen der Seele. Nur der Dieb, der keine Philosophie im Leibe hat, verdient gehängt zu werden. In meiner Jugend hatte ich Tränen übrig, wenn ich mir den gitarrespielenden Knaben auf Carpaccios Bild in Venedig betrachtete, jetzt bliebe ich ungerührt, wenn man das Kind von der Mutterbrust risse und seinen Schädel am Rinnstein zerschmetterte. Das macht die Philosophie. Wenn sie sich besser bezahlte, wäre ich vielleicht fröhlicher. Bei dieser Gelegenheit muß ich Ihnen einen amüsanten Traum erzählen, den ich neulich hatte, eine wahre Gorgo von Traum. Wir beide, ich und Sie, feilschten um eine gewisse Ware; plötzlich unterbrachen Sie mich mit den Worten: »Nehmen Sie, was ich Ihnen biete, denn wenn Sie jetzt erwachen, bekommen Sie gar nichts.«

Ich fand dies Argument göttlich und so wenig zu widerlegen, daß ich in der Tat, mit Angstschweiß bedeckt, erwachte.

Genug, übergenug. Mein Jäger überbringt Ihnen diesen Brief, der durch seinen Mangel an Inhalt Ihren Verdruß erregen wird. Das beiliegende Akzept, um dessen Signierung ich bitte, dürfte Sie noch weniger versöhnen. Den Lehrer habe ich ein Halbjahr im voraus bezahlt. Er ist ein brauchbarer Mann, unbestechlich wie Brutus und lenkbar wie ein frommes Pferd. Wie alle Deutschen hat er Prinzipien, die sein Selbstvertrauen hervorbringen. Gott befohlen, die Nacht will ihren Schlaf.

Anbetung der Sonne

Am Morgen nach Caspars Ankunft blieb der Lord länger als gewöhnlich in seinen Zimmern. Auch dann vermied er es noch, Caspar rufen zu lassen, und machte erst die tägliche Promenade. Als er zurückkam, ging Caspar vor dem Salon auf und ab; die Bewegung Stanhopes, als wolle er ihn umarmen, schien Caspar zu übersehen; er blickte steif zu Boden. Sie traten ins Zimmer, der Lord entledigte sich seines schneebedeckten Pelzmantels und stellte möglichst unbefangen Fragen: Wie es Caspar ergangen, wie der Abschied, wie die Reise gewesen und mehr dergleichen. Caspar antwortete bereitwillig, wenn auch ohne Ausführlichkeit, war freundlich und keineswegs bedrückt oder vorwurfsvoll. Dies gab Stanhope zu denken, und es bedurfte einer gewissen Anstrengung von seiner Seite, um die sonderbar kühle Unterhaltung fortzusetzen. Er konnte sogar einen leisen Schrecken nicht unterdrücken, wenn er Caspar ansah, der ihn mit seinen weinfarbigen Augen fortwährend fremd betrachtete.

Es war eine Erlösung, als der Polizeileutnant gemeldet wurde. Stanhope empfing ihn im Nebenzimmer; sie sprachen dort über eine halbe Stunde leise miteinander. Nachdem der Graf hinausgegangen war, trat Caspar zum Schreibtisch, streifte den Diamantring von seinem Finger und legte ihn mit bedächtiger Gebärde auf einen angefangenen, in englischer Sprache geschriebenen Brief; dann schritt er zum Fenster und blickte in das Schneetreiben.

Stanhope kam allein zurück. Er fragte, ob Caspar wisse, wo er untergebracht werden solle. Caspar bejahte.

»Es ist am besten, wir gehen mal gleich zu den Lehrersleuten hin, um dein künftiges Quartier in Augenschein zu nehmen«, sagte der Lord.

Caspar nickte und wiederholte: »Ja, es ist am besten.«

»Der Weg ist nicht weit«, meinte Stanhope, »wir können zu Fuß gehen; wenn du es aber wünschest und die Zudringlichkeit der Menschen scheust, die zu erwarten ist, kann ich den Wagen bestellen.«

»Nein«, erwiderte Caspar freundlich, »ich gehe lieber, die Leute werden sich schon trösten, wenn sie sehen, daß ich auch auf zwei Beinen spaziere.«

Da fiel Stanhopes Blick auf den Ring. Erstaunt nahm er ihn in die Hand, sah Caspar an, sah den Ring an, überlegte mit zusammengezogenen Brauen, lächelte flüchtig und mild, dann legte er den Ring schweigend in eine Lade, die er verschloß. Als ob nichts geschehen wäre, zog er den Mantel an und sagte: »Ich bin bereit.«

Das Aufsehen in den Gassen war erträglich, es spielte sich alles in Ruhe ab, das Volk hier war gutmütig und scheu.

Über dem Tor des Quandtschen Hauses war ein Kranz aus Immergrün aufgehängt, in dessen Mitte auf einem Pappendeckel ein gemaltes »Willkommen« prangte. Quandt trat den Ankömmlingen in braunem Bratenrock entgegen, sonntäglich aussehend, seine Frau hatte einen schottischen Schal umgehängt, damit ihr körperlicher Zustand weniger auffällig hervortrete.

Zuerst wurde Caspars Zimmerchen besichtigt, das im obern Flur lag. Der Raum hatte auf einer Seite eine schiefe Mansardenwand, bot aber sonst ein nettes Ansehen. Über dem altväterisch-bunten Kanapee hing ein schwarzgerahmter Stich; das Bild stellte ein unsagbar schönes Mädchen vor, das die Arme schmerzlich nach einem Jemand ausstreckte, von dem man gerade noch zwischen Gebüschen die Beine und einen fliegenden Mantel sah. An der andern Wand hingen zwei längliche Deckchen, worauf Sinnsprüche eingestickt waren; auf dem einen: »Früh auf, spät nieder bringt verlorene Güter wieder«; auf dem andern: »Hoffnung ist des Lebens Stab von der Wiege bis zum Grab«. Auf dem Sims standen Töpfe mit Winterblumen, und über niedriges

Dächerwerk hinweg konnte sich der Blick an einer lieblich geschlossenen Landschaft ergötzen, schneeweiße Hügel begrenzten in nicht zu großer Weite das ansteigende Tal. Caspar war es beim Hinschauen recht jämmerlich zumute, er dachte gewisser Vorstellungen von ehedem, die jetzt keinen Bezug mehr hatten. – Eine Fahrt mit weitgestecktem Ziel. Die Straße läuft fröhlich dem Wagen voran. Wolken teilen sich beim Näherkommen. Berge treten gefällig zur Seite. Die Luft schwirrt vom Gesang der Fremde. Wälder und Wiesen, Dörfer und Städtchen hüpfen im besonnten Nebel vorüber, und unter dem schließenden Ring des Himmels strömt Welt auf Welt hervor.

Es war nicht mehr an dem.

Unten im Wohnzimmer dunsteten die frisch gefegten Dielen noch von Feuchtigkeit. Quandt setzte dem Lord die wichtigsten Punkte seines Programms auseinander. Bisweilen schaute er Caspar dabei an, und sein Blick war dann durchdringend wie bei einem Schützen, der das Ziel fixiert, ehe er die Flinte anlegt.

Stanhope sagte, er schätze sich glücklich, daß Caspar endlich Aussicht auf eine geregelte Bildung habe, alles Bisherige sei ja nur Willkür und Ungefähr gewesen. Wenn der Herr Staatsrat nicht so fest darauf bestanden hätte, daß Caspar in Ansbach bleibe, dies sollte offenbar eine Erklärung gegen den still zuhörenden Jüngling sein, wären sie ohne Zweifel heute schon in England oder doch auf dem Weg dahin. »Da ich ihn aber in so guten Händen weiß«, fügte er hinzu, »bin ich nichtsdestoweniger froh; man sieht daraus, daß auch ein unerwünschter Zwang oft die ersprießlichsten Folgen hat.«

Seine Worte waren trocken, es war, als rede sein Hut oder sein Stock. Das Kompliment, das sie enthielten, war schal, oft gebraucht wie Spülwasser. Aber für Quandt waren sie eine Herzenserquickung. Er belebte sich zusehends und meinte eifrig, es sei am geratensten, wenn Caspar noch heute einziehe. Stanhope schaute Caspar fragend an. Dieser senkte den Kopf, worauf der Lord sich zu einem nachsichtigen Lächeln zwang. »Wir wollen nichts überstürzen«, sagte er. »Ich lasse morgen früh das Gepäck herschaffen, heute soll er noch bei mir bleiben.«

Es war dunkel geworden, als beide das Haus verließen. Quandt begleitete sie bis auf die Straße. Zurückkehrend schloß er ganz leise und langsam die Tür, wie er immer zu tun pflegte, dann stellte er sich in die Mitte des Zimmers, legte beide Hände flach gegen die Brust und schüttelte mindestens eine Viertelminute lang in lautlosem Erstaunen den Kopf.

»Warum schüttelst du denn so den Kopf?« fragte Frau Quandt.

»Ich begreife nicht, ich begreife nicht«, antwortete der Lehrer bekümmert und schlich herum, als suche er etwas auf dem Boden.

»Was begreifst du denn wieder nicht?« fragte die Frau verdrießlich.

Quandt zog einen Stuhl herbei, setzte sich neben seine Gattin und schaute sie aus seinen blassen Augen fest an, bevor er fortfuhr: »Hast du vielleicht etwas Wunderbares an dem Menschen bemerkt? Sprich dich nur aus, liebe Jette, hast du etwas, irgend etwas Außergewöhnliches bemerkt, irgend etwas, das ihn von einem andern Menschen unterscheidet?«

Frau Quandt lachte. »Ich habe nur bemerkt, daß er nicht besonders höflich war und daß er seidene Strümpfe trägt wie ein Marquis«, entgegnete sie leichthin.

»Ja, nicht wahr? Nicht besonders höflich, wie? Und seidene Strümpfe, ganz recht«, sagte Quandt mit sonderbarer Hast, als sei er einer Entdeckung auf der Spur. »Na, die seidenen Strümpfe werden wir ihm schon abgewöhnen und das Modewestchen auch; dergleichen schickt sich nicht für unser einfaches Haus. Aber ich frage dich: Verstehst du die Menschen, verstehst du die Welt? Davon hört man nun seit Jahren als von einem noch nie dagewesenen Wunder reden! Dafür erhitzen sich geistreiche Männer, Männer von Geschmack, von Welt, von Kenntnissen; ist es zu fassen? Gibt es denn keinen, der mit seinen eignen, ihm von Gott eingesetzten Augen sehen kann? Ist es zu fassen?«

Mittlerweile waren Caspar und der Lord zum Gasthof zurückgekehrt. Stanhope war nicht gerade rosig gestimmt. Die Schweigsamkeit seines Begleiters erboste ihn, es war ihm, als werde hinter einem Vorhang eine Pistole gegen ihn gerichtet.

Er war unruhig, fühlte sich in die Enge getrieben. Es gibt einen Punkt, wo die Schicksale sich wie auf einem schmalen Pfad zwischen Abgründen begegnen und wo es zum Austrag kommen muß. Da stellen sich Worte ungerufen ein, die Dämonen erheben sich aus dem Schlummer.

Stanhope schellte dem Diener, ließ die Lichter anzünden und Holz ins Kaminfeuer legen. Gleich darauf wurde der Hofrat Hofmann gemeldet; der Lord sagte, er sei nicht zu sprechen, gab auch Befehl, niemand mehr vorzulassen. Er machte sich unter seinen Papieren zu schaffen und fragte dabei Caspar: »Wie haben dir die Lehrersleute gefallen?«

Caspar wußte nicht recht wie und gab eine unbestimmte Antwort. In Wahrheit wußte er überhaupt gar nicht mehr, wie Herr Quandt oder dessen Frau oder das Haus aussahen. Er erinnerte sich bloß, daß Frau Quandt ihren Kaffee aus der Untertasse getrunken und den Zucker dazu abgebissen hatte, was ihm sehr albern erschienen war.

Plötzlich kehrte sich Stanhope um und fragte mit der Miene eines Menschen, der die Geduld verliert: »Also, was ist es mit dem Ring? Was wolltest du damit sagen?«

Caspar antwortete nicht; in traurigem Trotz schaute er ins Leere. Stanhope näherte sich ihm, tippte ihm mit dem Zeigefinger auf die Schulter und sagte scharf: »Sprich! Sonst wehe dir!«

»Mir ist schon weh genug«, entgegnete Caspar eintönig, und sein Blick glitt von der Gestalt des Grafen wie von etwas Schlüpfrigem hinweg auf die dunkelrote Tapete, auf welcher das Kaminfeuer Schatten malte.

Was hätte er sagen sollen? War doch sein Gefühl fast ungemindert gegen den, der ihm den Weg gewiesen, der zum erstenmal wie ein Mensch zu ihm geredet. Sollte er von der furchtbaren Nacht im Tucherschen Haus erzählen, wo er gesessen, die Fäuste in der Brust, das Herz zerrieben, einsam und der Welt beraubt? Wie er angefangen hatte zu suchen, zu suchen, wie er die Zeit aufgegraben, gleichwie man im Garten Erde aufgräbt, wie es Tag geworden und er enteilt war, wie er Kinder gesehen, den Fluß gesehen, an einem Baume gekniet, alles wie nie zuvor, alles anders, er selbst verwandelt, mit neuen Augen, von Unwissenheit erlöst. – Unmöglich, solches mitzuteilen, dafür gibt es keine Worte.

Er fuhr fort, ins Leere zu starren, indes Stanhope, die Hände auf dem Rücken, auf und ab wanderte und widerwillig, hastig, stoßweise zu reden begann. »Willst du mich etwa anklagen? Soll ich mich rechtfertigen? Goddam, ich habe für dich gekämpft wie für mein eigen Fleisch und Blut, Vermögen und Ehre zum Pfand gesetzt, keine Demütigung gescheut, mich unter Pöbelvolk und Pedanten herumgeschlagen, was denn noch? Wer das Unmögliche von mir verlangt, ist mir nicht wohlgesinnt. Noch ist nicht aller Tage Abend, das Garn ist noch nicht abgewickelt, ich stelle noch immer meinen Mann, aber ich muß mir verbitten, daß du mich wie den Aussteller eines Schuldscheins beim Buchstaben packst und meine schöne Freiwilligkeit unter moralischen Druck setzest. Wenn du von mir forderst, anstatt das Gewährte dankbar zu erkennen, dann sind wir geschiedene Leute.«

Was er doch alles spricht, dachte Caspar, der kaum zu folgen vermochte.

Der nächste Gedanke Stanhopes war, Caspar habe vielleicht eine geheime Verbindung und von daher Lehre und Ermunterung empfangen, denn er sah wohl, und mit Angst nahm er es wahr, daß er nicht mehr das willenlose Geschöpf von ehedem vor sich hatte. Aber auf seine rauh zufahrende Frage machte Caspar ein so verwundertes Gesicht, daß er den Argwohn sogleich fallen ließ. Caspar legte die Hände flach zusammen und sagte nur in seiner um Deutlichkeit bemühten Weise, er habe Stanhope nicht kränken wollen, auch mit dem Ring nicht; es sei nur etwas geschehen, was die Geschichten betreffe; man habe ihm immer Geschichten erzählt, Geschichten von ihm selbst, er habe zugehört und doch nicht ordentlich verstanden. Es sei wie mit dem Holzpferdchen gewesen, mit dem er in seinem Kerker geredet und gespielt und das doch nichts Lebendiges gewesen sei. »Aber jetzt«, fügte er stockend hinzu, »jetzt ist das Holzpferdchen lebendig geworden.«

Stanhope warf den Kopf zurück. »Wie? Was denn?« rief er schnell und furchtsam. »Sprich deutlich!« Er nahm die Lorgnette und schaute Caspar stirnrunzelnd durch die Gläser an, eine Gebärde, die Hochmut ausdrücken sollte, aber im Grunde nur Verlegenheit war.

»Ja, das Holzpferdchen ist lebendig geworden«, wiederholte Caspar bedeutungsvoll.

Ohne Zweifel glaubte er mit diesem kindlichen Sinnbild alles dargelegt zu haben, was ihm das entschleierte Antlitz der Vergangenheit verraten hatte. Er mochte die Gewalten ahnen, die sein Schicksal geformt hatten, und jedenfalls begriff er das Wirkliche, das schwer von Gründen Wirkliche seiner langen Gefangenschaft, die ihn, außerhalb der Gesetze, bis über das Jünglingsalter hinaus zum Zustand eines Halbtiers verurteilt hatte. Es mochte ihm klargeworden sein, daß es sich dabei um eine Sache handelte, der in den Augen der Menschen ein hoher, ja der höchste Wert zukam, daß sein Anrecht auf diese Sache ungeschmälert fortbestand und daß, wenn er nur hinginge, um zu zeigen, daß er lebe, um zu sagen, daß er wisse, aller Widerstand und Willkür zu Ende sei und er besitzen durfte, wessen er freventlich beraubt.

Das war es etwa, aber es war noch mehr. Und es fügte sich, daß der Lord selbst, in Angst für sich, für seine Auftraggeber, für die Zukunft, für das ganze Gebäude, an dem er mitgezimmert und von dem er, wenn es zusammenbrach, vielleicht mit zerschmetterten Gliedern in eine bodenlose Tiefe stürzen mußte, daß er selbst das Wort fand und aussprach, welches dies andre, Größere, Unsagbare für Caspar zauberhaft und schrecklich erleuchtete.

Beinahe fühlte sich Stanhope besiegt, und er hatte nur noch wenig Lust, gegen eine Macht zu kämpfen, die gleichsam aus dem Nichts entstanden war und wie der Ifrid aus Salomons Wunderflasche den ganzen Himmel verfinsterte. Ich war zu großmütig, dachte er; ich war zu lau; Wankelmut trägt die eigne Haut zu Markt; läßt man die Träumer aufwachen, so greifen sie nach den Zügeln und machen die Rosse scheu; das süße Zeug schmeckt nicht länger, nun gilt es, Salz in den Brei zu tun.

Er setzte sich an den Tisch, Caspar gegenüber, und indem er beim Sprechen kaum die Zähne voneinander entfernte und fortwährend düster und blicklos lächelte, sagte er: »Ich glaube dich zu verstehen. Man kann es dir nicht verübeln, daß du Schlüsse aus meinen, wie ich bekennen muß, ein wenig unvorsichtigen Erzählungen gezogen hast. Ich werde in diesem Augenblicke sogar noch weitergehen und dir an Deutlichkeit nichts zu wünschen übriglassen. Ich will dein lebendig gewordenes Holzpferdchen aufzäumen, und wenn du dann Lust hast, kannst du es meinetwegen reiten. Ich habe dich nicht getäuscht: Du bist durch deine Abkunft den mächtigsten unter den Fürsten ebenbürtig, du bist das Opfer der scheußlichsten Kabale, die Satans Bosheit je ersonnen hat; hättest du keine andre Instanz zu fürchten als die der Tugend und des moralischen Rechts, dann säßest du nicht hier, und ich wäre nicht gezwungen, dich so zu warnen, wie ich es jetzt tue. Denn merk auf. So gegründet deine Ansprüche, deine Hoffnungen sind, so verderblich müssen sie dir werden, sobald sie dich nur den ersten Schritt zum vorgefaßten Ziele lenken. Die erste Handlung, das erste Wort besiegelt unabänderlich deinen Tod. Du wirst vernichtet sein, ehe du noch den Finger ausgestreckt hast, um zu nehmen, was dir gebührt. Vielleicht kommt eine Stunde, morgen oder in einem Monat oder in einem Jahr, wo du an der Aufrichtigkeit dessen, was ich dir sage, zweifeln könntest. Nun, so beschwöre ich dich: glaube mir! Laß deine Lippen siebenfach vernietet sein! Fürchte die Luft und den Schlaf, daß sie dich nicht verraten! Möglich, daß einst der

Tag kommt, an dem du sein darfst, was du bist, aber bis dahin halte still, wenn dir dein Leben lieb ist, und laß dein Holzpferdchen hübsch im Stall.«

Langsam hatte sich Caspar erhoben. Ein übergewaltiger Schrecken donnerte, vielgestaltig wie die Blöcke eines Felssturzes, um ihn her. Um seine Gedanken anderswo hinzulenken, betrachtete er mit einer an Wahnsinn grenzenden Aufmerksamkeit die leblosen Gegenstände: Tisch, Schrank und Stühle, den Leuchter, die Gipsfiguren am Kamin, den krummgebogenen Schürhaken. War ihm dies alles neu oder nur unerwartet? Keineswegs. Es hatte, wie giftige Luft, schon lange um ihn her gebrütet. Aber ein andres: das bloße Ahnen und Spüren, und ein andres: das zermalmende Wissen.

Auch Stanhope war aufgestanden. Er trat nahe vor Caspar hin und fuhr mit eigentümlich näselnder Stimme fort: »Es hilft nichts, in diesem Zeichen bist du eben geboren, in diesem Zeichen hat dich deine Mutter geboren. Das ist das Blut. Es richtet dich und rechtfertigt dich, es ist dein Führer und dein Verführer.« Und nach einer Weile: »Laß uns nun schlafen gehen, es ist spät. Morgen früh wollen wir in die Kirche und beten. Vielleicht schickt uns Gott eine Erleuchtung.«

Caspar schien nicht zu hören. Blut – das war das Wort. Das war die Kraft, die alle Poren seines Wesens durchdrang. Schrie nicht sein Blut aus ihm, und von fern her wurde der Schrei erwidert? Blut trug aller Erscheinungen Grund, verborgen, wie es war, in Adern, im Gestein, in Blättern und im Licht. Liebte er sich nicht in seinem Blut, spürte er nicht die eigne Seele wie einen Spiegel aus Blut, in dem er sich ruhend beschauen konnte? Wieviel Menschen in der Welt, so nahe beieinander, so reich bewegt, so fremd und stumm, und alle durch einen Strom von Blut wandelnd, und sein Blut doch besonders rauschend, ein besonderes Ding, in einsamem Bette fließend, voll von Geheimnissen, unbekannter Schicksale voll!

Auch als er den Blick wieder gegen den Grafen kehrte,

war es, als wandle der durch Blut, eine Vorstellung, die freilich durch die scharlachfarbene Tapete begünstigt, wenn nicht erzeugt wurde. Wenn man die Kerzen verlöscht, dachte Caspar, wird alles tot sein, das Blut und die Worte, er und ich; ich will nicht schlafen diese Nacht, nicht sterben. Ja, Caspar hätte, was sein Mund geredet, gern wieder in sich hineingeschluckt, in jenen Kerker des Leibes gesperrt, der Schweigen hieß. Gehorsam sein, unwissend sein, unglücklich sein, Schande und Schimpf ertragen, die Stimme des Blutes ersticken, nur nicht sterben müssen, nur leben, leben, leben. Ei, man wird sich fürchten, man wird feig sein wie eine Maus, man wird Türen und Fenster verriegeln, man wird die Träume vergessen, den Freund vergessen, man wird sich klein machen, man wird das Holzpferdchen vergraben, aber man wird leben, leben, leben ...

Der Lord wünschte, daß Caspar nicht in seiner Mansarde, sondern hier unten nächtige. Er befahl dem Aufwärter, ein Bett auf dem Sofa zu richten. Indes Caspar sich entkleidete, ging er hinaus, kam jedoch nach einiger Zeit wieder, überzeugte sich, daß der Jüngling ruhig lag, und verlöschte die Lichter. Die Verbindungstür zu seinem Zimmer ließ er offenstehen.

Ungeachtet seines Vorsatzes schlief Caspar bald ein und nahm sein aufgewühltes Gemüt in den Schlummer hinüber. Er mochte vier bis fünf Stunden geschlafen haben, als sich sein bleiernes Daliegen in ein ruheloses Herumwälzen verwandelte. Plötzlich erwachte er mit einem tiefen Seufzer und starrte brennenden Auges in die Finsternis. An den Fensterscheiben war ein Kribbeln und Tasten, das von den anprallenden Schneeflocken herrührte und dem leisen Pochen einer Hand ähnlich war. Aus dem Nebenraum hörte er die gleichmäßigen Atemzüge des schlafenden Stanhope. Höchst befremdlich klang dies Atmen des andern Menschen in der Nacht, wie ein drohendes Geflüster: Hüte dich, hüte dich!

Er ertrug es nicht mehr im Bett. Es war, als sei ihm der Körper mit tausend Fäden umschnürt, und als er aufstand, geschah es nur, weil er sich vergewissern wollte, ob er sich noch frei bewegen könne. Er schlug die Wolldecke um die Schultern und trat barfüßig ans Fenster.

Das ganze große All war angefüllt mit den gesprochenen Worten, die wie rote Beeren in der Dunkelheit hingen. Überall Gefahr! Bloß zu denken, war schon Gefahr, jeder Anhauch aus fremdem Munde Gefahr.

Er fing an zu zittern. Die Knie saßen loser in den Gelenken, es war ihm so leicht und schwer zugleich; sein Nachdenken hatte eine andre, nähere Folge, auch alle Gegenstände waren näher, und das Ganze der Erde und des Himmels, Wolken, Wind und Nacht hatten etwas eingebüßt, etwas unbegreiflich Flüchtiges und Wandelbares. Alles ist nun so wunderlich wahr. Caspar hält die Scherben eines kostbaren Gefäßes in der Hand, und seine Phantasie will nicht einmal die schöne Form, wie sie gewesen, zurückgestalten.

Unten auf der Gasse geht lautlos der Nachtwächter. Der zuckende Schein seiner Laterne vergoldet den Schnee. Caspar folgt ihm mit den Blicken, denn es ist, als ob der Mann in irgendeinem unerklärlichen Zusammenhang mit seinem Schicksal stehe. Sie wandeln miteinander über ein verschneites Feld, jener fragt Caspar, ob ihn friere, und wirft ihm einen Teil seines Mantels um die Schultern, so daß sie beide unter derselben Hülle gehen. Auf einmal gewahrte Caspar, daß es kein Männergesicht ist, das sich so mild erbarmend zu ihm kehrt, sondern das schöne, traurige Gesicht einer Frau. Es enthalten diese Trauer und diese Schönheit etwas Redendes, und daß sie zusammen unter demselben Mantel wandern, hat den allertiefsten Sinn, etwas, das mit Qual und Freuden eins ist und vom Anfang der Dinge stammt.

Da tönte das ungeheure Wort des Grafen neuschallend in die Nacht: »In diesem Zeichen hat dich deine Mutter geboren.«

Dich geboren! Welcher Laut! Was war darin beschlossen! Caspar legte beide Hände vors Gesicht; ihm schwindelte.

Da hörte er ein Geräusch von Schritten. Jäh drehte er sich um, es war ein Emportauchen aus finsterer Flut; der Graf stand im Schlafrock vor ihm. Wahrscheinlich hatte Caspars nächtliches Wachsein ihn aufgeweckt, er hatte einen leisen Schlummer.

»Was treibst du?« fragte Stanhope mürrisch.

Caspar machte einen Schritt auf ihn zu und sagte dringlich, atemlos, drohend und flehend: »Führ mich zu ihr, Heinrich! Einmal laß mich die Mutter sehen, nur einmal, nur sehen! Nicht jetzt, später vielleicht! Einmal, nur einmal! Nur sehen! Nur einmal!«

Stanhope wich zurück. Dieser Aufschrei hatte etwas Überirdisches. »Geduld«, murmelte er, »Geduld!«

»Geduld? Wie lange noch? Hab' schon lange Geduld.«

»Ich verspreche dir . . .«

»Du versprichst es – aber wie soll ich glauben?«

»Setzen wir die Frist eines Jahres fest.«

»Ein Jahr ist lang.«

»Lang und kurz. Ein kleines, kurzes Jahr, und dann . . .«

»Dann?«

»Dann will ich wiederkommen . . .«

»Und mich holen?«

»Dich holen.«

»Gelobst du das?« Caspar heftete einen suchenden und wie ein mattes Flämmchen erlöschenden Blick auf den Grafen. Da der Widerschein des Schnees die Nacht erhellte, konnte jeder des andern Züge deutlich unterscheiden.

»Ich gelob' es.«

»Du gelobst es, aber wie kann ich's wissen?«

Stanhope geriet in eine sonderbare Bedrängnis. Dies Gegenüberstehen zu solcher Stunde, die immer herrischer, stürmischer werdenden Fragen des Jünglings wirkten wie Gespensterschauer auf seine Einbildungskraft. »Reiß mich aus deinem Herzen aus, wenn es nicht geschieht«, murmelte er dumpf. Er mußte in diesem Augenblick lebhaft des Mannes gedenken, der vom Teufel lebendigen Leibes in den feuerspeienden Vesuv geschleudert wurde.

Und Caspar darauf: »Was kann mir das nützen? Sag mir den Namen, sag mir ihren Namen, sag mir meinen Namen!«

»Nein! Niemals! Niemals! Aber glaube mir nur, es wacht ein Gott über dir, Caspar! Es kann dir nichts versagt sein, denn du hast die Kaufsumme für das Glück zum voraus entrichtet, die wir andern täglich in kleiner Münze bezahlen müssen. Und bezahlt muß werden, alles muß bezahlt werden, das ist der Sinn des Lebens.«

»Du versprichst also, in einem Jahr wieder dazusein?«

»In einem Jahr.«

Caspar bohrte die Finger in Stanhopes Hand und richtete einen tiefen, seltsam seelenhaften, seltsam stolzen Blick auf den Lord, der seinerseits die Augen senkte, während sein Gesicht steinalt aussah. Als er in sein Zimmer zurückging, begann er plötzlich, leise plappernd das Vaterunser zu beten.

Erst gegen Morgen entschlief er wieder. Als er sich mittags erhob, war Caspar längst auf; er saß am Fenster und schien die Eisblumen zu studieren.

Um ein Uhr verließ er mit ihm das Hotel. Arm in Arm, ein Schaugepränge für die Einwohnerschaft, spazierten sie über den hochliegenden Schnee durch das Herrieder Tor zum Markt. Dort war eine große Versammlung von Bauern und Händlern. Vor dem Portal der Gumbertuskirche blieb Stanhope stehen und forderte Caspar auf, mit hineinzugehen. Caspar zögerte, folgte jedoch dem Grafen in den hohen, schmucklosen, von schwarzem Gebälk überdachten Raum.

Mit raschen Schritten eilte Stanhope zum Altar, warf sich mit den Knien auf die steinernen Stufen, beugte die Stirn herab und verblieb so in vollkommener Unbeweglichkeit.

Caspar, peinlich berührt, schaute sich unwillkürlich um, ob niemand Zeuge dieser demütigen Handlung sei. Aber die Kirche war leer. Warum krüppelt er sich so zusammen, dachte er verstimmt, Gott kann doch nicht im Boden drinnen sein. Allmählich ward ihm bange; das Schweigen des riesigen Raumes strömte bis in seine Brust. Und wie er nun in die Höhe blickte, sah er oben, durch ein geöffnetes Bogenfenster, wie die Sonne mit Macht die winterlichen Nebel zu bewältigen suchte. Da rötete sich sein bläßliches Gesicht zu schüchterner Freude, und das Schweigen in seiner Brust wandelte sich zu einer hinaufziehenden Verehrung.

»O Sonne«, sagte er halblaut und mit einfältiger Inbrunst, »mach doch, daß alles nicht so ist, wie es ist! Mach es doch anders, Sonne! Du weißt ja, wie es ist! Du weißt ja, wer ich bin! Scheine nur, Sonne, daß meine Augen dich immer sehen können, immer wollen dich meine Augen sehen!«

Indem er so sprach, flutete eine goldene Lichtwelle bis auf die kreidigweißen Fliesen, und Caspar, sehr zufrieden, meinte, die Sonne hätte ihm damit auf ihre Weise eine Antwort erteilt.

Man erfährt einiges über Herrn Quandt sowie über eine vorläufig noch ungenannte Dame

Die Übersiedlung Caspars ins Lehrerhaus fand ohne Zwischenfälle statt.

»Nun wohlan denn«, sagte Quandt während der ersten gemeinsamen Mahlzeit, als die Suppenschüssel aufgetragen wurde, »jetzt beginnt für Sie ein neues Leben, Hauser. Hoffentlich ist es ein Leben der Gottesfurcht und des Fleißes. Wenn wir uns lobenswert betätigen und in unsern Gedanken nicht den Schöpfer aller Dinge vergessen, wird unser irdisches Bemühen stets von Erfolg gekrönt sein.«

Nach Tisch mußte Quandt zur Schule, und als er um vier Uhr zurückkam, erkundigte er sich beflissen, was Caspar die Zeit über getrieben habe. Seine Frau konnte ihm nur ungenügenden Bescheid geben, und er tadelte sie deshalb. »Wir müssen aufpassen, liebe Jette«, sagte er, »wir müssen die Augen offen halten.«

In der Tat, Quandt paßte auf. Wie ein emsiger Buchhalter legte er in seinem Innern ein Konto an, um alle Worte und Handlungen seines Pflegebefohlenen zu verzeichnen. Bei dieser umsichtigen Geschäftsführung stellte es sich bald heraus, daß Soll und Haben einander nicht die Waage hielten, daß die Schuldseite nach und nach bedenklich überlastet wurde. Das betrübte den Lehrer aufrichtig; jedoch gab es ein geheimes Winkelchen in seiner Brust, worin er sich dessen freute.

Es war nämlich mit diesem Manne derart beschaffen, daß er in einer merkwürdigen Zweiheit existierte. Der eine Teil war die öffentliche Person, der Bürger, der Steuerzahler, der Kollege, das Familienoberhaupt, der Patriot, der andre Teil war sozusagen der Quandt an sich. Jener war ein Heros der Tugend, eine wahre Mustersammlung von Tugenden, dieser lag versteckt in einer stillen Ecke und belauerte die liebe Gotteswelt. Die öffentliche Person, der Bürger, der Patriot nahm herzlichen Anteil an den allgemeinen Angelegenheiten, wohingegen der Quandt an sich vergnügt die Hände rieb, wenn irgendwo irgendwas passierte: sei es nun ein unerwarteter Todesfall oder nur ein Beinbruch oder die Kaltstellung eines verdienten Beamten oder ein Diebstahl bei einer Vereinskasse oder ein Radschaden an der Postkutsche oder eine kleine Feuersbrunst beim reichen Bauern Soundso oder die skandalöse Heirat der Gräfin Ypsilon mit ihrem Stallburschen. So unverbrüchlich der Steuerzahler, das Familienhaupt, der Kollege seinen Pflichten nachkam, der Quandt an sich hatte etwas von einem Revolutionär und war immer auf dem Posten, um der Weltregierung auf die Finger zu schauen, und stets besorgt, daß keinem mehr Ehre geschah, als er nach genauer Bilanz über seine Verdienste und Mängel, seine Vorzüge und Laster füglich beanspruchen durfte. Der öffentliche Quandt schien zufrieden mit seinem Los, der geheime fand sich allerorten und zu jeder Zeit zurückgesetzt, beleidigt, vor den Kopf gestoßen und in seinen vornehmsten Rechten gekränkt.

Nun sollte man denken, mit zwei so verschieden gesinnten Kostgängern unter einem Dach sei schwer zu wirtschaften. Nichtsdestoweniger kamen die beiden Quandts trefflich nebeneinander aus. Freilich, der Neid ist ein boshaftes Tier, er durchlöcherte manchmal die Scheidewand zwischen den zwei Seelen, und wie oft der stärkste Damm nicht genügt, um eine verheerende Überschwemmung zu verhindern, so brach eben dieser Neid bisweilen ein in die reinlichen, fruchtbaren und wohlbestellten Gefilde des Gottes- und Menschenfreundes Quandt.

Und was gab es doch nicht alles in der Welt, worüber das tückische Untier sich gefräßig hermachen konnte! Da hatte einer einen Orden bekommen, der das ganze Leben lang hinterm Ofen hockte und Maulaffen feilhielt. Dort hatte ein andrer zehntausend Taler geerbt, der schon ohnehin die Woche zweimal Pasteten aß und Moselwein trank; da wurde ein Name lobend in der Zeitung erwähnt, ohne daß man erforschen konnte, ob ihm eine solche Auszeichnung von Rechts wegen zukam; dort hatte ein Ichweißnichtwer eine Entdeckung gemacht, auf die man, hätte man sich zufällig mit dem Gegenstand beschäftigt, leichterdings auch hätte verfallen können. Warum denn der? Warum nicht ich? murrte dann der heimlich aufrührerische Quandt. Es war ein beständiger und unsichtbarer Zweikampf mit dem Schicksal unter der Parole: Warum der andre, warum nicht ich?

Vielleicht litt der gute Quandt unter seiner Abstammung: Sein Vater war Pastor gewesen, mütterlicherseits kam er von Bauern her. Er besaß viel vom Bauern und vom Pastor: sein sehr irdisches Streben war rundherum von Theologie behangen. Dabei war der Bauer dem Pastor beständig im Wege, denn wo hätte man je gehört, daß ein auf Religion und Friedfertigkeit gestimmtes Gemüt rachsüchtig, mißgünstig und ehrgeizig gewesen wäre? Die Wahrheit liebte Quandt über alles, er sagte es, er beteuerte es, und es war auch so. Nichts war ihm offenbar genug, nirgends stimmte die Rechnung, überall hatten die Menschen eine falsche Addition gemacht oder den Kasus verwechselt. Er sagte und beteuerte, daß er niemals in seinem Leben gelogen hatte. Ein bewundernswerter Fall. Und wirklich stand es fest und war nachzuweisen, daß er mit dem einzigen Busenfreund, den er je besessen, einem Schulamtskandidaten in Tauberbischofsheim, deshalb für immer gebrochen hatte, weil er ihm auf eine Lüge gekommen war.

Wie ratlos mußte nun Caspar einer so ernsten Wachsamkeit, einer solchen Vereinigung von seltenen und vorbildlichen Eigenschaften, wie sie der bessere Teil des Lehrers bot, gegenüberstehen. Wir, der Leser und ich, haben darin leichtes Spiel, uns kann man nicht betrügen, uns sind die Kleiderfalten offen, und die Haut über dem Herzen ist uns durchsichtig; wir weilen auf einer höheren Warte, wir sind Seher und Humoristen; wir verfolgen Herrn Quandt, wenn er in einen Krämerladen tritt, mit höflicher Gemessenheit ein halbes Pfund Käse verlangt und dabei mit unruhig-eifrigen Augen die Einkäufe seiner Nebenmenschen, gleichviel ob es Köchinnen oder Generale sind, in seinem Innern notiert; wir hören ihn, wenn er mit dem Oberinspektor Kakelberg spricht und sich mit Schmerz über die zunehmende Verlotterung der Schuljugend beklagt; wir sehen ihn jeden Sonntagmorgen gebürstet, frisiert, gewaschen zum Gottesdienst eilen und mit Bescheidenheit sein Gebetbüchlein aufschlagen; wir wissen, daß er respektvoll gegen Höhere und unnachsichtig gegen Geringere ist, denn sein Pflichtbewußtsein nach beiden Seiten unterliegt keinem Zweifel. Aber wir wissen auch, daß er jeden Abend vor dem Schlafengehen im Nachthemd auf der Kante seines Bettes sitzt und sich mit düsterer Miene erinnert, daß ihn der Regierungsrat Hermann heute ziemlich nachlässig gegrüßt hat. Mit Bedauern nehmen wir von der Tatsache Kenntnis, daß er seine Schüler, selbstverständlich nur die faulen und störrischen, mit einem sorgsam getrockneten spanischen Rohrstock empfindlich zu züchtigen pflegt, und leider dürfen wir nicht verhehlen, daß er seine gutmütige Frau nicht immer so zart und rücksichtsvoll behandelt, wie es vor Fremden geschieht, die nach ihren Beobachtungen ohne weiteres der Ansicht sind, daß diese Ehe als das leuchtende Beispiel eines guten Einvernehmens zwischen Gatten zu betrachten sei.

So war für Caspar, der den Vorteil unserer Allwissenheit und Allgegenwart natürlich nicht genießt, Herr Quandt eine zwar dunkle und unfrohe, aber durchaus imponierende Gestalt. Ein bißchen Alpdruck spürte er jedesmal, wenn Quandt in wunderlich forschendem Ton und mit unabgewandtem Blick zu ihm sprach. Er fühlte sich anfangs bedrückt in dieser gar engen Häuslichkeit, in der man fast nicht einmal mit seinen Gedanken allein sein konnte, und der einzige Trost war, daß der Graf, der schon anfangs Dezember hatte reisen wollen, noch immer in der Stadt war. Stanhope behauptete zwar, auf wichtige Briefe warten zu müssen, in Wirklichkeit harrte er jedoch der Rückkehr des Präsidenten Feuerbach, da ihn das Beginnen des Mannes, der Grund seines Fernseins beunruhigte wie den Wanderer ein drohendes Gewitter.

Auch Caspar hielt ihn, und das in eigner Weise. Er pflegte den Jüngling jeden Nachmittag für eine oder anderthalb Stunden zum Spazierengehen abzuholen. Sie gingen dann gewöhnlich den Weg zum Schloßberg hinauf und gegen das Bernadotter Tal, das in schöner Abgeschiedenheit wie eine Vorhalle zu den finster umschließenden und weitgedehnten Wäldern lag. Caspar empfand einen sehr wohltuenden Einfluß von der Bewegung in der kalten, meist frostklaren Luft.

Ihre Gespräche strebten stets von einem unverbindend persönlichen Punkt aus ins Allgemeine, wo das zu Sagende gefahrlos wurde und doch das Lehrhafte wie das Erzählende nicht den Reiz einer anmutenden Vertraulichkeit entbehrte. Es schien dem ein Übereinkommen zugrunde zu liegen, ein Friedensschluß vor einer dumpf gefühlten Wandlung, welche die vergangene Schönheit ihres Verhältnisses vollends zerstören mußte. So gingen sie dahin, anzusehen wie Freunde, in einer ihrem Schicksalskreis fremden Region aufrichtig einander ergeben, den Unterschied der Jahre und der Erfahrung ausgleichend durch ein williges Schenken von der einen und ein nicht minder williges Empfangen von der andern Seite.

Der Lord fand sich durch diese Form eines Verkehrs lebhaft angezogen, ja im wahrsten Sinn ergriffen. Durfte er sich doch auch einmal wieder unbefangen fühlen, ohne Joch, von keiner Peitsche zu ausbedungenem Ziel gezwungen, in sich selber ruhend, betrachtsam und nicht ohne Wehmut überschauend, wie das Leben in seiner Brust gehaust und was es dem zwecklos spielenden Geist übriggelassen, der ja das eigentliche Element ist, in welchem der Mensch den Menschen erkennt. Er ging über die Tiefen seines Daseins hin wie über eine gebrechliche Brücke, die der leichteste Windhauch in den Abgrund stürzen kann.

Am liebsten redete er über Menschenlos und Menschendinge: erzählte, wie der begonnen, wie jener geendet, was diesen ins Unheil gestürzt und jenen zu Ansehen verholfen; wie er einen im Glück gewahrt, an der Tafel des Königs schwelgend, und wie selbiger zwei Jahre später in einer Dachkammer elend krepiert war. Ungleich ging es zu auf Erden. In schwer erklimmbarer Höhe blühten die Blumen, nichts sicher, nichts von Bestand, nirgends Verlaß. Gewisse Regeln durften nicht unbeachtet bleiben, nach welchen das Wirken des einzelnen sich zu fügen hatte. Stanhope erwähnte das Buch des Lord Chesterfield, eines Vorfahrs und weitläufigen Verwandten, der in berühmten Briefen an seinen Sohn gar treffliche Maximen gegeben hatte; ganze Seiten daraus wußte er aus dem Gedächtnis herzusagen. Derselbe Chesterfield habe, um den Ahnenstolz des Adels zu verspotten, in seinem Schloß zwei Bilder aufhängen lassen, einen nackten Mann und ein nacktes Weib, und darunter geschrieben: Adam Stanhope, Eva Stanhope.

Der Graf gab seiner Überraschung darüber oft drastischen Ausdruck, einen wie klugen Kopf er in Caspar bei aller Einfalt und Schweigsamkeit entdeckte: immer zutreffend im Widerpart, durchaus weltlich gestimmt, in Frage und Antwort aus erster Hand, das Gegensätzliche mühelos erfassend und phantasievoll verknüpfend.

Die Wandlung kam bald. Ein unbedeutender Anlaß führte sie herbei.

Eines Tages, während der Rückkehr nach der Stadt, sprach sich Stanhope darüber aus, wie fruchtbar es für die innere Haltung eines Menschen sei, wenn er seine Erlebnisse nicht leichtsinnig vorüberfließen lasse, sondern sie moralisch zu nützen suche, indem er durch schriftliche oder mündliche Mitteilung den Stoff seines Nachdenkens bereichere. Caspar fragte, wie er das meine. Statt der Antwort stellte der Graf, den dieser Umstand längst beunruhigte, die lauernde Gegenfrage, ob Caspar noch ein Tagebuch führe.

Caspar bejahte.

»Und willst du mir nicht gelegentlich daraus vorlesen?«

Caspar erschrak, überlegte und antwortete zögernd, ja, er wolle es tun.

»So nehmen wir die gute Stunde wahr und machen uns gleich daran«, sagte Stanhope. »Ich wünsche nur einen ungefähren Einblick zu erhalten und bin neugierig, wie du so etwas anpackst.«

Zu Hause angelangt, begleitete der Lord Caspar auf dessen Zimmer und nahm, der Erfüllung des Versprechens gegenwärtig, auf dem Kanapee Platz. Im Ofen prasselte Feuer; draußen herrschte seit dem Mittag starker Tauwind; es dämmerte schon, die Hügel waren violett umschleiert.

Caspar machte sich unter seinen Büchern zu schaffen, doch Minute auf Minute verging, ohne daß er sich im geringsten anschickte zu tun, was Stanhope erwartete.

»Nun, Caspar«, meldete sich endlich ungeduldig der Graf, »ich bin bereit.«

Da gab sich Caspar einen Ruck und sagte, er könne nicht.

Stanhope sah ihn groß an. Caspar schlug die Augen nieder. Das Tagebuch sei unter vielen andern Sachen versteckt, und es sei unbequem, es zu erreichen, murmelte er stokkend.

»So, so«, versetzte der Lord und lachte fast lautlos durch die Nase. »Wie flink du in Ausflüchten bist, Caspar; ich hätte nicht geglaubt, daß du so flink in Ausflüchten bist. Ei, sieh doch!«

In diesem Moment klopfte und scharrte es an der Tür, der Lord rief, und die Gestalt Quandts schob sich langsam ins Zimmer. Er tat erstaunt, den Herrn Grafen hier zu finden, und fragte, ob Seiner Lordschaft eine kleine Erfrischung gefällig sei. Der Lord dankte stumm und heftete den Blick fortgesetzt auf Caspar.

Quandt merkte gleich, daß da etwas auf der Pfanne brodelte. Er erkundigte sich, ob Seine Herrlichkeit Anlaß habe, mit dem Hauser unzufrieden zu sein. Stanhope entgegnete, er habe allerdings einigen Grund, sich zu ärgern, und in kurzen Worten teilte er dem Lehrer mit, worum es sich handle. Hierauf, zu Caspar gewandt, sagte er laut und markiert: »Wenn es von vornherein nicht in deiner Absicht lag, mir von deinen Intimitäten Kenntnis zu geben, so hättest du es nicht versprechen dürfen. Und wenn du dein Versprechen bereut hast, so durftest du es schicklich wieder zurücknehmen. Aber statt dessen zu einer solchen«, eine beredte kleine Pause, »Ausflucht zu greifen, das scheint mir deiner und meiner nicht würdig.«

Er erhob sich und verließ das Zimmer. Quandt folgte ihm. Unten im Flur blieb Stanhope stehen und fragte den Lehrer kurz angebunden, ob er sich in der verflossenen Zeit schon ein Urteil über die Fähigkeiten und den guten Willen Caspars gebildet habe.

»Eben wollte ich Eure Lordschaft ergebenst ersuchen, mir zur Besprechung dieses Punktes eine Viertelstunde Gehör zu schenken«, erwiderte Quandt. Er nahm das Öllämpchen vom Nagel und bekomplimentierte den Lord in sein Studio. Indes sich Stanhope in den Lederstuhl setzte, Bein auf Bein kreuzte und gelangweilt in die Luft starrte, ramschte Quandt seine Notizblätter zusammen und sagte, er habe Hauser gleich vom ersten Tag an tüchtig vorgenommen, ihm diktiert, ihn lesen und rechnen lassen, die deutsche und lateinische Grammatik abgefragt, alles aus dem Gröbsten und nur des Überblicks halber.

»Und das Ergebnis?« fragte Stanhope, wobei die Langeweile seine Nasenflügel auseinander dehnte.

»Das Ergebnis? Leider ziemlich trostlos, leider!«

Es mußte ein Schmerz für Herrn Quandt sein, denn in diesem »leider« lag ein tiefgefühlter Ton. Es mußte ein Schmerz für ihn sein, daß Caspars Handschrift soviel zu wünschen übrigließ. »Er hat nichts Freies und Zügiges in seiner Hand, und mit der Orthographie steht er auf gespanntem Fuß«, sagte er. Es mußte ein Schmerz für Quandt sein, wenn ein Mensch den Dativ nicht in allen Fällen vom Akkusativ unterscheiden konnte. »Von der funktionellen Bedeutung des Konjunktivs hat er nicht die geringste Vorstellung«, sagte Quandt und fuhr fort: »Im sprachlichen Ausdruck scheint er nicht ungewandt, hier ragt er sogar über seine sonstige Bildungsstufe hinaus, und er kennt die Sätze und ihre Verbindungen so weit, daß er den Punkt, das

Kolon, das Anführungs-, Frage- und Ausrufungszeichen genau und das sogar von Sprachforschern so verschieden in Anwendung gebrachte Semikolon manchmal richtig zu setzen weiß.«

Immerhin ein Lichtstrahl. Hingegen die Arithmetik, o weh! Er beherrscht die vier Grundrechnungen in gleichbenannten Zahlen noch nicht mit Sicherheit. »Eine Null wird für ihn bald da, bald dort zum unüberwindlichen Hindernis«, sagte Quandt. Die Lehre von den Brüchen, vom Kettensatz, von den einfachen und zusammengesetzten Proportionen: ein hoffnungsloses Dunkel. »Erstaunlicherweise arbeitet er jedoch in diesen Dingen am willigsten«, sagte Quandt.

»Wie erklären Sie sich das?« erkundigte sich der Lord mit der Neugierde eines Verschlafenen, den man an den Füßen kitzelt.

»Ich erkläre mir das so: Jedes Exempel stellt sich als ein für sich bestehendes Ganzes dar. Ein solches zu gestalten, dazu hat er immer Lust und Verlangen, und es macht ihm Spaß, wenn er es vollendet sieht. Was ihn aber lange beschäftigt, erregt sein Mißbehagen und kann ihn sogar zu allerlei unwahren Entschuldigungen veranlassen. Daher zeigt er sich auch verdrießlich bis zum Zorn, wenn er ein leichtes Exempel falsch gerechnet hat und den Fehler der Oberflächlichkeit nicht finden kann.«

Weiter, weiter: Geschichte, Geographie, Malen, Zeichnen? Was die Geschichte betreffe, so habe Quandt noch niemals und bei keinem Menschen eine ähnliche Gleichgültigkeit gefunden, sowohl gegen vaterländische Begebenheiten wie gegen welthistorische Fakta, gegen Monarchen, Staatsmänner, Schlachten, Umwälzungen, Helden und Entdecker. »Nur die Anekdote fesselt ihn, ein Geschichtlein, damit kann man ihn ködern.« Traurig! Und die Geographie? »Auf der Erdkugel fühlt er sich keineswegs zu Hause«, sagte Quandt. »Auch ist er oft zerstreut; er merkt nicht auf. Die nürnbergische Schwärmerei über sein wunderbares Gedächtnis ist mir ein Rätsel, ein unsagbares Rätsel, Mylord.«

Mylord hatte genug. Vom Malen und Zeichnen wollte Mylord nichts mehr wissen; er unterbrach den Lehrer, der Proben zeigen wollte, und warf ein, daß ihm die Ausbildung in diesen Nebenfächern zwar wünschenswert erscheine, daß er aber kein großes Gewicht darauf lege.

»Wünschenswert, jawohl«, versetzte Quandt, »und das Wünschenswerte sollte doch gepflegt werden. Der Geist eines Menschen ist wie ein Zuchtgarten, in welchem das Schöne und das Nützliche nebeneinander gedeihen dürfen. Ich glaube, der mächtigste Ansporn für den Hauser ist seine Eitelkeit. Wenn man es versteht, seine Eitelkeit zu befriedigen, kann man ihn zu allem haben. Noch eine Frage, Mylord, haben Sie besondere Wünsche wegen des Religionsunterrichts? Ich habe schon mit Herrn Pfarrer Fuhrmann gesprochen, der sich erboten hat, zweimal wöchentlich Caspar eine Stunde zu geben. Die Bibel habe ich selbst mit ihm durchzunehmen begonnen.«

Stanhope hatte nichts dawider. Er wollte aufbrechen, aber mit verlegenem Stottern brachte Quandt jetzt das Quartiergeld aufs Tapet, seine Frau liege ihm über die zunehmende Teuerung am Hals. Der Lord, ganz Seigneur, bewilligte kurzerhand einen Zuschuß. Es wurde vereinbart, daß Caspar einen Mittagstisch für zwölf und einen Abendtisch für acht Kreuzer erhalten solle.

Um den übeln Eindruck dieser Erörterung zu verwischen, die ihn beschämte und demütigte, äußerte Quandt den Wunsch, Seiner Lordschaft nach deren Abreise periodischen Bericht über die Fortschritte Caspars zu senden. Stanhope schon völlig ergeben, stellte dies seinem Belieben anheim. »Es wäre ratsam«, schlug Quandt vor, »Hausers Briefe an Eure Herrlichkeit zugleich als Stilübungen zu betrachten. Ich könnte, ohne natürlich am Gedanken etwas zu verändern, die Hauptfehler korrigieren und mit roter Tinte eine Zensur darunter schreiben. So hätten Sie immer ein Bild seiner derzeitigen Fähigkeiten.«

Stanhope fand diesen Gedanken unvergleichlich. Sie traten nun in den Flur, Quandt trug wieder das Öllämpchen voran. Auf einmal prallte er zurück und hielt das Lämpchen hoch. Am Stiegengeländer stand eine dunkle Gestalt. Es war Caspar.

Aha, der hat gehorcht, fuhr es Quandt durch den Kopf. Er drehte sich um und sah den Lord beziehungsvoll an.

Caspar trat auf Stanhope zu und bat ihn mit bewegter Stimme, noch einmal auf sein Zimmer zu kommen. Der Graf antwortete kalt, er habe wenig Zeit, Caspar möge sein Anliegen hier vorbringen. Caspar schüttelte den Kopf. Der Lord dachte, Caspar habe sich eines Besseren besonnen, er stellte sich, als ob es ihn Überwindung koste, dem Wunsch zu willfahren, dann ging er mit kleinen, wie gezählten Schritten die Stiege hinan. Quandt folgte unaufgefordert und blieb im Zimmer oben als stumme Person neben der Tür stehen.

Caspar sagte, er wolle dem Lord das Tagebuch gerne zeigen, aber dieser möge ihm versprechen, nichts darin zu lesen.

Der Lord verschränkte die Arme über der Brust. Dies wurde ihm denn doch zu bunt. Aber er antwortete mit der Ruhe einer vollendeten Selbstbeherrschung: »Du kannst mir wohl glauben, daß ich ohne deine Einwilligung nicht in deine Privatangelegenheiten dringen werde.«

Caspar öffnete die Schublade des Kommodekästchens und hob den Zipfel eines Seidentüchleins, unter welchem das blaue Heft lag. Der Graf näherte sich und blickte in wortloser Befremdung bald auf das Heft, bald auf Caspar. »Was für eine kindische Zeremonie!« stieß er finster heraus. »Ich hatte nicht die geringste Begierde geäußert, deinen papiernen Schatz zu sehen. Soviel ich weiß, wolltest du mir daraus vorlesen, mit Flunkereien bitte ich mich zu verschonen.«

Auch Quandt war nun herangekommen, und mit zweifelnden Blicken maß er das mysteriöse Heft. Caspar schaute währenddessen, auch indes der Lord das Zimmer schweigend verließ, mit einem chinesisch-schiefen, schiefbesinnenden Blick vor sich hin, einem Blick der Versunkenheit und Jenseitigkeit, wie ihn manche Köpfe auf sehr alten Bildern haben.

»Wenn ich meine unmaßgebliche Meinung äußern darf«, sagte Quandt, der den Grafen zum Tor begleitete, »so muß ich gestehen, ich glaube nicht an dieses Tagebuch. Ich glaube nicht, daß ein Charakter wie der des Hauser von sich selbst aus den Antrieb findet, ein Tagebuch zu führen. Ich kann mir nicht helfen, Mylord, aber ich glaube nicht daran.«

»Ja, denken Sie denn, daß er uns da bloß leeres Papier gezeigt hat?« versetzte Stanhope schroff.

»Das nicht, aber ...«

»Was also?«

»Je nun, man muß der Sache nachgehen, man muß sich damit beschäftigen, man muß sehen, was dahintersteckt.«

Stanhope zuckte die Achseln und ging. Er hatte gehofft, aus den Aufzeichnungen des Jünglings manches über sich selbst zu hören. Dies lockte. Er wußte, daß er dort auf einem hohen Postament stand und daß er vergöttert worden war; es ist schön, vergöttert zu werden, wie wenig Ähnlichkeit man auch mit einem Gott haben mag, und wenngleich das Götterbild vom Sockel gestürzt war, um seine Trümmer mußte noch eine reizende Romantik blühen. Dies lockte. An das Verräterische des Büchleins dachte er nicht, wollte er nicht denken, damit mochten sich die Schergen abfinden.

Trotzdem begab er sich am nächsten Mittag ins Lehrerhaus, trat in Caspars Zimmer und forderte kurz und streng von dem Jüngling die Ablieferung der Briefe, die er ihm während ihrer Trennung nach Nürnberg geschrieben. Caspar gehorchte, ohne zu fragen. Die Briefe, es waren nur drei, darunter der gefährliche, geschwätzige, den der Graf zu fürchten hatte, lagen in einer besonderen Mappe in einer Hülle von Goldpapier. Stanhope zählte sie nach, steckte sie in die Brusttasche und sagte dann etwas milderen Tons: »Du holst mich heute abend um acht Uhr vom Hotel ab. Wir sind aufs Schlößchen zu Frau von Imhoff geladen. Zieh dich gut an.«

Caspar nickte.

Stanhope schritt zur Tür. Die Klinke in der Hand, drehte er sich noch einmal um: »Morgen reise ich.« In der Krümmung seines Mundes lagen Überdruß und Grauen. Ihm graute plötzlich vor dieser Stadt und vor ihren Menschen, ihm graute vor etwas, das er wie eine höllische Unholdfratze über sich in der Luft hängen sah und dem er durch die Geschwindigkeit seiner Pferde zu entrinnen hoffte. Den Präsidenten zu erwarten hatte er aufgegeben, denn Feuerbach hatte seinem Stellvertreter geschrieben, er käme erst nach Neujahr.

»Morgen schon?« flüsterte Caspar betrübt; und nach einer Pause fügte er scheu hinzu: »Was abgemacht ist, das gilt aber?«

»Was abgemacht ist, das bleibt bestehen.«

Die Einladung der Imhoffs war zugleich eine Abschiedsfeier für den Grafen. Es waren gebeten: der Regierungspräsident Mieg, der Hofrat Hofmann, der Direktor Wurm, Generalkommissär von Stichaner mit Frau und Töchtern und einige andre Herrschaften; alle kamen in großer Gala. Man war sehr gespannt auf Caspars erstes Erscheinen in der hiesigen Gesellschaft.

Sein Auftreten enttäuschte nicht. Wie fetierte man ihn, bemühte man sich um ihn; man sagte ihm Komplimente, die lächerlichsten Komplimente, lobte seine kleinen Ohren und schmalen Hände, fand, daß ihm die Narbe auf der Stirn, die vom Schlage des Vermummten herrührte, interessant zu Gesicht stehe, bestaunte seine Reden und sein Schweigen und wähnte damit den Lord zu entzücken, der sich jedoch über eine gemessene Höflichkeit hinaus nicht verpflichtete und dem überschwenglichen Wesen der Damen seinen verbindlichsten Sarkasmus entgegensetzte.

Nachdem die Tafel aufgehoben war, erschien der Kämmerling des Lords und brachte ein Paket, welches in ungefähr einem Dutzend Exemplaren das in Kupfer gestochene Porträt Stanhopes enthielt, worauf er in Pairstracht mit der Grafenkrone dargestellt war. Er verteilte die Bilder an »die lieben Ansbacher Freunde«, wie er mit bezauberndem Lächeln sagte.

Das Kunstwerk erfuhr die lauteste Bewunderung, sowohl in bezug auf die Ähnlichkeit wie auf die Ausführung. Als jeder seinen Dank gezollt, kam das Gespräch auf Bilder überhaupt, und es entstand eine Meinungsverschiedenheit darüber, ob man aus den Zügen eines Porträts auf die Charaktereigenschaften der betreffenden Person schließen könne. Der Hofrat Hofmann, als der negative Geist, der er überhaupt war, bestritt es mit großer Lebhaftigkeit und mit Aufwand von vielen Gründen. Er sagte, jedes Bildnis gebe schließlich doch nur eine Essenz der besten oder einschmeichelndsten oder am offensten sich darbietenden Eigenschaften, es komme dem Maler oder Stecher nur darauf an, einen besonderen, seinem Kunstwesen verwandten Zug bis zur vorgesetzten Wirkung zu übertreiben, so daß von der wahren Art des betreffenden Menschen kaum noch etwas übrigbleibe. Dem wurde heftig widersprochen. Das hänge ja vor allem von dem Genie des Künstlers ab, wurde erwidert, und Lord Stanhope, der die Äußerung des Hofrats bei diesem Anlaß als einen Mangel an Delikatesse empfinden mußte, ereiferte sich sehr gegen seine sonstige Gepflogenheit und behauptete, er seinerseits getraue sich aus jedem Bildnis, wen es auch darstelle und von wessen Hand auch immer es gefertigt sei, die seelische Beschaffenheit der abgebildeten Person zu erraten.

Bei diesen Worten lächelte die Hausfrau bedeutungsvoll. Sie verschwand in einem Nebenraum und kehrte alsbald mit einem goldgerahmten ovalen Ölbild zurück, das sie, noch immer lächelnd, in kurzer Entfernung von dem Grafen aufrecht auf den Tischrand stellte. Die Gäste drängten sich herzu, und fast von allen Lippen erscholl ein Ausruf der Bewunderung.

Es war ein äußerst lebendig und natürlich gemaltes Bild, welches eine junge Frau von verblüffender Schönheit darstellte: ein Gesicht weiß wie Alabaster und überhaucht von zartem Rosenrot; klare und ebenmäßige Züge, einen Blick, dem offenbar die Kurzsichtigkeit etwas Poetisches und Schüchternes gab, und im ganzen der Physiognomie ein himmlisches Leuchten von Gefühl.

»Nun, Mylord?« fragte Frau von Imhoff schelmisch.

Stanhope nahm eine neunmalweise Miene an und ließ sich vernehmen: »Wahrlich, in diesem Geschöpf verbindet sich orientalische Weichheit mit andalusischer Grazie.«

Frau von Imhoff nickte, als ob sie das Gesagte vortrefflich fände. »Schön, Mylord«, meinte sie, »wir wollen etwas über den Charakter der Dame wissen.«

»Oh, man will mich attrappieren!« versetzte Stanhope heiter. »Nun gut. Ich denke, es ist das eine Frau, welche jede Art von Leiden oder Ungemach mit außerordentlicher Langmut zu ertragen versteht. Sie ist sanft, sie ist gottesfürchtig, sie liebt den idyllischen Frieden des Landlebens, ihre Neigungen gehören den schönen Künsten.«

Frau von Imhoff konnte nicht mehr an sich halten und brach in belustigtes Lachen aus. »Ich bin sicher, Graf, daß Sie nur, um mich zu necken, eine so falsche Deutung unternommen haben«, sagte sie.

Der Hofrat machte ein mokantes Gesicht, Stanhope errötete. »Wenn ich mich blamiert habe, so belehren Sie mich eines Bessern, gnädige Frau«, antwortete er galant.

»Um das zu können, müßte ich Ihre Geduld länger als wünschbar in Anspruch nehmen«, sagte Frau von Imhoff plötzlich ernst. »Ich müßte Ihnen von dem ungewöhnlichen Schicksal dieser Frau erzählen, die meine beste Freundin ist, und ich würde Gefahr laufen, die gute Stimmung zu zerstören, in der Sie alle sich befinden.«

Aber man wollte sich nicht damit zufriedengeben, und Frau von Imhoff mußte schließlich dem allgemeinen Drängen willfahren.

»Meine Freundin kam als Mädchen von achtzehn Jahren an den Hof einer mitteldeutschen Residenz«, begann sie mit einer reizenden Befangenheit. »Sie war vater- und mutterlos und in ihrer Existenz ganz auf ihren Bruder angewiesen. Dieser Bruder, ich will ihn der Kürze wegen den Freiherrn nennen, galt trotz seiner Jugend, er war nur um zehn Jahre älter denn seine schöne Schwester, für einen Mann von hervorragenden Talenten. Der Fürst, obwohl schwächlich und ausschweifend, wußte seine Fähigkeiten vollauf zu würdigen, gab eine der höchsten Stellen des Landes unter seine Verwaltung und überhäufte ihn mit Ehren und Auszeichnungen. Doch nahm der Freiherr an den Vergnügungen des Hofes nur insofern teil, als er die Schwester in die Salons und Gesellschaften des Adels einführte, und er hatte auch die Genugtuung, daß sie nicht nur durch ihre Schönheit, sondern auch durch Geist, Anmut und ein selten befeuertes Naturell der Mittelpunkt jedes Kreises wurde, in dem sie sich sehen ließ.

Eines Tages nun wurde das ruhige Zusammenleben der beiden Menschen auf eine furchtbare Weise zerstört. Fast zufällig machte der Freiherr die Entdeckung, daß in der Finanzverwaltung des Landes ganz ungeheuerliche Unterschleife stattgefunden hatten, es handelte sich um viele Hunderttausende von Talern, und daß der Fürst selbst, in Bedrängnis geraten durch eine arge Mätressen- und Protektionswirtschaft, bei diesen zum Nachteil des Volkes ausgeführten Manipulationen beteiligt war. Der Freiherr wußte sich keinen Rat. Er vertraute sich der Schwester an. Diese sagte ihm: ›Hier gibt es kein Schwanken, geh zum Fürsten und mach ihn ohne Rücksicht auf die Schwere eines solchen Verbrechens aufmerksam.‹ Es geschah, der Fürst geriet in Zorn, wies dem jungen Mann die Tür und deutete ihm an, daß er seinen Abschied zu nehmen habe. Als der Freiherr seiner Schwester von dem unerwarteten Ausgang seines Unternehmens Mitteilung machte, drängte sie ihn, die Geschichte vor die versammelten Landstände zu bringen. Auch dazu erklärte sich der Freiherr bereit, eröffnete sich aber vorher noch einem seiner Freunde, der den Entschluß zu billigen schien. Derselbe Freund schrieb ihm am nächsten Abend ein Briefchen, worin er ihn dringlichst aufforderte, einer wichtigen Besprechung halber sogleich in ein nahe der Stadt gelegenes Lusthaus zu kommen. Ohne Zögern folgte der Freiherr dem Ruf, ließ, trotzdem es schon spät und die Nacht finster war, sein Pferd satteln und ritt davon.

Seit dieser Stunde wurde er nicht mehr gesehen. Einige Leute wollten gegen Mitternacht in der Nähe jenes Lusthauses Schüsse gehört haben, aber wie dem auch sein mochte, der Freiherr war verschwunden, und was mit ihm geschehen war, blieb ein unerklärtes Rätsel. Den Schmerz der Schwester kann man sich denken. Doch vom ersten Tag an verschmähte sie es, diesem Schmerz sich hinzugeben, und entfaltete eine erstaunliche Tätigkeit. Da sie nach und nach den Tod des Bruders glauben mußte, setzte sie alles daran, um wenigstens seinen Leichnam ausfindig zu machen. Sie nahm Arbeiter auf, die in der Umgebung des Lusthauses wochenlang die Erde aufgraben mußten, mit Güte, mit List, mit Drohungen beschwor sie den angeblichen Freund des Bruders zu reden, wenn er etwas wisse; es war umsonst, er behauptete, nichts zu wissen. Niemand wollte etwas wissen. Sie warf sich dem Fürsten zu Füßen, der sie huldvoll anhörte und, anscheinend selbst ergriffen, alles zu tun versprach, um der Sache auf die Spur zu kommen. Es war umsonst. Einige Tage darauf erkrankte sie, ohne Zweifel durch Gift. Der Versuch wiederholte sich. Plötzlich aber starb der Fürst an einem Schlagfluß. Ihres Bleibens an jenem schrecklichen Ort war nun nicht mehr. Sie begann zu reisen und suchte an allen kleinen und großen Höfen Deutschlands, später sogar in London und Paris Minister, Monarchen und Männer der Öffentlichkeit zu gewinnen, um Sühne oder wenigstens Aufklärung zu erlangen. Stellen Sie sich das Leben vor«, fuhr Frau von Imhoff fort, »das meine Freundin auf solche Weise länger als drei Jahre führte, immer unterwegs, immer in Hast, mit beständigen Widerwärtigkeiten kämpfend. Ein großer Teil ihres Vermögens ging nach und nach durch ihre fruchtlosen Anstrengungen verloren. Als sie nun endlich einsehen mußte, daß sie nichts erreichen würde, daß die Verbrüderung der Schlechten und Gleichgültigen zu mächtig ist, entsagte sie mit derselben Entschlossenheit, die sie bisher an den Tag gelegt, allen weiteren Versuchen, zog in eine kleine Universitätsstadt und warf sich mit einem wunderbaren Eifer auf das Studium der Politik, der Jurisprudenz und der Nationalökonomie. Nicht als ob sie sich damit gegen die Welt verschloß, ganz im Gegenteil. Sie hatte ihre private Sache mit einer öffentlichen vertauscht. Ihre glühende Seele, für den Gedanken der Völkerfreiheit und der Menschenrechte entflammt, suchte Betätigung. Vor zwei Jahren heiratete sie einen unbedeutenden und keineswegs geliebten Mann. Es geschah deshalb, weil sich der Mann, dem sie sich schon geweigert hatte, aus Leidenschaft zu ihr im Bade die Adern geöffnet hatte. Er wurde gerettet, und sie nahm ihn. Doch wurde die Ehe schon nach wenigen Monaten in friedlichem Einverständnis gelöst, der Mann ist nach Amerika gegangen und Farmer geworden. Meine Freundin fing abermals ihr merkwürdiges Wanderleben an. Ich habe Briefe von ihr bald aus Rußland, bald aus Wien, bald aus Athen, seit einigen Monaten weilt sie in Ungarn. Überall untersucht sie die Lage der Bauern und die Not des arbeitenden Volkes, nicht etwa nur oberflächlich und empfindsam, sondern mit sachlicher Gründlichkeit. Ihr profundes Wissen und ihre Kenntnis der Gesetze, Verfassungen und öffentlichen Einrichtungen hat schon manchem gelehrten Herrn Bewunderung abgezwungen. Sie ist heute fünfundzwanzig Jahre alt und sieht fast immer noch so aus wie auf diesem Bild, das vor sechs Jahren gemalt wurde. Nach alledem werden Sie mir wohl glauben, Mylord, daß bei ihr von orientalischer Weichheit und sanfter Leidensdemut nicht wohl die Rede sein kann. Sanft ist sie, ja, sie ist sanft, aber ganz anders, wie man sich das gewöhnlich vorstellt. Ihre Sanftmut hat etwas Freudiges und Tätiges, denn es ist in ihr ein kühner Geist und ein erhabenes Vertrauen zu allem, was menschlich ist. Immer ist ihr die Gegenwart das Höchste.«

Ein lautloses Schweigen bezeugte der Erzählerin die tiefe Wirkung, die sie hervorgerufen. Und ist es denn nicht prächtig, ist es nicht prächtig spannend und angenehm gruselig, sich dergleichen im wohldurchheizten, hellerleuchteten Zimmer vorerzählen zu lassen? Der Mann am Kamin reibt sich gemütlich die Hände, wenn es draußen stürmt und wettert. Dem Mann am Kamin verursacht es ein süß prickelndes Behagen, wenn er sich vorstellt, daß draußen einige Leute ohne Überzieher und Handschuhe herumspazieren. Er, der Mann am Kamin, ist sogar imstande, mit solchen Unglücklichen auf das lebhafteste zu sympathisieren.

Caspar war, als Frau von Imhoff zu sprechen angefangen, etwas außerhalb des Zuhörerkreises gesessen, dann hatte er sich langsam erhoben, war näher gekommen, bis er an ihrer Seite stand, und hatte wie verzaubert auf ihren redenden Mund geblickt. Jetzt, da sie fertig war, lachte er plötzlich. Die Züge kamen in Bewegung und erhielten etwas unendlich Anziehendes. Frau von Imhoff gestand später, daß ihr ein solcher Ausdruck kindlicher Freude noch nirgends vorgekommen sei; ja, es glich dem Lachen eines kleinen Kindes, nur daß sich eine höhere und reinere Kraft des Bewußtseins darin zu erkennen gab und die Empfindung seines Innern mit den stärksten Farben malte. Die Umsitzenden waren neugierig, was er sagen würde, und beugten sich vor, doch er stellte nur eine zaghafte Frage: »Wie heißt denn die Frau?«

Frau von Imhoff legte den Arm um seine Schulter und antwortete, gütig lächelnd, das zu verraten stehe ihr jetzt nicht zu, später vielleicht werde er es erfahren, auch an ihm nehme sie herzlichen Anteil.

Er blieb nachdenklich. Auch als die Geselligkeit wieder geräuschvoller wurde und das jüngste Fräulein von Stichaner am Klavier Lieder sang, behielt er seinen schiefbesinnenden Blick. Sonderbar wurde sein Gefühl durch das so beweglich geschilderte Schicksal jener Unbekannten nach außen getrieben, und wie durch den Wink eines unsichtbaren Geistes öffnete sich zum erstenmal sein Herz den Leiden eines andern Ichs, einer fremden Existenz. Es kann doch nicht so mit den Frauen beschaffen sein, wie ich's mir immer eingebildet habe, dachte er.

Das gab ihm zu denken. An irgendeinem Punkt erzitterte auf einmal der Bau der Welt, und ein zwiefaches Antlitz zeigten die Kreaturen: das eine wohlvertraut und nicht geliebt, das zweite unfaßbar wie Schatten, fern wie der Mond, verschwistert beinahe dem der nie gesehenen Mutter.

Auf der Brücke zwischen Abend und Abend schreitet das Leben; was es heute schenkt, wird morgen Besitz. Ohne diese Stunde hätte ein Ereignis der folgenden Nacht, bei dem er nur der flüchtige und kaum bemerkte Zeuge war, nicht so gewaltig in sein Inneres gewuchtet, daß er tagelang danach sich in der schmerzlichsten Verwirrung befand.

Joseph und seine Brüder

Als Abschiedsgabe erhielt Caspar vom Lord zwei Paar Schuhe, eine Schachtel mit Brüsseler Spitzen und sechs Meter feinen Stoff zu einem Anzug. Nachdem er schon den ganzen Vormittag mit ihm verbracht, kam Stanhope nach Tisch ins Quandtsche Haus, um Caspar Lebewohl zu sagen. Um halb vier fuhr der Wagen vor. Caspar geleitete den Grafen auf die Gasse. Er war bleich bis in die Augen. Dreimal umarmte er den Scheidenden und biß die Zähne zusammen, um nicht aufschreien zu müssen, war es doch ein Stück seines innigsten Seins, das sich grausam von ihm trennte – für immer, das fühlte er wohl, ob er den so teuer gewordenen Mann wiedersah oder nicht. Mit ihm nahm er Abschied von der Unschuld seligsten Vertrauens und von der Süßigkeit schöner Wünsche und Täuschungen.

Auch der Lord war zu Tränen gerührt. Es entsprach seiner reizbaren Natur, sich bei solchen Anlässen einer wohltätigen Gemütserschütterung zu überlassen. Sein letztes Wort klang wie ein Schutz vor Selbstvorwürfen, als wolle er geschwind noch ins Schicksalsrad greifen und die Speichen zurückdrehen. Die Kutsche war schon im Fahren, da rief er Quandt und dem Polizeileutnant Hickel, die beide am Tor standen, mit feierlich hochgezogenen Brauen zu: »Bewahrt mir meinen Sohn!«

Quandt drückte die Hände beteuernd gegen seine Brust. Das Gefährt rollte gegen die Crailsheimer Straße.

Fünf Minuten später erschienen Herr von Imhoff und der Hofrat Hofmann. Sie mußten zu ihrem Leidwesen erfahren, daß sie die Zeit verpaßt hatten. Um Caspar seiner Traurigkeit zu entreißen, forderten sie ihn zu einem Spaziergang in den Hofgarten auf, ein Vorschlag, dem der Lehrer eifrig zustimmte. Hickel bat, sich anschließen zu dürfen.

Kaum waren die vier Personen um die nächste Ecke gebogen, als Quandt rasch ins Haus zurückeilte und seiner Frau einen Wink gab, die ihm, ohne zu fragen, weil das Unternehmen verabredet war, in den oberen Flur folgte, wo sie sich bei der Treppe als Schildwache aufstellte. Quandt seinerseits machte sich nun daran, das Tagebuch zu suchen. Er hatte sich zu dem Ende ein zweites Paar Schlüssel anfertigen lassen und konnte damit die Kommode und den Schrank öffnen. In der Kommodeschublade fand er nichts, das blaue Heft war nicht mehr darin. Aber auch den Schrank durchstöberte er vergeblich, die Kleider, die Tischlade, die Bücher, das Kanapee. Vergeblich kroch er in jeden Winkel, es war nichts zu finden.

Erschöpft trocknete er sich den Schweiß von der Stirn und rief seiner Frau durch die offene Tür zu: »Siehst du, Jette, was ich immer sage: Der Kerl hat's faustdick hinter den Ohren!«

»Ja, ja, er ist falsch wie Bohnenstroh«, erwiderte die Frau, »und lauter Scherereien macht er einem.« Sie schimpfte bloß ihrem Mann zu Gefallen, denn im Grund hatte sie den Jüngling gern, weil noch nie ein Mensch sich so höflich und gut gegen sie betragen hatte.

Quandt blieb für den Rest des Tages verstimmt wie einer, der um ein edles Werk betrogen wurde. Und war dem nicht so? War es nicht seine Mission auf dieser Erde, die Lüge von der Wahrheit zu scheiden und als rechter Herzensalchimist den Mitmenschen die unvermischten Elemente aufzuzeigen? Er durfte nicht ruhig zusehen und nicht Nachsicht üben, wo der Atem der Lüge wehte.

Von solchen Empfindungen bewegt, hielt er am selben Abend seiner Gattin eine längere Rede, worin er sich folgendermaßen aussprach: »Sieh mal, Jette, ist dir nicht sein gerades und aufrechtes Sitzen bei Tisch aufgefallen? Kann man annehmen, daß so ein Mensch jahrzehntelang in einem unterirdischen Loch vegetiert hat? Kann man dies glauben, wenn man seine fünf Sinne ordentlich beieinander hat? Von seiner gerühmten Kindlichkeit und Unschuld kann ich, offen gestanden, nichts entdecken. Er ist gutmütig, ja; gutmütig mag er sein, aber was beweist das? Und wie er vor den reichen und vornehmen Leuten scharwenzelt und liebedienert als der ausgemachte Duckmäuser, der er ist! Da hat deine Freundin, die Frau Behold, den Nagel auf den Kopf getroffen. Sieh mal, oft, wenn ich unversehens in sein Zimmer trete, es liegt mir natürlich daran, ihn zu überraschen, aber da hockt er dir manchmal in der Ecke, es ist sonderlich anzuschauen. Ich weiß nicht, ist er so geistesabwesend, oder stellt er sich nur so, aber wenn er mich dann bemerkt, verändert sich sein Gesicht blitzschnell zu der heuchlerischen Grimasse von Freundlichkeit, die einen leider entwaffnet. Einmal hab' ich ihn sogar am hellichten Tag bei heruntergelassenen Rouleaus gefunden. Was kann das bedeuten? Es steckt eben was dahinter.«

»Was soll denn dahinterstecken?« fragte die Lehrerin.

Quandt zuckte die Achseln und seufzte. »Das mag Gott wissen«, sagte er. »Bei alledem mag ich ihn leiden«, schloß er mit versorgtem Stirnrunzeln. »Ich mag ihn gut leiden, er ist ein aufgeweckter und trätabler Bursche. Man muß aber sehen, was dahintersteckt. Es ist etwas Unheimliches um den Menschen.«

Die Lehrerin, die sich für die Nacht frisierte, war des Schwatzens müde. Ihr hübsches Gesicht hatte den Ausdruck eines dummen, schläfrigen Vogels, und ihre auffallend nah beieinanderstehenden Augen blinzelten matt ins Kerzenlicht. Plötzlich ließ sie den Kamm ruhen und sagte: »Horch mal, Quandt.«

Quandt blieb stehen und lauschte. Caspars Zimmer lag über dem ehelichen Schlafgemach, und sie vernahmen nun in der eingetretenen Stille die unaufhörlich auf und ab gehenden Schritte ihres rätselhaften Hausgenossen.

»Was mag er treiben?« meinte die Frau verwundert.

»Ja, was mag er treiben«, wiederholte Quandt und starrte finster zur Decke. »Ich weiß nicht, mir wurde immer gesagt, daß er mit den Hühnern schlafen geht; ich merke nichts davon. Nun siehst du's, da soll man sich auskennen.

Jedenfalls wollen wir ihm das Spazierengehen bei Nacht abgewöhnen.« Quandt öffnete leise die Tür und schlich auf Pantoffeln vorsichtig hinaus. Vorsichtig schlich er die Treppe empor, und als er vor Caspars Tür angelangt war, versuchte er durchs Schlüsselloch zu spähen, aber da er nichts sehen konnte, legte er in derselben gebückten Stellung das Ohr ans Schloß. Ja, da wandelte er herum, der Unerforschliche, wandelte herum und schmiedete seine dunklen Pläne.

Quandt drückte die Klinke, die Tür war versperrt. Da erhob er seine Stimme und forderte energisch Ruhe. Sogleich ward es drinnen mäuschenstill.

Als nun der Lehrer wieder zu seiner Frau kam, fand sich, daß mit unerwarteter Plötzlichkeit deren schwere Stunde angebrochen war. Schon lag sie stöhnend auf dem Bett und verlangte nach der Hebamme. Quandt wollte die Magd schicken. Die Frau sagte: »Nein, das geht nicht, geh du selber, die Person ist blöde und wird den Weg verfehlen.« Wohl oder übel mußte sich Quandt dazu entschließen, so unbequem auch die Sendung war, denn erstlich hatte er sich aufs Bett gefreut, zweitens fürchtete er sich ein wenig vor dem Gang durch die finsteren Gassen, war doch erst zu Pfingsten hinter der Karlskirche ein Rechnungsakzessist überfallen und halb erschlagen worden.

Verdrossen hastete er in die Kleider. Hierauf holte er die Magd aus den Federn und befahl ihr, eine befreundete Nachbarin zu rufen, die sich im Notfall zur Hilfeleistung erboten hatte. Dann schlurfte er wieder herein, durchkramte die Truhe nach seinen Pistolen, wobei er das Nähtischlein umwarf, was ihn wieder derart in Verzweiflung setzte, daß er mit den Händen seinen Kopf packte und sein unseliges Los verwünschte. Die Frau, der das Elend schon den Sinn verrückte, entnahm ihrem Zustand den Mut, ihm allerlei sonst feig zurückgehaltene Aufrichtigkeiten zuzuschleudern, welche ihn im besondern und das Mannsvolk im allgemeinen trafen. Das hatte die beste Wirkung, und nachdem er sein kleines Söhnchen, das nebenan schlief und von dem Tumult erwacht war, in die Magdkammer getragen hatte, trollte er sich endlich.

Caspar, im Begriff sich niederzulegen, vernahm auf einmal mit Schaudern die schmerzensvolle Stimme der Frau unten. Immer furchtbarer wurden die Laute, immer greller drangen sie herauf. Dann war es wieder eine Zeitlang stille, dann knarrte die Haustür, Schritte gingen, Schritte kamen, und nun begann das Schreien viel ärger. Caspar dachte, ein großes Unglück sei passiert. Sein erster Trieb war, sich zu retten. Er lief zur Tür, sperrte auf und eilte die Stiege hinab. Die Wohnzimmertür war offen, überheizte Luft quoll ihm entgegen. Die Magd und die Nachbarin standen geschäftig am Bett der Frau Quandt. Diese schrie nach ihrem Mann, schrie zu Gott und bäumte sich auf.

Ach, was sah Caspar da! Wie ward ihm doch zumute! Ein Köpflein sah er, einen weißen kleinen Rumpf, ein ganzes winziges Menschlein, emporgehoben mit Händen, die nicht kleiner waren als er selbst! Alle Glieder zitterten an Caspar, er wandte sich um, und ohne daß ihn jemand erblickt, floh er die Stiege hinauf, sank auf den obersten Treppenabsatz atemlos hin und blieb sitzen.

Wieder ging die Haustür, Quandt erschien mit der Wehfrau, doch schon stürzte ihm die Nachbarin jubelnd entgegen: »Ein Töchterlein, Herr Lehrer!«

»Ei, sieh da!« rief Quandt mit einer Stimme, so stolz, als hätte er dabei etwas Nennenswertes geleistet.

Piepsendes Geplärr bestätigte die Anwesenheit der neuen Weltbürgerin. Nach einer Weile kam trällernd die Magd, und Caspar sah, daß sie eine Schüssel voll Blut trug.

Es mochte in allem nicht mehr denn eine Stunde verflossen sein, als Caspar sich endlich erhob und in seine Kammer taumelte. Wie betrunken entkleidete er sich, wühlte sich in die Betten und vergrub das Gesicht.

Er konnte nichts dawider tun: aus der Nacht erhob sich gleich einer purpurnen Scheibe die Schüssel voll Blut.

Er konnte nichts andres sehen als dies: aus einem blutigen Schlund krochen junge Wesen und wurden Menschen genannt. Nackend und winzig, einsam und hilflos, und unter dem Jammer der Mutter krochen sie wehevoll aus einem Kerker ohnegleichen, wurden geboren, so wie die Mutter ihn geboren.

Das ist es also, dachte Caspar. Er spürte das Band, begriff den Zusammenhang, fühlte seine Wurzeln tief in der blutenden Erde, alles starre Leben regte sich, das Geheimnis war entschleiert, die Bedeutung offenbar.

Doch Mitleid und Grauen, Sehnsucht und Furcht waren nun eines, Leben und Sterben zu einem Namen verschmiedet. Er wollte nicht einschlafen und schlief ein, aber je näher der Schlummer kam, eine desto qualvollere Todesangst umfing ihn, so daß er sich nur widerstrebend ergab: ein banger kleiner Tod im Leben.

Da er am Morgen über die gewohnte Stunde ausblieb, verwunderte sich Quandt, ging hinauf und pochte an der Tür. Obgleich er das Zimmer vom Abend her versperrt wußte, drückte er auf die Klinke, fand jedoch zu seinem Erstaunen die Tür unverschlossen. An Caspars Bett tretend, rüttelte er ihn und sagte ärgerlich: »Nun, Hauser, Sie fangen ja an, ein Siebenschläfer zu werden! Was ist's denn?«

Caspar setzte sich auf, und der Lehrer sah, daß das Kopfkissen ganz naß war. Er deutete hin und fragte, was das sei. Caspar besann sich ein wenig und antwortete, es sei vom Weinen, er habe im Schlaf geweint.

Was, geweint? dachte Quandt argwöhnisch. – Warum geweint? Wieso weiß er es denn so schnell, wenn er im Schlaf geweint hat? Und warum hat er so lange gewartet, bis ich mich entschlossen, ihn zu holen?

Dahinter steckt eine Finte, entschied Quandt, er will mich milde stimmen. Forschend schaute er sich um, und sein Blick fiel auf das Wasserglas, das auf dem Nachttischlein stand. Er nahm das Glas und hob es prüfend empor, es war halb leer. »Haben Sie Wasser getrunken, Hauser?« fragte er düster.

Caspar sah ihn verständnislos an. Der Blick des Lehrers, von dem Glas auf das Kissen gleitend, bekam einen vorwurfsvollen Ausdruck. »Sollten Sie nicht aus Versehen das Wasser verschüttet haben?« fragte er weiter. »Ich sage aus Versehen und meine durchaus nichts andres, Sie können freimütig mit mir reden, Hauser.«

Caspar schüttelte langsam den Kopf, er verstand nicht, was der Mann wollte.

Verstockt, verstockt, dachte Quandt und gab das Verhör auf. Als Caspar zum Unterricht ins Wohnzimmer kam, teilte ihm Quandt in geziemender Würde mit, daß ihm eine Tochter geschenkt worden sei.

»Wieso geschenkt?« fragte Caspar naiv.

Quandt runzelte die Stirn. Die Gleichgültigkeit, mit welcher der Jüngling ein solches Ereignis aufnahm, verdroß ihn sehr. Seine Haltung war kalt und förmlich, als er sagte: »Wir beginnen wie gewöhnlich mit der Bibelstunde. Lesen Sie Ihr Pensum vor.«

Es war die Geschichte Josephs.

Da ist ein alter Mann, der viele Söhne hat, aber den jüngsten unter ihnen am meisten liebt und ihm einen bunten Rock gibt, um ihn auszuzeichnen. Deswegen hassen ihn nun die Brüder und wollen nicht mehr freundlich mit ihm reden. Und Joseph erzählt ihnen einen Traum von den Garben. »Siehe, wir banden Garben auf dem Felde«, erzählt er, »da stand meine Garbe auf und blieb stehen, und siehe, eure Garben waren ringsum und beugten sich vor meiner Garbe.« Da antworteten die Brüder: »Willst du denn König werden über uns? Willst du herrschen über uns?« Und sie haßten ihn noch mehr wegen seiner Träume. Aber Joseph ist sehr arglos, er scheint den Grund ihrer Abneigung nicht zu ahnen, er erzählt ihnen alsbald einen zweiten Traum, nämlich wie die Sonne, der Mond und elf Sterne sich vor ihm beugten. Ein Traum von leichter Deutbarkeit, denn elf ist die Zahl der Brüder. Sogar der Vater schilt ihn wegen dieses Traumes. »Was denkst du, Joseph«, spricht er vorwurfsvoll, »soll ich und deine Mutter und deine Brüder, sollen wir kommen, uns vor dir zu beugen?« Und bald darauf gehen die Brüder, die alle Hirten sind, aufs Feld, um die

Schafe zu weiden, und Joseph wird von seinem Vater zu ihnen gesandt. Und wie die Brüder ihn von ferne sehen, sprechen sie zueinander: »Seht, da kommt der Träumer!« Und sie beschließen, ihn zu erwürgen, sie wollen ihn in eine Grube werfen und vorgeben, ein wildes Tier habe ihn verzehrt. »Dann werden wir ja sehen, was aus seinen Träumen wird«, sagen sie hohnvoll. Da ist aber einer unter den Brüdern, der Erbarmen hat, und er warnt die andern. Er rät ihnen, den Jüngling in die Grube zu werfen, ihn jedoch nicht zu töten. Und so geschieht es auch. Sie ziehen ihm den Rock aus, den bunten Rock, den er trägt, und werfen den Knaben in die Grube, und als dies vollbracht ist, erscheint ein Zug von Kaufleuten aus fernem Land, und die Brüder einigen sich jetzt, den Joseph zu verkaufen, und sie verkaufen ihn um Geld. Dann nehmen sie Josephs Kleid, tauchen es in das Blut eines geschlachteten Tieres und sprechen zum Vater: »Das blutige Kleid haben wir gefunden, sieh doch, ob es nicht deines jüngsten Sohnes Kleid ist.« Der Alte zerreißt sein Gewand und ruft aus: »Trauernd will ich hinunterfahren zu meinem Sohn in die Unterwelt!«

Als Caspar so weit gekommen war, versagte ihm die Stimme. Er stand auf, legte das Buch beiseite, und seine Brust ward von Seufzern nur so geschüttelt. Die Hand vor den Mund gepreßt, erstickte er mit Anstrengung das heraufquellende Schluchzen.

Quandt stutzte. Er beobachtete den Jüngling scharf. Er hatte dabei den schrägen Blick einer an den Pfahl gebundenen Ziege. »Hören Sie mal, Hauser«, sagte er endlich. »Sie werden mir doch nicht weismachen wollen, daß Sie von dieser simpeln Geschichte so ergriffen sind, die Ihnen noch dazu wohlbekannt sein muß. Meines Wissens haben Sie ja diesen Teil des Alten Testaments schon beim Professor Daumer durchgenommen. Da muß Ihnen doch auch gegenwärtig sein, daß es dem Joseph noch recht glücklich ergangen ist, denn er war ein reiner und guter Mensch. Ich bitte, sparen Sie sich also die Mühe. Wenn Sie pflichtgetreu, aufrichtig und folgsam sind, werden Sie bei mir zehnmal besser fahren als durch die unzeitige Schaustellung von so weit hergeholten Affekten. Ich glaube Ihnen Ihre Tränen einfach nicht. Ich denke, Ihnen das heute schon einmal deutlich genug bewiesen zu haben. Damit erzielen Sie bei mir nur das Gegenteil von dem, was Sie beabsichtigen mögen, ich bin nämlich kein Freund von Gefühlsausbrüchen, im allgemeinen nicht, und bei so unbegründetem Anlaß schon gar nicht. Es ist nachgerade Zeit für Sie, sich an den Ernst des Lebens zu gewöhnen. Und weil wir nun schon so offen miteinander reden, möchte ich Sie dringend warnen, alle Leute, mit denen Sie zu tun haben, für dumm zu halten; das ist eine Verblendung von Ihnen, welche die nachteiligsten Folgen haben wird. Ich bin Ihnen wohlgesinnt, Hauser, ich meine es wahrhaft gut mit Ihnen, vielleicht haben Sie keinen besseren Freund als mich, was Sie freilich erst einsehen werden, wenn es zu spät sein wird. Aber hüten Sie sich, mich hinters Licht zu führen! Und nun fahren wir fort. Ich will diesen Zwischenfall als nicht geschehen betrachten.«

Im Verlauf dieser eindrucksvollen Predigt war die Stimme des Lehrers weich und gütig geworden, und es hatte beinahe den Anschein, als wolle er nun Caspar nehmen und an sein Herz drücken. Aber Caspar stand mit albernem Gesicht, in welchem ein Lächeln hilflos zuckte, vor ihm da. Was ist denn das? dachte er, was will der Mann?

Es war ihm, auch bei späterem Nachdenken, ganz und gar nicht verständlich, worauf die Worte des Lehrers hinzielten, und er kam zu der Ansicht, daß Quandt der rätselhafteste Mensch sei, dem er je begegnet.

Schloß Falkenhaus

Der Präsident traf erst am Dreikönigstag, nach fast vierwöchiger Abwesenheit, wieder in der Stadt ein. Die ihm nahestehenden Personen wollten eine bedeutende Veränderung seines Wesens an ihm bemerken; er erschien wortkarg und finster, und sein Anteil an den Amtsgeschäften hatte bisweilen etwas von Lauheit. Es fiel auf, daß er mehrere Tage verstreichen ließ, ehe er sich nach Caspar erkundigte. Als ihn der Hofrat Hofmann während des gemeinsamen Nachhausewegs unbefangen fragte, ob er den Jüngling schon gesehen habe, gab Feuerbach keine Antwort. Tags darauf erschien der Polizeileutnant bei ihm. Hickel stellte sich um die Sicherheit des Hauser besorgt und meinte, man solle für eine Überwachung sorgen. Der Präsident ging auf die Sache nicht weiter ein und sagte bloß, er werde sich's überlegen. Am selben Nachmittag ließ er den Lehrer rufen und stellte ihn über Befinden und Betragen seines Zöglings zur Rede. Quandt sagte dies und sagte das, es war nicht schwarz noch weiß. Zum Schluß zog er einen Brief aus der Tasche, es war das Schreiben der Magistratsrätin Behold, welches dem Präsidenten zu überreichen er sich entschlossen hatte.

Feuerbach überlas das Schriftstück, und eine Wolke von Mißmut lagerte sich auf seine Stirn. »Sie müssen auf derlei Zeug kein Gewicht legen, lieber Quandt«, sagte er barsch, »wo kämen wir denn hin, wenn wir auf das Gewäsch jeder solchen Närrin hören wollten? Sie haben sich nicht mit der Vergangenheit des Hauser zu beschäftigen, das ist nicht Ihres Amts. Ich habe Sie dazu bestellt, einen tüchtigen Menschen aus ihm zu machen, wenn Sie in der Hinsicht zu klagen haben, bin ich ganz Ohr, mit andern Dingen verschonen Sie mich.«

Es läßt sich denken, daß eine so grobe Abfertigung die

Empfindlichkeit des Lehrers tief verletzte. Er ging erbittert heim, und obwohl ihm der Präsident den Auftrag gegeben hatte, Caspar am Sonntagfrüh zu ihm zu schicken, teilte er dies dem Jüngling erst zwei Tage später, am Samstagabend, mit.

Als Caspar zur bestimmten Stunde ins Feuerbachsche Haus kam, mußte er im Flur ziemlich lange warten, dann erschien erst Henriette, die Tochter des Präsidenten, und führte ihn ins Wohnzimmer. »Ich weiß nicht, ob der Vater Sie heute empfangen wird«, sagte sie und erzählte dann, in der vergangenen Nacht sei ein Einbruch in das Arbeitszimmer des Präsidenten verübt worden. Die unbekannten Täter hätten alle Papiere auf dem Schreibtisch durchwühlt und mit Nachschlüsseln die Laden geöffnet. Es sei anzunehmen, daß die Verbrecher irgendwelche bestimmte Briefe oder Handschriften hätten an sich bringen wollen, denn es sei nichts geraubt worden, auch die gewünschte Beute hätten sie nicht machen können, da der Vater seine wichtigen Papiere gut verwahrt habe; nur die erbrochenen Fenster und eine gewaltige Unordnung habe von ihrem Treiben Zeugnis gegeben.

Das Fräulein schritt während dieses Berichts in männlicher Weise auf und ab, die Arme über der Brust verschränkt, Groll und Zorn in Stimme und Miene. Sie sagte, der Vater sei natürlich außer sich über den Vorfall. Währenddessen öffnete sich die Tür, und der Präsident trat in Begleitung eines schlanken, etwa dreißigjährigen Mannes auf die Schwelle. »Aha, da ist Caspar Hauser, Anselm«, sagte der Präsident. Der Angeredete stutzte und blickte Caspar gedankenvoll und zerstreut ins Gesicht. Caspar war betroffen von der außergewöhnlichen Schönheit dieses Menschen. Wie er später erfuhr, war es der zweitälteste Sohn Feuerbachs, der, verfolgt von einem widrigen Geschick, für einige Tage ins Elternhaus geflüchtet war, um Rat und Hilfe seines Vaters in Anspruch zu nehmen. Caspar liebte schöne Gesichter, zumal wenn sie so voll Geist und Schwermut waren, bei Männern ganz besonders; aber es war dies nur eine kurze Erscheinung, er sah ihn nicht wieder.

Der Präsident ließ Caspar ins Staatsgemach treten und kam erst nach einer Weile. Sofort fiel Caspars Blick auf das Napoleonbildnis an der Wand. Wie wunderlich es war: solche Ähnlichkeit im Ausdruck der stolz abweisenden Majestät und der finsteren Trauer um die anmutig geschwungenen Lippen mit jenem Mann, den er soeben gesehen! Dazu noch der prunkvolle Ornat, Krone, Halsschmuck und Purpurmantel. Caspar war bewegt, eine höhere Welt tat sich ihm auf. Am liebsten wäre er hingegangen, um, was an dem Bild gestalthaft schien, mit Händen zu packen und, was ihn so hoheitsvoll daraus anredete, in laute Zwiesprache zu verwandeln. Unwillkürlich reckte er sich auf, als zwinge ihn die königliche Figur zur Nachahmung. Er machte ein paar Schritte hin und her und war freudig erschrocken bei der Wahrnehmung, daß die Augen des Bildes ihn mit dunkler Glut verfolgten.

Also beschäftigt, fand ihn der Präsident und blieb überrascht neben der Tür stehen. Mochte es Zufall genannt werden oder war es eine der unergründlichen Verkettungen, in denen dies nicht gewöhnliche Schicksal sich offenbarte, Feuerbach sah in dem zauberartigen Gegenüberstehen von Bild und Jüngling etwas wie ein Ordal, eine Beglaubigung von oben. War doch Caspars Mutter – seine Mutter, ja, sofern der ganze Bau der furchtbaren Annahmen und halben Gewißheiten mit Licht der Wirklichkeit nur irgend bestehen konnte – durch verwandtschaftliche Bande an jenen Heros geknüpft.

»Wissen Sie denn auch, wer das ist, Caspar?« fragte Feuerbach mit lauter Stimme.

Caspar schüttelte den Kopf.

»So will ich's Ihnen sagen. Das ist ein Mann, der die Menschheit davon überzeugt hat, daß ein großer Wille alles vermag. Haben Sie denn noch nie was vom Kaiser Napoleon gehört? Ich kannte ihn, Caspar, ich habe ihn gesehen, ich habe mit ihm gesprochen, ich war Mittelsmann zwischen ihm und unserm König Max. Es war eine große Zeit, und nicht mehr viel ist von ihr übrig.«

Mit wehmütig-sinnendem Blick wandte sich Feuerbach ab. Er spürte die Last der Jahre. Lange genug hatte er sich gegen ihre Pranken gewehrt. Fast mit Angst streifte sein Auge den immer noch schweigend dastehenden Jüngling, als erwarte er von ihm das Richterwort, das seine nicht mehr zu verbergende Ohnmacht der Welt preisgeben mußte. Das zuletzt Erfahrene, dort bei den Mächtigen Erlittene überflutete sein Herz mit Scham, eine Flamme des Ingrimms und Hasses gegen alles, was Mensch hieß, loderte plötzlich in ihm auf, zähneknirschend rannte er ein halbdutzendmal zwischen den Fenstern und der Tür hin und her. Erst der Anblick des vor Furcht erbleichten Caspar gab ihm die Besinnung einigermaßen zurück, und er stellte die mürrische Frage, ob Caspar bei Quandt genug zu essen bekomme.

»Darüber ist nicht zu klagen«, antwortete Caspar.

Den zweideutigen Ton, in welchem er dies vorbrachte, schien Feuerbach zu überhören. »Und was ist es mit dem Lord?« fragte er weiter mit einem starr-drohenden Blick. »Haben Sie schon Nachricht von ihm? Haben Sie selbst ihm schon geschrieben?«

»Einmal jede Woche schreib' ich ihm«, sagte Caspar.

»Wo befindet er sich?«

»Er will jetzt nach Spanien.«

»Nach Spanien; so, so, nach Spanien. Das ist sehr weit, mein Bester.«

»Ja, das soll weit sein.«

Diese einsilbige Unterhaltung wurde durch einen Polizeibeamten unterbrochen, der eine schriftliche Meldung wegen des nächtlichen Einbruchs brachte. Caspar verabschiedete sich.

»Wo bleiben Sie denn so lange?« empfing ihn Quandt ärgerlich.

»Ich war beim Präsidenten, das wissen Sie doch«, versetzte Caspar.

»Schön, aber es verrät wenig Lebensart, daß Sie einen Besuch nicht zu kürzen verstehen, wenn man zu Haus mit dem Abendessen auf Sie wartet.«

Das Essen war nämlich eine wichtige Angelegenheit bei Quandts. Der Lehrer setzte sich immer mit einer gewissen Rührung zu Tisch, und sein prüfender Blick schien alle Teilnehmer der Mahlzeit auf den Grad ihrer Andacht zu examinieren. Wenn Frau Quandt verkündigte, was man des Guten zu erwarten habe, begleitete der Lehrer ihre Aufzählungen entweder mit einem Kopfnicken oder bedenklichen Runzeln der Stirn. Schmeckte ihm ein Gericht, so wuchs seine gute Laune, fand es nicht seinen Beifall, so aß er jeden Bissen mit einem Ausdruck weltüberlegener Ironie. Für manches hatte er eine besondere Vorliebe, wie zum Beispiel für saure Gurken oder angewärmten Kartoffelsalat, und er unterließ es dann selten, während er sich delektierte, die Einfachheit seiner Bedürfnisse hervorzuheben. Die Lehrerin verstand trefflich zu kochen, und wenn ihr eine Leibspeise des Mannes gelungen war, blieb sie für sein Lob nicht unempfänglich, obschon es bisweilen in eine zu gelehrte Form gekleidet war. So pflegte Quandt im Scherz zu sagen, wenn er sie nicht genommen hätte, wäre sicherlich der selige Trimalchio wiederauferstanden, um sie zu heiraten. Nach dem Abendessen kam die gemütliche Stunde mit Pantoffeln, Schlafrock, Lehnstuhl und Zeitunglesen. Ins Wirtshaus ging Quandt fast nie, einmal wegen der Kosten und dann, weil er keine Ansprache fand. Er zog die bequeme Ofenecke vor.

Aber seit Caspar im Haus weilte, war diese idyllische Abendstimmung ohne rechten Reiz. Quandt war gequält und wußte manchmal kaum die Ursache. Stellen wir uns einen Hund vor, einen klugen, nervigen, wachsamen Hund. Stellen wir uns vor, daß dieser Hund bei seinem Schnuppern in dem anvertrauten Revier irgendwo einen Brocken Gift erwischt hat und daß er nun, das verderbliche Feuer in seinem Leib, unbewußt das Dunkel sucht, alle feuchten Winkel lechzend durchrast, den Schatten verfolgt, die Fliege beknurrt, alles um sich und über sich nur auf das eine tolle Drängen bezieht und die ganze Welt für vergiftet hält, während es bloß seine armen Gedärme sind, so hätten wir ein anschauliches Bild von dem Zustand des bedauernswerten Mannes. Sein Dämon schmiedete ihn fest an den Jüngling, es wurde ihm vor allen Dingen wichtig, »dahinterzukommen«. Er hätte ein paar Jahre seines Lebens hergegeben, wenn er dadurch geschwind zu der Kenntnis gelangt wäre, was »dahintersteckte«.

Um acht Uhr kam der Polizeileutnant zu Besuch. Er war schlecht gelaunt, denn er hatte letzte Nacht im Kasino fünfundsechzig Gulden beim Pharao verloren und war das Geld noch schuldig. Gegen Caspar zeigte er sich auffallend freundlich; er fragte ihn aus, was er mit dem Präsidenten gesprochen, nahm aber den getreuen Bericht des Jünglings als zu belanglos mit Mißtrauen auf.

»Ja, unser guter Freund ist recht zurückhaltend«, beklagte sich Quandt. »Ich wußte gar nichts von dem Einbruch beim Präsidenten, und mit Müh und Not, daß er überhaupt davon erzählt hat. Wissen Sie Näheres, Herr Polizeileutnant? Hat man schon Spuren?«

Hickel erwiderte gleichmütig, man habe bei Altenmuhr einen verdächtigen Landstreicher aufgegriffen.

»Was doch alles vorgeht!« rief Quandt. »Welche Frechheit gehört dazu, das Oberhaupt der Behörde zum Opfer eines solchen Anschlags zu machen!« Insgeheim aber räsonierte er: recht so; das wird den Unantastbarkeitswahn der Exzellenz ein bißchen erschüttern, recht so! Auch von den Spitzbuben können die großen Herren mitunter eine nützliche Lehre empfangen.

»Es sollte mich sehr wundern«, sagte Hickel mit vornehm geschlossenen Lippen, eine Finesse, die er dem Lord Stanhope abgeguckt, »wenn diese Geschichte nicht wieder irgendwie mit unserm Hauser zusammenhinge.«

Quandt machte große Augen, dann schaute er schräg auf Caspar, dessen erschrockener Blick dem seinen entglitt.

»Ich habe Gründe zu einer solchen Vermutung«, fuhr Hickel fort und starrte die blank gescheuerten Nägel seiner roten Bauernhände an. Diese Hände flößten Caspar stets einen namenlosen Widerwillen ein. »Ich habe Gründe und werde vielleicht zu seiner Zeit damit herausrücken. Der Staatsrat selber ist gescheit genug, um zu wissen, was die Glocke geschlagen hat. Aber er will's nicht Wort haben, es ist ihm nicht geheuer dabei zumut.«

»Nicht geheuer zumut? Was Sie sagen!« versetzte Quandt, und ein angenehmes Gruseln lief ihm über den Rücken. Auch die Lehrerin hörte mit dem Strümpfestopfen auf und sah neugierig von einem zum andern.

»Ja, ja«, fuhr Hickel fort und lächelte den Lehrer mit seinen gelb blinkenden Zähnen an, »sie haben ihm dort unten in München gehörig eingeheizt, und er trägt den Kopf bei weitem nicht mehr so zuversichtlich. Meinen Sie nicht auch, Hauser?« fragte er und sah bald Quandt, bald dessen Frau strahlend an.

»Ich meine, es ist nicht in der Ordnung, daß Sie so vom Herrn Staatsrat sprechen«, antwortete Caspar kühn.

Hickel verfärbte sich und biß sich auf die Lippen. »Sieh mal an, sieh mal an«, sagte er düster. »Haben Sie das gehört, Herr Lehrer? Schon unkt die Kröte, es wird Frühjahr.«

»Eine höchst unpassende Bemerkung, Hauser«, ließ sich Quandt zürnend vernehmen. »Sie sind dem Herrn Polizeileutnant Ehrfurcht und Bescheidenheit schuldig so wie mir. Gegen den Baron Imhoff oder den Generalkommissär würden Sie sich so etwas nicht unterstehen, des bin ich sicher. Und ein doppelt Gesicht, ein falsch Gesicht, heißt es. Ich werde das dem Grafen schreiben.«

»Echauffieren Sie sich nicht, Herr Lehrer«, unterbrach ihn Hickel, »es lohnt sich nicht, man muß es seinem Unverstand zugut halten. Im übrigen hab' ich gestern einen Brief vom Grafen bekommen«, er griff in die Rockbrust und zog ein zusammengefaltetes Papier heraus. »Sie möchten wohl gerne wissen, was er schreibt, Hauser? Na, gar so schmeichelhaft ist es eben nicht für Sie. Der gute Graf macht sich Sorgen wie immer und empfiehlt uns rücksichtslose Strenge, falls Sie nicht parieren.«

Caspar machte ein ungläubiges Gesicht. »Das hat er geschrieben?« fragte er stockend.

Hickel nickte.

»Er hat sich auch damals zu sehr geärgert über die Heimlichtuerei mit dem Tagebuch«, sagte Quandt.

»Das werd' ich ihm alles erklären, wenn er wiederkommt«, versetzte Caspar.

Hickel rieb den Rücken an der Ofenecke und lachte. »Wenn er wiederkommt! Wenn! Wer weiß aber, ob er wiederkommt? Mich dünkt, er hat nicht allzu große Lust dazu. Glauben Sie denn, Sie Kindskopf, so ein Mann hat nichts Besseres zu tun, als seine Zeit dahier zu versitzen?«

»Er kommt wieder, Herr Polizeileutnant«, sagte Caspar mit triumphierendem Lächeln.

»Oho, oho!« rief Hickel. »Das klingt ja allerdings verläßlich. Woher weiß man denn das so genau?«

»Weil er es versprochen hat«, entgegnete Caspar mit treuherziger Offenheit. »Er hat heilig versprochen, in einem Jahr wieder dazusein. Am achten Dezember hat er's versprochen, sind also noch zehn Monate und sechzehn Tage bis dahin.«

Hickel sah Quandt an, Quandt sah seine Frau an, und alle drei brachen in Gelächter aus. »Im Rechnen scheint er sich ja geübt zu haben«, meinte Hickel trocken. Dann legte er Caspar die Hand auf den Kopf und fragte: »Wer hat Ihm denn die herrlichen Locken abgeschnitten?«

Quandt erwiderte, Caspar habe es selbst gewünscht, nachdem er ihm vorgestellt, daß es für einen erwachsenen Menschen nicht schicklich sei, mit so einem Haarwald herumzulaufen. »Sie können jetzt schlafen gehen, Hauser«, sagte er hierauf.

Caspar reichte jedem die Hand und ging. Als er draußen war, öffnete Quandt leise die Tür und lauschte. »Sehen Sie, Herr Polizeileutnant«, flüsterte er Hickel bekümmert zu, »wenn er weiß oder annimmt, daß man ihn hört, steigt er ganz langsam und bedächtig die Stiege hinan, wenn er sich aber unbeachtet glaubt, da kann er wie ein Hase springen, gleich über drei Stufen auf einmal. Ist's nicht so, Frau?«

Die Lehrerin bestätigte es. Und wieviel Umstände er einem mache, fügte sie verdrossen hinzu, jetzt sei er sechs Wochen im Haus und habe vierzehn Hemden in der Wäsche. Immer müsse er herausgeputzt sein wie eine Docke, und schon in aller Herrgottsfrüh fange er an, seine Kleider zu bürsten.

Sie setzte dem Polizeileutnant ein Gläschen Schnaps vor und ging ins Nebenzimmer, um den Säugling zu stillen, der sich schreiend meldete.

»Ja, es ist des Teufels mit ihm«, setzte Quandt das Lamento seiner Gattin fort. »Da hab' ich neulich einmal aus der ›Bayrischen Deputiertenkammer‹ vorgelesen. Der Hauser stellt sich hinter mich, und wie ich fertig bin, liest er den Titel der Zeitung halblaut für sich hin, wie wenn ihn das Wort verwundre. Nun wird aber doch die ›Bayrische Deputiertenkammer‹ in jedem anständigen Hause gelesen, nicht wahr? Außerdem hat er Tag für Tag Gelegenheit gehabt, das Blatt auf unserm Tisch zu sehen, und der Name konnte ihm unmöglich neu sein. Ich frage also, ob er denn nicht wisse, was das sei, eine Deputiertenkammer. Darauf sagte er mir mit seinem unschuldigsten Gesicht: das sei wohl ein Zimmer, wo man Leute einsperre. Nun bitt' ich Sie um alles in der Welt, das geht doch über den grünen Klee. Es muß schon ein Engel vom Himmel herunterkommen, damit ich solche Ungereimtheiten auf Treu und Glauben hinnehmen soll, und selbst dann getrau ich mich noch zu bezweifeln, ob es auch ein richtiger Engel ist und kein nachgemachter.«

»Was wollen Sie«, antwortete der Polizeileutnant, »es ist alles Schwindel, alles ist Schwindel.« Und indem er sich auf den gespreizten Beinen hin und her wiegte, loderte in seinen Augen ein unbestimmter, träger Haß.

Alles Schwindel; ein Urteil, das sich nicht etwa bloß auf die vorgetragene Anekdote bezog, sondern auf das ganze, ihm bis zum Ekel gleichgültige Treiben der Menschen, sofern es nicht mit seinem Wohlbehagen verknüpft war. Mochten sie sich einander die Köpfe abhacken, mochten sie über Himmel und Hölle, um König und Land streiten, mochten sie ihre Häuser bauen, ihre Kinder zeugen, mochten sie morden, stehlen, einbrechen, schänden und betrügen oder sich ehrlich rackern und edle Taten vollbringen, ihm war schließlich alles Schwindel, ausgenommen der Freibrief für ein sorgenloses Dasein, den ihm die Gesellschaft nach seiner Ansicht schuldig war.

Der Ritter von Lang, der an Hickel wegen seines einschmeichelnden Wesens Gefallen hatte, pflegte gern zu erzählen, wie Hickel einst mit seinem, des Ritters Sohn, einem jungen Doktor der Philosophie, über die Landstraße gegangen und wie der junge Mann, gegen das ausgestirnte Firmament deutend, angefangen habe, von den zahllosen Welten dort oben zu reden. Da habe Hickel mit seinem mokantesten Gesicht erwidert: »Ja, glauben Sie denn im Ernst, Doktor, daß diese hübschen Lichterchen etwas anderes sind als eben – Lichterchen?«

Das war nicht etwa bloß Unbildung, sondern nur der Ausdruck jener Überlegenheit, die in dem Worte gipfelte: alles Schwindel. Man wußte in der ganzen Stadt, daß Hickel über seine Verhältnisse lebte. Es war sein Ideal, für einen Kavalier zu gelten, seine Leidenschaft, elegant zu sein, auch besaß er die feinste Nase für die Echtheit und Legitimität aller damit zusammenhängenden Dinge. Als vor einiger Zeit seine Aufnahme in den vornehmen Beamtenklub strittig gewesen war, hatte man lange gezögert, denn er war keineswegs beliebt, und außerdem war er von niedriger Abkunft, seine Eltern waren arme Kätnersleute in Dombühl. Schließlich hatte er seinen Wunsch mit Hilfe einiger erschlichener Familiengeheimnisse durchgesetzt, mit denen er den betreffenden Persönlichkeiten bange zu machen verstand. Der Hofrat Hofmann, sein früherer Vorgesetzter, gab dem vorherrschenden Gefühl gegen ihn bezeichnenden Ausdruck, indem er versicherte: »Er dekuvriert sich nicht; dieser Hickel dekuvriert sich nicht.« In der Tat hatte es stets den Anschein, als ob der Polizeileutnant mit etwas Gefährlichem im Hinterhalt bleibe.

Ausgezeichnet verstand er es, sich mit dem Präsidenten zu stellen. Er durfte sich sogar erlauben, dem sonst so Unnahbaren gewisse Wahrheiten zu sagen, die liebenswürdig oder sorgenvoll klangen, im Grunde aber nichts waren als verzuckerte Bosheiten. Er besaß eine nicht zu leugnende Geschicklichkeit im Erzählen amüsanter Histörchen und mancherlei einlaufenden Stadtklatsches. Dies ergötzte Feuerbach und stimmte ihn für vieles andre nachsichtig. »Rätselhaft«, sagten die Leute, »was der Staatsrat an dem Hickel für einen Narren gefressen hat.« Jedenfalls fand der Polizeileutnant stets williges Gehör bei Feuerbach, und mit Schlauheit ließ er sich dafür gern gefallen, daß der Präsident in seiner bärbeißigen Manier an ihm herumerzog, seinen leichtsinnigen Wandel tadelte und seine schlechten Instinkte mit erstaunlichem Scharfblick sozusagen in den Wurzeln entblößte. Ist es nicht wahrscheinlich, daß gerade dies den Präsidenten verführte und verstrickte? Indem er so klar die Leerheit und Düsterkeit dieser Seele durchschaute, hatte er sich vielleicht schon zu vertraut gemacht mit ihr, um sie von sich stoßen zu können.

Hickel wußte den Präsidenten nach und nach zu überreden, daß man Caspar nicht so frei wie bisher herumgehen lassen dürfe, und es wurde als Wächter ein Veteran bestellt, der einen Stelzfuß hatte und einarmig war. Dieser Wackere faßte seine neue Obliegenheit sehr gewissenhaft auf und folgte Caspar auf Schritt und Tritt zum Gelächter der Gassenjugend. Der Polizeileutnant hatte richtig spekuliert, wenn die so fürsorglich aussehende Maßregel dazu dienen sollte, die Bewegungsfreiheit des Jünglings möglichst zu hemmen. Es gab Beschwerden über Beschwerden, bald von Quandt, bald von Caspar, bald von dem Invaliden, den Caspar nicht selten überlistete, indem er sich heimlich davonstahl.

Er klagte dem Pfarrer Fuhrmann, bei dem er Religionsunterricht empfing, seine Not. Dieser ihm wohlgesinnte Greis ermahnte ihn zur Geduld. »Was soll es nutzen, geduldig zu sein!« rief Caspar trotzig. »Wird ja doch immer schlechter!«

»Was es nutzen soll?« versetzte der Pfarrer mild. »Was nutzt es Gott, daß er unserm unsinnigen Treiben zuschaut? Durch Geduld führt er uns zum Guten. Geduld bringt Rosen.«

Dennoch wandte sich Pfarrer Fuhrmann an den Präsidenten, und dieser versprach Abhilfe, ohne jedoch vorläufig etwas zu unternehmen. Die jährliche Inspektionsreise durch den Bezirk entfernte ihn für drei Wochen aus der Stadt. Als er zurückgekehrt war, ließ er eines Tages den Polizeileutnant auf sein Arbeitszimmer rufen. »Hören Sie mal, Hikkel«, redete er ihn an, »Sie sind doch in der hiesigen Gegend ziemlich gut bekannt? Schön. Haben Sie mal etwas über das Falkenhaus gehört?«

»Gewiß, Exzellenz«, antwortete Hickel. »Das sogenannte Falkenhaus ist ein uraltes markgräfliches Jagdschlößchen im Triesdorfer Wald.«

»Stimmt. Das Objekt interessiert mich schon seit einiger Zeit. Ich habe Nachforschungen eingezogen und habe folgendes erfahren: Das Falkenhaus hat bis vor ungefähr vier Jahren als Försterwohnung gedient, und zwar hat der letzte Förster jahrzehntelang mutterseelenallein dort gelebt. Der Mann hat nie mit irgendeinem Menschen verkehrt, ist nie in einem Wirtshaus gesehen worden und hat seine Einkäufe in den umliegenden Dörfern selbst besorgt. Eines Tages ist er plötzlich verschwunden gewesen, und ein verabschiedeter Gendarm soll ihn im Schwäbischen als Besitzer oder Verwalter eines Gutshofs wiedergesehen haben. Ich bin auch dieser Spur nachgegangen, und es hat sich nicht nur herausgestellt, daß es damit seine Richtigkeit hat, sondern auch, daß der Mann im Oktober 1830 des Nachts in seinem Bett ermordet worden ist.«

»Davon ist mir nichts bekannt. Ich weiß nur, daß das Falkenhaus verödet und unbewohnt ist und daß im Volk allerlei gespensterhaftes Zeug über die unheimliche Einsiedelei erzählt wird.«

»Richten Sie jedenfalls Ihr Augenmerk darauf«, sagte der Präsident. »Am besten, Sie senden einen ortskundigen Mann hin, der sorgfältige Erhebungen einziehen soll.«

»Zu Befehl, Exzellenz. Darf ich fragen, um welchen Fall es sich dabei handelt?«

»Es handelt sich um Caspar Hauser und seine Gefangenschaft.«

»Ah!« Hickel räusperte sich und machte eine Verbeugung, Gott weiß, warum.

»Ich glaube mit Bestimmtheit annehmen zu dürfen, daß das Falkenhaus die Stätte seiner grausamen Kerkerhaft ist. Es war mir schon seit den ersten Erzählungen Caspars über die Art seiner Wanderung mit dem Unbekannten zweifellos, daß der Ort in Franken selbst, nicht allzu weit von Nürnberg oder Ansbach zu suchen sei. Nun haben mich die Spuren zum Falkenhaus geführt.«

»Wahrscheinlich brauchen Eure Exzellenz dieses Indizium zu der Schrift über den Hauser«, bemerkte Hickel schmeichelnd.

»So ist es.«

»Und soll die Veröffentlichung des Werks noch in diesem Jahr vor sich gehen? Exzellenz verzeihen meine Neugier, aber ich bin ja herzlich interessiert bei der Sache.«

»Sie fragen mich zuviel, Hickel. Lassen Sie das. Da liegt ein Briefchen für den Hofrat Hofmann, geben Sie es draußen zur Beförderung. Ich will mit dem Hofrat und Caspar morgen nach Falkenhaus fahren. Benachrichtigen Sie den Hauser, daß er sich bereithält, erwähnen Sie aber beileibe nichts von dem Zweck der Fahrt.«

Zur festgesetzten Stunde fand sich Caspar ein und sah sich alsbald zu seiner Verwunderung in der bequemen Kalesche gegenüber dem Präsidenten und dem Hofrat sitzen. In selten unterbrochenem Schweigen ging es durch die sonnige Frühlingslandschaft.

Sie langten an. Ein Gang durch das verlassene Waldhaus und die eingehende Prüfung seiner Lokalitäten brachte nicht den geringsten Aufschluß. War ein unterirdischer

Raum zu jenem fürchterlichen Gebrauch vorhanden gewesen, so hatte der einstige Bewohner ihn sicherlich verschüttet, und die Zeit hatte alle Merkmale unsichtbar werden lassen.

Da entdeckte das scharf umhersuchende Auge des Präsidenten im Freien neben dem rechten Trakt des Gebäudes eine sonderbar gestaltete Erdgrube. Die Anzeichen ließen darauf schließen, daß sich vordem ein Holzschuppen oder dergleichen darüber erhoben hatte, denn ringsum lagen noch vermorschte Bretter und Balken und rissige Schindeln. Es führten sieben in den Sand geschlagene und schon verfallene Stufen hinab, und unten war die seltsam geglättete Erde von gelblichem Moos bedeckt.

Feuerbach verfärbte sich, als er dieses sah. Nach langem Versunkensein stieg er hinunter, betastete einige Stellen der Wände, bückte sich in einer Ecke auf den Boden, alles dies finster und wortlos. Als er wieder heraufkam, sah er Caspar durchdringend an. Der aber stand ruhig da und ließ den unwissenden Blick in die Tiefen des Forstes schweifen. – Ahnt er nichts? dachte Feuerbach, ahnt er nicht, worauf sein Fuß tritt? Weckt ihn kein Hauch der Vergangenheit? Sprechen die Bäume nicht zu ihm? Verrät ihm die Luft nichts? Und da es nicht so scheint, darf ich mich unterfangen, mit einem Ja oder Nein die schauerliche Ungewißheit zu entscheiden?

Der Wagen hielt an der Heerstraße draußen. Beim Rückweg durch den Wald blieb Caspar, den plötzlich eine unbesiegbare Schwermut überfallen hatte, die ihn zu langsamem Gehen zwang, ein großes Stück hinter den beiden Männern.

Der Hofrat Hofmann benutzte die Gelegenheit, um dem Präsidenten seine vernunftgemäßen Zweifel mitzuteilen. »Ich möchte nur eines wissen«, sagte er mit verkniffenem Gesicht, »ich möchte wissen, warum man den Menschen, wenn er wirklich so lange in Gefangenschaft geschmachtet hatte, auf einmal frei ließ, und nicht nur das, sondern mitten in eine große Stadt gebracht hat, wo er das ungeheuerste Aufsehen erregen, also notwendigerweise seine Peiniger verraten mußte. Eine solche Logik will mir nicht einleuchten.«

»Mein Gott, dafür lassen sich mancherlei Erklärungen denken«, erwiderte der Präsident ruhig. »Entweder man war seiner überdrüssig geworden; ihn länger zu beherbergen war mit Schwierigkeit, ja mit Gefahr verknüpft. Sein Kerkermeister konnte den Auftrag erhalten haben, ihn zu töten, faßte jedoch in einer begreiflichen Regung des Erbarmens oder der Anhänglichkeit oder der Furcht den Entschluß, ihn auf andre Art verschwinden zu lassen, und wo konnte das mit mehr Aussicht auf Erfolg geschehen als gerade in einer großen Stadt? Man dachte sich die Sache so: der Rittmeister Wessenig, dem mitgegebenen Schreiben folgend, steckt ihn unter die Soldaten. Dort gibt es der Analphabeten und Halbidioten die Menge, dort wird er nicht weiter auffallen, vermeinte der Verbrecher in einem Optimismus, der freilich nur von seiner eignen Unbildung zeugt. Als aber die Dinge einen ganz andern Weg nahmen, bekam er's mit der Angst, teilte sich mit, mußte sich denen mitteilen, welche die Fäden von Anfang an in der Hand hielten, und diese mußten zusehen, wie sie den furchtbaren Zeugen ihrer Schuld wieder unschädlich machen konnten, der nun, geschützt von einer Welt, ihnen als Auferstandener gegenübertrat.«

»Sehr fein, sehr fein«, murmelte der Hofrat beifällig, ohne merken zu lassen, daß er keineswegs überzeugt war.

Spätnachmittags kamen sie in die Stadt zurück. Caspar trennte sich von den Herren und ging heimwärts. Auf dem Promenadenweg begegnete er Frau von Imhoff. Sie begrüßte ihn und fragte, warum er sich so lange nicht bei ihr sehen lasse.

»Hab' keine Zeit, hab' viel zu arbeiten«, antwortete Caspar, doch mit so verlegenem Gesicht, daß die kluge Dame merkte, dies könne nicht der wahre Grund sein. Sie unterließ es aber, ihn auszuforschen, und fragte ablenkend, ob er sich auch des Frühlings recht freue.

Caspar schaute in die Luft und in die Kronen der Ulmen,

als habe er den Frühling bis jetzt übersehen, und schüttelte den Kopf. Gern hätte er vieles gesagt, das Herz war ihm voll, übervoll, doch auf der Zunge lag es wie ein Stein, und er hatte nicht das Gefühl, daß diese Frau, so freundlich sie sich auch gab, wirklich für ihn aufgelegt sei. – Was kann es nutzen? dachte er.

»Ich habe Ihnen einen Gruß zu bestellen«, sagte sie dann beim Abschied und nachdem sie ihn für den Sonntag zu Tisch gebeten hatte. »Erinnern Sie sich noch der Geschichte meiner Freundin, die ich am Abend, als Lord Stanhope bei uns war, erzählt habe? Die läßt Sie grüßen. Und ein Gruß bedeutet bei ihr viel.«

»Wie heißt die Frau?« fragte Caspar, genau wie damals, nur nicht lächelnd und froh, sondern zerstreut.

Frau von Imhoff lachte, diese Wißbegier nach einem Namen erschien ihr komisch. »Kannawurf heißt sie, Clara von Kannawurf«, antwortete sie gutmütig.

Ganz hübsch, daß sie mich grüßen läßt, dachte Caspar, während er seinen Weg fortsetzte, aber was kann es nutzen? Was soll's mir nutzen? –

Quandt begibt sich auf ein heikles Gebiet

Kaum war Caspar zu Haus in die Wohnstube getreten, so merkte er, daß etwas Besonderes los sein mußte. Quandt saß am Tisch und korrigierte mit finsterer Miene die Schülerhefte, die Lehrerin wiegte den Säugling auf den Knien und erwiderte, dem Beispiel ihres Mannes folgend, seinen Abendgruß nicht. Die Lampe war noch nicht angezündet, ein scharlachner Abendhimmel flammte durch die Fenster, und als Caspar seinen Hut aufgehängt, ging er wieder hinaus in den Hof. Dort spielte das vierjährige Söhnchen des Lehrers mit Schussern, Caspar setzte sich daneben auf die Steinbank. Nach einer Weile erschien Quandt, und kaum hatte er die beiden beieinander gesehen, als er hineilte, das Kind bei der Hand ergriff und es rasch, wie von einem mit ansteckender Krankheit Behafteten, wegführte.

Caspar folgte alsbald dem Lehrer ins Haus. Doch Quandt war nicht im Zimmer, und er traf die Frau allein. »Was gibt es denn bei uns, Frau Lehrerin?« fragte er.

»Na, wissen Sie denn nicht?« versetzte die Frau befangen. »Haben Sie denn nichts davon gehört, daß sich die Magistratsrätin Behold zum Fenster heruntergestürzt hat? Es steht in der ›Nürnberger Zeitung‹ heut.«

»Heruntergestürzt?« flüsterte Caspar aufgeregt.

»Ja, vom Dachboden ihres Hauses hat sie sich in den Hof gestürzt und den Kopf zerschmettert. Die ganze letzte Zeit her soll sie sich wie eine Verrückte aufgeführt haben.«

Caspar wußte nichts zu sagen, seine Augen erweiterten sich, und er seufzte.

»Es scheint Ihnen ja nicht besonders nahezugehen, Hauser«, ließ sich plötzlich die Stimme Quandts vernehmen, der leise hereingetreten war, als er die beiden hatte sprechen hören.

Caspar wandte sich um und sagte traurig: »Sie war ein schlechtes Weib, Herr Lehrer.«

Quandt stellte sich dicht vor ihn hin und rief schneidend: »Unseliger, der du dich nicht entblödest, das Andenken einer Toten zu besudeln! Das soll Ihnen unvergessen bleiben! Nun haben Sie Ihre schwarze Seele enthüllt! Pfui, pfui, sage ich, und abermals pfui! Gehen Sie mir aus den Augen! Fällt es Ihnen denn nicht aufs Herz, daß die Hingegangene am Ende vielleicht durch Sie, durch den Kummer über den erlittenen Undank zu einer solchen Tat getrieben wurde? Ahnen Sie das nicht? Freilich, ein Selbstsüchtling wie Sie schert sich wenig um die Leiden andrer Menschen, ihm ist nur das eigne Wohlergehen wichtig.«

»Mann, Mann, beruhige dich doch!« mischte sich die Lehrerin ein mit einem scheuen Blick auf Caspar, der aschfahl geworden war und mit völlig geschlossenen Augen dastand, während er die Fingerspitzen seiner Hände gegeneinander gelegt hatte.

»Du hast recht, Frau«, erwiderte Quandt, »ich vergeude meine Entrüstung an taube Ohren. Was kann an einem Menschen noch zu bessern sein, der selbst dem Tod gegenüber nicht ein bißchen Andacht und Demut aufbringt? Da ist Hopfen und Malz verloren.«

Als Caspar in sein Zimmer kam, glänzte noch die letzte Glut des Sonnenuntergangs über den Hügeln. Er setzte sich ans Fenster, nahm einen der Blumentöpfe zur Hand und schaute darauf nieder. Die Stengel in den Hyazinthenkelchen schüttelten sich, und ihm war, als vernehme er fernes Geläute. Er wünschte sich das Angesicht einer Blume, um keinen Blick eines Menschenauges erwidern zu müssen. Oder er wünschte wenigstens sich im Schoß einer Blume bergen zu können, so lange, bis das Jahr vorüber war, von dessen Wende er so vieles hoffte. Dort könnte man stille sein und warten.

In den nächsten Tagen wurde der Magistratsrätin keine Erwähnung getan. Quandt vermied es sorgfältig, den Namen der Frau Behold zu nennen. Um so mehr war er überrascht, als Caspar selbst davon anfing. Am Samstag beim Mittagessen sagte er plötzlich, es gereue ihn, was er über die Tote gesagt, er sehe ein, daß es Unrecht sei, eine Verstorbene anzuklagen.

Quandt horchte hoch auf. – Aha, dachte er, sein Gewissen regt sich! Aber er entgegnete nichts, sondern verzog nur das Gesicht, als wolle er sagen: Lassen wir das, ich weiß mein Teil. Doch stach ihn die Galle, und während sie alle drei schweigend die Suppe löffelten, konnte er sich nicht enthalten zu sagen: »Sie müßten sich doch eigentlich bis in den Fußboden hinein schämen, Hauser, wenn Sie an Ihr Benehmen gegen die unschuldige Tochter der Magistratsrätin denken.«

»Wieso?« versetzte Caspar verwundert. »Was hab' ich denn getan?«

»Ei, wollen Sie auch jetzt noch das Lämmchen spielen?« antwortete der Lehrer abschätzig. »Gottlob hab' ich alles schriftlich und eigenhändig von der Seligen, da hilft kein Leugnen.«

Caspar staunte unruhig vor sich hin. Er fragte wieder, da ging Quandt zum Sekretär, holte aus einer Schublade den Brief der Frau Behold hervor und las, neben Caspar stehend, mit dumpfer Stimme vor: »Ist viel Gerede gewesen von seinem keuschen Sinn und seiner *Innocence* in allem Dahergehörigen. Auch hierüber kann ich ein Wörtlein melden, denn ich hab's mit meinen eignen Augen gesehen, wie er sich meiner damals dreizehnjährigen Tochter ... unziemlich und unmißverständlich näherte.«

Caspar begriff allmählich. Langsam legte er Löffel und Brot beiseite, und der Bissen blieb ihm im Munde stecken. Seine Augen wurden ganz dunkel, er erhob sich, rief mit jammernder Stimme: »Ach, diese Menschen, diese Menschen!« und stürzte hinaus.

Das Ehepaar sah einander an. Die Lehrerin legte die Hand breit auf das Tischtuch und sagte nachdrücklich: »Nein, Quandt, ich kann's nicht glauben. Da muß sich die selige Rätin geirrt haben. Er weiß doch nicht mal, was eine Frau ist.«

Auch Quandt war gerührt. »Das eben steht dahin, das wäre zu beweisen«, meinte er kopfschüttelnd. »Du bist leichtgläubig, meine Gute. Ich erinnere dich nur daran, daß er bei der Geburt unsers Mädchens zu meiner Befremdung wie ein gereifter Mann über die Sache sprach. Es war mir das gleich enorm verdächtig. Immerhin gebe ich zu, daß Frau Behold in dem Brief zu weit gegangen sein mag und daß ich mich infolgedessen zu einer Übereilung habe hinreißen lassen. Aber ich muß dahinterkommen, wie weit seine Wissenschaft in dem Punkte geht, denn an sein Kindergemüt, das weißt du, glaub' ich nun einmal nicht.«

»Du mußt ihn wieder versöhnen, Quandt, es war zu arg, das da«, sagte die Lehrerin.

Quandt machte eine bedenkliche Miene. »Versöhnen? Ja, gut, ich will's gern tun. Aber er ist dann immer so lieb und anschmiegsam, daß man ihm schwer widerstehen kann, und dadurch wird das objektive Urteil getrübt. Ich werde morgen einmal mit dem Pfarrer Fuhrmann über das Thema sprechen.«

Gesagt, getan. Doch leider zeigte Quandt bei diesem Anlaß die Umständlichkeit einer alten Jungfer und umschrieb das, was er sagen wollte, mit blühenden Redefiguren, als ob zwischen Mann und Weib nur Beziehungen ätherischer Art wären, die zuweilen unglücklicherweise in den Staub gezogen und befleckt würden durch beleidigende, aber nicht auszurottende Zwischenfälle.

Der geistliche Herr mußte lächeln. Nach einigem verwunderten Nachdenken antwortete er, er habe an Hausers Charakter nach dieser Richtung etwas Anstößiges nicht im geringsten beobachtet, Caspar scheine ihm in allem, was das Verhältnis der Geschlechter betreffe, noch ein vollständiges Kind. Zum Beweis dessen erzählte er dem Lehrer, daß Caspar vor ungefähr einem Monat beim Lesen einer Bibelstelle, die ihm aufgefallen war und die er ihm so gut es ging erklärt, mit schönem Zaudern von einer gewissen wiederkehrenden Beunruhigung gesprochen habe, einem Zustande, der ihn sicherlich schon oft bedrängt und für dessen Deutung er nirgends eine vertrauende Ansprache gefunden. Der alte Mann versicherte, daß ihm die Art und Weise, wie Caspar dies vorgebracht, unvergeßlich sein werde, es habe wie ein ahnungsvoller Vorwurf gegen die Natur geklungen, die etwas mit ihm anstellte, wogegen er sich nicht wehren könne. Quandt ließ sich kein Wort entgehen. Er sah das mit ganz andern Augen an. Er erblickte darin die Merkmale einer verderbten Phantasie. Doch äußerte er von seiner Ansicht gegen den Pfarrherrn nichts, sondern begab sich in stillem Vorbedacht nach Hause, legte sich emsig auf die Lauer und paßte die Gelegenheit ab.

Am Tag darauf sollte Caspar bei Imhoffs essen, er kam aber wieder zurück, denn die Baronin war krank und lag zu Bett. Beim Abendtisch kam das Gespräch darauf, und da Quandt sein Bedauern ausdrückte, sagte Caspar: »Ach, die wird vielleicht nie mehr ganz gesund.«

»Was reden Sie da, Hauser«, fiel die Lehrerin ein, »so eine junge Frau, so reich und so schön.«

»Ach«, entgegnete Caspar wehmütig, »Reichtum und Schönheit tun's nicht. Die hat sich schon zu sehr hinuntergegrämt.«

»Ja, hat sie denn ihren Kummer am Ende Ihnen anvertraut?« forschte Quandt ungläubig.

Caspar beantwortete die Frage nicht und fuhr wie zu sich selbst redend fort: »Nichts fehlt ihr auf der Welt, nur der Mann ist nicht, wie er sein sollte, hat andre lieber. Warum? Er ist doch sonst so gescheit. Aber wenn sich die Frau auch zu Tod betrübt, deshalb wird es nicht besser. Und die Leute hinterbringen ihr alles; ich hab' ihr gesagt, das sind keine Freunde, die Ihnen solches Zeug erzählen, wahre Freunde sind das nicht.«

»Hm«, machte Quandt und schaute eigentümlich lächelnd auf seinen Teller. Er besiegte sein Schamgefühl und fragte mit gezwungener Leichtigkeit, ob denn Herr Imhoff in neuerer Zeit seiner Frau wieder Anlaß zur Sorge gegeben habe, seines Wissens habe doch erst im März eine Versöhnung stattgefunden.

»Ja, freilich hat er Anlaß gegeben«, versetzte Caspar unbefangen, »es ist ja wieder ein Kind von ihm da.«

Quandt erschrak. – Da haben wir's, dachte er. Und so hart es ihn auch ankam, er beschloß, Caspar gleich auf den Zahn zu fühlen. Er wechselte mit seiner Frau einen Blick des Einverständnisses und bat sie, sie solle nach den Kindern schauen. Als nun die Frau das Zimmer verlassen hatte, wandte sich der Lehrer, blaß und aufgeregt durch die Schwierigkeit seines Vorhabens, an Caspar und fragte ihn unvermittelt, ob er schon einmal mit einem Frauenzimmer etwas gehabt habe, es lägen verschiedene Mutmaßungen vor, und Caspar möge offen wie mit einem Vater zu ihm reden.

Diese Worte stimmten Caspar dankbar; er sah in ihnen ein Zeichen von Teilnahme, obgleich er ihren Sinn und Zweck nicht verstand, sondern bloß das trübe Element, aus dem sie stiegen, furchtsam ahnte.

Er überlegte. »Mit einem Frauenzimmer? Ja wie?« murmelte er.

»Meine Frage ist doch deutlich, Hauser; stellen Sie sich nicht so kindlich.«

»Ja, ich versteh' schon«, sagte Caspar eilig, um die gute Laune des Lehrers nicht zu verscherzen, »und da ist auch was gewesen.«

»Na, nur heraus damit! Nur Mut!«

Und harmlos begann Caspar zu erzählen: »So vor ungefähr sechs Wochen hab' ich meinen Sonntagsanzug zur Putzerin in die Uzensgasse getragen. Sie wissen doch, Herr Lehrer, es ist das kleine Haus neben dem Bäcker. Wie ich hingekommen bin, war der Laden versperrt, da bin ich hinauf in die Wohnung gegangen und hab' an die Tür geklopft. Da hat mir ein junges Mädle aufgemacht und war im Nachtkleid, weiter hat sie nichts am Leib gehabt, die ganze Brust hat man sehen können, es war scheußlich. Sie hat mir die Sachen abgenommen und hat gesagt, sie wollt' es der Putzerin ausrichten. Ich war immer noch vor der Tür. ›Komm nur herein‹, sagt sie. Da bin ich hinein und frage, was sie will. Da hat sie angefangen, vor mir herumzutänzeln, hat gelacht und sonderliches Zeug geredet, hat mich gefragt, ob ich ihr Bräutigam sein wolle und zuletzt ...«, er zögerte lächelnd.

»Zuletzt? Was zuletzt?« fragte Quandt, indem er den Kopf weit vorbeugte.

»Zuletzt hat sie verlangt, ich soll ihr einen Kuß geben.«

»Nun, und?«

»Da hab' ich ihr gesagt, dazu soll sie sich einen andern wünschen, ich versteh' mich nicht aufs Schmatzen.«

»Und weiter?«

»Weiter? Weiter war nichts. Ich bin dann fortgegangen, und sie hat mir vom Fenster aus nachgeschaut.«

»Wie konnten Sie denn das bemerken?«

»Weil ich mich umgedreht hab'.«

»So, so. Umgedreht. Wie heißt die Person?«

»Das weiß ich nicht.«

»Das wissen Sie nicht? Hm. Und – ein zweites Mal waren Sie nicht dort?«

Caspar verneinte.

»Schöne Geschichten«, murmelte Quandt und erhob sich mit einem Blick zum Himmel.

Er spürte vorsichtig nach. Er erfuhr, daß bei jener Putzmacherin wirklich ein Frauenzimmer zweifelhafter Gattung zur Miete wohne. Der Erzählung Caspars noch näher auf den Grund zu gehen, hinderte ihn die Rücksicht auf seinen Ruf, hatte er doch ohnehin den Eindruck gewonnen, daß der Jüngling an der ganzen Begebenheit so unschuldig nicht sein konnte, als er sich anstellte; denn, so argumentierte er, zu einem derartig niedrigen Benehmen wie dem jenes weiblichen Geschöpfs kann nur ein Mensch Anlaß geben, dem eine gewisse moralische Unzulänglichkeit auf der Stirn geschrieben steht.

Ja, wenn er nicht lügen würde, dann wäre alles anders, dachte Quandt. Aber er lügt, er lügt, und das ist das Fürchterliche. Hat er mir nicht erzählt, die Herzogin von Kurland habe ihm ein Dutzend gestickter Taschentücher geschenkt? Kein Wort wahr. Hat er nicht behauptet, er kenne den Ministerialrat von Spieß und habe im Schloßtheater mit ihm gesprochen? Lüge. Hat er nicht dem Musikus Schüler weisgemacht, er habe die Idyllen von Geßner gelesen, und als ich ihn danach fragte, wußte er kein Wort darüber zu sagen, wußte nicht einmal, was eine Idylle ist. Gibt er nicht immer vor, dringende Besorgungen zu haben, einmal für den Präsidenten, das andre Mal für den Hofrat, und später zeigt es sich, daß er bloß herumgebummelt ist, um einen neuen Schlips spazierenzutragen? Steht das nicht alles fest, oder bin ich selbst so dumm und so ungerecht, daß ich diesen Dingen eine Bedeutung zumesse, die niemand sonst darin finden kann?

Quandt wandte sich an den Pfarrer Fuhrmann und legte ihm Punkt für Punkt die verdammenswerten Vergehungen vor.

»Sehen Sie denn nicht, lieber Quandt«, sagte darauf der Pfarrer, »daß das lauter armselige kleine Lüglein sind, kaum daß sie den Namen verdienen? Es ist das mehr ein Sichliebmachenwollen oder eine durch ihre Ohnmacht bemitleidenswerte Anstrengung, Fesseln abzustreifen, oder gar nur das harmlose Vergnügen an einem Wort, an einer Redensart. Vielleicht spielt er nur mit seiner Zunge, wie er andre Menschen damit spielen sieht, nur eben viel ungeschickter.«

»So?« ereiferte sich Quandt. »Dann will ich Ihnen, Hochwürden, eine Geschichte erzählen, die den strikten Beweis des Gegenteils erbringt. Hören Sie zu. Vorige Woche findet unsre Magd des Morgens seinen Leuchter mit abgebrochener Handhabe. Sie zeigt es meiner Frau, meine Frau macht mich darauf aufmerksam, und ich konstatiere, daß der Henkel nicht abgebrochen, sondern abgeschmolzen ist. Das Rohr war bis ganz hinunter von der Hitze des Lichts schwarz gebrannt und von außen rötlichblau überflammt, in der Schale konnte man deutlich sehen, wie hoch das zerflossene Unschlitt gereicht und wie es an mehreren Stellen abgeschabt war. Von der ganzen Kerze, die Hauser den Abend zuvor erhalten, war keine Spur mehr da. Nun müssen Sie wissen, daß ich ihm streng verboten habe, bei Kerzenlicht zu lesen oder zu arbeiten. Trotzdem wollte ich ihn schonen und ließ ihn nur durch meine Frau verwarnen. Aber da leugnet er plötzlich alles ab, versichert, daß er die Kerze weder wissentlich habe verbrennen lassen noch dabei eingeschlafen sei, und erkühnt sich am Ende zu der Behauptung, es sei gar nicht sein Leuchter, sondern der der Magd, denn beide sähen gleich aus. Was sagen Sie dazu?«

Der Pfarrer zuckte die Achseln. »Wir dürfen doch nicht vergessen, daß er trotz allem ein Wesen von besonderer Beschaffenheit ist«, erwiderte er nachdenklich. »Ich habe mich selbst davon überzeugt. Ich besitze eine kleine Elektrisiermaschine, mit der ich manchmal ein bißchen experimentiere. Neulich nahm ich das Ding vor, während Caspar dabei war, ließ die Funken springen und lud die Leidener Flasche. Da wird mir der arme Mensch bleich und zusehends bleicher, fängt zu zittern an, spreizt die Finger starr von sich, und sein Körper zuckt wie ein Hecht, den man auf den Sand wirft. Ich war sehr erschrocken und räumte das Zeug beiseite, worauf er wieder in seinen gewöhnlichen Zustand zurückkehrte. Doch schmerzte ihn der Kopf noch tagelang nachher, wie er mir gestand. Wenn er im Bette lag, hatte er kalten Schweiß, und die Dinge, die er anfühlte, stachen ihn wie mit winzigen Nadeln. Bezeichnenderweise sagte er, beim Gewitter sei ihm jedesmal ähnlich, da kitzle ihn und brenne ihn das Blut, daß er immerfort schreien möchte.«

»Und daran glauben Sie?« rief Quandt, die Hände zusammenschlagend.

»Ja, warum denn nicht?«

»Nun, wenn Sie daran glauben, befinde ich mich allerdings in einem großen Nachteil gegen den Menschen, das muß ich zugeben«, sagte Quandt. »Das muß ich zugeben«, wiederholte er bekümmert.

So ist es immer, dachte der Lehrer auf dem Nachhauseweg. Erst wird entschuldigt und beschönigt, und wenn man seine triftigen Gründe vorbringt, werden die Achseln gezuckt, und man tischt einem Histörchen auf, die nicht gestohlen und geflogen sind und von denen sich kein Jota beweisen läßt. Was für ein Satan steckt doch in dem Burschen, daß er überall Neigung und Teilnahme zu erwecken versteht, wo er sich auch zeigen mag! Daß kein Mensch seine Laster sehen will und ganz fremde Leute, darauf versessen, ihn kennenzulernen, das windigste Entzücken äußern und ihn verhätscheln, als ob sie verzaubert wären, als ob er ihnen ein Liebestränkchen eingegeben hätte!

Das erbitterte Quandt. Er sagte sich: Nehmen wir an, ich träte unter unbekannte Menschen und gäbe vor, der Heilige Geist oder sein Apostel zu sein, oder spielte mich als Wundertäter auf, und es fiele dem oder jenem bei, ein wirkliches Wunder zu verlangen, und ich müßte zugeben, es sei die blanke Spiegelfechterei, was würde da passieren? Man würde mich ins Narrenhaus stecken oder mit Prügeln traktieren. Ja, das würde man, wenn ich auch noch so ein Engelsgesicht aufsetzte, das würde man, und mit Recht. Nicht aber würde man mich mit Geschenken überhäufen und mich anhimmeln und meine schönen Augen und weißen Hände bewundern und mir Haare zum Andenken abschneiden, wie ich das, Gott sei's geklagt, von einer verblendeten Menschheit hier erleben muß.

Aus einem Selbstgespräch solcher Art geht klar hervor, wieviel Kopfzerbrechen und welche ernsten Seelenkämpfe dem Lehrer aus dem Umgang mit seinem Zögling erwuchsen.

Und was war früher mit ihm? grübelte Quandt. Wo kommt er eigentlich her? Dahinter müßte doch zu kommen sein. Wie hat er sich das alles zurechtgelegt, womit er die Dunkelmänner betört? – Ja, das ist eben das Geheimnis, sagen die Dunkelmänner. – Geheimnis? Es gibt kein Geheimnis; ich verwerfe das Geheimnis. Die Welt von oben bis unten ist ein klares Gebilde, und wo die Sonne scheint, verstecken sich die Eulen. Gäbe mir nur der Herrgott einen Wink, wie ich dieser diabolischen Verstellungskunst zu Leibe gehen könnte! Man müßte einmal ernstlich zusehen, wie es mit dem Tagebuch beschaffen ist und was dahintersteckt. Das Tagebuch scheint zu existieren, es scheint damit seine Richtigkeit zu haben, abgesehen von allem Geflunker. Vielleicht ist es eine Art Beichtgelegenheit für ihn, man muß dahinterkommen.

Die Begebenheiten halfen Quandt, rascher dahinterzukommen, als er gehofft.

Eine Stimme ruft

Eines Nachmittags im Hochsommer erschien Hickel und reichte Caspar einen an ihn, den Polizeileutnant, gerichteten, aber im Grunde für Caspar bestimmten Brief des Grafen Stanhope, in welchem dieser dem Jüngling klipp und klar befahl, das Tagebuch an Hickel auszuliefern.

Caspar überlas das Schreiben dreimal, ehe er endlich Worte fand; er weigerte sich zu gehorchen.

»Ja, mein Bester«, sagte Hickel, »wenn es nicht gutwillig geht, muß ich leider Gewalt anwenden.«

Caspar besann sich, dann sagte er mit trüber Stimme, der einzige, dem er das Tagebuch geben könne, sei der Präsident, und dem wolle er es morgen bringen, wenn man darauf bestehe.

»Gut«, entgegnete der Polizeileutnant, »ich werde Sie morgen früh abholen, und dann gehen wir mit dem Heft zum Präsidenten.«

Hickel wollte Zeit gewinnen. Er hatte natürlich keine Lust, das Tagebuch in die Hände Feuerbachs kommen zu lassen. Gerade dies zu verhindern, hatte er Auftrag, und er überlegte, was zu tun sei. Was Caspar betrifft, so stahl er sich gegen Mittag aus dem Haus und lief in die Wohnung des Präsidenten, um sich zu beschweren. Feuerbach war im Senat, Caspar vertraute seine Sorge der Tochter an, und diese versprach, dem Vater Bericht zu geben.

Nachmittags läutete es bei Quandts, und der Präsident trat ins Zimmer. Mittlerweile hatte Caspar, um auch diesem sonst verehrten Mann den gehüteten Schatz nicht ausliefern zu müssen, sich eine Ausrede erdacht, und als der Präsident im Beisein Quandts nach dem Tagebuch fragte und ob es wahr sei, daß er es nicht zeigen wolle, sagte er schnell, er habe es verbrannt.

Da gab es dem Lehrer einen Ruck, und er konnte sich eines zornigen Ausrufs nicht enthalten.

»Wann haben Sie es verbrannt?« fragte Feuerbach ruhig.

»Heute.«

»Und warum?«

»Damit ich's nicht hergeben muß.«

»Warum wollen Sie es nicht hergeben?«

Caspar schwieg und starrte zu Boden.

»Das ist eine Lüge, er hat es nicht verbrannt, Exzellenz«, zeterte Quandt, bebend vor Ärger. »Und wenn er überhaupt ein Tagebuch geführt hat, so muß es schon länger beiseite gebracht sein. Von Weihnachten an hab' ich es überall gesucht, in jedem Winkel seines Zimmers hab' ich Umschau gehalten, und nie, niemals war eine Spur davon zu finden.«

Der Präsident schaute Quandt aus großen Augen stumm und verwundert an; es war ein Blick, der etwas Mattes und Gramvolles hatte. »Wo war denn das Tagebuch aufbewahrt, Caspar?« fuhr er dann zu fragen fort.

Caspar antwortete zaudernd, er habe es bald da, bald dort versteckt, bald unter den Büchern, bald im Schrank, zuletzt an einem Nagel hinter der Schreibkommode. Quandt schüttelte dabei unaufhörlich den Kopf und lächelte böse. »Haben Sie denn den Nagel selbst eingeschlagen?« inquirierte er.

»Ja.«

»Wer hat Ihnen die Erlaubnis dazu erteilt?«

»Gehen Sie jetzt, Caspar«, schnitt der Präsident das Zwiegespräch gebieterisch ab. »Ich begreife nicht«, wandte er sich, als Caspar draußen war, an den Lehrer, »weshalb Lord Stanhope plötzlich so großes Gewicht auf das Tagebuch legt, wahrscheinlich überschätzt er die ohne Zweifel harmlosen Schreibereien. Mit Güte und Überredung wäre man übrigens besser gefahren als durch einen kategorischen Befehl.«

»Güte, Überredung?« versetzte Quandt händeringend. »Da haben Euer Exzellenz einen schlechten Begriff von diesem Menschen. Durch Güte entfesselt man nur seine Selbstsucht, und jeder Versuch, ihn zu überreden, vergrößert seine Bockbeinigkeit. Ja, er dünkt sich schon etwas, stellt sich auf die Hinterfüße, hält Widerpart und ist fähig, mir eine Antwort zu geben, daß ich dastehe wie vor den Mund geschlagen. Euer Exzellenz mögen verzeihen, aber ich bin der Meinung, daß sogar Sie durch Güte und Überredung nichts mehr bei ihm ausrichten können.«

»Na, na!« machte Feuerbach, schritt zum Fenster und sah düster in die regentriefenden Zweige des Birnbaums, der an der Hofmauer wuchs.

»Ich getraue mich auch, Euer Exzellenz auf das allerbestimmteste zu versichern, daß er das Tagebuch nicht verbrannt hat«, schloß Quandt mit beschwörender Stimme.

Der Präsident antwortete nichts. Wie widerwärtig war es ihm, all den kleinen Hader austragen zu sollen, den sie ihm da herbeischleppten. Ihn dürstete nach Frieden. Das eine Werk noch, vollendet mußte es werden, dann – Frieden.

Kaum war Feuerbach gegangen, so eilte Quandt in Caspars Zimmer, rückte die Schreibkommode von der Wand und sah nach, ob dort ein Nagel stecke. In der Tat war ein Nagel ins Holz geschlagen. Quandt rief die Magd herauf. »Hat der Hauser in letzter Zeit den Hammer gehabt, und haben Sie ihn klopfen hören?« fragte er. Die Magd bejahte; er habe vorige Woche Hammer und Nägel aus der Küche geholt, und sie habe ihn klopfen hören.

Plötzlich hatte Quandt eine Erleuchtung. – Wir sind ja im Sommer, dachte er, und wenn er das Heft wirklich verbrannt hat, muß die Asche noch im Ofen zu finden sein. Er ging zum Ofen, kniete nieder, öffnete das Türchen und scheuerte mit gierigen Händen alles, was von verbrannten und verkohlten Resten in dem Loch war, heraus auf den Boden.

Es kam viel Papierasche zum Vorschein. Quandt gab acht, daß die größeren Stücke nicht zerbrachen, da man auf Asche eine Schrift noch lesen kann. Sorgsam schob er die Trümmer auseinander. Er fürchtete, das eine oder das andre mit dem Finger anzugreifen und blies es mit dem Atem seines Mundes zur Seite; wenn es beschrieben war, versuchte er die Worte zu lesen, fand aber keinen Zusammenhang.

Da näherten sich Schritte, und Caspar trat ein, nicht wenig erstaunt über die Lage, in der er den Lehrer sah, dessen Hände und Gesicht von Ruß geschwärzt waren, indes ihm der Schweiß von den Haaren troff.

Quandt ließ sich nicht stören. »Soviel Asche kann doch unmöglich von dem einen Tagebuch herrühren«, sagte er.

»Ich hab' auch alte Briefe und Schriften damit verbrannt«, erwiderte Caspar.

Die kühl sachliche Antwort trieb Quandt die Zornröte ins Gesicht. Er stand hastig auf, murmelte etwas durch die Zähne und verließ das Zimmer, die Tür hinter sich zudonnernd. »Sie kommen mir heut' abend nicht mit auf die ›Ressource‹!« schrie er auf der Stiege.

In der »Ressource« war ein Gartenfest, das der Schützenverein veranstaltete. Quandt hatte eigentlich keine Lust, hinzugehen, dergleichen kostete immer Geld. Aber die Frau wollte auch einmal ein Amüsement haben, war des verdrießlichen Zuhausehockens satt. Sie hatte sich schon vor acht Tagen ein Kattunkleid für diesen Zweck gemacht, und so mußte denn der Lehrer sich fügen und, wie er sich ausdrückte, der Unvernunft seinen Zoll entrichten, zumal das Wetter gegen Abend schön geworden war.

Caspar blieb, bis die Dunkelheit anbrach, am offenen Fenster sitzen und genoß die Stille. Dann machte er Licht, und ein Lächeln umspielte seine Lippen, als er zur Wand ging, den Stahlstich über dem Kanapee herunternahm, die hinter dem Bild befestigte Holztafel loslöste und nun das so verborgene Tagebuch hervorzog. Er setzte sich damit zum Tisch, blätterte nachdenklich in dem Heft herum und überlas einige Stellen.

Hier war ein Lebensalter, eine Menschwerdung zusammengepreßt in den Verlauf von nicht mehr als vier Jahren, mit unheimlicher Geschwindigkeit Epoche an Epoche drängend. Was es an mangelhaft Ausgesprochenem, Geschildertem enthielt, die unschuldigen Ergüsse erster Freuden und Schmerzen, das erste bange Welterkennen, knabenhafte Philosophie und trotziges Hadern mit ahnungsvoll als feindlich empfundenen Mächten irdischer und überirdischer Natur, alles das hätte die auf diese Beute versessenen Jäger bitter enttäuscht. Aber es war nicht für jene, es war für die Mutter, ihr war es zugelobt ein für allemal, und mit der ihm eigenen Wunderlichkeit war Caspar der Gedanke ganz unfaßlich, daß ein andres Auge je auf diesen Blättern ruhen sollte. Es mag auch sein, daß ihm das Heft nach und nach in der Einbildung zu seinem einzigen wirklichen Besitz geworden war; das einzige Ding, das ihm völlig gehörte und sein ganzes Vertrauen besaß.

Auf einer der ersten Seiten stand: »Neulich hab' ich aus Gartenkresse meinen Namen gesät, ist recht schön gewachsen und hat mir große Freude gemacht. Ist einer in den Garten hereingekommen, hat Birnen gestohlen, der hat mir meinen Namen zertreten, da hab' ich geweint. Herr Daumer hat gesagt, ich soll ihn wieder machen, hab' ich ihn wieder gemacht, am andern Morgen haben ihn Katzen zertreten.«

Es folgten in demselben unbeholfenen Stil einige Versuche, seine Kerkerhaft zu beschreiben, etwa so: »Die Geschichte von Caspar Hauser. Ich will es selbst erzählen, wie hart es mir ergangen. Zwar da, wo ich eingesperrt war in dem Gefängnis, ist es mir recht gut vorgekommen, weil ich von der Welt nichts gewußt und keinen Menschen niemals gesehen habe.«

In diesem Ton ging es weiter. Späterhin kamen einige zum Schönrednerischen strebende Stellen, und eine begann mit dem Satz: »Welcher Erwachsene gedächte nicht mit trauriger Rührung an meine unverdiente Einsperrung, in der ich meine blühendste Lebenszeit zugebracht habe und wo so manche Jugend in goldenen Vergnügungen lebte, da war meine Natur noch gar nicht erwecket.«

Träume, Hoffnungen, Sehnsuchtsbilder, Berichte über kleine Ausflüge, über Unterhaltungen mit Fremden, hier und da ein beherzigenswertes Wort, in einem Buch gefunden oder aus einem Wust sonst inhaltloser Gespräche geklaubt. Allmählich Sätze, an denen etwas wie persönlicher Schliff hervortrat und eine merkwürdige verhüllte Düsterkeit des Stils. Unmittelbar war nie ein Kummer, ein Urteil, eine Meinung ausgedrückt. Er hatte es eben, wie Quandt diese Eigenschaft formulierte, hinter den Ohren. Von einem bedeutungsvollen Tag stand oft nur das Datum vermerkt und daneben ein Sternchen. Manches Ereignisses war nur in scheuen Umschreibungen gedacht, auch Lakonismen waren diesem Geist nicht fremd. So hieß es von dem Mordanfall in Daumers Hause kurz: »Der Erntemonat wäre bald mein Sterbemonat worden.«

Kleine Vorfälle des täglichen Lebens: »Gestern hat mich eine Biene gestochen, das Fräulein von Stichaner hat mir die Wunde ausgesaugt, sie sagte, wen die Biene sticht, der hat Glück.« Oder: »Gestern war eine Feuersbrunst, über Dautenwinden hat der Wald gebrannt, ich saß die halbe Nacht am Fenster und hab' gedacht, die Welt geht unter.«

Sinnliche Empfindlichkeiten kamen zu lapidarem Ausdruck: »Herr Quandt riecht nach alter Luft, die Lehrerin nach Wolle, der Hofrat nach Papier, der Präsident nach Tabak, der Polizeileutnant nach Öl, der Herr Pfarrer nach Kleiderschrank. Fast alle Menschen riechen schlecht, nur der Graf hat wie ein Leib gerochen, an dem nichts ist als guter Odem.«

Dem Grafen war manche Seite gewidmet. Hier wurde der Ton poetisch und nicht selten drängend in der Art eines Gebets. Stanhope und die Sonne wurden zu Bildern von verwandter Kraft. Seit dem Abschied aus Nürnberg hatte das aufgehört, der Name des Lords wurde nicht mehr erwähnt, nur das Gelöbnis vom achten Dezember war aufgeschrieben.

Aus den letzten Tagen stammte eine Zeichnung, welche über die Hälfte einer Seite füllte: die Umrisse eines männlichen Kopfes, mit auffallend geschickter Hand festgehalten. Es war ein fremdartiges Gesicht, keinem irdischen ähnlich, eher dem einer Statue, doch wie aus einer schauerlichen Vision gerissen, von schmerzlicher Unbewegtheit. Darunter war geschrieben:

O großer Mensch, was tuest du mir an?
Du folgest mir, und meine Spur ist blind,
Und so du mich erschaust, bin ich verwandelt.
Dem Kerker ist entflohn das arme Kind,
Der Mantel fehlt und Krone auch und Schwert,
Und ohne Reiter läuft das weiße Pferd.

Die Zeichnung war in der Nacht gefertigt worden. Aus einem Traum auffahrend, hatte Caspar das Gesicht vor sich gesehen. Er war aus dem Bett gesprungen und hatte es beim Mondlicht gezeichnet. Die Verse hatte er am Morgen beim Erwachen fertig auf den Lippen gefunden. Ihrem Sinn hatte er nicht weiter nachgegrübelt, erst jetzt wurde er stutzig und flüsterte die Worte mehrere Male vor sich hin.

Mittlerweile war es spät geworden, Caspar wollte gerade vom Tisch aufstehen, da hörte er das Haustor knarren, rasche Schritte näherten sich, es klopfte an die Tür, und Quandts Stimme befahl zu öffnen. Erschrocken blies Caspar das Licht aus. Im Finstern tastete er sich zum Sofa, brachte das Tagebuch wieder in sein Versteck, und während Quandt immer stärker pochte, gelang es ihm, das Bild an den Nagel zu hängen.

Quandt hatte nämlich, vom Spitalweg kommend, schon aus der Ferne in Caspars Zimmer Licht bemerkt. Er packte seine Frau am Arm und rief: »Sieh mal, Frau, sieh mal!«

»Was gibt's denn schon wieder?« murrte die Frau, die voll Ärger darüber war, daß Quandt ihr mit seiner übeln Laune den ganzen Abend verdorben hatte.

»Jetzt hast du doch den Beweis, daß er bei der Kerze sitzt«, sagte Quandt.

Das Haus hatte durch ein Gartenpförtchen auch einen Zugang von der Rückseite. Quandt wählte den, und als er mit der Frau im Hof stand, fiel ihm ein, ob er nicht zuerst den Jüngling auf irgendwelche Art belauschen und sehen könne, was er treibe. Der Birnbaum an der Mauer war wie geschaffen dazu. Quandt war geschickt und kräftig, ohne Mühe erklomm er die Mauer und dann einen breiten Ast, von wo er Caspars Zimmer überschauen konnte. Was er sah, genügte. Nach kurzer Weile kam er aufgeregt herab, raunte seiner Frau zu: »Ich hab' ihn erwischt, Jette«, und stürzte ins Haus und die Stiege empor.

Da sich auf sein Klopfen drinnen nichts rührte, geriet er in Wut. Er fing an, mit den Fäusten, sodann mit den Absätzen an die Tür zu trommeln, und als auch dies nichts half, beschloß der beklagenswerte Mann in seiner Raserei, ein Beil zu holen und die Tür einzuschlagen. Vorher lief er noch geschwind in den Hof zurück und sah, daß es in Caspars Zimmer indessen finster geworden war, ein Umstand, der seinen Zorn nur noch steigerte.

Von dem Lärm waren die Kinder und die Magd aufgewacht; die Lehrerin trat Quandt jammernd entgegen, als er mit der Holzhacke aus der Küche rannte. Er stieß sie weg, schäumte: »Ich will's ihm schon zeigen«, und stürzte wieder hinaus.

Nach dem ersten Schlag mit dem Beil öffnete sich die Tür, und Caspar trat im Hemd auf die Schwelle. Der Anblick der ruhigen Gestalt hatte etwas so Unerwartetes und Ernüchterndes für den Lehrer, daß er förmlich zusammenklappte, nichts zu sagen und zu tun wußte und nur sonderbar mit den Zähnen knirschte. »Machen Sie Licht«, murmelte er nach einem langen Stillschweigen. Doch schon kam die Frau mit einem Licht, leise heulend, die Stiege herauf. Caspar erblickte das Beil im gesenkten Arm des Lehrers und fing an, heftig zu zittern. Bei diesem Zeichen der Furcht verlor Quandt vollends die Haltung. Er schämte sich, und tief aufseufzend sagte er: »Hauser, Sie bereiten mir großen Kummer.« Damit drehte er sich um und ging langsam hinunter.

Caspar schlief erst ein, als der Tag dämmerte. Beim Frühstück, vor der gewohnten Unterrichtsstunde, erfuhr er, daß Quandt schon ausgegangen sei. Es wurde Mittag, und während des Essens war der Lehrer vollkommen stumm. Mit dem letzten Bissen erhob er sich und sagte: »Um fünf Uhr sind Sie auf Ihrem Zimmer, Hauser. Der Polizeileutnant will mit Ihnen sprechen.«

Caspar legte sich oben aufs Kanapee. Es war ein heißer Augusttag, Gewitterwolken lagerten am Himmel, am offenen Fenster flogen Schwalben ängstlich zwitschernd vorüber, die schwül erhitzte Luft surrte und sang im engen Gemach. Noch müde von der Nacht, entschlummerte Caspar alsbald, und erst ein heftiges Rütteln an seiner Schulter weckte ihn. Hickel und Lehrer standen neben ihm, er setzte sich auf, rieb die Augen und sah die beiden Männer schweigend an. Hickel knöpfte mit einer amtlichen Gebärde seinen Uniformrock zu und sagte: »Ich fordere Sie hiermit auf, Hauser, mir Ihr Tagebuch abzuliefern.«

Caspar erhob sich tiefatmend und antwortete mit einer mehr von innerem Zwang als Mut eingegebenen Festigkeit: »Herr Polizeileutnant, ich werde Ihnen mein Tagebuch nicht geben!«

Quandt schlug die Hände zusammen und rief klagend: »Hauser! Hauser! Sie treiben Ihre unkindliche Widersetzlichkeit zu weit.«

Caspar schaute sich verzweifelt um und erwiderte zukkenden Mundes: »Ja, bin ich denn ein Eigentum von einem andern? Bin ich denn wie ein Tier? Was wollen Sie denn noch? Ich hab ja schon gesagt, daß ich das Buch verbrannt habe!«

»Wollen Sie etwa leugnen, Hauser, daß Sie heute nacht bei der Kerze geschrieben haben?« fragte Quandt dringlich. »Briefe haben Sie doch nicht zu schreiben gehabt, und mit den Exerzitien waren Sie fertig.«

Caspar schwieg. Er wußte nicht ein noch aus.

»Ein guter Mensch hat überhaupt die Einsicht in sein Tagebuch nicht zu scheuen«, fuhr Quandt fort, »im Gegenteil, sie muß ihm erwünscht sein, da doch seine Unbescholtenheit damit bezeugt wird. Sie am allerwenigsten, lieber Hauser, haben Grund, ein geheimes Tagebuch zu führen.«

»Wie lange werden Sie uns noch warten lassen?« fragte Hickel mit höflicher Kälte.

»Da will ich doch lieber sterben, als daß ich das alles aushalten soll!« rief Caspar und hob den Arm, um sein Gesicht darin zu verbergen.

»Nun, nun«, sagte Quandt beunruhigt, »wir meinen es ja gut mit Ihnen, auch der Herr Polizeileutnant will nur Ihr Bestes.«

»Freilich«, bestätigte Hickel trocken. »Übrigens kann ich Ihnen sagen, daß das Sterben zur Zeit nicht der beste Einfall von Ihnen wäre. Da könnte man unter Umständen auf Ihrem Grabstein lesen: Hier liegt der Betrüger Caspar Hauser.«

»Ganz abgesehen davon, daß sich in einem solchen Satz eine höchst verwerfliche Gesinnung ausdrückt«, fügte Quandt tadelnd hinzu, »eine feige und unsittliche Gesinnung.«

»Es liegt mir am Leben nichts, wenn man mich immer mit solchen Geschichten plagt und mir nicht glaubt«, entgegnete Caspar bedrückt. »Ich hab' ja früher auch nicht gelebt und hab' lange nicht gewußt, daß ich lebe.«

Hickel ging indes an der Wand entlang und klopfte mit den Knöcheln wie spielend an einigen Stellen der Mauer; plötzlich schien sich seine Aufmerksamkeit gegen das Bild über dem Sofa zu richten. Er nahm es lächelnd herab, betrachtete es von allen Seiten und klappte schließlich die Scharniere auf, um die Holztafel zu entfernen.

Caspar wurde schlohweiß und bebte wie Espenlaub.

Aber als nun Hickel das blaue Heft schmunzelnd in seiner Hand hielt, ging eine seltsame Verwandlung mit Caspar vor. Es sah aus, als wachse er plötzlich und werde um Kopfeslänge größer. Mit zwei Schritten stand er dicht vor dem Polizeileutnant. Sein Gesicht war förmlich aufgerissen. In seiner Miene war etwas Erhabenes. Sein Blick glühte von einer leidenschaftlichen und gebieterischen Kraft. Hickel, in dem dumpfen Gefühl, als werde er zermalmt oder zertreten, wich langsam und fasziniert gegen die Tür zurück. Der kalte Schweiß brach aus seiner Haut, als ihm Caspar folgte, Schritt für Schritt, den Arm ausstreckte, das Heft mit einem Ruck aus seinen umklammernden Fingern zog, es mitten durchriß, die beiden Hälften noch einmal und noch einmal zerriß, bis alles in Fetzen auf dem Boden lag.

Wer weiß, was noch geschehen wäre, wenn die Dazwischenkunft einer vierten Person in diesem Augenblick nicht die Situation verändert hätte. Es war der Pfarrer Fuhrmann, der im Vorübergehen Caspar hatte besuchen wollen, um ihn zu fragen, weshalb er heute vom Unterricht ferngeblieben war. Als er eintrat, mußte sich ihm eine Ahnung des Geschehenen aufdrängen; er blickte stumm von einem zum andern. Quandt, der dem ganzen Vorgang mit entsetzten Augen zugeschaut, gewann nur mühsam seine Fassung und sagte in verlegenem Ton: »Was haben Sie denn da für ein Geschnitzel gemacht, Hauser?«

Hickel wanderte mit ein paar großen Schritten durchs Zimmer, dann grüßte er den Pfarrer militärisch und ging mit kaltem und finsterem Gesicht. Unter der Tür drehte er sich um, deutete auf den Papierhaufen und machte eine befehlende Kopfbewegung gegen Quandt. Dieser begriff. Er bückte sich, um die Schnitzel zusammenzuscharren. Aber Caspar durchschaute seine Absicht, er stellte sich mit den Füßen darauf und sagte: »Das kommt ins Feuer, Herr Lehrer.«

Er kniete nieder, raffte das Papier mit zwei Händen auf, trug es zum Ofen, öffnete mit dem Fuß das Türchen und warf alles hinein. Darauf schlug er Feuer, und eine Minute später brannte es lichterloh.

Der Pfarrer Fuhrmann war bloß schweigender Zeuge des Auftritts, Hickel war gegangen, und der Lehrer, beständig hüstelnd, schritt mit der Gleichmäßigkeit eines Wachpostens vor dem Ofen auf und ab, indes Caspar kauernd zuschaute, bis das letzte Fünkchen verglommen war, dann nahm er den Schürhaken und zerschlug die Aschenreste zu Staub.

Der Pfarrer hatte nachher eine Unterredung mit Caspar,

welche trotz des herabgestimmten Gemütszustandes des jungen Menschen und der schier krankhaften Unlust zu sprechen doch zu mancherlei Eröffnungen führte, die den geistlichen Herrn bewogen, sich wegen des Vorgefallenen an den Präsidenten Feuerbach zu wenden.

»Es ist eigen mit dem Lehrer Quandt«, sagte er im Verlauf seiner Mitteilungen zu Feuerbach. »Ein sonst so vortrefflicher Mann, und in allem, was den Hauser betrifft, wie verhext. Die Ruhe des Hauser macht ihn kribblig, seine Sanftheit rauh, seine Schweigsamkeit redselig, seine Melancholie spöttisch, seine Heiterkeit traurig, und seine Ungeschicklichkeit gibt ihm die durchtriebensten Listen ein. Aus allem, was der Hauser tut und sagt, schließt er im stillen das Gegenteil, sogar das Einmaleins aus diesem Mund scheint ihm eine Lüge. Ich glaube, er möchte ihm am liebsten die Brust aufschneiden, um zu sehen, was drinnen ist. Das ist, weiß Gott, kein christlicher Gedanke von mir, aber ich kann mir nicht helfen, wenn ich sehe, wie da alles verdächtig gemacht wird. Verdächtig ist, wenn dem Hauser etwas neu erscheint, und verdächtig, wenn er es schon kennt. Verdächtig, wenn er lange schläft, und verdächtig, wenn er früh aufsteht, daß er das Theater liebt und die Musik nicht liebt; verdächtig, daß er es hinunterschluckt, wenn man ihn zankt, hingegen die Streitigkeiten zwischen andern, zum Beispiel zwischen Quandt und seiner Frau, immer schlichten will: verdächtig. Alles ist verdächtig. Wie soll das enden?«

Aber, wie man so bezeichnend sagt, ein Wort gab das andre, und zum Schluß kam nichts heraus.

Der Präsident, merkwürdig zerstreut, versprach, den Polizeileutnant zur Rede zu stellen. Er ließ Hickel rufen und schrie ihn gleich beim Eintritt an, daß dem Verdutzten Hören und Sehen verging. Leider diente die Schimpferei der Sache schlecht. – Als der Zorn verdampft war, trug Hickels überlegene Ruhe und berechnete Schmiegsamkeit den Sieg davon. Es kam nichts heraus. Es blieb alles beim alten. Nur daß der Polizeileutnant, in seiner Eitelkeit tief gekränkt, doppelt still und kalt seiner Wege ging.

»Die Bemühung, dem Hauser eine angenehme Existenz zu verschaffen, muß man wohl als gescheitert betrachten«, sagte Feuerbach eines Tages zu seiner Tochter. »Der Mensch leidet in seiner jetzigen Umgebung, und die Art, wie man ihn behandelt, scheint gegen alle Vernunft und Billigkeit.«

»Mag sein, aber kann man es ändern?« versetzte Henriette achselzuckend.

»Mich beruhigt nur die Zuversicht, daß ja eine Entscheidung ohnehin fallen muß, wenn die Schrift einmal erschienen ist«, sagte der Präsident vor sich hin.

»Was schadet es auch dem jungen Menschen, wenn die Wogen des Lebens über seinem Kopf zusammenschlagen?« fuhr Henriette fort. »Vielleicht lernt er schwimmen dabei. Es ist nicht an Ihnen, Vater, seinen Präzeptor zu machen.«

»Vielleicht lernt er schwimmen dabei. Vortrefflich ausgedrückt, meine Tochter. Dereinst mag er dann der überstandenen Prüfungen dankbar gedenken. Ein Gekrönter, der eine solche Schicksalsschule erfahren hat, der von der tiefsten Tiefe zur höchsten Höhe gestiegen ist, ei, das gäbe Hoffnungen! Fehlte es den Großen der Erde nicht an Lebenskenntnis, so wäre ihnen das Volk mehr und etwas andres als eine Melkkuh. Lassen wir also den Stahl glühen, damit er hart werde. Sind heute Korrekturen gekommen?«

Henriette verneinte und ging seufzend hinaus.

Es gibt eine innere Stimme, die beredsamer ist als die Weisheit der Sentenzen. Feuerbach erfuhr die Gewalt dieser Stimme stets aufs neue, wenn er sich Caspar gegenüber befand. Es war ihm nicht gegeben, sich um den Appell einer höheren Instanz, als es Vernunft und Erfahrung sind, herumzulügen. Den Freimut der Verantwortlichkeit, den er vor dem eignen Herzen empfand, hatte das Alter nicht abgestumpft, sondern geläutert. Er mußte sich bekennen, daß das, was ihn quälte, ganz einfach das schlechte Gewissen war.

Welch ein Dilemma für einen solchen Mann! Auf der einen Seite die bis zur Selbstverleugnung getriebene Erfüllung der Idee, auf der andern das vorwurfsvolle Auge dessen, dem die Idee galt und dem er sich nicht ergeben konnte und durfte, aus Furcht vor dem allzu beteiligten Gefühl, aus Furcht vor der Trübung des Urteils, aus Furcht, daß der Engel der Gerechtigkeit seiner vorgesetzten Bahn entfliehen würde, wenn Neigung, Rücksicht und herzliche Annäherung ins Spiel kämen.

So wie an die nächsten Freunde schickte der Präsident in diesen Tagen die Aushängebogen seiner Caspar-Hauser-Schrift auch an Stanhope, der sich zur Zeit in Rom aufhielt. Der Graf dankte oder antwortete mit keinem Wort.

Eines schlimmeren Zeichens bedurfte Feuerbach nicht. Wie hatte doch das große Wort gelautet, das er einst in lebendiger Stunde zu jenem Mann gesprochen? »Wenn dieses Antlitz trügt, Mylord, mit dem Sie hier vor mir stehen, dann . . .«

Ja, dann! Was dann? Kindliche Anmaßung! Würde die Welt untergehen, weil ein Feuerbach sich getäuscht? Wie vielfältig ist der Mensch, wie viele Gesichter sind ihm eigen, wie viele Worte findet er um eines erbärmlichen Vorteils willen! Für den Bissen Brot ist jeder Bettler schon ein Fürst der Worte, und was Staatskarossen, was Pairschaft, was anmutige Manieren und überredendes Gefühl, wenn dem allem nur das Wort die Schminke ist, das eine aussätzige Haut verschönt? Dazu also Herzen zergliedert, im Dunkel der Seelen gewühlt, mit Richterkunst und -pathos Tat und Untat auf ihr menschlich Maß geprüft, damit ein aufgeschmückter Schelm aus England kam, um damit ein sardonisches Spiel zu treiben und alles lächelnd ins Absurde zu führen.

Den alten Mann ekelte. Aber die Vorstellung von der Macht und den Hilfsmitteln der Feinde, mit denen er sich in ungleichen Kampf eingelassen, wurde allmählich ungeheuer, und wenn auch sein Vorhaben nicht die geringste Beeinträchtigung erfuhr und er nicht für die Dauer eines Augenblicks ins Schwanken geriet, nahm doch eine verdüsternde Unruhe von ihm Besitz. Seit jenem nächtlichen Einbruch, dessen Anstifter aller aufgewandten Mühe zum Trotz unentdeckt geblieben waren, entbehrte er des dauernden Schlafs. Er erhob sich bisweilen aus dem Bett, wanderte mit dem Licht durch die Zimmer, über Treppen und Flur, rüttelte an den Fenstern, probierte die Festigkeit der Schlösser und erschrak nicht selten vor seinem eignen Schatten.

Es war für seine Kinder ein erschütterndes Schauspiel, diesen Mann der Leidenschaft und des eingefleischten Mutes in dergleichen Gespensterwesen verstrickt zu sehen. Einstmals am frühen Morgen fand man an der äußeren Seite des Haustors folgende mit Kreide angeschriebenen Verse:

Anselm, Ritter von Feuerbach!
Lösch 's Feuer unter deinem Dach!
Laß den falschen Freund nimmer ein!
Zieh den Degen und hau drein,
Sonst wird's um dich geschehen sein.

An einem Abend zu Ende Oktober kam Quandt und begehrte den Präsidenten zu sprechen. Feuerbach ließ ihn eintreten und beobachtete sofort in seinem Benehmen etwas Verlegenes und Bestürztes, doch zeigte der Lehrer nicht die gewöhnliche Umständlichkeit, sondern rückte schnell mit seinem Anliegen heraus. Er berichtete, Caspar habe vorgestern einen Brief des Grafen erhalten, und seitdem habe er sich ganz verändert; ob Seine Exzellenz nicht eine Stunde erübrigen könne, um mit dem Menschen zu reden, er selbst bringe kein Wort aus ihm heraus.

Der Präsident fragte, worin die Veränderung bestehe.

»Es ist, als wäre er taubstumm geworden«, versetzte Quandt. »Bei Tisch läßt er die Speisen unberührt, beim Unterricht ist er äußerst unaufmerksam, ja geistesabwesend, die Aufgaben macht er nicht mehr, auf Fragen antwortet er nicht, schleicht herum wie ein Todkranker und starrt in die Luft. Gestern nacht hab' ich und meine Frau ihn belauscht, und wir haben zugehört, wie er erst eine ganze Weile vor sich hingewimmert, dann auf einmal hat er einen gräßlichen Schrei ausgestoßen.«

»Wissen Sie vielleicht, was in dem Brief des Grafen gestanden hat?« forschte der Präsident.

»O ja, das weiß ich wohl«, entgegnete der Lehrer harmlos; »es ist meine Gepflogenheit, alle Briefe, die er erhält, vorher zu öffnen.«

Feuerbach blickte jäh empor und sah den Lehrer mit finsterer Neugier an. »Nun, und?« fragte er.

»Ich könnte den Inhalt des Schreibens durchaus nicht mit einer solchen Wirkung zusammenreimen«, erwiderte Quandt bedächtig.

Der Präsident stampfte ungeduldig mit dem Fuß. »Gut, gut«, rief er barsch, »aber was stand denn drin, da Sie es doch einmal wissen?«

Quandt erschrak. »Es stand drin, der Graf könne in diesem Jahr nicht mehr nach Ansbach kommen, unerwartete Zwischenfälle nötigten ihn, diesen Plan ins Unbestimmte zu verschieben. Nun ist mir freilich bekannt, daß Hauser mit der Herkunft des Lords stark gerechnet hat, er sprach sogar immer von einem festen Termin und hielt es für einen Frevel, wenn man ihm das ausreden wollte. Er schien es geradezu für eine Pflicht des Grafen zu erachten, denn in seinem kindischen Kopf glaubt er noch fix daran, daß ihn der Graf mit nach England auf seine Schlösser nehmen werde, und er ahnt gar nicht, daß der Herr Graf schon längst sein Herz von ihm abgewandt hat.«

»Woher wissen Sie das, Mann?« brauste der Präsident auf und erhob sich mit solchem Ungestüm, daß der Stuhl hinter ihm umstürzte.

»Eure Exzellenz verzeihen«, stotterte Quandt furchtsam, »aber das ist doch sonnenklar.« Er ging hin, stellte den Stuhl mit einer höflichen Grimasse wieder auf, und während der Präsident mit seinen steifen, kurzen Schritten auf und ab wanderte, sagte er schüchtern: »Trotz allem ist mir die Wirkung dieser in den urbansten Formen gehaltenen Absage unerklärlich und besorgniserregend, es muß da etwas dahinterstecken, und Eure Exzellenz sind vielleicht imstande, es herauszubringen.«

»Ich werde der Sache nachgehen«, schnitt Feuerbach das Gespräch kurz ab. Quandt machte seinen Bückling und entfernte sich. Er ging nicht heimwärts, sondern wandte sich gegen die Herrieder Vorstadt, da er seine Frau vom Haus ihrer Mutter abholen wollte. Es war ein heftiger Sturm, Blätter und Zweige wirbelten durch die Luft, Quandts Mantelumhang flatterte hoch auf, und mit beiden Händen mußte er die Ränder seines Schlapphuts festhalten.

Kurz nach dem Lehrer hatte Caspar heimlich das Haus verlassen, eigentlich ohne Ziel. Als er auf der Straße war, fiel ihm ein, ob er nicht zu Frau von Imhoff gehen könne, und ungeachtet der Dunkelheit und des bösen Wetters und obgleich das Imhoffschlößchen eine Viertelstunde vor der Stadt gelegen war, entschloß er sich dazu. Aber als er angelangt war, als er am Gittertor stand und zu den erleuchteten Fenstern hinaufschaute, schwand ihm alle Lust, und er fürchtete sich vor den hellen Zimmern. Sah er sich doch schon droben, hörte er doch schon die Worte, die ihm nichts waren und nichts galten. Er kannte sie alle, er hätte sie auswendig an der Schwelle hersagen können. Ja, er kannte nun die Worte der Menschen, er erfuhr nichts Neues durch sie, sie fielen in das unermeßliche Meer seiner Traurigkeit wie kleine trübe Tropfen, deren Aufschall die Tiefe verschlang.

Ein Schatten glitt an den Fenstern vorbei, ein andrer folgte. So weilten sie in ihren Wohnungen, still und emsig, zündeten ihre Lichter an und wußten nicht, wer draußen stand am Tor.

Mitten im Windgebrause vernahm Caspar Töne wie von einem Saiteninstrument, das unter den Wolken aufgehängt war. Es befand sich nämlich auf dem Dach des Schlößchens eine Äolsharfe, Caspar wußte dies nicht und hielt es für eine geisterhafte Musik. Als er den Rückweg antrat, schlugen immer von Zeit zu Zeit die orgelnden Akkorde an sein Ohr.

Er wünschte noch nicht heimzugehen; der gleiche dumpfe Drang, der ihn vor das Schlößchen der Imhoffs getrieben hatte, führte ihn noch zum Hause des Generalkommissärs, dann zum Haus des Regierungspräsidenten, dann zum Feuerbachschen Haus und schließlich vor ein Gebäude, das unbewohnt war und das mit seinen verschlossenen Läden, seinen bemoosten Simsen und seinem hochbogigen Tor, über welchem ein Auge in den Stein und darüber die Worte gemeißelt waren: »Zum Auge Gottes«, schon lang vorher seine Wißbegier aufgeweckt hatte. Zur Markgrafenzeit sollte ein Goldmacher darin gewohnt haben.

Es war ihm zumute, wie wenn er in all diesen Häusern zu Gast gewesen, wie wenn er unsichtbar unter ihren Bewohnern oder in ihren leeren Räumen herumgegangen sei und als ob er dabei eine merkwürdige Kenntnis von dem vergangenen und gegenwärtigen Leben ihrer Menschen gewonnen habe.

Ziemlich müde und dabei tief erregt langte er im Lehrerhaus an. Quandt und seine Frau waren noch nicht daheim, die Kinder schliefen, die Magd war nicht zu sehen, es herrschte eine große Stille, nur der Wind umheulte die Mauern, und das Flurlämpchen flackerte wie vor Furcht.

Da, während Caspar zur Treppe schritt, vernahm er eine langgezogene feine Stimme, ähnlich dem Zirpen der Sommergrille, und die Stimme rief: »Stephan!« Er blieb befremdet stehen und sah sich um. Da alles ruhig war, glaubte er sich getäuscht zu haben, glaubte, es sei eine Stimme draußen auf der Straße gewesen. Aber kaum hatte er drei Schritte getan, so erschallte die Stimme neuerdings, nur unvergleichlich lauter, anscheinend aus dichterer Nähe: »Stephan!«

Es war etwas unendlich Ergreifendes in dem Ton; es klang, wie wenn einer, der zu ertrinken fürchtet, aus dem Wasser ruft. Unverkennbar war es eine männliche Stimme, die nun zum drittenmal wie von Schluchzen erstickt ausrief: »Stephan!«

Kein Zweifel, der Ruf galt ihm, ihm, Caspar. Er streckte die Arme aus und fragte: »Wo? Wo bist du? Wo bist du?«

Da sah er oben über der Tür, körperlos schwebend, ein fahlleuchtendes Gesicht. Es war das Gesicht Stanhopes, mit aufgerissenen Augen und aufgerissenem Mund, wie in äußerstem Schrecken verzerrt, häßlich, schier unkenntlich häßlich.

Caspar verharrte angewurzelt an seinem Platz, seine Glieder, ja seine Augen waren wie versteinert. Als er zum zweitenmal hinblickte, war das Antlitz verschwunden, auch die Stimme ließ sich nicht mehr vernehmen. Flur und Stiege erleuchtet, alle Türen zu, kein Mensch zu sehen, kein Laut zu hören.

Es wird eine Reise beschlossen

Eines Nachmittags im Dezember sahen erstaunte Nachbarn den Lehrer Quandt wie besessen aus seinem Haus und gegen die Neustadt stürmen, wo die Wohnung des Polizeileutnants lag. Er trat ins Zimmer des Leutnants, und ohne sich Zeit zu gönnen, seinen Hut vom Kopf zu nehmen, griff er in die Rocktasche und hielt Hickel wortlos ein dünnes Druckheft entgegen. Es war die vor kurzem erschienene Caspar-Hauser-Broschüre Feuerbachs. Quandt hatte das Büchlein erst heute in die Hände bekommen und es in einem Zug durchgelesen.

Hickel nahm das Heft, besah es rundum und sagte gelassen: »Na, und? Was soll's? Meinen Sie, daß das eine Neuigkeit für mich ist? Sie echauffieren sich doch nicht etwa? Der Alte schreibt, weil das sein Geschäft ist. Eher können Sie einer Henne das Eierlegen abgewöhnen als einem geborenen Federfuchser das Schreiben.«

Quandt atmete tief auf. »Schreiben, schön. Ich lasse ja vieles gelten«, antwortete er, »aber das geht denn doch zu weit. Erlauben Sie –« er packte das Heft, schlug das Titelblatt auf und las vor: »›Caspar Hæuser oder Beispiel eines Verbrechens am Seelenleben des Menschen‹. Das klingt ja nach etwas«, sagte er bitter; »es streut den Leuten von vornherein Sand in die Augen. Aber das Ganze ist ein Roman, und nicht einmal einer von der besten Sorte.«

Er blätterte und deutete mit dem Finger auf eine Stelle, die er gleichfalls höhnisch betont vorlas: »›Caspar Hauser, das rare Exemplar der Gattung Mensch!‹ – Lieber Herr Polizeileutnant, da bin ich mit meiner Weisheit zu Ende. Das kommt mir so vor, als ob man den notorisch schlechtesten meiner Schüler vor versammeltem Volk als einen großen Gelehrten erklärte. Rares Exemplar! In dem Punkt weiß ich besser Bescheid, halten zu Gnaden, Exzellenz; da könnte ich einem verehrlichen Publiko ganz anders die Augen öffnen. Rares Exemplar, gewiß! Aber man muß nur auch das Alphabet von vorne und nicht von hinten lesen. Das ist also der große Kriminalist, der bestaunte Alleswisser! So sieht der Ruhm aus, wenn man ihn aus der Nähe betrachtet! Und nun erst das ganze dynastische Hintertreppenmärchen! Es wäre ja zum Lachen, wenn es nicht so traurig wäre. Herrgott, ist das eine Zeit, ist das eine Welt!«

Der Polizeileutnant hörte mit kaum merklichem Lächeln den Ausbruch des Lehrers an. Als Quandt zu Ende war, sagte er gleichmütig: »Was wollen Sie? Als getreuer Diener sind wir nun einmal dazu verurteilt, die dummen Streiche unsrer Herrschaft mit anzusehen. Übrigens kann ich Sie in einer Hinsicht beruhigen. Der Präsident hat selber keine rechte Freude an dem Büchlein. Er klagt über Gedächtnisfehler, die ihm dabei passiert sind, und daß es ihn mehr Mühe gekostet hat, die Geschichte zu Papier zu bringen, denn ein ganzes Corpus juris. Und jetzt muß er's erleben, daß man ihm draußen im Reich hart zusetzt. Es geht die Rede, daß die Bundeskommission zu Frankfurt die Schrift konfiszieren wird.«

»Recht so«, rief Quandt. »Auch die Fürsten sollten etwas dagegen unternehmen.«

»Das lassen Sie nur die Sache der Fürsten sein«, versetzte Hickel, dessen Gesicht plötzlich böse und sorgenvoll wurde. »Potz Kreuz, lieber Quandt, Sie ereifern sich ja da, als ob's Ihnen an den Kragen ginge. Ich möchte nur gar zu gern wissen, ob Sie auch soviel Mut zeigen würden, wenn die Exzellenz dahier im Zimmer wäre.«

Quandt schaute sich mißtrauisch um. Dann zuckte er die Achseln und erwiderte: »Sie belieben zu scherzen, Herr Polizeileutnant. Schlimm genug, daß man mit seiner wahren Meinung hinterm Berg halten muß. Wir haben alle vergessen, wie ein Mann den Kopf tragen soll. Kuschen, das haben wir gelernt, das verstehen wir von Grund aus. Aber ich will nicht mehr kuschen.«

»Pst!« unterbrach ihn Hickel unwirsch. »Lassen wir das, es schmeckt nach Demagogentum. Sagen Sie mir lieber: Hat der Hauser Kenntnis von der Broschüre?«

»Nicht daß ich wüßte«, entgegnete Quandt. »Aber es wird nicht zu vermeiden sein, daß er davon erfährt, gibt es doch Unverständige genug, die sich ein Vergnügen daraus machen werden. Haben Sie, Herr Polizeileutnant, nicht auch von der Schrift eines gewissen Garnier gehört?«

Bei der Nennung dieses Namens zuckte Hickel zusammen und sah den Lehrer finster an. Es dauerte eine ganze Weile, bevor er sich zu einer Antwort entschloß. »Garnier? Ja, das ist ein landesflüchtiges Subjekt. In seinem Pamphlet bringt er dieselben sinnlosen Dinge vor wie der Staatsrat, bloß noch verbrämt mit dem windigsten Hofklatsch. Das Machwerk ist nicht der Rede wert.«

»Wie soll ich mich aber verhalten, wenn der Hauser irgendwie in den Besitz eines dieser Produkte kommt?« fragte Quandt.

Hickel spazierte mit seinen langen Schritten herum und nagte mit den Zähnen nervös an der Unterlippe. »Treffen Sie Vorsorge«, erwiderte er kalt. »Lassen Sie ihn nicht aus den Augen. Mich kümmert das übrigens gar nicht, ist mir völlig egal. Man wird den jungen Mann schon karwanzen.«

Quandt seufzte. »Herr Polizeileutnant«, sagte er bedrückt, »ich kann Ihnen nicht schildern, wie mir ist. Meine halbe Seligkeit gäb' ich drum, wenn es mir vergönnt wäre, den Menschen zu einem offenen Geständnis zu bringen.«

»Man wird's Ihnen billiger machen«, versetzte Hickel düster.

»Wissen Sie denn das Neueste?« fuhr Quandt fort. »Der Präsident will den Hauser als Schreiber beim Appellgericht beschäftigen. Morgen soll er schon anfangen.«

»Und was wird der Graf dazu sagen?«

»Man hat es ihm schreiben wollen, weiß aber nicht, wo er sich aufhält. Es ist seit vier Wochen nur ein einziger Brief von ihm gekommen, und den hat der Hauser nicht einmal angesehen. Meines Erachtens muß er sich über die Maßregel freuen. Für ein Metier im engeren Sinn ist der Hauser doch nicht zu gebrauchen, er hat leider den Verkehr mit den gebildeten und höheren Ständen zu lange genossen, als daß es ihn nicht rebellisch machen müßte, wenn er ihn plötzlich mit der Umgebung in einer Werkstätte vertauschen müßte. Anderseits ist er auch zu einem Beruf ungeeignet, der eine tiefere Ausbildung erfordert, denn zu einem ernsthaften Studium fehlt ihm Sinn und Ausdauer. Der Staatsrat hat demnach die beste Lösung getroffen, die auch mich von einem Teil meiner Verantwortlichkeit entlastet. Bei der Schreiberei kann sich der Hauser nicht nur zu einem Beamten des niederen Dienstes, sondern bei einigem Fleiß sogar für eine Stelle beim Registratur- oder Rechnungswesen ausbilden.«

Hickel hörte der weitläufigen Auseinandersetzung kaum zu. Sie gingen nun zusammen fort; vor der Hofapotheke verabschiedete sich Hickel, um sich, wie er sagte, ein Pülverchen gegen Schlaflosigkeit verschreiben zu lassen.

Auf dem Nachhauseweg wurde Quandt vom Hofrat Hofmann sehr freundlich gegrüßt, eine Tatsache, die hinreichend war, seine mürrische Stimmung ungemein aufzuheitern. Beim Mittagessen, es gab Kalbsbrust und Ochsenmaulsalat, wurde er sogar lustig und trieb allerlei Scherze mit seiner Frau. Aber wie es bei seriösen Naturen der Fall zu sein pflegt, geriet seine Aufgeräumtheit ziemlich ins Plumpe. Unter anderm nahm er das Messer und fuchtelte der Lehrerin lachend damit vor der Nase herum. Da erblaßte Caspar, stand auf und sagte: »Um Gottes willen, Herr Lehrer, legen Sie doch das Messer weg, ich kann's nicht sehen.«

Quandt, gleich wieder verdrießlich, brummte: »Na, hören Sie mal, Hauser, ein solches Betragen schmeckt stark nach Affektion.«

»Sie sind ein schöner Tappel«, sagte die Lehrerin, »ein Mann muß mutig sein. Was wollen Sie denn tun, wenn's mal Krieg gibt? Da heißt es mit Anstand sterben.«

»Sterben? Nein, da sag ich Dank, sterben mag ich nicht«, erwiderte Caspar hastig.

»Und doch haben Sie sich damals vor dem Polizeileutnant in einer höchst widerwärtigen Weise über denselben Punkt geäußert«, ließ sich Quandt vernehmen.

»Nein, so feig«, fuhr die Lehrerin fort, »mit dem Kadetten Hugenpoet von den Dragonern haben Sie sich letzten Sommer ja auch einmal so feig benommen.«

»Was ist denn das für eine Geschichte?« erkundigte sich Quandt, »davon weiß ich gar nichts.«

»Er war doch mit dem Kadetten oft beisammen; der hat dem Hauser immerzu vorgeschwärmt, er solle Soldat werden, in ein paar Jahren brächt' er es leicht zum Offizier. Wär ja nicht so übel, die Kadetten haben es gut und kommen schnell vorwärts. Unser Hauser war auch begeistert von der Idee, aber auf einmal war die Freundschaft aus.«

»Ei, und aus welchem Grund?«

»Das war so. An einem Abend im September ist er mit dem Kadetten am Rezatufer spazierengegangen, und sie sind zu einer Stelle gekommen, wo viele Knaben und Burschen sich gebadet haben, denn es war furchtbar warm an dem Tag. Der Kadett sagt, das wollen wir auch machen, zieht sich aus und will den Hauser überreden, gleichfalls zu baden. Der war aber zu Tod erschrocken von dem Vorschlag und sagt, ins Wasser geht er nicht. Das hören die andern, steigen heraus, stellen sich um ihn herum, verspotten ihn und wollen ihn mit Gewalt ins Wasser bringen. Da reißt er sich los, und eh man sich's versieht, ist er in seiner Höllenangst über die Felder davongelaufen, die nackichten Kerle höhnen hinter ihm her. Dem Kadetten war's zu bunt, und er sieht ihn nicht mehr an seitdem. Ist's wahr, Hauser, oder nicht?«

Caspar nickte. Der Lehrer schüttelte sich vor Lachen.

Ein paar Tage später kamen Frau von Imhoff und das Fräulein von Stichaner, um Caspar zu besuchen. Die Lehrerin, stolz auf die vornehmen Gäste, wich nicht vom Fleck. Der Unterhaltung zuliebe und weil ihr nichts Gescheiteres einfiel, erzählte sie im Beisein Caspars abermals die Geschichte mit dem Kadetten und dem verweigerten Bad, doch hatte sie nicht denselben Erfolg wie vor ihrem Ehegemahl. Die beiden Damen hörten schweigend zu.

»Solche Feigheit ist eigentlich nicht schön«, bemerkte das Fräulein von Stichaner dann auf der Straße gegen Frau von Imhoff.

»Man kann es nicht gut Feigheit nennen«, antwortete diese. »Er liebt das Leben zu sehr, das ist es. Er liebt das Leben wie ein Toller, wie ein Tier liebt er es, wie ein Geizhals sein Gold. Er hat mir selbst gestanden, daß er jedesmal vor dem Einschlafen Angst hat, sein Schlaf könne sich ihm unbewußt in Tod verwandeln, und er betet, Gott möge ihn doch ganz gewiß am andern Morgen wieder aufwachen lassen. Nein, es ist nicht Feigheit, es ist vielleicht die Ahnung einer großen Gefahr, auch der Trieb, viel Versäumtes nachzuholen. Man muß ihn nur manchmal sehen, wie er sich freuen kann, und über das Allergeringste, woran jeder andre stumpf vorübergeht. Seine Freude hat etwas Großartiges, etwas Erdentrücktes, sowie seine Furcht und seine Traurigkeit etwas Schauerliches haben.«

Zu Hause wurde Frau von Imhoff durch einen Brief ihrer Freundin, der Frau von Kannawurf, überrascht, doppelt angenehm überrascht, da Frau von Kannawurf, sie weilte gegenwärtig in Wien, schrieb, sie wolle im März nach Ansbach kommen. In dem Brief war überdies viel von Caspar die Rede. »Ich habe in den letzten Tagen die Feuerbachsche Schrift gelesen«, hieß es unter anderm, »und ich muß Dir gestehen, daß mich noch niemals ein Buch dermaßen im Innersten aufgewühlt hat. Ich kann seitdem nichts andres denken, und es flieht mich der Schlaf. Weiß Caspar Hauser selbst von dieser Schrift? Und wie stellt er sich dazu? Was äußert er darüber?«

Frau von Imhoff versäumte es, über den Punkt Bescheid zu geben. Es fiel ja auch schwer, Caspar zu befragen. – Hat er das Buch nicht gelesen, so ist es peinlich und sonderbar, ihn darüber in Unwissenheit zu sehen, dachte sie, noch peinlicher und sonderbarer, wenn er es gelesen hat, peinlich und sonderbar sein Aufenthalt hier, sein Kopistenamt auf dem Gericht, sein ganzes Treiben. Und wie ist es möglich, eine Aussprache herbeizuführen? Jedes offene Wort kann unheilvoll werden.

Trotzdem unternahm es Frau von Imhoff, Caspar vorsichtig auszuholen, ob er überhaupt von der Sache wisse oder davon reden gehört. Und er wußte davon. Nicht im entferntesten aber hegte er den Wunsch, sich Klarheit zu verschaffen. Erstens aus Furcht; die Furcht ließ ihn vor jedem Schritt zurückbeben, der auf eine Veränderung seiner Lage zielte, seine Gedanken von der krankhaft umklammernden Gegenwart ablenken konnte; und dann, weil er wahrscheinlich annahm, es handle sich bei der Schrift des Präsidenten auch nur um das bodenlose Gerede, das er in- und auswendig wußte und von dem ihm, wie er zu sagen pflegte, bloß Kopf- und Herzweh und ein dummes Nachschauen blieb. Er hatte dergleichen oft genug erfahren, und aus lauter Überdruß daran war er am Ende so unneugierig geworden, daß eine einzige Andeutung, während eines Gesprächs etwa, hinreichte, um seinem Gesicht den Ausdruck schalster Langweile zu geben.

Wie er schließlich doch dazu gelangte, das für ihn und um seinetwillen geschaffene Werk kennenzulernen, das hatte eine eigentümliche Bewandtnis.

Es war an einem unfreundlichen Vormittag im März, da verbreitete sich plötzlich im Appellgerichtsgebäude und bald darauf in der ganzen Stadt die Nachricht, der Präsident sei im großen Gerichtssaal während einer Verhandlung, die er leitete, ohnmächtig vom Stuhl gestürzt. Alle Beamten liefen sofort aus ihren Zimmern und standen alsbald auf den Treppen und Korridoren. Auch Caspar hatte seinen Arbeitstisch verlassen und gesellte sich zu den übrigen. Er schlich aber absichtlich wieder davon, um nicht Zeuge sein zu müssen, wie man den Präsidenten von oben heruntertrug.

Als er sich in das Zimmer zurückbegab, in welchem er an allen Vormittagen von acht bis zwölf Uhr schrieb, und zwar nur in Gesellschaft eines alten Kanzlisten, eines gewissen

Dillmann, war dieser sein Amtsgefährte noch nicht wieder da. Caspar, sehr traurig und erschrocken, stellte sich zum Fenster und malte, schmerzlich versonnen, wie er war, mit dem Finger den Namen Feuerbach in die beschweißte Scheibe.

Indes trat Dillmann ein und ging händeringend auf seinen Platz zu.

Bis auf diesen Tag hatte der alte Kanzlist, und Caspar befand sich nun über neun Wochen auf dem Amt, noch nicht ein Dutzend überflüssiger Worte mit dem neuen Kollegen gewechselt. Er hatte sich im mindesten nicht um ihn gekümmert und eine grämliche Gleichgültigkeit gegen ihn zur Schau getragen. Im Verlauf der dreißig Jahre, während welcher er Akten, Erlässe, Verordnungen und Urteile kopierte, hatte er es zu einer besonderen Geschicklichkeit im Schlafen gebracht, und es war komisch zu sehen, wenn er, den Federkiel aufs Papier gespießt, leise schnarchend seine Siesta hielt und sogleich die Hand schreibend weiterbewegte, wenn sich draußen der Schritt eines Vorgesetzten vernehmen ließ, da er die Gangart jedes einzelnen Herrn genau studiert und sozusagen im Kopf hatte.

Um so verwunderter war Caspar, als Dillmann auf ihn zuschritt und mit zitternder Stimme sagte: »Der unvergleichliche Mann! Wenn ihm nur nichts zustößt! Wenn ihm nur nichts Menschliches passiert!«

Caspar drehte sich um, entgegnete aber nichts.

»Na, Hauser, und für Sie wäre es gar ein unersetzlicher Verlust«, fuhr der Alte seltsam keifend und zänkisch fort. »Wo gibt's denn in dieser lummerigen Welt einen Menschen, der sich so für einen andern Menschen einsetzt? Sollte mich nicht erstaunen, wenn das ein schlimmes Ende nähme. Ja, es wird ein schlimmes Ende nehmen, ein schlimmes Ende.«

Caspar hörte schweigend zu; seine Augen blinzelten.

»So ein Mann!« rief Dillmann aus. »Ich hab', seit ich hier sitze, schon sieben Präsidenten und zweiundzwanzig Regierungsräte zum Grab geleitet, Hauser, aber so einer war nicht dabei. Ein Titan, Hauser, ein Titan! Die Sterne könnt' er vom Himmel reißen um der Gerechtigkeit willen. Man muß ihn nur betrachten. Haben Sie ihn mal genau betrachtet? Der Buckel über der Nase! Das deutet, wie man sagt, auf eine genialische Konzeption. Diese Jupiterstirn! Und das Buch, Hauser, das er für Sie geschrieben hat! Das ist ein Buch! Ein wahrer Scheiterhaufen ist's! Die Zähne muß man zusammenbeißen und die Fäuste ballen, wenn man's liest.«

Caspar machte ein mürrisches Gesicht. »Ich hab's nicht gelesen«, sagte er kurz.

Dem alten Kanzlisten gab es einen Ruck. Er riß den Mund auf und schnappte. »Nicht gelesen?« stotterte er. »Sie – nicht gelesen? Ja, wie ist denn das möglich? Da soll mich doch gleich der Teufel holen!« Eilig trippelte er zu seinem Tisch, schob eine Lade auf, suchte herum und brachte das Büchlein zum Vorschein. Er reichte es Caspar hin, stieß es ihm förmlich in die Hand und knurrte: »Lesen, lesen! Sapperlot, lesen!«

Caspar machte es beinahe wie Hickel dem Lehrer Quandt gegenüber. Er drehte das Buch um und um und zeigte eine unschlüssige Miene. Dann erst schlug er es auf und las, sichtlich erbleichend, den Titel. Immerhin genügte auch dies noch nicht, um ihn neugierig oder ungeduldig werden zu lassen. Er steckte das Buch in die Tasche und sagte trocken: »Zu Hause will ich's lesen.«

Schlag zwölf Uhr verließ er, wie gewöhnlich, das Amt, setzte sich zu Hause, als ob nichts geschehen wäre, zu Tisch und hörte still den Gesprächen zu, die sich ausschließlich um das dem Präsidenten widerfahrene Unglück drehten. »Am letzten Sonntag vor dem Kirchgang«, plauderte die Lehrerin, »da hab' ich den Staatsrat gesehen, gerade wie ihm vier Totenweiber begegnet sind. Der Staatsrat ist ganz erschrocken gewesen, ist stehengeblieben und hat ihnen nachgeschaut. Ich hab' mir gleich gedacht, das kann nichts Gutes bedeuten.«

»Wenn ihr Frauenzimmer nur nicht alleweil euch anmaßen wolltet, dem Herrgott in die Karten zu gaffen«, versetzte Quandt unwirsch. »Da predigt man und predigt das liebe lange Jahr, glaubt wunders wie auf den Höhen der Aufklärung zu wandeln, und schließlich spuckt einem die eigne Sippschaft am kräftigsten in die Suppe.«

Caspar belachte diese Worte, was ihm von der Lehrerin einen giftigen Blick eintrug.

Er begab sich dann in sein Zimmer.

Um zwei Uhr sollte er zum Unterricht kommen, erst von vier Uhr an brauchte er im Amt zu sein. Als zehn Minuten über die Zeit vergangen waren, trat Quandt in den Hausflur und rief. Es erfolgte keine Antwort. Er ging hinauf und überzeugte sich, daß Caspar nicht da war. Sein Unwillen verwandelte sich in Schrecken, als er bei seiner spionierenden Umschau die Feuerbachsche Schrift auf Caspars Tisch liegen sah.

»Also doch«, murmelte er bitter.

Er nahm das Buch an sich, suchte unten seine Frau und sagte mit tonloser Stimme: »Jette, ich habe da eine furchtbare Entdeckung gemacht. Der Hauser hat die Schrift des Staatsrats auf seinem Zimmer gehabt. O die gewissenlosen Menschen! Wer doch das wieder eingefädelt hat?«

Die Lehrerin zeigte wenig Verständnis für den Vorfall. »Laß ihn gehen«, oder »sag's ihm doch«, oder »gib's ihm nur ordentlich«, war meist alles, was sie zu entgegnen wußte, wenn Quandt ungehalten über Caspar war.

»Wann ist denn der Hauser fort?« erkundigte sich Quandt bei der Magd. Diese wußte von nichts. Da trat Caspar selber ins Zimmer und entschuldigte sich höflich.

»Wo waren Sie denn?« forschte der Lehrer.

»Ich bin zu Feuerbachs gegangen und wollte fragen, wie es dem Staatsrat geht.«

Quandt schluckte seinen Verdruß hinunter und begnügte sich, Caspars Fortgehen als Eigenmächtigkeit zu tadeln. Als er mit dem Jüngling allein war, wandelte er eine Weile ratlos auf und ab. Endlich begann er: »Ich war vorhin auf Ihrer Kammer, Hauser. Ich habe bei dieser Gelegenheit einen Fund gemacht, der mich, gelinde ausgedrückt, sehr mit Bedenken erfüllt. Ich will mich nun über die Schrift des Herrn Staatsrat nicht weiter auslassen, obwohl alle vernünftigen Menschen darüber einer Meinung sind. Ich halte mich nicht für befugt, Ihnen gegenüber einen so verdienstvollen Mann herunterzusetzen. Auch will ich nicht weiter untersuchen, wer Ihnen das Buch in die Hand gespielt hat, da ich mich dabei doch nur der Gefahr aussetzen würde, von Ihnen angelogen zu werden. Aber mein Bedenken hat es erregt, daß Sie sogar bei einem solchen Anlaß heimlich verfahren zu müssen glauben. Warum kommen Sie nicht, wie sich's gehört, zu mir und sprechen sich aus? Denken Sie denn, daß ich Sie des Vergnügens beraubt hätte, eine hübsche Fabel zu lesen, die ein ehemals großer und berühmter, doch nun kranker und geistesmüder Mann verfaßt hat? Weiß ich denn nicht auch, wie Ihnen in Ihrem Innern zumute sein muß, wenn man ein solches Märchen in Ihre Vergangenheit hineinspinnt? Eine Vergangenheit, die Ihnen wahrlich besser bekannt ist als dem armen Staatsrat? Aber warum denn um Gottes willen die ewige Versteckspielerei? Hab' ich das um Sie verdient? Bin ich nicht wie ein Vater zu Ihnen gewesen? Sie leben in meinem Haus, Sie essen an meinem Tisch, Sie genießen mein Vertrauen, Sie nehmen teil an unserm Wohl und Wehe, kann Sie denn nichts in der Welt bewegen, Sie heimlicher Mensch, einmal offen und rückhaltlos zu sein?«

O wundersam! Dem Lehrer standen die Augen voller Tränen. Er zog die Schrift des Präsidenten aus der Tasche, ging zum Tisch und legte das Büchlein mit Affekt vor Caspar hin.

Caspar blickte den Lehrer an, als ob dieser in einer weiten Entfernung stehe. Es war etwas Stieres in seinem Blick und eine vollkommene Abwesenheit der Gedanken. Auf der Stirn lag es wie geisterhaftes Gewölk, die Lippen waren geöffnet und zuckten.

Wie böse er aussieht, dachte Quandt und fing an, sich zu ängstigen. »Sprechen Sie doch!« schrie er heiser.

Caspar schüttelte langsam den Kopf. »Man muß Geduld haben«, sagte er wie im Traum. »Es wird sich was ereignen,

Herr Lehrer, passen Sie nur auf. Es wird sich bald was ereignen, glauben Sie mir.« Unwillkürlich streckte er die Hand nach dem Lehrer aus.

Quandt kehrte sich angewidert ab. »Verschonen Sie mich mit Ihren Redensarten«, sagte er kalt. »Sie sind ein abscheulicher Komödiant.«

Damit war das Gespräch beendet, und Quandt verließ das Zimmer.

Durch den Archivdirektor Wurm erfuhr Quandt, daß Caspar allerdings zu Mittag im Feuerbachschen Haus gewesen war, daß er aber nicht bloß nach dem Befinden des Präsidenten gefragt, sondern auch mit auffallender Dringlichkeit den Staatsrat zu sprechen verlangt habe. Natürlich habe man ihm durchaus nicht willfahren können. Er war noch eine halbe Stunde lang unbeweglich am Tor stehengeblieben, und bevor er sich entfernt, war er um das ganze Haus herumgegangen und hatte zu den Fenstern hinaufgeschaut, wobei sein Gesicht anders als je, wild und verstört, ausgesehen.

Nun kam er aber den nächsten Tag wieder, und ebenso am dritten und vierten Tag, jedesmal mit demselben dringenden Begehren, und jedesmal wurde er abgewiesen. Der Präsident bedürfe der Ruhe, wurde ihm gesagt; sein Zustand, der anfangs zu Besorgnissen Grund gegeben, bessere sich jedoch stetig.

Direktor Wurm erzählte endlich dem Präsidenten davon. Feuerbach befahl, daß man Caspar zu ihm führen solle, wenn er das nächste Mal käme, und bestand trotz den Abreden Henriettes auf seinem Willen. Es verging aber die ganze Woche, ehe sich Caspar wieder sehen ließ.

Eines Nachmittags, schon ziemlich spät, erschien er und wurde, von Henriette nicht eben freundlich empfangen, in das Zimmer ihres Vaters geleitet. Der Präsident saß im Lehnstuhl und hatte einen kleinen Berg von Akten vor sich aufgeschichtet. Er sah sehr gealtert aus, weiße Bartstoppeln umstanden Kinn und Wangen, sein Auge blickte ruhig, hatte aber einen ängstlichen Schimmer, wie bei einem, dem der äußerst gefürchtete Tod näher gewesen ist, als er denken will.

»Nun, was wünschen Sie von mir, Hauser?« wandte er sich an Caspar, der neben der Tür stehengeblieben war.

Caspar trat heran, stolperte vor dem Schemel, fiel plötzlich auf die Knie und beugte in pagenhafter Demut das Haupt. Auch seine Arme sanken schlaff herunter, und er verharrte mit ergebener und düsterer Miene in derselben Stellung.

Feuerbach verfärbte sich. Er packte Caspar bei den Haaren und bog den Kopf zurück, aber die Augen Caspars blieben geschlossen. »Was gibt's, junger Mann?« rief der Präsident hart. Jetzt erhob Caspar den sprechenden Blick. »Ich hab' es gelesen«, sagte er.

Der Präsident ballte die Lippen aufeinander, und seine Augen verschwanden unter den Brauen. Ein langes Schweigen trat ein. »Stehen Sie auf«, herrschte endlich der Präsident Caspar an. Dieser gehorchte.

Feuerbach packte ihn beim Handgelenk und sagte halb drohend, halb beschwörend: »Nicht mucksen, Hauser, nicht mucksen! Stille halten! Stille sein! Abwarten! Ist vorläufig nichts weiter zu tun.«

Caspars Gesicht, stumm erregt wie das eines Fiebernden, wurde starrer.

»Es graut Ihnen, jawohl«, fuhr der Präsident fort, »auch mir graut, und dabei muß es sein Bewenden haben. Unserm Arm sind nicht alle Fernen und Höhen erreichbar. Wir haben nicht Josuas Schlachttrompeten und Oberons Horn. Die hochgewaltigen Kolosse sind mit Flegeln bewehrt und dreschen so hageldicht, daß zwischen Schlag und Schlag sich unzerknickt kein Lichtstrahl zwängen kann. Geduld, Hauser, und nicht mucksen, nicht mucksen. Zu versprechen ist nichts. Eine Hoffnung bleibt noch, aber dazu brauch' ich Gesundheit. Genug für jetzt!«

Er machte eine verabschiedende Geste.

Caspar sah den alten Mann zum erstenmal klar und ruhig an. Der feste Blick wunderte den Präsidenten. – Ei der Tausend, dachte er, der Bursche hat Blut in sich und kein Zukkerwasser. Schon im Fortgehen begriffen, drehte sich Caspar noch einmal um und sagte: »Exzellenz, ich habe eine große Bitte.«

»Eine Bitte? Heraus damit!«

»Es ist mir so lästig, daß ich bei jedem Ausgehen immer auf den Invaliden warten soll. Er kommt oft so spät, daß es sich gar nicht mehr ums Weggehen lohnt. Ins Appellgericht kann ich doch alleine gehen und zu meinen Bekannten auch.«

»Hm«, machte Feuerbach, »will's überlegen, werd' es richten.«

Als Caspar das Zimmer verließ, huschte eine weibliche Gestalt längs des Korridors davon, einer ertappten Lauscherin gleich. Es war Henriette, die, in beständiger Angst um den Vater, nichts so sehr fürchtete wie die Gefahr, die aus dessen leidenschaftlichem Anteil an dem Schicksal Caspars drohte. Es mag dafür ein Brief Zeugnis geben, den sie an ihren in der Pfalz wohnenden Bruder Anselm schrieb und der die unheilschwere Luft, die in der Umgebung des Präsidenten lastete, mit jeder Zeile spüren ließ.

»Der Zustand unsers Vaters«, so begann das Schreiben, »hat sich, Gott sei Dank, zum Bessern gewandt. Er vermag schon, auf einen Stock gestützt, durchs Zimmer zu gehen und hat auch wieder Freude an einem guten Braten, wenngleich sein Appetit nicht mehr der frühere ist und er hin und wieder über Magenschmerzen klagt. Was aber seine Stimmung im allgemeinen anbelangt, so ist sie schlechter denn je, und zwar hängt dies vornehmlich mit der unglückseligen Caspar-Hauser-Schrift zusammen. Du weißt, welch riesiges Aufsehen die Broschüre im ganzen Land hervorgerufen hat. Tausende von Stimmen haben sich dafür und dawider erhoben, aber es scheint, daß das Dawider allmählich die Oberhand behalten hat. Die gelesensten Zeitungen brachten Artikel, die einander auffallend ähnlich waren und worin das Werk als Produkt eines überspannten Kopfes höhnisch abgetan wurde. Nachdem zwei Auflagen in rascher Folge verkauft waren, verweigerte der Verleger plötzlich unter allerlei Ausflüchten den Druck, und als man sich an zwei andre wandte, kamen ebenfalls Absagen. Daß dahinter die tückischsten Umtriebe stecken, samt und sonders aus ein und derselben Quelle, kann man sich nicht verhehlen, und ich möchte mir die Lippen wund beißen, wenn ich daran denke, in was für Zuständen wir zu leben gezwungen sind, daß selbst ein Mann wie unser Vater für eine Sache, die so, wie sie ist, zum Himmel schreit, kein williges Ohr findet, von tätiger Hilfe ganz zu schweigen. Wahrhaftig, die Menschen sind träge, stumpfe, dumme Tiere, sonst wäre mehr Empörung in der Welt. Nun magst Du Dir aber erst unsern Vater vorstellen: seine bittere Verstimmung, seinen Schmerz, seine Verachtung, und alles zurückgehalten, in seiner Brust zugeschlossen. Was mußte er fühlen, da sogar aus dem nächsten Freundeskreis kein Zeichen des Beifalls, des Dankes, der Liebe mehr zu ihm flog! Gewisse hochgestellte Personen hielten mit ihrem Ärger nicht zurück, und hier, in dem abscheulichen Krähwinkel, hatte man ohnehin wenig Aufhebens von der ganzen Geschichte gemacht, begreiflicherweise, denn Christus mag Rom erobern, zu Jerusalem ist er nur ein schäbiger Rabbi. Ich bin in großer Sorge für unsern Vater. Ich kenne ihn genug, um zu wissen, daß seine jetzige äußerliche Ruhe nur den inneren Sturm verbirgt. Manchmal sitzt er stundenlang und starrt auf eine einzige Stelle an der Wand, und wenn man ihn dann stört, schaut er einen mit großen Augen an und lacht lautlos und weh. Neulich sagte er ganz plötzlich und mit finsterer Miene zu mir: das Rechte sei, wenn aus solcher Ursache heraus wie in früheren Zeiten der ganze Mann sich stelle, mit Haut und Haar müsse man sich opfern und dürfe sich nicht hinter einem Wall bedruckten Papiers verschanzen. Er wälzt Pläne in seinem Hirn. Die Nachricht, daß im Badischen eine Revolution ausgebrochen ist, hat ihn mächtig angegriffen, und in der Tat scheint diese Katastrophe mit der Caspar-Hauser-Sache in innigem Zusammenhange zu stehen. Er glaubt in einem verabschiedeten und irgendwo am Main lebenden Minister einen der Hauptanstifter der an dem Findling begangenen Greuel vermuten zu dürfen, und, kaum will mir der Satz in die Feder, er hat die Absicht, den Mann aufzusuchen, ihn zu einem Geständnis zu zwingen. Der Polizeileutnant Hickel, der unheimliche Geselle, dem ich nicht über den Weg traue, kommt nun fast täglich ins Haus und hat lange Konferenzen mit Vater, und soviel ich bis jetzt den Andeutungen des Vaters entnommen habe, soll ihn Hickel in einigen Wochen auf die Reise begleiten. Könnt' ich doch das, nur das verhindern! Er wird um dieser unseligen Geschichte willen den letzten Frieden seines Alters hingeben, und er wird nichts ausrichten, nichts, nichts, und wäre er ein Jesaja an Beredsamkeit, ein Simson an Kraft und ein Makkabäus an Mut. Ach, wir Feuerbachs sind ein gezeichnetes Geschlecht! Das Kainsmal der Ruhelosigkeit bedeckt unsre Stirnen. Sinnlos wirtschaften wir mit unsern Kräften und unsern Vermögen, und wenn die Überbleibsel noch gerade bis zur Kirchhofsmauer reichen, ist es schon ein Glück. Es ist uns nicht gegeben, einen harmlosen Spaziergang zu machen, wir müssen immer gleich ein Ziel haben, wir können nicht atmen, ohne eines wichtigen Zwekkes zu gedenken, und in der Erwartung des nächsten Tages entgleitet uns jede holde Gegenwart. So ist er, so bist Du, so bin ich, so sind wir alle. Ich habe noch nie an einer Rose gerochen, ohne darüber zu trauern, daß sie morgen verwelkt sein wird, noch nie ein schönes Bettelkind erblickt, ohne über die Ungleichheit der Lose zu spintisieren. Leb' wohl, Bruder, der Himmel mache meine schlimmen Ahnungen unwirklich.«

So der Brief. Das darin zum Ausdruck gebrachte Mißtrauen gegen den Polizeileutnant wuchs schließlich dermaßen, daß Henriette alle möglichen Anstrengungen machte, um den Vater mit Hickel zu entzweien. Es fruchtete nichts, aber Hickel roch Lunte und zeigte in seinem Benehmen gegen die Tochter des Präsidenten alsbald eine undurchdringliche, süßliche Liebenswürdigkeit. Als ihn Quandt aufsuchte und sich lebhaft darüber beklagte, daß der Präsident sich von Hauser habe beschwatzen lassen und dessen unbewachtes und unbehindertes Herumlaufen in der Stadt bewilligt habe, sagte Hickel, das passe ihm nicht, er werde dem Staatsrat schon den Kopf zurechtsetzen.

Er ließ sich bei Feuerbach melden und trug ihm seine Bedenken gegen die unerwünschte Maßregel vor. »Eure Exzellenz dürften nicht überlegt haben, welche Verantwortung Sie mir damit aufbürden«, sagte er. »Wenn ich keine Kontrolle habe, wo der Mensch seine Zeit hinbringt, wie soll ich dann für seine Sicherheit Garantie bieten?«

»Larifari«, knurrte Feuerbach, »ich kann einen erwachsenen Menschen nicht einsperren, damit Sie Ihre Nachmittagsstunden mit Gemütsruhe im Kasino versitzen können.«

Hickel heftete einen bösen Blick auf seine Hände, antwortete aber mit einer nicht übel gespielten Treuherzigkeit: »Ich bin mir ja eines Lasters bewußt, das Eure Exzellenz so streng verurteilen. Immerhin, ein Plätzchen muß der Mensch doch haben, wo er sich wärmen kann, sonderlich wenn er ein Hagestolz ist. Wenn Sie in meiner Haut steckten, Exzellenz, und ich in der Ihren, würde ich milder über einen geplagten Beamten denken.«

Feuerbach lachte: »Was ist Ihnen denn über die Leber gekrochen?« fragte er gutmütig. »Haben Sie Liebeskummer?« Er hielt den Polizeileutnant für einen großen Suitier.

»In diesem Punkt, Exzellenz, bin ich leider zu hartgesotten«, entgegnete Hickel, »obgleich ein Anlaß dafür vorhanden wäre. Seit einigen Tagen hat unsre Stadt die Ehre, eine ganz ausgezeichnete Schönheit zu beherbergen.«

»So?« fragte der Präsident neugierig. »Erzählen Sie mal.« Er hatte, nicht zu leugnen, eine kleine naive Schwäche für die Frauen.

»Die Dame ist bei Frau von Imhoff zu Besuch ...«

»Jawohl, richtig, die Baronin sprach davon«, unterbrach Feuerbach.

»Sie wohnte zuerst im ›Stern‹«, fuhr Hickel fort, »ich ging ein paarmal vorüber und sah sie gedankenvoll am Fenster weilen, den Blick zum Himmel aufgeschlagen wie eine Heilige, und blieb dann immer stehen und schaute hinauf, aber kaum daß sie mich bemerkte, trat sie erschrocken zurück.«

»Na, das laß ich mir gefallen, das heißt gut beobachten«, neckte der Präsident, »es ist also schon eine Art Einverständnis geschaffen.«

»Leider nein, Exzellenz, offen gestanden, für galante Abenteuer ist die Zeit zu ernst.«

»Das sollt' ich meinen«, bestätigte Feuerbach, und das Lächeln erlosch auf seinen Zügen. Er erhob sich und sagte energisch: »Aber sie ist auch reif, die Zeit. Ich gedenke am achtundzwanzigsten April aufzubrechen. Sie nehmen vorher Dispens vom Amt und stellen sich mir zur Verfügung.«

Hickel verbeugte sich. Er schaute den Präsidenten erwartungsvoll an, und dieser verstand den Blick. »Ach so«, sagte er. »Ich muß Ihnen allerdings zugeben, daß es sein Untunliches hat, den Hauser sich selbst zu überlassen. Anderseits ist es nicht billig, ihm die Welt vor der Nase zuzuriegeln. Davon mag er genug haben. Durch Einbuße an freiwilliger Betätigung wird ein zum Leben gewandter Wille ebenso empfindlich getroffen wie durch Ketten und Handfessel.« Er konnte nicht einig mit sich werden, wie immer dem Polizeileutnant gegenüber fand er sich in seinen Entschlüssen beengt. Es war ein Anprall von Kraft, Jugend, Kälte und Gewissenlosigkeit, dem er dabei unterlag.

»Aber Eure Exzellenz kennen doch die Gefahren«, wandte Hickel ein.

»Solange ich in dieser Stadt die Augen offen habe, wird niemand wagen, ihm ein Haar zu krümmen, dessen seien Sie ganz gewiß.«

Hickel hob die Brauen hoch und betrachtete wieder die gestreckten Finger seiner Hand. »Und wenn er uns eines Tages über alle Berge rennt?« fragte er finster. »Dem ist manches zuzutrauen. Ich schlage vor, daß man ihn wenigstens des Abends und auf Spaziergängen überwachen läßt. Bei Besorgungen in der Stadt mag er im Notfall allein bleiben. Dem alten Invaliden können wir den Laufpaß geben, und ich will statt dessen meinen Burschen abrichten. Er soll sich täglich um fünf Uhr nachmittags im Lehrerhaus melden.«

»Das wäre eine Lösung«, sagte Feuerbach. »Ist der Mann verläßlich?«

»Treu wie Gold.«

»Wie heißt er?«

»Schildknecht – ist ein Bäckerssohn aus dem Badischen.«

»Erledigt, sei es so.«

Als Hickel schon unter der Tür war, rief ihn der Präsident noch einmal zurück und schärfte ihm wegen der bevorstehenden gemeinsamen Reise unbedingtes Stillschweigen ein. Hickel versetzte, einer solchen Mahnung bedürfe es nicht.

»Ich könnte die Reise keinesfalls allein unternehmen«, sagte der Präsident, »ich brauche die Hilfe eines umsichtigen Mannes. Die Gelegenheit muß sorgfältig ausgekundschaftet werden. Vorsicht ist geboten. Vergessen Sie niemals, daß ich Ihnen in dieser Sache einen großen Beweis von Vertrauen gebe.«

Er schaute den Polizeileutnant durchbohrend an. Hickel nickte mechanisch. Über Feuerbachs Stirn senkte sich plötzlich eine Wolke ahnungsvoller Sorge. »Gehen Sie«, befahl er kurz.

Die Reise wird angetreten

Am selben Abend suchte Hickel den Lehrer auf und teilte ihm mit, daß der Soldat Schildknecht von nun an Hauser überwachen werde. Caspar war nicht daheim, und auf die Frage nach ihm antwortete Quandt, er sei ins Theater.

»Schon wieder ins Theater!« rief Hickel. »Das drittemal seit vierzehn Tagen, wenn ich recht zähle.«

»Er hat eine große Vorliebe dafür gefaßt«, erwiderte Quandt. »Beinahe sein ganzes Taschengeld verwendet er dazu, um Billette zu kaufen.«

»Mit dem Taschengeld wird es, nebenbei bemerkt, nächstens hapern«, sagte der Polizeileutnant, »der Graf hat mir diesmal nur die Hälfte des vereinbarten Monatswechsels geschickt. Offenbar wird ihm die Sache zu kostspielig.«

Stanhope hatte von Anfang an die für Caspar zu verwendenden Gelder an Hickel gesandt.

»Kostspielig? Dem Lord? Einem Pair der Krone Großbritannien? Diese Lappalie kostspielig!« Quandt riß vor Erstaunen die Augen auf.

»Das erzählen Sie nur keinem andern, sonst denkt man, Sie machen sich lustig über den Grafen«, sagte die Lehrerin. Neugierig prüfend schaute sie den Polizeileutnant an. Dieser aalglatte und geschniegelte Mann war ihr stets merkwürdig und reizvoll erschienen. Er brachte das bißchen Phantasie, das sie hatte, in Bewegung.

»Kann nicht helfen«, schloß Hickel unwirsch das Gespräch, »es ist so. Der Postzettel liegt bei mir zur Einsicht vor. Der Graf wird schon wissen, was er tut.«

Als Caspar nach Hause kam, fragte ihn Quandt, wie er sich unterhalten habe. »Gar nicht, es war soviel von Liebe in dem Stück«, antwortete er ärgerlich. »Ich kann das Zeug nun einmal nicht ausstehen. Da schwätzen sie und jammern, daß einem ganz dumm wird, und was ist das Ende? Es wird geheiratet. Da will ich lieber mein Geld einem Bettler schenken.«

»Vorhin war der Herr Polizeileutnant hier und hat uns eröffnet, daß der Graf Ihre Bezüge erheblich gemindert hat«, sagte Quandt. »Sie werden also alle Ausgaben überhaupt beschränken und den Theaterbesuch, fürchte ich, ganz aufgeben müssen.«

Caspar setzte sich zum Tisch, aß sein Abendbrot und sagte lange nichts. »Schade«, ließ er sich endlich vernehmen, »übernächste Woche ist der ›Don Carlos‹ von Schiller. Das soll ein herrliches Stück sein, das möcht' ich noch sehen.«

»Wer hat Ihnen denn mitgeteilt, daß es ein herrliches Stück ist?« fragte Quandt mit der nachsichtig überlegenen Miene des Fachmannes.

»Ich hab' Frau von Imhoff und Frau von Kannawurf im Theater getroffen«, erklärte Caspar, »beide haben es gesagt.«

Die Lehrerin hob den Kopf: »Frau von Kannawurf? Wer ist denn das nun wieder?«

»Eine Freundin von der Imhoff«, erwiderte Caspar.

Quandt besprach sich mit seiner Frau noch bis Mitternacht darüber, wie man sich in die vom Grafen getroffene Veränderung zu schicken habe. Es wurde vereinbart, daß Caspar von jetzt an den Mittagstisch für zehn und den Abendtisch für acht Kreuzer haben solle. »Wenn das so ist, wie der Polizeileutnant sagt, muß ich in jedem Fall draufzahlen«, meinte die Lehrerin.

»Wir dürfen nicht vergessen, daß der Hauser im Essen und Trinken wirklich beispiellos mäßig ist«, versetzte Quandt, dessen Redlichkeit sich gegen eine unrechtmäßige Beschränkung sträubte.

»Macht nichts«, beharrte die Frau, »ich muß doch immer um soviel mehr in der Küche haben, daß ein Hungriger satt wird. Das krieg' ich nicht geschenkt.«

Am anderen Nachmittag brachte Hickel das Monatsgeld. Er und Quandt traten gerade in den Flur, als Caspar, zum

Ausgehen fertig, aus seinem Zimmer herunterkam. Vom Lehrer gefragt, wohin er gehe, antwortete er verlegen, er wolle zum Uhrmacher, seine Uhr sei nicht in Ordnung, und er müsse sie richten lassen. Quandt verlangte die Uhr zu sehen, Caspar reichte sie ihm, der Lehrer hielt sie ans Ohr, beklopfte das Gehäuse, probierte, ob sie aufzuziehen sei, und sagte schließlich: »Der Uhr fehlt ja nicht das mindeste.«

Caspar errötete und sagte nun, er habe sich bloß seinen Namen auf den Deckel gravieren lassen wollen; doch er hätte ein viel geschickterer Heuchler sein müssen, um seinen Worten den Stempel der Ausflucht zu nehmen. Quandt und Hickel sahen einander an. »Wenn Sie einen Funken Ehrgefühl im Leib haben, so gestehen Sie jetzt offen, wohin Sie gehen wollten«, sagte Quandt ernst.

Caspar besann sich und erwiderte zögernd, er habe die Absicht gehabt, in die Orangerie zu gehen.

»In die Orangerie? Warum? Zu welchem Zweck?«

»Der Blumen wegen. Es sind dort im Frühjahr immer so schöne Blumen.«

Hickel räusperte sich bedeutsam. Er blickte Caspar scharf an und sagte ironisch: »Ein Poet. Unter Blumen – laß mich seufzen ...« Dann nahm er seine militärische Miene an und erklärte bündig, er habe den Präsidenten bestimmt, die unbedacht gewährte Erlaubnis zu freiem Ausgehen wieder zu kassieren. Täglich um fünf Uhr werde sein Bursche antreten, und in dessen Gesellschaft möge Caspar tun, was ihm beliebe.

Caspar blickte still auf die Gasse hinaus, wo die Frühlingssonne lag. »Es scheint ...«, murmelte er, stockte aber und sah ergeben vor sich hin.

»*Was* scheint?« fragte der Lehrer. »Nur heraus damit. Halbgesagtes verbrennt die Zunge.«

Caspar richtete die Augen forschend auf ihn. »Es scheint«, beendete er den Satz, »daß beim Präsidenten doch recht behält, wer zuletzt kommt.« Als er die Wirkung dieser bitteren Worte inne ward, hätte er sie gern wieder ungesprochen gemacht. Der Lehrer schüttelte entsetzt den Kopf, Hickel pfiff leise durch die gespitzten Lippen. Dann nahm er sein Notizbuch, das zwischen zwei Knöpfen seines Rokkes stak, und schrieb etwas auf. Caspar beobachtete ihn mit scheuen Blicken, es flackerte wie ein Blitz über seine Stirn.

»Natürlich werde ich den Staatsrat von dieser unziemlichen Bemerkung unterrichten«, sagte Hickel in amtlichem Ton.

Als der Polizeileutnant gegangen war, bat Caspar den Lehrer, er möge ihn doch ausnahmsweise heute fort lassen, weil so schönes Wetter sei. »Es tut mir leid«, entgegnete Quandt, »ich muß nach meiner Instruktion handeln.«

Der Bursche Hickels erschien erst gegen halb sechs. Caspar begab sich mit ihm auf den Weg nach dem Hofgarten, aber als sie hinkamen, war die Orangerie schon geschlossen. Schildknecht schlug vor, am Onolzbach entlang spazierenzugehen; Caspar schüttelte den Kopf. Er stellte sich an eines der offenen Fenster des Gewächshauses und blickte hinein.

»Suchen Sie wen?« fragte Schildknecht.

»Ja, eine Frau wollte mich hier treffen«, erwiderte Caspar. »Macht nichts, gehen wir wieder heim.«

Sie kehrten um. Als sie auf den Schloßplatz gelangten, sah Caspar Frau von Kannawurf, die in der Mitte des Platzes stand und einer großen Menge von Spatzen Brosamen hinstreute. Caspar blieb außerhalb der Sperlingsversammlung stehen; er schaute zu und vergaß ganz zu grüßen. Die Fütterung war bald beendet, Frau von Kannawurf setzte den Hut wieder auf, den sie am Band über den Arm gehängt hatte, und sagte, sie sei anderthalb Stunden lang im Gewächshaus gewesen.

»Ich bin kein freier Mensch, kann nicht halten, was ich verspreche«, antwortete Caspar.

Sie gingen die Promenade hinunter, dann links gegen die Vorstadtgärten. Schildknecht marschierte hinterdrein; der rotbackige kleine Mensch in der grünen Uniform sah drollig aus. Der größte von den dreien war überhaupt Caspar, denn auch Frau von Kannawurf hatte eine kindliche Gestalt.

Nachdem sie lange Zeit schweigend nebeneinander her gewandert waren, sagte die junge Frau: »Ich bin eigentlich Ihretwegen in diese Stadt gekommen, Hauser.« Die ein wenig singende Stimme hatte einen fremden Akzent, und während sie sprach, pflegte sie hie und da mit den Lidern zu blinzeln, wie Leute tun, die ermüdete Augen haben.

»Ja, und was wollen Sie von mir?« versetzte Caspar mehr unbeholfen als schroff. »Das haben Sie mir schon gestern im Theater gesagt, daß Sie meinetwegen gekommen sind.«

»Das ist Ihnen nichts Neues, denken Sie. Aber ich will nichts von Ihnen haben, im Gegenteil. Es ist sehr schwer, im Gehen darüber zu reden. Setzen wir uns dort oben ins Gras.«

Sie stiegen den Abhang des Nußbaumberges hinan und ließen sich vor einer Hecke auf den Rasen nieder. Ihnen gegenüber sank die Sonne gegen die Waldkuppen der schwäbischen Berge. Caspar schaute andächtig hin, Frau von Kannawurf stützte den Ellbogen aufs Gras und sah in die violette Luft. Schildknecht, als verstehe er, daß seine Gegenwart nicht erwünscht sei, hatte sich weit unterhalb auf einen umgestürzten Baum gesetzt.

»Ich besitze ein kleines Gut in der Schweiz«, begann Frau von Kannawurf, »ich habe es vor zwei Jahren gekauft, um mir in einem freien Land einen Zufluchts- und Ruheplatz zu schaffen. Ich mache Ihnen den Vorschlag, mit mir dort hinzureisen. Sie können dort ganz nach Ihrem Wunsch leben, ohne Belästigung und ohne Gefahr. Nicht einmal ich selbst werde Sie stören, denn ich kann nirgends bleiben, es treibt mich immer woanders hin. Das Haus liegt vollständig einsam zwischen hohen Bergen im Tal und an einem See. Nichts Großartigeres läßt sich denken als der Anblick des ewigen Schnees, wenn man dort im Garten unter den Apfelbäumen sitzt. Da es viel Schwierigkeiten und viel Zeit kosten würde, wenn ich es durchsetzen wollte, Sie vor aller Welt hinzubringen, bin ich dafür, daß Sie mit mir fliehen. Sie brauchen nur ja zu sagen, und alles ist bereit.«

Sie hatte Caspar jetzt das Gesicht voll zugewandt, und

dieser kehrte den etwas geblendeten Blick von dem roten Sonnenball weg und schaute sie an. Er hätte von Holz sein müssen, um diesem wunderschönen Antlitz gegenüber unempfindlich zu bleiben, und ganz von selbst und als ob er ihr gar nicht zugehört hätte, fielen die verwunderten Worte von seinen Lippen: »Sie sind aber sehr schön.«

Frau von Kannawurf errötete. Es gelang ihr nicht, hinter ihrem spöttischen Lächeln ein schmerzliches Gefühl zu verbergen. Ihr Mund, der etwas Kindlich-Süßes hatte, zuckte beständig, wenn sie schwieg. Caspar geriet in Verwirrung unter ihrem erstaunten Blick und sah wieder in die Sonne.

»Sie antworten mir nicht?« fragte Frau von Kannawurf leise und enttäuscht.

Caspar schüttelte den Kopf. »Es ist unmöglich zu tun, was Sie von mir wollen«, sagte er.

»Unmöglich? Warum?« Frau von Kannawurf richtete sich jäh auf.

»Weil ich dort nicht hingehöre«, sagte Caspar fest.

Das junge Weib sah ihn an. Ihr Gesicht hatte den Ausdruck eines aufmerksamen Kindes und wurde nach und nach so blaß wie der Himmel über ihnen. »Wollen Sie sich denn opfern?« fragte sie starr.

»Weil ich dorthin muß, wo ich hingehöre«, fuhr Caspar unbeirrt fort und blickte immer noch gegen die Stelle, wo die Sonne jetzt verschwunden war.

Ihn zu meinem Plan zu bekehren, ist vergeblich, dachte Frau von Kannawurf sogleich. – Großer Gott, wie wahr, wie einfach alles vor ihm liegt: ja – nein, schön – häßlich, er betrachtet die Dinge nur von oben. Und wie sein Gesicht grenzenlose Güte mit einer naiven und zärtlichen Traurigkeit vereint! Man ist benommen und erstaunt, wenn man ihn anschaut.

»Was aber wollen Sie tun?« fragte sie zaudernd.

»Ich weiß es noch nicht«, entgegnete er wie im Traum und verfolgte mit den Augen eine Wolke, welche die Gestalt eines laufenden Hundes hatte.

Also, was man mir berichtet hat, ist falsch. – Er fürchtet sich ja gar nicht, dachte das junge Weib. Sie erhob sich und ging ungestüm voraus, den Hügel hinunter an Schildknecht vorbei, der zu schlafen schien. – Man muß ihn schützen, dachte sie weiter, er ist imstande und rennt in sein Verderben. Was er tun wird, weiß er nicht, natürlich, er ist wahrscheinlich nicht fähig, einen Plan zu machen, aber er wird handeln, er trägt eine Tat mit sich herum und wird vor nichts mehr zurückschrecken. Es ist nicht schwer, ihn zu erraten, obwohl er aussieht wie das Schweigen selbst.

Sie blieb stehen und wartete auf Caspar. »Ei, Sie können ordentlich laufen«, sagte er bewundernd, als er wieder an ihrer Seite war.

»Die frische Luft macht mich ein bißchen wild«, antwortete sie und holte tief Atem.

Als Frau von Kannawurf und Caspar durch den Torbogen des Herrieder Turmes gingen, sahen sie plötzlich neben einem leeren Schilderhäuschen den Polizeileutnant. Und beide blieben unwillkürlich stehen, denn der Anblick hatte etwas Erschreckendes. Hickel lehnte nämlich mit der Schulter gegen das Häuschen und sah aus wie zur Bildsäule erstarrt. Trotz der Dunkelheit konnte man wahrnehmen, daß sein Gesicht aschfahl war, und es lag über seinen Zügen eine bleierne Düsterkeit. Hinter ihm stand sein Hund, eine große graue Dogge. Das Tier war genauso regungslos wie sein Herr und blickte unverwandt an ihm empor.

Caspar zog grüßend den Hut, Hickel bemerkte es nicht. Frau von Kannawurf sah noch einmal zurück und flüsterte fröstelnd: »Wie furchtbar! Was für ein Mann! Was mag ihn peinigen!«

War es denkbar, daß der Polizeileutnant, etwa durch neue Spielverluste in Verzweiflung gebracht, sich so weit vergessen konnte, daß er, wennschon durch die Dunkelheit und einen Mauerwinkel geschützt, auf offener Gasse das Schauspiel eines vom Krampf Befallenen darbot? Das ist den Spielern sonst nicht eigen, sie überschlafen ihren Unglücksrausch und geben sich kaltblütig dem tückischen Zufall von neuem in die Hände. Aber Spieler pflegen skrupellos zu sein. Setzen sie nicht Geld auf Karten, so setzen sie auf Seelen, und dabei kann es sich wohl ereignen, daß ihnen der Teufel eine gräßliche Schuldverschreibung vorhält, die sie mit ihrem Blut unterzeichnen müssen.

Als Hickel am Nachmittag nach Hause gekommen war, trat ihm vor der Tür seiner Wohnung ein unbekannter Mann entgegen, übergab ihm ein versiegeltes Schreiben und verschwand wieder, ohne gesprochen zu haben. Der erfahrene Blick des Polizeileutnants konnte nicht im unklaren darüber bleiben, daß der Mensch falsches Haar und falschen Bart getragen hatte. Der Brief, den Hickel sogleich öffnete, war chiffriert. Seine Entzifferung kostete, obwohl der Schlüssel bekannt war, den Rest des Nachmittags. Der Inhalt des Schreibens bezog sich auf die mit dem Präsidenten gemeinschaftlich anzutretende Reise. Hickel las, las und las wieder. Er hatte schon beim ersten Male verstanden, aber er las, um nicht denken zu müssen.

Punkt sieben Uhr erhob er sich vom Schreibtisch und ging zehn Minuten lang pfeifend im Zimmer auf und ab. Sodann öffnete er ein Glasschränkchen, nahm eine Flasche Whisky heraus, die er vom Grafen Stanhope geschenkt erhalten hatte, füllte ein nettes silbernes Becherchen damit und trank es in einem Zuge leer. Hierauf griff er zur Bürste, reinigte den Rock, danach hängte er den Säbel um, und um halb acht verließ er mit dem Hund seine Wohnung. Er schien gutgelaunt, denn er pfiff und summte noch immer vor sich hin und knipste hier und da mit den Fingern. Doch unter dem Bogen des Herrieder Turmes blieb er auf einmal stehen und sah angelegentlich zur Erde nieder. Ein durchfahrender Handwagen stieß ihn an der Hüfte an, deshalb ging er ein paar Schritte weiter bis zum Schilderhause um die Ecke. Dort gewahrte ihn das heimkehrende Paar.

Es würde einen ungenügenden Einblick in den Charakter des Polizeileutnants beweisen, wenn man annehmen wollte, daß diese Sinnesverdunkelung länger gedauert habe, als gemeinhin eine vorübergehende Blutleere im Kopf dauert.

Um acht Uhr saß er schon mit einigen Kollegen beim Fischessen in der »Goldenen Gabel«, und um neun Uhr war er im Kasino. Sollte diese genaue Stundenangabe etwas Verdrießliches haben, so sei hinzugefügt, daß er in der Zeit von neun bis vier Uhr überhaupt keinen Glockenschlag mehr, sondern nur noch das eintönige Knistern der Spielkarten vernahm. Er gewann. Auf dem Heimweg durch die grauende Frühe passierte dann das Auffällige, daß er vor dem Sterngasthof in der Mitte der Straße haltmachte, den Säbel an das Bein preßte und einen langen, saugenden Blick gegen dasselbe Fenster hinaufschickte, hinter dem er die schöne Fremde gesehen hatte.

Am Morgen schlief er lange, und als der Bursche mit dem Rapport kam, hörte er kaum zu. Schildknecht war verpflichtet, jeden Morgen Bericht zu erstatten, wo er den Nachmittag oder Abend vorher mit Caspar gewesen. Fast jedesmal hieß es von nun ab: wir haben die Frau von Kannawurf abgeholt, oder: die Frau von Kannawurf ist uns begegnet, und wir sind spazierengegangen; oder bei Regenwetter: wir sind im Imhoffschen Garten in der Laube gesessen. Dieses »Wir« hatte aber in Schildknechts Mund einen sehr bescheidenen Klang; er sprach von Caspar stets mit achtungsvoller Zurückhaltung. Da er die Wahrnehmung machte, daß sein Herr die Berichte über das regelmäßige Beisammensein der beiden mit Unruhe aufnahm, wußte er in seinen Ton etwas wie eine Versicherung von Harmlosigkeit zu legen, fügte zum Beispiel hinzu: »sie haben viel über das Wetter gesprochen«, oder: »sie haben sich über gebildete Sachen unterhalten«. Solche Einzelheiten erfand er, denn in Wirklichkeit hielt er sich jedesmal in einer taktvollen Entfernung hinter den beiden.

Hickel begann dem jungen Menschen zu mißtrauen.

Eines Abends erwischte er ihn, wie er in einem Winkel der Küche hockte, eine Kerze vor sich, und mit dem Zeigefinger buchstabierend über die Zeilen eines Buches glitt. Als er sich gestört fand, war er wie entgeistert, seine roten Backen hatten die Farbe verloren. Hickel nahm das Buch, und sein Gesicht wurde finster wie die Nacht, als er sah, daß es die Feuerbachsche Schrift war. »Woher hat Er das?« schrie er Schildknecht an.

Der Bursche erwiderte, er habe es auf dem Bücherschrank des Herrn Leutnant gefunden. »Das ist eine widerrechtliche Aneigung, ich werde Ihn davonjagen und disziplinieren lassen, wenn so etwas noch einmal vorkommt, merk' Er sich das!« donnerte Hickel.

Wahrscheinlich hätte die erstbeste Seeräubergeschichte die Neugier des Tölpels ebenso gereizt, sagte sich Hickel später und erklärte sein Aufbrausen für eine Unbesonnenheit. Gleichwohl witterte er Gefahr, der Bursche war nicht nach seinem Sinn, und er beschloß, sich seiner zu entledigen. Ein Anlaß ergab sich bald.

Als Schildknecht tags darauf Caspar abholte, merkte er, daß dieser verstimmt war. Er suchte ihn aufzuheitern, indem er ein paar lustige Schnurren aus dem Kasernenleben vorbrachte. Caspar ging auf die Unterhaltung ein, er fragte den zutraulichen Menschen nach seiner Heimat, nach seinen Eltern, und Schildknecht bemühte sich, auch davon möglichst gutgelaunt zu erzählen, obschon es ein trauriges Kapitel für ihn war. Er hatte eine Stiefmutter gehabt, der Vater hatte ihn in früher Jugend unter fremde Leute gegeben, kaum war er von zu Hause fort, so hatte ein Liebhaber der Frau den Vater im Raufhandel erschlagen. Jetzt saß der Liebhaber samt der Frau im Zuchthaus, und die Brüder hatten das Vermögen durchgebracht.

Schildknecht wagte zu fragen, weshalb Caspar heute seine Freundin nicht treffe.

»Sie geht ins Theater«, antwortete Caspar.

Warum denn er nicht gehe, fragte Schildknecht weiter.

Er habe kein Geld.

»Kein Geld? Wieviel braucht man denn dazu?«

»Sechs Groschen.«

»Soviel hab' ich grad bei mir«, meinte Schildknecht, »ich leih's Ihnen.«

Caspar nahm das Anerbieten mit Vergnügen an. Es wurde nämlich der ›Don Carlos‹ gegeben, auf den er sich schon lange gefreut hatte.

Das Stück erregte mit Ausnahme des verrückten Frauenzimmers, das den Prinzen verführen will, sein Entzücken. Und wie ward ihm, als der Marquis zum König sprach:

> Sie haben umsonst
> Den harten Kampf mit der Natur gerungen,
> Umsonst ein großes königliches Leben
> Zerstörenden Entwürfen hingeopfert.
> Der Mensch ist mehr, als Sie von ihm gehalten.
> Des langen Schlummers Bande wird er brechen
> Und wieder fordern sein geheiligt Recht.

Er erhob sich von seinem Platz, starrte gierig, mit funkelnden Augen auf die Bühne und enthielt sich nur mit Mühe eines lauten Ausrufs. Zum Glück wurde die Störung in der herrschenden Dunkelheit nicht weiter beachtet; sein Nachbar, ein böser, alter Kanzleirat, zerrte ihn grob auf den Sitz zurück.

Das Ausbleiben über den Abend hatte zunächst ein Verhör durch den Lehrer zur Folge. Er gestand, im Schloßtheater gewesen zu sein. »Woher haben Sie Geld?« fragte Quandt. Caspar erwiderte, er habe das Billett geschenkt bekommen. »Von wem?« Gedankenlos, noch ganz gefangen von der Dichtung, nannte Caspar irgendeinen Namen. Quandt erkundigte sich am andern Tag, erfuhr selbstverständlich, daß ihn Caspar belogen hatte, und stellte ihn zur Rede. In die Enge getrieben, bekannte Caspar die Wahrheit, und Quandt machte dem Polizeileutnant Mitteilung.

Um fünf Uhr nachmittags ertönte im Hof vor Caspars Fenster der wohlbekannte Pfiff, zwei melodische Triolen, mit denen sich Schildknecht zu melden pflegte. Caspar ging hinunter.

»Es ist aus mit uns beiden«, sagte Schildknecht zu ihm, »der Polizeileutnant hat mich entlassen, weil ich Ihnen das Geld geliehen hab'. Ich muß jetzt wieder Kasernendienst tun.«

Caspar nickte trübselig. »So geht mir's eben«, murmelte er, »sie wollen's nicht leiden, wenn einer zu mir hält.« Er reichte Schildknecht die Hand zum Abschied.

»Hören Sie mal zu, Hauser«, sagte Schildknecht eifrig, »ich will jede Woche zwei- oder dreimal, überhaupt wenn ich frei bin, dahier in den Hof kommen und meinen Pfiff pfeifen. Vielleicht brauchen Sie mich mal. Warum nicht, kann ja möglich sein.«

Es lag in den Worten eine über alle Maßen tiefe Herzlichkeit. Caspar richtete den aufmerksamen Blick in Schildknechts freundlich lächelndes Gesicht und erwiderte langsam und bedächtig: »Es kann möglich sein, das ist wahr.«

»Topp! Abgemacht!« rief Schildknecht.

Sie gingen durch den Flur nach der Straße. Vor dem Tor stand ein Amtsdiener, und da er Caspars ansichtig wurde, sagte er, er habe ihn gesucht, der Herr Staatsrat schicke ihn her, Caspar solle gleich hinkommen. Caspar fragte, was es gäbe. »Der Herr Staatsrat reist um sechs Uhr mit dem Herrn Polizeileutnant ab und will noch mit Ihnen sprechen«, antwortete der Mann.

Caspar machte sich auf den Weg. Ein paar Hundert Schritt vom Lehrerhaus entfernt konnte er nicht weiter. Ein Ziegelwagen war vor dem Einfahren in ein Tor mit gebrochener Radachse umgestürzt und versperrte die Gasse. Caspar wartete eine Weile, kehrte dann um und mußte nun durch die Würzburger Straße und über die Felder. Infolgedessen kam er zu spät. Als er vor dem Feuerbachschen Garten anlangte, war der Präsident schon weggefahren. Henriette und der Hofrat Hofmann standen am Gartentor und nahmen Caspars triftige Entschuldigung schweigend auf. Henriette hatte verweinte Augen. Sie blickte lange die Gasse hinunter, wo der Wagen verschwunden war, dann drehte sie sich wortlos um und schritt gegen das Haus.

Schildknecht

Der Mai brachte viel Regen. Wenn das Wetter es irgend erlaubte, wanderten Caspar und Frau von Kannawurf ganze Nachmittage lang durch die Umgegend. Caspar vernachlässigte plötzlich sein Amt. Auf Vorhaltungen entgegnete er: »Ich bin der dummen Schreiberei überdrüssig.« Was ihm von den maßgebenden Personen höchlichst verübelt wurde.

Der von Hickel neu aufgenommene und für die Dauer seiner Abwesenheit streng unterwiesene Bursche ward gleich zu Anfang so lästig, daß sich Frau von Kannawurf beim Hofrat Hofmann darüber beschwerte. Weniger aus Einsicht, als um der schönen Frau gefällig zu sein, gestattete der Hofrat, daß Caspar seine Spaziergänge mit ihr allein unternehme. »Hoffentlich entführen Sie mir den Hauser nicht«, sagte er mit seinem fiskalisch-schlauen Lächeln zu der Sprachlosen.

Nun aber machte wieder Quandt Schwierigkeiten. »Ich bestehe auf meiner Instruktion«, war sein eisernes Sprüchlein. Eines Morgens erschien daher Frau von Kannawurf in der Studierstube des Lehrers und stellte ihn kühn zur Rede. Quandt konnte ihr nicht ins Gesicht sehen; er war vollkommen verdattert und wurde abwechselnd rot und blaß. »Ich bin ganz zu Ihren Diensten, Madame«, sagte er mit dem Ausdruck eines Menschen, der sich auf der Folter zu allem entschließt, was man von ihm haben will.

Frau von Kannawurf schaute sich mit gelassener Neugier im Zimmer um.

»Wie verhalten Sie sich eigentlich innerlich zu Caspar?« fragte sie auf einmal. »Lieben Sie ihn?«

Quandt seufzte. »Ich wollte, ich könnte ihn so lieben, wie seine achtungswerten Freunde glauben, daß er es verdient«, antwortete er meisterhaft verschnörkelt.

Frau von Kannawurf erhob sich. »Wie soll ich das verstehen?« brach sie leidenschaftlich aus. »Wie kann man ihn nicht lieben, ihn nicht auf Händen tragen?« Ihr Gesicht glühte, sie trat dicht vor den erschrockenen Lehrer hin und sah ihn drohend und traurig an.

Doch sie besänftigte sich schnell und sprach nun von andern Dingen, um den ihr erstaunlichen Mann besser kennenzulernen. Ihr war jeder Mensch ein Wunder und fast alles, was Menschen taten, etwas Wunderbares. Deshalb erreichte sie selten ein vorgesetztes Ziel. Sie vergaß sich und überschritt die Grenze, die ein oberflächlicher Verkehr bedingt.

Quandt ärgerte sich nachher gründlich über seine nachgiebige Haltung. – Was mag denn da wieder dahinterstekken? grübelte er. Sooft die kleinen Briefchen von Frau von Kannawurf an Caspar kamen, öffnete er und las sie, ehe er sie dem Jüngling gab. Er brachte nichts heraus; der Inhalt war zu unverfänglich. – Wahrscheinlich verständigen sie sich in irgendeiner Geheimsprache, dachte Quandt und stellte gewisse wiederkehrende Phrasen zusammen in der Hoffnung, damit den Schlüssel zu finden. Caspar wehrte sich gegen diese Eingriffe, worauf Quandt ihm mit ungewöhnlicher Beredsamkeit das Recht der Erzieher auf die Korrespondenz ihrer Pfleglinge bewies.

Schließlich bat Caspar seine Freundin, ihm nicht mehr zu schreiben. So unverfänglich wie die Briefe hätte der Lehrer auch, wenn er unsichtbar die beiden hätte belauschen können, ihre Gespräche gefunden. Es kam vor, daß sie stundenlang ohne zu reden nebeneinander hergingen. »Ist es nicht schön im Wald?« fragte dann die junge Frau mit dem innigsten Klang ihrer süßen Stimme und einem kleinen, vogelhaft zwitschernden Lachen. Oder sie pflückte eine Blume vom Wiesenrain und fragte: »Ist das nicht schön?«

»Es ist schön«, antwortete Caspar.

»So trocken, so ernsthaft?«

»Daß es schön ist, weiß ich noch nicht gar lange«, bemerkte Caspar tief, »das Schöne kommt zuletzt.«

Ihn machte der Frühling diesmal glücklich. Mit jedem Atemzug fühlte er sich eigentümlich bevorzugt. Wahrhaftig, daß es schön war, hatte er bis jetzt noch nie bedacht. Die seiende Welt schlang sich wie ein Kranz um ihn. Solang die Sonne am blauen Himmel stand, leuchteten seine Augen in verwundertem Glück. Er ist wie ein Kind, das man nach langer Krankheit zum erstenmal in den Garten führt, sagte sich Frau von Kannawurf. Ihr gütiges Herz klopfte höher bei dem Gedanken, daß sie vielleicht nicht ohne Einfluß auf diese Stimmung war. Bisweilen wand sie junges Waldlaub um seinen Hut, und dann sah er stolz aus. Aber er war doch immer in sich gekehrt und immer so verhalten, als ringe er mit einem großen Entschluß.

Eines Tages kamen sie überein, daß er sie einfach Clara und sie ihn Caspar nennen solle. Sie amüsierte sich über die geschäftsmäßige Gesetzheit, mit der er seinerseits diesen Vertrag einhielt. Er belustigte sie überhaupt oft, besonders wenn er ihr kleine Moralpredigten hielt oder etwas, was er frauenzimmerlich nannte, geärgert tadelte. Er ermahnte sie auch, nicht gar soviel herumzulaufen und ihre Gesundheit zu schonen. Nun sah es ja manchmal wirklich aus, als habe sie die Absicht, sich zu ermüden und zu erschöpfen. Eine ihrer Leidenschaften bestand darin, auf Türme zu steigen; auf dem Turm der Johanniskirche wohnte ein alter Glöckner, ein weiser Mann in seiner Art, durch lange Einsamkeit beschaulich und sanft geworden. Sie scheute nicht die Anstrengung der vielen Hundert Stufen und lief oft zweimal täglich zu dem Alten hinauf, plauderte mit ihm wie mit einem Freund oder lehnte über die eiserne Brüstung der schmalen Galerie und schaute über das Land in die Ferne. Der Glöckner hatte sie auch so ins Herz geschlossen, daß er zu gewissen Abendstunden nach der Richtung des Imhoffschlößchens verabredete Zeichen mit seiner Laterne gab.

Jeden Tag machte sie neue Reisepläne, denn sie gefiel sich nicht in der kleinen Stadt. Caspar fragte, warum sie denn so fortdränge, aber darüber wußte sie im Grund keinen Aufschluß zu geben. »Ich darf nicht wurzeln«, sagte sie, »ich werde unglücklich, wenn ich zufrieden bin, ich muß immer auf Entdeckungsfahrten gehen, ich muß Menschen suchen.« Sie blickte Caspar zärtlich an, indes ihr kleiner Mund unaufhörlich zuckte.

Einmal, und das war das einzige Mal überhaupt, daß davon gesprochen wurde, erwähnte sie die Feuerbachsche Schrift. Caspar griff nach ihrer Hand, die er mit sonderbarer Kraft so stark preßte, als wolle er damit das Wort zerquetschen, das er vernommen. Frau von Kannawurf stieß einen leisen Schrei aus.

Es war schon Abend, sie gingen noch bis zu der Straßenkreuzung, an der sie sich gewöhnlich voneinander trennten. Da sagte Frau von Kannawurf rasch und eindringlich, indem sie sich nah zu ihm stellte und auf seine Stirn starrte: »Also wollen Sie es auf sich nehmen?«

»Was?« entgegnete er mit sichtlichem Unbehagen.

»Alles?«

»Ja, alles«, sagte er dumpf, »aber ich weiß nicht, ich bin ja ganz allein.«

»Natürlich allein, aber etwas anderes wünschen Sie doch gar nicht. Allein wie im Kerker, das ist es eben, nur nicht mehr drunten, sondern droben.« Sie konnte nicht weiterreden, er legte die eine Hand auf ihren Mund und die andre auf den seinen. Dabei glänzten seine Augen beinahe voll Haß. Plötzlich dachte er mit einer Art freudiger Bestürzung: ob meine Mutter so ähnlich ist wie diese da? Er hatte ein durstiges und brennendes Gefühl auf den Lippen, und es war zugleich etwas in ihm, wovor ihn widerte. »Ich geh' jetzt heim«, stieß er mit wunderlichem Unwillen hervor und entfernte sich voll Eile.

Frau von Kannawurf sah ihm nach, und als die Dunkelheit schon längst seine Gestalt verschlungen hatte, heftete sie noch die großen Kinderaugen in die Richtung seines Weges. Es war ihr furchtbar bang ums Herz. Er ist sicher der mutigste aller Menschen, dachte sie, er ahnt nicht einmal, wieviel Mut er besitzt. Was bewegt mich doch so sehr, wenn ich mit ihm rede oder schweige? Warum ängstigt's mich so, wenn ich ihn sich selbst überlassen weiß?

Sie ging heimwärts und brauchte zu einem Weg von wenig mehr als tausend Schritten über eine halbe Stunde. Im Westen leuchteten Blitze wie feurige Adern.

Caspar hatte sich frühzeitig zu Bett begeben. Es mochte ungefähr vier Uhr morgens sein, da wurde er durch einen lauten Ruf aufgeweckt. Es war auf der Straße außerhalb des Hofs, und die Stimme rief: »Quandt! Quandt!«

Caspar, noch im Halbschlaf, glaubte die Stimme Hickels zu erkennen. Es wurde irgendwo ein Fenster geöffnet, der von der Straße sagte etwas, was Caspar nicht verstehen konnte, bald hernach ging eine Tür im Haus. Es blieb dann eine Weile ruhig. Caspar legte sich auf die Seite, um weiterzuschlafen, da pochte es an seine Zimmertür. »Was gibt's?« fragte Caspar.

»Machen Sie auf, Hauser!« antwortete Quandts Stimme.

Caspar sprang aus dem Bett und schob den Riegel zurück. Quandt, vollständig angekleidet, trat auf die Schwelle. Sein Gesicht sah im Morgengrauen grünlich fahl aus.

»Der Präsident ist tot«, sagte er.

In einem schwindelnden Gefühl setzte sich Caspar auf den Bettrand.

»Ich bin im Begriff hinzugehen; wenn Sie sich anschließen wollen, machen Sie rasch«, fuhr Quandt murmelnd fort.

Caspar schlüpfte in die Kleider, er war wie betrunken.

Zehn Minuten darauf schritt er neben Quandt auf dem Weg zur Heiligenkreuzgasse. Im Garten vor dem Feuerbachschen Haus standen Leute, die halb verschlafen, halb bestürzt aussahen. Ein Bäckerjunge saß auf der Treppe und heulte in seine weiße Schürze hinein. »Glauben Sie, daß man nach oben darf?« fragte Quandt den Schreiber Dillmann, der mit ingrimmigem Gesicht und tief in die Stirn gedrücktem Hut auf und ab ging.

»Die Leiche ist ja noch gar nicht in der Stadt«, sagte ein alter Artilleriehauptmann, an dessen Schnurrbart kleine Regentropfen hingen.

»Das weiß ich«, entgegnete Quandt, und er folgte etwas beklommen Caspar, der ins Haus eingetreten war. Im unteren Stock standen alle Türen offen. In der Küche saßen zwei Mägde vor einem Haufen Holz, das zu Scheiten geschlagen war. Sie schienen angstvoll zu horchen. Caspar und Quandt vernahmen eine durchdringende Stimme, die sich näherte. Sie sahen alsbald eine weibliche Gestalt mit hocherhobenen Armen durch eines der Zimmer laufen. Sie schrie vor sich hin wie rasend.

»Die Unglückliche«, sagte Quandt verstört.

Es war Henriette. Ihr Geschrei dauerte ununterbrochen fort, bis einige Damen erschienen, darunter Frau von Stichaner. Quandt begab sich mit Caspar an die Schwelle des Staatsgemachs. Die Frauen bemühten sich um Henriette, sie aber stieß jede mit den Fäusten von sich. »Ich hab's gewußt!« schrie sie. »Ich hab's gewußt, sie haben ihn mir vergiftet, haben ihn vergiftet!« Ihre Augen waren blutunterlaufen, und ihr Blick war rot. Sie stürmte in ein andres Zimmer, das lose Nachtgewand flatterte hinter ihr, und immer gellender schallte ihr Geschrei: »Sie haben ihn vergiftet, vergiftet, vergiftet!«

Caspar hatte keinen andern Ruhepunkt für sein Auge als das Napoleonbild, dem er gegenüberstand. Es kam ihm vor, als müsse der gemalte Kaiser schon müde sein von der unablässigen majestätischen Drehung, die sein Hals machte.

»Lassen Sie uns gehen, Hauser«, sagte Quandt, »es ist zuviel des Jammers.«

Im Flur stand der Regierungspräsident Mieg im Gespräch mit Hickel. Der Polizeileutnant berichtete alle Einzelheiten der Katastrophe. In Ochsenfurt am Main habe Seine Exzellenz über Unwohlsein geklagt und sei zu Bett gegangen; in der Nacht habe er gefiebert, der gerufene Arzt habe ihn zur Ader gelassen und habe behauptet, die Krankheit sei bedeutungslos. Am Morgen darauf sei plötzlich das Ende eingetreten.

»Und welcher Ursache schrieb der Arzt seinen Tod zu?« erkundigte sich Herr von Mieg und verbeugte sich gleichzeitig, da Frau von Imhoff und Frau von Kannawurf an seine Seite traten. Frau von Imhoff weinte.

Hickel zuckte die Achseln. »Er glaubte an Herzschwäche«, erwiderte er.

Ungeachtet des frühen Morgens war schon die ganze Stadt auf den Beinen. Über dem Dach des Appellgerichts wehten zwei schwarze Fahnen.

Caspar blieb den Tag über in seinem Zimmer. Niemand störte ihn. Er lag auf dem Sofa, die Hände unterm Kopf, und starrte in die Luft. Spätnachmittags bekam er Hunger und ging in die Wohnstube. Quandt war nicht da. Die Lehrerin sagte: »Um vier Uhr ist die Leiche angekommen; Sie sollten eigentlich hingehen, Hauser, und ihn noch mal sehen, bevor er begraben wird.«

Caspar würgte an einem Stück Brot und nickte.

»Sehen Sie, wie recht ich damals hatte mit den Totenweibern«, fuhr die Lehrerin geschwätzig fort, »aber die Männer denken immer, alles geht so, wie sie's ausrechnen.«

Der Flur des Feuerbachschen Hauses war angefüllt von Menschen. Caspar drückte sich in einen Winkel und stand eine Weile unbeachtet. Er zitterte an allen Gliedern. Der eigentümliche Geruch, der im Hause herrschte, benahm ihm die Sinne. Da spürte er sich bei der Hand genommen. Aufschauend erkannte er Frau von Imhoff. Sie gab ihm ein Zeichen, ihr zu folgen. Sie führte ihn in ein großes Zimmer, in dessen Mitte der Tote aufgebahrt war. Drei Söhne Feuerbachs saßen zu Häupten des Vaters, Henriette lag regungslos über die Leiche hingeworfen. Am Fenster standen der Hofrat Hofmann und der Archivdirektor Wurm. Sonst war niemand im Zimmer.

Das Gesicht des Toten war gelb wie eine Zitrone. Um die Winkel des scharfen, verbissenen Mundes hatten sich große Muskelknoten gebildet. Das schiefergraue Kopfhaar glich einem kurzgeschorenen Tierfell. Es war nichts mehr von Größe in diesen Zügen, nur zähneknirschender Schmerz und eine unmenschliche, eisige Angst.

Caspar hatte noch nie einen Toten gesehen. Sein Gesicht

bekam einen qualvoll-wißbegierigen Ausdruck, die Augäpfel drehten sich in die Winkel, und mit allen zehn Fingern umkrampfte er Kinn und Mund. Sein ganzes Herz löste sich in Tränen auf.

Henriette Feuerbach erhob den Kopf von der Bahre, und als sie den Jüngling sah, verzerrten sich ihre Züge gräßlich. »Deinetwegen hat er sterben müssen!« schrie sie mit einer Stimme, vor der alle erbebten.

Caspar öffnete die Lippen. Weit nach vorn gebeugt, starrte er das halb wahnsinnige Weib an. Zweimal klopfte er sich mit der Hand gegen die Brust, er schien zu lachen, plötzlich gab er einen dumpfen Laut von sich und stürzte ohnmächtig zu Boden.

Alle waren erstarrt. Die Söhne des Präsidenten waren aufgestanden und schauten bekümmert auf den am Boden liegenden Jüngling. Direktor Wurm eilte, als er sich gefaßt hatte, zur Tür, wahrscheinlich um einen Arzt zu rufen. Der besonnene Hofrat hielt ihn zurück und meinte, man solle kein unnötiges Aufsehen machen. Frau von Imhoff kniete neben Caspar und befeuchtete seine Schläfe mit ihrem Riechwasser. Er kam langsam zu sich, doch dauerte es eine Viertelstunde, bis er sich erheben und gehen konnte. Frau von Imhoff begleitete ihn hinaus. Damit sie sich nicht durch die Menge der Besucher im Korridor zu drängen brauchten, führte sie ihn über eine Hintertreppe in den Garten und erbot sich, ihn nach Haus zu bringen. »Nein«, sagte er unnatürlich leise, »ich will allein gehen.« Er steckte seine Nase in die Luft und schnüffelte unbewußt. Sein Puls ging so schnell, daß die Adern am Hals förmlich flogen.

Er entwand sich dem liebreichen Zuspruch der jungen Frau und ging mit trägen Schritten gegen die Hauptallee des Gartens. Vor dem Portal stieß er auf den Polizeileutnant. »Nun, Hauser!« redete ihn Hickel an.

Caspar blieb stehen.

»Zur Trauer haben Sie begründeten Anlaß«, sagte Hickel mit unheilvoller Betonung, »denn wer wird eines Feuerbach gewichtiges Fürwort ersetzen?«

Caspar antwortete nichts und schaute gleichsam durch den Polizeileutnant hindurch, als ob er aus Glas wäre.

»Guten Abend«, ertönte da eine glockenhelle Stimme, die Caspar wundersam berührte. Frau von Kannawurf trat an seine Seite. Hickels Gesicht wurde um eine Schattierung bleicher. »Gnädigste Frau«, sagte er mit einer Galanterie, die sich krampfhaft ausnahm, »darf ich die Gelegenheit benutzen, Ihnen meine ungemessene Verehrung zu Füßen zu legen?«

Frau von Kannawurf trat unwillkürlich einen Schritt zurück und sah erschrocken aus.

Der Polizeileutnant hatte die Miene eines Menschen, der sich in ein tiefes Wasser stürzt. Er beugte sich nieder, und ehe Frau von Kannawurf es hindern konnte, packte er ihre Hand und drückte einen Kuß darauf, und zwar mit den nackten Zähnen. Als er sich aufrichtete, waren seine Lippen noch getrennt. Ohne eine Silbe weiterzusprechen, eilte er davon.

Mit weiten Augen blickte ihm Frau von Kannawurf nach. »Grauenhaft ist mir der Mensch!« flüsterte sie. Caspar blieb völlig teilnahmslos. Frau von Kannawurf begleitete ihn schweigend nach Hause.

Als er in seinem Zimmer war, bekamen seine Augen einen geisterhaften Glanz und flammten in der Dämmerung wie zwei Glühwürmer. Er stellte sich in die Mitte des Raumes, und vom Kopf bis zu den Füßen zitternd, sagte er in beschwörendem Ton folgendes: »Kenn' ich dich, so nenn' ich dich. Bist du die Mutter, so höre mich. Ich geh' zu dir. Ich muß zu dir. Einen Boten schick' ich dir. Bist du die Mutter, so frag' ich dich: warum das lange Warten? Keine Furcht hab' ich mehr, und die Not ist groß. Caspar Hauser heißen sie mich, aber du nennst mich anders. Zu dir muß ich gehn ins Schloß. Der Bote ist treu, Gott wird ihn führen und die Sonne ihm leuchten. Sprich zu ihm, gib mir Kunde durch ihn.«

Plötzlich ergriff ihn eine sonderbare Ruhe. Er setzte sich an den Tisch, nahm einen Bogen Papier und schrieb, ohne daß ihn die Dunkelheit hinderte, dieselben Worte nieder. Darauf faltete er den Bogen zusammen, und da er kein Wachs besaß, zündete er die Kerze an, ließ das Unschlitt aufs Papier träufeln und drückte das Siegel darauf, das ein Pferd vorstellte mit der Legende: Stolz, doch sanft.

Es verging eine halbe Stunde; er saß regungslos da und lächelte mit geschlossenen Augen. Bisweilen schien es, als bete er, denn seine Lippen bewegten sich suchend. Er dachte an Schildknecht. Er wünschte ihn herbei mit aller Kraft seiner Seele.

Und als ob diesem Wünschen die Macht innegewohnt hätte, Wirklichkeit zu erzeugen, schallte auf einmal vom Hof herauf der wohllautende Triolenpfiff. Caspar ging zum Fenster und öffnete, es war Schildknecht. »Ich komm' hinunter«, rief ihm Caspar zu.

Unten angelangt, faßte er Schildknecht beim Rockärmel und zog ihn durch das Pförtchen auf die einsame Gasse. Dort forderte er ihn stumm auf, ihm weiter zu folgen. Bisweilen hielt er zögernd inne und spähte umher. Sie kamen beim Häuschen des Zolleinnehmers vorüber und auf einen Wiesenplan. Auf dem Rain stand ein Bauernwagen. Caspar setzte sich auf die Deichsel und zog Schildknecht neben sich. Er näherte seinen Mund dem Ohr des Soldaten und sagte: »Jetzt brauch' ich Sie.« Schildknecht nickte.

»Es geht um alles«, fuhr Caspar fort.

Schildknecht nickte.

»Da ist ein Brief«, sagte Caspar, »den soll meine Mutter bekommen.«

Schildknecht nickte wieder, diesmal voll Andacht. »Weiß schon«, antwortete er, »die Fürstin Stephanie . . .«

»Woher wissen Sie's« hauchte Caspar betroffen.

»Hab's gelesen. Hab's in dem Buch vom Staatsrat gelesen.«

»Und weißt auch, wo du hingehen mußt, Schildknecht?«

»Weiß es. Ist ja unser Land.«

»Und willst ihr den Brief geben?«

»Will es.«

»Und schwörst bei deiner Seligkeit, daß du ihr selber den Brief gibst, aufs Schloß gehst, in die Kirche, wenn sie dort ist, ihren Wagen aufhältst, wenn sie auf der Straße fährt?«

»Ist kein Schwören nötig. Ich tu's, und wenn's Knollen regnet.«

»Wenn ich's tun wollte, Schildknecht, ich käm' nicht bis ins nächste Dorf. Sie würden mich abfangen und einsperren.«

»Weiß es.«

»Wie willst du's anstellen?«

»Bauernkleider anziehen, bei Tag im Walde schlafen, bei Nacht laufen.«

»Und wo den Brief verstecken?«

»Unter der Sohle, im Strumpf.«

»Und wann kannst du fort?«

»Wann's beliebt. Morgen, heute, gleich, wenn's beliebt. Ist zwar Fahnenflucht, macht aber nichts.«

»Wenn's gelingt, macht es nichts. Hast du Geld?«

»Nicht einen Taler. Macht aber nichts.«

»Nein, Geld ist nötig. Brauchst viel Geld. Geh mit mir, ich hole Geld.«

Caspar sprang empor und schritt in der Richtung des Imhoffschlößchens voran. Am Tor gebot Caspar dem Soldaten zu warten. Er ging hinein und sagte zum Pförtner, er müsse Frau von Kannawurf sprechen. Es war etwas in seinem Aussehen, was dem alten Hausmeister Beine machte. Frau von Kannawurf kam ihm alsbald entgegen. Sie führte ihn über eine Stiege in einen kleinen Saal, der nicht erleuchtet war. Ein wandhoher Spiegel glitzerte im Mondschein. Der Pförtner machte Licht und entfernte sich zögernd.

»Fragen Sie mich nichts«, sagte Caspar mit fliegendem Atem zu der Freundin, die keines Wortes mächtig war, »ich brauche zehn Dukaten. Geben Sie mir zehn Dukaten.«

Sie blickte ihn ängstlich an. »Warten Sie«, antwortete sie leise und ging hinaus.

Es dünkte Caspar eine Ewigkeit, bis sie wiederkam. Er stand am Fenster und strich beständig mit der einen Hand über seine Wange. Still, wie sie gegangen, kehrte Frau von Kannawurf zurück und reichte ihm eine kleine Rolle. Er nahm ihre Hand und stammelte etwas. Ihr Gesicht zuckte über und über, ihre Augen schwammen wie im Nebel. Verstand sie ihn? Sie mußte wohl ahnen; doch sie fragte nicht. Ein trübes Lächeln irrte um ihre Lippen, als sie Caspar hinausbegleitete. Sie war ergreifend schön in diesem Augenblick.

Schildknecht lehnte am Mauerpfeiler des Tors und guckte ernsthaft in den Mond. Sie gingen zusammen stadtwärts. Nach ein paar Hundert Schritten blieb Caspar stehen und gab Schildknecht den Brief und die Geldrolle. Schildknecht sagte keine Silbe. Er blies ein wenig die Backen auf und sah harmlos aus.

Vor dem Kronacher Buck meinte Schildknecht, es sei besser, wenn man sie nicht mehr beieinander sähe. Ein Händedruck, und sie schieden. Dann drehte sich Schildknecht noch einmal um und rief anscheinend fröhlich: »Auf Wiedersehen!«

Caspar blieb noch lange wie verhext an demselben Fleck stehen. Er hatte Lust, sich ins Gras zu werfen und die Arme in die Erde zu wühlen, für die er plötzlich Dankbarkeit empfand.

Spät kam er heim, blieb aber glücklicherweise ungefragt, denn Quandt war einer wichtigen Besprechung halber zum Hofrat Hofmann befohlen. Er brachte eine Neuigkeit mit. »Höre nur, Jette«, sagte er, »der Staatsrat hat sich während der letzten Tage, die er mit dem Polizeileutnant beisammen war, von der Sache des Hauser gänzlich losgesagt. Er soll sogar mit dem Plan umgegangen sein, die Denkschrift für den Hauser öffentlich als einen Irrtum zu erklären.«

»Wer hat's gesagt?« fragte die Lehrerin.

»Der Polizeileutnant, es heißt auch allgemein so. Der Hofrat ist derselben Ansicht.«

»Es heißt aber auch, daß der Staatsrat vergiftet worden ist.«

»Ach was, dummes Geschwätz«, fuhr Quandt auf. »Hüte

dich nur, daß du dergleichen verlauten läßt. Der Polizeileutnant hat gedroht, daß er die Verbreiter von so gefährlichen Redensarten verhaften lassen und unerbittlich zur Rechenschaft ziehen werde. Was macht der Hauser?«

»Ich glaube, er ist schon schlafen gegangen. Nachmittags war er bei mir in der Küche und beklagte sich über die vielen Fliegen in seinem Zimmer.«

»Weiter hat er jetzt keine Sorgen? Das sieht ihm ähnlich.«

»Ja. Ich sagte ihm, er soll sie doch hinausjagen. Das tu ich ja, antwortete er, aber dann kommen immer gleich zwanzig wieder herein.«

»Zwanzig?« sagte Quandt mißbilligend. »Wieso zwanzig? Das ist doch nur eine willkürliche Zahl?«

Man begab sich zur Ruhe.

Am Tage von Feuerbachs Begräbnis trafen Daumer und Herr von Tucher aus Nürnberg ein und stiegen im »Stern« ab. Daumer suchte alsbald Caspar auf. Caspar war gegen seinen ersten Beschützer frei und offen, und doch hatte Daumer den quälenden Eindruck, als sehe und höre ihn Caspar gar nicht. Er fand ihn blaß, größer geworden, schweigsam wie stets und von einer wunderlichen Heiterkeit, ja, ganz zugeschlossen, ganz eingesponnen in diese Heiterkeit, die, seltsam wirkend, dunkle Schatten um ihn warf.

In einem Brief an seine Schwester schrieb Daumer unter anderm: »Ich müßte lügen, wenn ich behaupten wollte, es mache mir Freude, den Jüngling zu sehen. Nein, es ist mir schmerzlich, ihn zu sehen, und fragst du mich nach dem Grund, so muß ich wie ein dummer Schüler antworten: Ich weiß nicht. Übrigens lebt er hier ganz in Frieden und wird wohl, trübselig zu melden, all seine Tage hindurch als ein obskurer Gerichtsschreiber oder dergleichen figurieren.«

Während Herr von Tucher am selben Nachmittag wieder abreiste, und zwar ohne sich um Caspar zu kümmern, blieb Daumer noch drei Tage in der Stadt, da er Geschäfte bei der Regierung hatte. Beim Begräbnis des Präsidenten sah er Caspar nicht. Er erfuhr später, daß Frau von Imhoff seine

Anwesenheit zu verhindern gewußt hatte. Er machte bald die kränkende Entdeckung, daß Caspar ihm geflissentlich auswich. Eine Stunde vor seiner Abreise sprach er mit dem Lehrer Quandt darüber.

»Kann ein Mann von Ihrer Einsicht um eine Erklärung dieses Betragens verlegen sein?« fragte Quandt erstaunt. »Es ist doch ganz klar, daß er jetzt, wo er eine immer größer werdende Gleichgültigkeit um sich entstehen sieht und die Folgen davon täglich empfinden muß, daß er jetzt durch den Anblick seiner Nürnberger Freunde in Verlegenheit gerät und sie nach Kräften zu meiden sucht. Denn dort stand er ja *in floribus* und glaubte, wunder was für Rosinen in seinem Kuchen steckten. Wir aber, verehrter Herr Professor, sind ihm dicht auf der Spur; es wird nicht mehr lange dauern, und Sie werden merkwürdige Nachrichten hören.«

Quandt sah bekümmert aus, und seine Worte klangen fanatisch. Ob danach Daumer gerade mit hoffnungsvoller Brust die Fahrt zum heimatlichen Bezirk angetreten habe, steht zu bezweifeln. Fast hätte er wie in jener stillen Nacht, als er Caspar im Geist und leibhaftig an sich gedrückt, klagend über die sommerlichen Felder gerufen: Mensch, o Mensch! Aber dabei hatte es sein Bewenden nicht. Ein zwangvolles Grübeln bemächtigte sich des verwirrten Mannes. In seinem Hirn gärte es wie schlechtes Gewissen, und langsam, den Entschluß zur Tat und zur Sühne weckend, zur viel zu späten Tat und Sühne, entstand eine erste Ahnung der Wahrheit.

Ein unterbrochenes Spiel

Im Verlauf der folgenden Wochen gab es in den Salons und Bürgerstuben der Stadt allerlei sonderliche Dinge zu munkeln. Ohne daß das Gerede bestimmte Formen annahm, wollte man doch in dem plötzlichen Tod des Präsidenten Feuerbach auch weiterhin nichts sehen als die Frucht einer mysteriösen Verschwörung. Eine greifbare Äußerung fiel natürlich nicht, die Flüsterer nahmen sich in acht. Sehr insgeheim raunten sie sich zu, auch Lord Stanhope sei an dieser Verschwörung beteiligt, und nach und nach tauchte das bestimmte Gerücht auf, der Lord gehe damit um, einen Kriminalprozeß gegen Caspar Hauser anzustrengen, und habe sich zu dem Zwecke schon der Hilfe eines bedeutenden Rechtsgelehrten versichert. Auf einmal bekannte sich kein Mensch mehr zu dem früheren Enthusiasmus für den Grafen, das großartige Andenken, das er hinterlassen, war verwischt, und in einigen maßgebenden Familien, wo er der Abgott gewesen, sprach man bereits mit ängstlicher Vorsicht seinen Namen aus.

Caspars Freunde wurden besorgt. Frau von Imhoff suchte eines Tages den Polizeileutnant auf und erkundigte sich, was von dem Gemunkel zu halten sei. Mit kühlem Bedauern erwiderte Hickel, daß die öffentliche Meinung in diesem Punkt nicht fehlgehe.

»Das Blatt hat sich eben gewendet«, sagte er. »Seine Lordschaft sieht in Caspar Hauser jetzt nur einen gewöhnlichen Schwindler.«

Darauf verließ Frau von Imhoff den Polizeileutnant, ohne ein Wort zu entgegnen und ohne Gruß.

Ei, die sanften Seelen! höhnte Hickel für sich. Das Grausen erfaßte sie.

Hickel hatte eine neue Wohnung auf der Promenade gemietet und lebte wie ein großer Herr. Woher mag er die Mittel haben? fragten die Leute. Er hat Glück am Kartentisch, sagten einige, andre behaupteten im Gegenteil, daß er fortwährend große Summen verliere.

Auch damit war der Gesprächsstoff nicht erschöpft. Eine andere Seltsamkeit: Im Sommer war aus der Infanteriekaserne ein Soldat auf unaufgeklärte Weise verschwunden. Zu andrer Zeit wäre ein solches Ereignis vielleicht unbeachtet geblieben. Jetzt hefteten sich auch daran allerlei Fabeleien. Es wurde gesagt, jener Soldat, der den Hauser beaufsichtigt, habe von gewissen Geheimnissen Kenntnis erhalten und sei beiseite geschafft worden. Man wurde furchtsam und verschloß bei Nacht sorgfältig die Haustüren. Es war nicht mehr geheuer in der guten, stillen Stadt. Wer fremden Namens war, wurde beargwöhnt.

Selbst Frau von Kannawurf erfuhr solchen Argwohn, wenngleich um sie etwas Unantastbares war, das den verleumderischen Worten die Kraft raubte. Dennoch fiel es auf, daß sie sich des Umgangs mit ihresgleichen entzog und sich statt dessen häufig unter Menschen der niedersten Volksklasse umhertrieb. Sie verbrachte viele Stunden in geistlosem Gespräch mit Bauernweibern und Arbeiterfrauen, stieg zu ihrem Türmer hinauf oder gesellte sich zu den Kindern, die von der Schule heimkehrten. Da geschah es denn oft, daß sie zum maßlosen Staunen der begegnenden Bürger einen lärmenden Schwarm von Knaben und Mädchen um sich versammelt hatte und in ihrer Mitte lächelnd durch die Gassen zog.

Wahrscheinlich ist sie eine Demagogin, hieß es. Gesinnungstüchtige Eltern verboten ihren Sprößlingen, sich an den skandalösen Aufzügen zu beteiligen. Kein Zweifel, auch die Behörde fand das Treiben anstößig, denn einmal am Abend hatte man beobachtet, daß der Polizeileutnant vor dem Imhoffschlößchen Posten faßte. Zwei Stunden lang war er in der Dunkelheit unbeweglich unter einem Baum gestanden.

Es ist wahr, Frau von Kannawurf war eine auffallende

Person und benahm sich auffallend. Aber ihre kuriosen Handlungen hatten einen Anschein von Leichtigkeit, ja Lässigkeit. Sie hatte eine Art von Lächeln, in welchem sich selbstvergessene Hingebung an irgendein Gedachtes, Gefühltes mit der Verzweiflung über die eigne Unzulänglichkeit aufs rührendste mischten. Sie lebte an allem und in allem, starb mit jedem Seufzer gleichsam dahin, flog mit jeder Freude in eine entrückte Region.

Eines Abends im August trat sie ins Zimmer ihrer Freundin, warf sich wie atemlos vom Laufen auf das Sofa und war lange nicht zu sprechen fähig.

»Was hast du nur wieder getrieben, Clara?« fragte Frau von Imhoff vorwurfsvoll. »Das heißt nicht leben, das heißt sich verbrennen.«

»Es hilft nichts«, murmelte das junge Weib erschlafft, »ich muß reisen.«

Frau von Imhoff schüttelte liebenswürdig tadelnd den Kopf. Diese Worte hatte sie seit drei Monaten des öfteren vernommen. »Bis zu unserm Familienfest wirst du doch noch bleiben, Clara«, erwiderte sie herzlich.

Wieviel Willenskraft gehört doch manchmal dazu, einen Entschluß nicht auszuführen, sagte Clara von Kannawurf zu sich selbst. Und nach einer Pause des Schweigens wandte sie das Gesicht der Freundin entgegen und fragte: »Warum, Bettine, kannst du Caspar nicht zu dir ins Haus nehmen? Er soll und darf nicht länger beim Lehrer Quandt bleiben. Dieses Haus zu betreten ist mir unmöglich. Seine Lage ist schauderhaft, Bettine. Wozu sage ich dir das! Du weißt es, ihr wißt es ja alle. Ihr bedauert es alle, aber keiner rührt nur den Finger. Keiner, keiner hat den Mut zu tun, was er getan zu haben wünscht, wenn das geschehen ist, was er im stillen fürchtet.«

Frau von Imhoff blickte betreten auf ihre Handarbeit. »Ich bin nicht glücklich und nicht unglücklich genug, um mit Aufopferung des eignen einem fremden Schicksal mich hinzugeben«, versetzte sie endlich.

Clara stützte den Kopf in die Hand. »Ihr lest ein schönes

Buch, ihr seht ein ergreifendes Theaterstück und seid erschüttert von diesen nur eingebildeten Leiden«, fuhr sie bewegt und eindringlich fort. »Ein trauriges Lied kann die Tränen entlocken, Bettine; erinnere dich nur, wie du weintest, als Fräulein von Stichaner neulich den ›Wanderer‹ von Schubert sang. Bei den Worten: ›Dort, wo du nicht bist, ist das Glück‹, hast du geweint. Du konntest eine Nacht lang nicht schlafen, als man uns erzählte, drüben in Weinberge habe eine Mutter ihr eignes Kind verhungern lassen. Warum ist es immer nur das Unwirkliche oder das Ferne, woran ihr eure Teilnahme verschwendet? Warum immer nur dem Wort, dem Klang, dem Bild glauben und nicht dem lebendigen Menschen, dessen Not handgreiflich ist? Ich versteh' es nicht, versteh' es nicht, das quält mich, daran, ja daran verbrenn' ich.«

Das leise, melodische Stimmchen verging in einem Hauchen. Frau von Imhoff stützte den Kopf in die Hand und schwieg lange. Dann erhob sie sich, setzte sich neben Clara, streichelte die Stirn der Freundin und sagte: »Sprich mal mit ihm. Er soll zu uns kommen. Ich will es durchsetzen.«

Clara umschlang sie mit beiden Armen und küßte sie dankbar. Aber nicht mit freiem Herzen hatte Frau von Imhoff diesen Entschluß gefaßt, und sie atmete seltsam erleichtert auf, als ihr am andern Tag Frau von Kannawurf die Eröffnung machte, Caspar habe sich unbegreiflicherweise hartnäckig gegen den Vorschlag gesträubt, das Haus des Lehrers zu verlassen. Zuerst habe er keinen Grund für seine Weigerung nennen wollen, als er aber Claras Betrübnis wahrgenommen, habe er gesagt: »Dort hat man mich hingebracht, und dort will ich bleiben. Ich will nicht, daß es heißt, beim Lehrer Quandt hat er's nicht gut genug gehabt, da haben ihn aus Mitleid die Imhoffs genommen. Ich hab' ja mein Brot und mein Bett, mehr brauch' ich nicht, und das Bett ist das Allerbeste, was ich auf der Welt kennengelernt habe, alles andre ist schlecht.«

Da fruchtete keine Einrede mehr. »Schließlich könnt ihr ja mit mir anstellen, was ihr wollt«, fügte er hinzu, »aber daß ich freiwillig hingehen soll, das wird nicht geschehen. Wozu auch? Lang' kann's nimmer dauern.«

So war ihm denn das Wort entschlüpft. War deshalb der tiefe Glanz in seinen Augen? Blickte er deshalb mit stummer Spannung die Straßen entlang, wenn er morgens zum Appellgericht ging? War's deswegen, daß er stundenlang am Fenster lehnte und hinüberspähte gegen die Chaussee? Daß er gierig aufhorchte, wenn er irgendwo zwei Menschen leise miteinander reden sah? Daß er täglich dabeisein mußte, wenn der Postwagen ankam, und daß er den Briefboten ausfragte, ob er nichts für ihn habe?

Dem rätselhaften Wesen tat die Zeit keinen Abbruch. Es lag Frau von Kannawurf daran, ihn einer Gebundenheit zu entreißen, die ihn einem innigen Verhältnis zur umgebenden Welt entziehen und jede frohe Betätigung zwangvoll machen mußte. Sie sann immer auf Ablenkung, und jenes Familienfest, von dem ihre Freundin Bettine gesprochen, gab Gelegenheit, damit Caspar wieder einmal aus sich heraus und einer anteilvollen Welt gegenübertrete.

Die Feier wurde von Herrn von Imhoff zu Ehren der goldenen Hochzeit seiner Eltern veranstaltet und sollte am zwölften September stattfinden. Der junge Doktor Lang, ein Freund des Hauses, hatte zu der Gelegenheit ein sinnreiches Bühnenspiel in Versen verfaßt, welches von einigen Damen und Herren der Gesellschaft aufgeführt werden sollte. Bei den Proben, die im oberen Saal des Schlosses abgehalten wurden, zeigte es sich, daß einer der jungen Leute, der die Rolle eines stummen Schäfers darstellte, seines plumpen Benehmens halber unfähig war, den Part zu gewünschter Wirkung zu bringen. Da hatte Frau von Kannawurf, die selbst mitspielte, den Einfall, diese Rolle Caspar zu übertragen. Die Anregung fand Beifall.

Caspar willigte ein. Da er eine Person vorzustellen hatte, die nichts zu sprechen brauchte, glaubte er sich der Aufgabe leichterdings gewachsen, die seiner alten Neigung für das Theater entgegenkam. Er ging fleißig zu den Proben, und wenngleich das phrasenhafte Wesen des Stücks nicht eben sein Gefallen erweckte, so erfreute er sich doch an der wechselvollen Bewegung innerhalb eines abgemessenen Vorgangs.

Das harmlose Spiel hatte einen berechneten und für das Publikum unschwer durchschaubaren Bezug auf ein schon weit zurückliegendes Ereignis in der Familie der Imhoffs. Einer der Brüder des Barons hatte sich zu Anfang der zwanziger Jahre an burschenschaftlichen Umtrieben beteiligt und war, von dem feierlichen Bannfluch des Vaters und nebenbei von politischen Behörden verfolgt, nach Amerika entflohen. Nach erlassener Amnestie war er zurückgekehrt, hatte vor dem Familienhaupt allen freiheitlichen Ideen abgeschworen, und von da an hatte ihm die väterliche Gnade wieder geleuchtet.

Diese etwas philiströse Begebenheit hatte den Hauspoeten zu seiner Dichtung begeistert. Ein König gibt einem ihn besuchenden Freund und Waffengenossen ein Gastmahl. Ein zweiter Polykrates, brüstet er sich bei diesem Anlaß mit seiner Macht, dem Frieden seiner Länder, den Tugenden seiner Untertanen. Die Höflinge an der Tafel bestärken ihn voll schmeichlerischen Eifers in seinem Glückswahn, nur der Gastfreund wagt das kühne Wort, daß er auf dem Purpur des Herrschers doch einen Makel bemerke. Der König fühlt sich getroffen und läßt jenen hart an, auch weiß er zu verhindern, daß der Freund weiterspreche, da seine Gemahlin Zeichen eines großen Seelenschmerzes von sich gibt. Unterdessen ziehen im Burghof Schnitter und Schnitterinnen mit Lachen und munteren Zwiegesprächen auf, und Musik begleitet die Erntefeier. Plötzlich entsteht ein Stillschweigen. Die Geigen, die Rufe, das Gelächter verstummen, und auf die Frage des Königs wird mitgeteilt, der schwarze Schäfer, der sich schon seit Menschengedenken nicht im Land habe sehen lassen, sei unter das Volk getreten. Der Gastfreund begehrt zu wissen, was für eine Bewandtnis es mit diesem Schäfer habe, und man antwortet ihm, der Wunderbare besitze die Gabe, durch seinen bloßen Anblick bei jedem Menschen die Erinnerung an dessen stärkste Schuld wachzurufen, Schuldlose aber den Gegenstand lang gehegter Sehnsucht schauen zu lassen. Zur Bestätigung dessen hört man auch aus der Mitte des Volkes Weinen und allerlei klagende Töne. Der König befiehlt, daß sich der Fremdling entferne, doch die Königin, unterstützt von den Bitten des Gastfreunds und der Höflinge, fleht den Gemahl an, ihn heraufkommen zu lassen. Der König fügt sich, und alsbald betritt der stumme Schäfer die Szene. Er schaut den König an, der verhüllt sein Gesicht. Er schaut die Königin an, und diese, dunkel ergriffen, ergeht sich in einem längeren Selbstgespräch, aus welchem deutlich wird, daß ihr erstgeborener Sohn wegen einer unbesonnen angestifteten Verschwörung vom Vater verstoßen wurde und seitdem verschollen ist. Mit ausgebreiteten Armen, unwiderstehlich gezogen, geht sie auf den Schäfer zu, und siehe, es ist der reuig zurückgekehrte Prinz. Man erkennt, man umarmt ihn, das Eis des königlichen Herzens schmilzt, und alles löst sich in Wonne auf.

Caspar benahm sich nicht ungeschickt. Im Lauf der Vorbereitungen fand er von sich selbst aus einen heftigen Antrieb zu der Rolle und fühlte sich so hinein, als ob sein alltägliches Leben von ihm abgelöst wäre. Ähnlich verhielt es sich mit Frau von Kannawurf, die die Königin spielte; auch sie gab sich ihrer Aufgabe mit einem Ernst hin, der das Spielhafte des Vorgangs undienlich vertiefte und daher die Rollen ihrer Partner schattenhaft werden ließ. So webten die beiden gleichsam in einer eignen Welt für sich.

Es war ein sehr warmer Septembertag, als gegen sechs Uhr abends die geladenen Gäste erschienen, im ganzen etwa fünfzig Personen, die Frauen in großer Pracht, unmäßig aufgedonnert, die Männer in Fräcken und gestickten Uniformen. Das Podium für die Komödie nahm die Schmalwand des Saales völlig ein, Kulissen und Requisiten, auch eine Anzahl Statisten waren vom Direktor des Schloßtheaters zur Verfügung gestellt worden. Die Tafel befand sich in einem Nebensaal. Dort hatte sich auch die Musikkapelle eingefunden, denn nach dem Essen sollte getanzt werden.

Um sieben Uhr ertönte ein Glockenzeichen, alles begab sich auf die Plätze. Der Vorhang rollte auf, und der König begann seine überhebliche Tirade. Der Gastfreund, vom Verfasser selbst gemimt, hielt respektvollen Widerpart, dann kam das heitere Zwischenspiel auf dem Hof, und das Folgende nahm seinen ruhigen Fortgang. Nun trat Caspar auf. Das schwarze Gewand kleidete ihn trefflich und hob die Blässe seines Gesichts. Sein Erscheinen auf der Bühne hatte eine unmittelbare Wirkung. Das Husten und Räuspern hörte auf, Totenstille entstand. Wie er den König und die Königin anblickte, wie er auf sie zuschritt und traumhaft lächelte, das war ergreifend. Einige sahen ihn sogar zittern und beobachteten, daß sich seine Finger wie im Krampf in die Hand schlossen. Nun der Monolog der Königin. Auch dies klang anders, als Schauspieler sich sonst geben, sie tritt an den Jüngling heran, sie legt die Arme um seinen Hals . . .

In diesem Augenblick eilte ein Mann aus dem Hintergrund des Saales bis vor die Rampe und rief ein gellendes »Halt!« Die Spieler auf der Szene fuhren erschrocken zusammen, die Zuschauer erhoben sich, und eine allgemeine Unruhe entstand. »Wer ist das? Wer wagt das? Was gibt's?« wurde durcheinandergerufen; man drängte nach vorn, die Frauen schrien ängstlich, Stühle wurden umgeworfen, und nur mit Mühe gelang es dem Hausherrn, eine gefährliche Panik zu verhüten.

Indes stand der Urheber der Verwirrung noch immer unbeweglich vor dem Podium. Es war Hickel. Bleich und feindselig stierte er auf die Szene und schien nichts zu gewahren außer Caspar und Frau von Kannawurf, die, aneinandergedrängt, furchtsam in den verdunkelten Saal schauten. Der erste, der sich an Hickel wandte, war der junge Doktor Lang. In seinem Phantasiekostüm des »Gastfreundes« trat er an den Rand der Estrade und fragte wütend nach dem Grund einer so unverantwortlichen Handlungsweise.

Der Polizeileutnant holte tief Atem und sagte laut mit einer gläsernen Stimme: »Ich muß die hochgeehrte Versammlung tausendmal um Entschuldigung bitten, und da ich selbst zu den hier Geladenen gehöre, wird meine Versicherung vielleicht Glauben finden, daß mir ein solcher Schritt nicht leicht geworden ist. Aber ich kann nicht dulden, daß der Hauser ein frivoles Amüsement zu einer Stunde fortsetzt, wo ich die Nachricht von einem schrecklichen Unglück erfahren habe, das ihn wie keinen andern trifft und für sein ferneres Leben von folgenschwerer Bedeutung sein wird.«

Finstere, neugierige und unwillige Augen blickten auf den Polizeileutnant. Der Doktor Lang entgegnete zornig: »Unsinn! Eine Teufelei ist es, weiter nichts. Was auch immer vorgefallen ist, so kann weder ich noch irgend jemand von den Anwesenden Ihnen das Recht zu einer so groben Eigenmächtigkeit zugestehen. Ist es schlimm, was Sie zu melden haben, so war um so mehr Grund zu warten, unser Spiel war ja am Ende. Es ist ein Wahnsinn, ein Mißbrauch der Gastfreundschaft.«

»Jawohl, der Doktor hat recht!« riefen einige Stimmen.

Hickel senkte den Kopf und legte die Hand vor die Stirn.

»Darf ich wissen, worum es sich handelt?« trat nun Herr von Imhoff dazwischen.

Hickel raffte sich empor und erwiderte dumpf: »Graf Stanhope hat seinem Leben freiwillig ein Ende gemacht.«

Es entstand eine lange Stille. Fast alle blickten auf Caspar, der gegen eine Soffitte lehnte und langsam die Augen schloß.

»Er hat sich erschossen?« fragte Herr von Imhoff.

»Nein«, antwortete Hickel, »er hat sich erhängt.«

Raschelnde Laute des Schreckens ließen sich vernehmen. Herr von Imhoff biß sich auf die Lippen. »Weiß man Näheres?« fuhr er fort zu fragen.

»Nein. Das heißt, ich habe nur eine allgemein gehaltene Nachricht von seinem Jäger. Er war bei einem Freund, dem Grafen von Belgarde, an der normannischen Küste zu Besuch. Am Morgen des vierten September fand man ihn im Turmzimmer des Schlosses an einer Seidenschnur hängend als Leiche.«

Herr von Imhoff sah zu Boden. Als er wieder aufblickte, fixierte er den Polizeileutnant fremd und sagte: »Es tut uns allen von Herzen leid. Ich glaube, daß niemand in diesem Saal ist, der dem unglücklichen Mann nicht ein lebendiges Andenken bewahren wird. Nichtsdestoweniger, Herr Leutnant, bleiben Sie mir Ihres sonderbaren Vorgehens halber Rechenschaft schuldig.«

Hickel verbeugte sich stumm.

Die Hausfrau und mit ihr einige andre Damen waren bemüht, die Gäste zu beruhigen, aber während die Diener die Kerzen des großen Kronleuchters anzündeten, meldete man Frau von Imhoff, daß ihre Schwiegermutter, die Jubilarin, infolge der ausgestandenen Aufregung unwohl geworden sei und sich auf ihr Zimmer begeben habe. Sie folgte sogleich nach. Dies war ein Signal zu allgemeinem Aufbruch. Der Regierungspräsident und der Generalkommissär mit ihren Frauen verließen zuerst den Saal, und schließlich blieben nur ein paar intime Freunde des Barons um diesen versammelt und nahmen in gedrückter Stimmung an der weitläufigen Tafel Platz.

»Ich hab' es immer geahnt, daß uns der gute Lord noch einmal eine grimmige Überraschung bereiten würde«, sagte Herr von Imhoff.

»Was wird aber nun mit dem armen Hauser geschehen?« meinte einer aus der Gesellschaft.

Man sprach allerlei Vermutungen darüber aus. Die Unterhaltung kam in Fluß, und wie oft ein unglückliches Ereignis dazu dient, die Phantasie der entfernt Beteiligten wohltätig anzuregen, so auch hier. Man gab sich bis über Mitternacht lebhaften Gesprächen hin.

Caspar hatte sich während des raschen Aufbruchs der Gäste in dem kleinen Ankleidezimmer für die Schauspieler versteckt. Die jungen Leute entledigten sich eilfertig ihres Kostüms und verschwanden. Nach einer Weile kam ein Diener, um die Lichter auszulöschen, und dieser entdeckte Caspar. Als Caspar gegen die Treppe zu ging, hörte er Schritte hinter sich, und Frau von Kannawurf trat an seine

Seite. Sie fragte ihn, ob er nach Hause wolle, und er bejahte. »Es regnet«, sagte sie unten beim Tor und streckte die Hand hinaus. Sie wartete ein wenig, um den Regen vorübergehen zu lassen, aber es wurde ein heftiger Guß daraus, und das Wasser knatterte lärmend auf die Bäume und den ausgedörrten Boden. Ein kaltfeuchter Luftstrom schlug ihnen entgegen, und Frau von Kannawurf forderte Caspar auf, mit ihr ins Zimmer zu gehen, es könne lang dauern. Er folgte still.

Oben machte sie Licht, dann stand sie und sah versonnen in die Flamme. Ihre Schultern bebten fröstlich. Caspar hatte sich auf das Sofa gesetzt. Allgemach spürte er eine so große Müdigkeit, daß es ihn förmlich hintüberzog, und er mußte sich auf den Rücken legen. Da trat Clara zu ihm und ergriff seine Hand, die er ihr jedoch hastig wieder entriß. Er machte die Augen zu, und einen Moment lang war sein Gesicht vollkommen leblos. Frau von Kannawurf stieß einen matten Angstruf aus und fiel neben ihm auf die Knie. Dann rief sie ihre Kammerzofe und bat um Wasser. Sie schenkte ein Glas voll und reichte es ihm zu trinken. Er trank ein paar Schlucke. »Was ist dir, Caspar?« flüsterte sie, und zum erstenmal duzte sie ihn. Er lächelte dankbar. »Du bist wie eine Schwester«, sagte er scheu und berührte mit den Fingern das Haar ihres über ihn gebeugten Kopfes. Dieses Wort Schwester hatte in seinem Mund einen eignen Klang, es tönte wie ein nie zuvor gesprochenes Wort.

Clara schmiegte sich an seine Seite. Ihr war, als müßte sie ihn wärmen, er aber rückte ängstlich fort, da wollte sie sich wieder erheben, doch betastete er mit der Hand ihren Arm und sah sie an mit einem bittenden Ausdruck von Schmerz und Liebe. »Clara«, sagte er, und sie glaubte vergehen zu sollen oder zu einem andern Leben erwachen zu müssen, denn die schüchtern-flehentliche Art, wie er diesen Namen aussprach, hatte etwas Überirdisches.

Es kam nun so, daß Stunde auf Stunde verging und sie immer nebeneinander lagen, beide stumm, regungslos und über und über zitternd. Sie streckte die Hand nach ihm aus, und der Atem seines Mundes floß in die Luft gleich dem ihren.

Als es von der Schloßuhr zwölf schlug, schauerte Clara zusammen. Sie erhob sich und sagte mit tiefer Beteuerung vor sich hin: »Nie, nie, nie, nie.« Dann schritt sie zum Fenster und öffnete es. Der Regen hatte längst aufgehört, das Firmament war klar, der ganze Sternenhimmel lag funkelnd vor ihr da. Ihre volle Brust drängte den unbekannten Welten entgegen, denn von dieser, auf der sie lebte, war sie satt.

Sie sagte zu Caspar, er könne die Nacht im Schloß verbleiben, aber er entgegnete, das wolle er nicht. Sie ging dann hinaus, um zu sehen, ob Frau von Imhoff noch wach sei. Sie schritt am Speisesaal vorbei, wo die Herren noch beim Wein saßen und laut redeten. Die Baronin hatte sich gleichfalls noch nicht zur Ruhe begeben. Clara teilte ihr mit, daß Caspar bis jetzt bei ihr gewesen sei. Frau von Imhoff nickte, sah aber die Freundin etwas verlegen und verwundert an. »Ich werde morgen früh meinen Koffer packen und reisen«, sagte Clara leise und mit einem Ausdruck unwiderruflicher Bestimmtheit, der ihr bisweilen eigen war und ihre kindlichen Züge seltsam hart und leidend machte. Frau von Imhoff erhob sich überrascht und trat nahe an die Freundin heran. Plötzlich fielen sie einander in die Arme, und Clara schluchzte.

Sie verstanden sich, es war nicht nötig zu sprechen.

Als sich Clara losriß, sagte sie, sie werde Caspar noch in die Stadt begleiten. »Das kannst du unmöglich tun«, wandte Frau von Imhoff ein, »oder ich werde wenigstens den Diener mitgeben.«

»Bitte nicht«, antwortete Clara lächelnd, »du weißt doch, daß ich keine Furcht habe. Es beirrt mich auch, wenn man meinethalben ängstlich ist. Die Nacht tut mir gut, und ich freue mich auf den einsamen Rückweg.«

Eine Viertelstunde später wanderte sie mit Caspar über die noch feuchte Straße gegen die Stadt. Sie redeten auch jetzt nichts, und vor dem Lehrerhaus reichten sie einander die Hände. »Jetzt gehst du wahrscheinlich fort von mir, Clara«, sagte da plötzlich Caspar und schaute sie mit einem verschleierten Blick an.

Sie war ebenso erstaunt wie bewegt über diese Worte, die ein tiefes Vorgefühl verrieten. – Wie schön sind seine Augen, dachte sie, sie sind hellbraun wie die eines Rehs; gleicht er doch sonst auch einem Reh, das traurig-verwundert im dunkeln Wald steht. »Ja, ich gehe«, erwiderte sie endlich.

»Und warum denn? Bei dir war mir wohl.«

»Ich komme wieder«, versicherte sie mit einer gezwungenen Herzlichkeit, hinter der ein Aufschrei erstarb. »Ich komme wieder. Wir werden uns schreiben. Zu Weihnachten komm' ich wieder.«

»Ich komme wieder. – Das hab' ich schon einmal gehört«, sagte Caspar bitter. »Bis Weihnachten ist lang. Und schreiben tu ich nicht. Was hat man vom Schreiben, ist ja doch nur Papier. Geh nur, leb wohl.«

»Es kann nicht anders sein«, flüsterte Clara, und ihr Blick suchte die Sterne. »Sieh, Caspar, dort oben ist das Ewige. Wir wollen es nicht vergessen wie alle andern. Wir wollen nichts vergessen. Ach, vergessen, vergessen, darin liegt alle Bosheit der Welt. Uns gehören die Sterne, Caspar, und wenn du hinaufschaust, bin ich bei dir.«

Caspar schüttelte den Kopf. »Leb wohl«, sagte er matt.

Im Erdgeschoß wurde ein Fenster geöffnet, und das mit der Bettmütze gekrönte Haupt des Lehrers wurde sichtbar, um gleich darauf wieder zu verschwinden. Es war eine schweigende Mahnung.

Ich will Bettine bitten, daß sie ihn täglich besucht, überlegte Clara, während sie allein durch die öden Gassen ging. Ich bring ihm Unheil, wenn ich bleibe, ein Abgrund gähnt mir entgegen, wie er fürchterlicher nicht zu denken ist. Schwester! Wie war mir doch, als er mich Schwester nannte! Die himmlische Seligkeit pochte mir an die Brust. So hätt' ich einen verlorenen Bruder gefunden, und mehr noch, aber, gerechter Gott, mehr darf es nicht sein. Ihn anzutasten! Seinen Schlummer stören! O verbrecherische

Lippen, denen ein Kuß nichts bedeutet! Hätt' ich's getan, ich müßte seine Mörderin heißen, was kann ich Besseres tun als fliehen? Ein guter Genius wird ihn schützen. Vermessen, wollt' ich durch meine armselige Gegenwart ihn behütet glauben. Ein so edles Ding kann nicht zugrunde gehen, weil sich zwei Augen von ihm wenden.

Diese wirre und aufgeregte Gedankenfolge entschleiert ein rettungslos verstricktes Gemüt, das in seiner Schwärmerei den Entschluß eines Opfers faßt, verzagt, geblendet, durch den Anblick von soviel Schicksal und in seiner Betrübnis irregehend an den Kreuzwegen der Liebe.

Den Blick ständig zum Himmel gerichtet, und zwar auf das schöne Sternbild des Wagens, das wie ein erstarrter Zackenblitz im Dunkelblauen schwamm, bemerkte Clara nicht, daß am Portal des Schlosses eine Gestalt lehnte. Sie prallte erst zurück, als ihr die nächtige Person den Weg verstellte. O Gott, der Grauenvolle, dachte sie.

Hickel, denn dieser war es, verneigte sich gegen die bestürzte Frau. »Vergebung, Madame, Vergebung«, murmelte er. »Und nicht nur für diesen Überfall, auch für das andre. Sie sind zu schön, Madame. Wenn Sie die Gnade hätten, zu erwägen, daß Ihre sublime Schönheit mit meinem Kopf umspringt wie ein mutwilliger Knabe mit seinem Kreisel, wenn Sie in Betracht ziehen wollten, daß es selbst beim Komödiespiel einen Punkt gibt, wo die verrückt gewordene Phantasie den Gegenstand ihrer Wünsche besudelt und das Bildliche eifersüchtig für ein Wirkliches hält, so würden Sie vielleicht Ihren zerknirschten Diener durch ein tröstliches Wort beglücken.«

Alles dies klang einfältig, formlos, geziert, höhnisch und verzweifelt. Er schien die Worte zwischen den Zähnen zu zerquetschen, und man konnte ihm ansehen, daß er sich nur mit Anstrengung steif und ruhig hielt.

Clara trat einen Schritt zurück, verschränkte die Arme, drückte sie fest gegen die Brust und sagte befehlend: »Lassen Sie mich vorbei!«

»Madame, von Ihrem Mund hängt zur Stunde manches

ab«, fuhr Hickel fort und hob den Arm mit der starren Bewegung einer Wachsfigur. »Ich bin nie ein Bettler gewesen. Hier steh' ich und bettle. Verleugnen Sie nicht Ihr Gesicht, das einen Engel glauben läßt!«

Er trat zur Seite, wortlos ging Clara an ihm vorüber. Sie läutete, und der Pförtner, der auf sie gewartet, öffnete sogleich. Als sie drinnen war, spürte sie eine entsetzliche Übelkeit. In ihrem Hirn war etwas wie zerrissen. Auf der Treppe stockte sie. Ihr war, als müsse sie umkehren und den furchtbaren Mann noch einmal anreden.

Als Caspar am nächsten Nachmittag zu Imhoffs kam, wurde ihm mitgeteilt, daß Frau von Kannawurf schon abgereist sei.

Er bat Frau von Imhoff, sie möchte ihm Claras Bild zeigen, das er seit dem ersten Gesellschaftsabend, dem er im Schlosse beigewohnt, nicht mehr gesehen. Die Baronin führte ihn in ein Erkergemach, wo das Porträt zwischen zwei Ahnenbildnissen an der Wand hing.

Er setzte sich davor und betrachtete es lange und mit stummer Aufmerksamkeit. Als er ging, versprach Frau von Imhoff, ihm eine Zeichnung von dem Bild anfertigen zu lassen. Er war so zerstreut, daß er nicht einmal dankte.

Quandt unternimmt den letzten Sturm auf das Geheimnis

Obwohl eine Zeitlang von einer Strafversetzung Hickels die Rede war, verlautete darüber nichts Näheres, und die Sache schien allmählich in Vergessenheit zu geraten. Ohne Zweifel waren verborgene Einflüsse im Spiel, die den Polizeileutnant sicherstellten. »Dem Mann ist nicht beizukommen«, sagten die Eingeweihten, »er ist zu gefährlich und weiß zuviel.« Freilich war Hickel brauchbar im Dienst und von seinen Untergebenen äußerst gefürchtet. Dabei wurde sein Lebenswandel immer undurchdringlicher. Außer im Kasino und im Amt sprach er mit keinem Menschen. Auf der Polizeiwache saß er halbe Nächte, aber nur deswegen, um seine Leute zu drangsalieren.

Sogar Quandt hatte ihn fürchten gelernt. Eines Nachmittags im Oktober – der Lehrer saß mit seiner Frau und Caspar beim Kaffee – trat plötzlich säbelrasselnd Hickel ins Zimmer, schritt ohne Gruß auf Caspar zu und fragte herrisch: »Sagen Sie mal, Hauser, wissen Sie vielleicht etwas über den Verbleib des Soldaten Schildknecht?«

Caspar wurde aschfahl. Der Polizeileutnant fixierte ihn mit glitzernden Augen und donnerte, ungeduldig über das lange Schweigen: »Wissen Sie etwas, oder wissen Sie nichts? Reden Sie, Mensch, oder, so wahr mir Gott helfe, ich lasse Sie auf der Stelle ins Gefängnis bringen!«

Caspar erhob sich. Ein Knopf seiner Joppe verwickelte sich in die Fransen des Tischtuchs, und während er zurückwich, fiel die Kaffeekanne um, und das schwarze Gebräu ergoß sich über das Linnen.

Die Lehrerin tat einen Schrei. Quandt aber machte ein ärgerliches Gesicht, denn das großspurige Auftreten des Polizeileutnants verdroß ihn, auch war es ihm um so verwunderlicher, als Hickel gerade Caspar gegenüber sich seit Monaten einer steifen und finsteren Zurückhaltung beflissen hatte. »Was soll er denn mit dem Deserteur zu schaffen haben?« fragte er unwillig.

»Das lassen Sie nur meine Sorge sein!« brauste Hickel auf.

»Oho, Herr Polizeileutnant, in meinem Hause bitte ich mir ein höflicheres Benehmen aus«, versetzte Quandt.

»Ach was! Sie sind ein Schwachmatikus, Herr Lehrer. Was nicht auf Ihrem Mist wächst, das ästimieren Sie nicht. Überhaupt, was ist's denn? Zwei Jahre sind's her, seit der Mensch bei Ihnen wohnt, und wir sind genauso klug wie zuvor. Wenn das Ihre ganze Kunst war, dann lassen Sie sich nur heimgeigen.«

Der Hieb saß. Quandt verbiß seinen Groll und schwieg.

»Aber es hat ein Ende jetzt«, fuhr Hickel fort. »Ich werde mit dem Hofrat reden, und der Hauser kommt zu mir in die Pflege.«

»Damit werden Sie mir bloß einen Gefallen erweisen«, erwiderte Quandt und verließ hoch aufgerichtet das Zimmer.

Die Lehrerin blieb mit gesenkten Augen sitzen. Hickel marschierte hastig auf und ab und trocknete mit dem Ärmel seine Stirn. »Wie mir nur ist, wie mir nur ist«, murmelte er fast verstört. Dann wandte er sich wieder schimpfend an Caspar. »Unglückseliger, verdammt Unglückseliger! Was für ein Teufel hat Sie geritten! Übrigens«, fügte er leise hinzu und stellte sich neben Caspar, »der Bursche ist verhaftet und wird ausgeliefert. Kommt auf die Plassenburg, der Kerl.«

»Das ist nicht wahr«, sagte Caspar, ebenfalls leise, gedehnt und etwas singend. Er lächelte, dann lachte er, ja, er lachte, wobei sein Gesicht stark erbleichte.

Hickel wurde stutzig. Er kaute an seiner Lippe und sah düster ins Leere. Plötzlich griff er nach seiner Kappe, und mit einem bösen, eiligen Blick auf Caspar entfernte er sich.

Quandt war nicht gesonnen, den Schimpf, den ihm der Polizeileutnant angetan, auf sich sitzen zu lassen. Er beschwerte sich beim Hofrat Hofmann, doch dieser schien nicht sehr bereit, sich einzumischen. Der Lehrer nahm die Gelegenheit wahr, noch eine andre Sache zum Austrag zu bringen.

Seit Feuerbachs Tod hatte der Hofrat die Oberaufsicht über Caspars Pflege. Auf eine Hilfe wie die vom Grafen Stanhope war nicht mehr zu rechnen, man hatte den Bürgermeister Enders und die Gemeinde um Unterstützung angegangen, aber der Beschluß war noch in der Schwebe. Einstweilen erhielt Caspar vom Gericht eine kleine Lohnerhöhung für seine Schreiberei; das Geld lieferte er pünktlich dem Lehrer ab. Die beschränkten Verhältnisse erlaubten ihm nicht die geringste Freiheit in seinen Ausgaben. Anfang Oktober war er konfirmiert worden, und mit Sehnsucht erwartete er das sogenannte Taggeld, das ihm von der Stadt dafür ausgesetzt war. Ungehalten über die Verschleppung, wandte er sich an den Pfarrer Fuhrmann; dieser riet ihm, er solle den Lehrer ersuchen, aufs Gemeindeamt zu gehen, um die Auszahlung zu betreiben.

»So etwas tu ich nicht, Herr Hofrat, ich mache nicht den Bittsteller, mein Stolz erlaubt das nicht«, sagte Quandt.

Der Hofrat zuckte die Achseln. »Geben Sie ihm doch die paar Taler einstweilen aus Ihrer Tasche«, sagte er, »man wird's Ihnen gewiß bald ersetzen.«

»In Hinsicht auf den Hauser gibt es keine Gewißheiten«, versetzte Quandt. »Ich habe ohnehin Auslagen genug und weiß nicht, ob ich noch lange so zusehen kann.«

Der Hofrat überlegte. »Er hat doch wohlhabende und reiche Freunde«, sagte er dann, »die können doch helfen.«

»Ach, du lieber Gott«, seufzte der Lehrer, »denen ist er viel zu interessant, als daß sie an seine kleine Notdurft denken.«

»Ich will einmal morgen zu Ihnen kommen und den Hauser fragen, wozu er denn eigentlich so dringend Geld braucht«, schloß der Hofrat das Gespräch.

Des Abends kam Caspar noch spät in Quandts Zimmer und flehte ihn mit aufgehobenen Händen an, ihn doch nicht aus dem Haus zu geben, er wolle ja alles tun, was man von ihm verlange. »Nur nicht zum Polizeileutnant, alles, nur das nicht«, sagte er.

Der Lehrer beruhigte ihn nach Kräften und sagte, davon könne vorläufig keine Rede sein, der Polizeileutnant habe ihn bloß schrecken wollen. »Nein«, antwortete Caspar, »auch der Offiziant Maier hat heute auf dem Gericht davon gesprochen.«

»Nun, Hauser, jetzt gebärden Sie sich aber wie ein kleiner Knabe und sind doch schließlich ein erwachsener Mann«, sagte Quandt tadelnd. »Ich kann das nicht ganz ernst nehmen, Sie lieben es zu übertreiben und sich kindlich zu stellen. Der Polizeileutnant würde Ihnen auch nicht den Kopf abbeißen, wennschon ich zugebe, daß er bisweilen etwas derbe Manieren hat. Aber Sie sind ja jetzt auch ein Christ in des Wortes voller Bedeutung, und ohne Zweifel haben Sie den Spruch schon gehört: Tue deinen Feinden Gutes, damit du feurige Kohlen auf ihrem Haupt sammelst.«

Caspar nickte. »Es steht ein Gesätzlein darüber in Dittmars ›Weizenkörnern‹«, erwiderte er.

»Ganz recht; wir haben es ja zusammen durchgenommen«, fuhr Quandt lebhaft fort. »Wissen Sie was! Damit Sie das schöne Merkwort genau im Gedächtnis behalten, schlage ich Ihnen vor, mir Ihre eigenen Gedanken darüber niederzuschreiben. Ich will es meinetwegen als ein Pensum für sich betrachten, und Sie können den ganzen morgigen Nachmittag dazu verwenden.«

Caspar schien einverstanden.

Der Hofrat kam nicht, wie er versprochen, am nächsten, sondern erst am zweitfolgenden Tag. Als er ins Zimmer trat, redete der Lehrer gerade mit zornigen Gebärden auf Caspar ein. Auf die Frage des Hofrats, was Caspar verbrochen habe, sagte Quandt: »Ich muß mich doch gar zuviel mit ihm herumärgern. Vorgestern stellte ich ihm ein Thema für den deutschen Aufsatz, er versprach mir, es auszuarbeiten, und er hatte den ganzen gestrigen Nachmittag dazu Zeit. Soeben verlang' ich nun sein Heft, und hier überzeugen Sie sich selbst, Herr Hofrat, auch nicht eine Zeile hat er geschrieben. Eine solche Trägheit ist himmelschreiend.«

Quandt reichte dem Hofrat das aufgeschlagene Heft: oben auf einer Seite stand der Titel des Aufsatzes: ›Tue deinen Feinden Gutes, damit du feurige Kohlen auf ihrem Haupt sammelst.‹ Danach kam aber nichts, und die Seite war leer. »Warum haben Sie's denn nicht gemacht?« fragte der Hofrat kühl.

Caspar antwortete: »Ich kann nicht.«

»Das müssen Sie können!« rief Quandt. »Vorgestern haben Sie mir ja erzählt, daß der Gegenstand in Ihrem Lesebuch behandelt ist, eine Gedankenfolge zu finden, hätte Ihnen also nicht schwerfallen können, wenn Sie dort angeknüpft hätten.«

»Probieren Sie's doch einmal, Hauser«, fiel der Hofrat besänftigend ein. »Schreiben Sie meinetwegen nur ein paar Sätze nieder. Ich werde mich mit dem Herrn Lehrer ins Nebenzimmer begeben, und wenn wir zurückkommen, sollen Sie uns irgend etwas vorzeigen und den Beweis liefern, daß Sie wenigstens den guten Willen haben.«

Quandt nickte und ging mit dem Hofrat hinaus. Als sie im Wohnzimmer waren, übergab der Hofrat dem Lehrer zwei Golddukaten und sagte, die seien von Frau von Imhoff, der er Caspars Verlegenheit geschildert habe. Die gütige Dame habe sich noch hoch entschuldigt, daß es nur so wenig sei, aber sie habe über das Geld keine freie Verfügung. »Übrigens war der Hauser gestern bei mir«, fuhr der Hofrat fort, »und zwar kam er, um mich zu bitten, ich möchte es doch verhindern, daß er dem Polizeileutnant in Pflege gegeben werde.«

»Es ist doch des Teufels! Er belästigt alle Leute mit seinen kindlichen Miseren«, klagte Quandt, »auch mich hat er schon darum angegangen.«

»Vor dem Hickel scheint er ja eine Heidenangst zu haben.«

»Ja, der Polizeileutnant ist sehr streng mit ihm.«

»Ich sagte ihm, daß von meiner Seite eine solche Absicht nicht vorliege, und er möge nur seine Pflicht tun, dann werde ihm niemand zu nahe treten.«

»Sehr wahr.«

»Wir redeten noch über seine Geldkalamität, und da wollte er nicht mit der Farbe heraus. Ich versprach, ihm zu seinem Geburtstag fünf Taler zu schenken, und fragte ihn, wann er Geburtstag habe. Darauf antwortete er traurig, das wisse er nicht, und ich muß gestehen, es war da etwas in seinem Wesen, was mich rührte. Aber sonst schien er mir doch gar zu schmeichlerisch, und sein freundlich Geblinzel und Getue mißfiel mir.«

»Leider, leider, schmeichlerisch ist er, da haben Sie recht, Herr Hofrat, besonders wo er seine Pläne durchsetzen will.«

Nach diesem Meinungsaustausch kehrten sie wieder zu Caspar zurück. Er saß am Tisch, den Kopf in die Hand gestützt. »Na, was haben Sie fertiggebracht?« rief der Hofrat jovial. Er nahm das Heft, stutzte, da er nur einen einzigen Satz geschrieben fand, und las vor: »Wenn sie dir Übles an deinem Körper zugefügt haben, tue ihnen Gutes dafür.«

»Das ist alles, Hauser?«

»Sonderbar«, murmelte Quandt.

Der Hofrat stellte sich vor Caspar hin, drehte den Kopf gegen die Schulter und begann unvermittelt: »Sagen Sie mal, Hauser, wen haben Sie denn eigentlich von allen Menschen, die Sie bisher kennengelernt haben, am meisten liebgewonnen?« Sein Gesicht sah pfiffig aus, er hatte von seinem Amt als Gerichtsfunktionär die Manier behalten, auch das Harmlose mit einem Ausdruck von säuerlichem Spott zu äußern.

»Stehen Sie doch auf, wenn der Herr Hofrat mit Ihnen spricht«, flüsterte der Lehrer Caspar zu.

Caspar stand auf. Er blickte ratlos vor sich hin. Er witterte eine Falle hinter der Frage. Er dachte plötzlich: Wahrscheinlich ist der Lehrer darum so böse, daß ich den Aufsatz nicht gemacht habe, weil er glaubt, ich halte ihn für meinen Feind. Er schaute zu Quandt hinüber und sagte versonnen: »Den Herrn Lehrer hab' ich am liebsten.«

Der Hofrat wechselte mit Quandt einen Blick des Einverständnisses und räusperte sich bedeutsam.

Aha, ein Bestechungsversuch, dachte Quandt und war stolz darauf, nicht im mindesten von der Antwort erbaut zu sein.

Caspars Leben wurde nun immer einförmiger und zurückgezogener. Er hatte niemanden, mit dem er eine vertrauliche Unterhaltung führen konnte. Frau von Kannawurf ließ auch nichts von sich hören, und das wurmte ihn denn doch, obwohl er behauptet hatte, an Briefen sei ihm nichts gelegen. Wo war sie überhaupt? Lebte sie noch? Er mochte oft nicht ausgehen, alle Wege waren ihm verhaßt, jede Verrichtung fand ihn lau. Zudem war das Wetter immer schlecht, der November brachte gewaltige Stürme, und so saß er in der freien Zeit auf seinem Zimmer, glitt mit den Blicken über die Hügelränder oder streifte bang den Himmel und sinnierte unablässig. Er wartete, wartete. Einmal ging er insgeheim in die Kaserne und erkundigte sich vorsichtig, ob man dort etwas über Schildknecht wisse. Man konnte ihm keine Auskunft geben. Das nährte die verflakkernde Hoffnungsflamme, aber in den darauffolgenden Tagen fühlte er sich krank und wollte sich des Morgens kaum zum Verlassen des Bettes entschließen. Es kamen noch manchmal Fremde zu Besuch, er verhielt sich störrisch und einsilbig. Wenn er aufgefordert wurde, in Gesellschaft zu gehen, sagte er bitter: »Was soll mir das Schwätzen?« Als er eines Abends über den Schloßplatz ging und an der mächtigen Fassade mit den hohen, immer geschlossenen Fenstern emporsah, glaubte er in den leer gedachten Sälen übergroße Gestalten wahrzunehmen, die ihn feindselig beobachteten. Sie schienen alle in Purpur gekleidet, mit goldenen Ketten um den Hals. Ein grenzenlos ermattender Schmerz drückte ihn nieder, und er war nahe daran, sich auf das Pflaster zu werfen und zu heulen gleich einem Hund.

Er fühlte sich so kalt, so trüb. In einer Nacht träumte er, er sähe auf einem grünen Steinblock eine goldene Schale, und darauf lagen fünf seltsam qualmende Herzen, doch nicht in natürlicher Form, sondern so, wie Lebküchner die Herzen backen. Er stand davor und sagte laut: »Das ist meines Vaters Herz, das ist meiner Mutter Herz, das ist meines Bruders Herz, das ist meiner Schwester Herz, das ist mein eignes Herz.« Sein eignes lag oben und hatte zwei lebendige, traurige Augen.

Nicht selten hatte er das bestimmte Gefühl von der fernen Wirkung einer überaus teuern Person. Die Person handelte, sprach und litt für ihn, aber eine Welt lag dazwischen, und was auch immer sie unternahm, konnte die Weite zwischen ihm und ihr nicht verringern. Er spürte unheimliche Vorgänge so deutlich, daß er oft dastand und lauschte wie auf ein Gespräch hinter einer dünnen Wand. Und er faltete die Hände unterm Kinn und lächelte ängstlich.

Blind hätte der Lehrer sein müssen, wenn er von alledem nichts bemerkt hätte. Seine Beobachtungen sammelte er sozusagen unter einem Titel, und dieser Titel lautete: Der Kampf mit dem schlechten Gewissen. »Ich habe kein Wohlwollen mehr für den Menschen«, erklärte Quandt, »ich habe kein Wohlwollen mehr für ihn, seit ich gesehen habe, wie gleichgültig ihn die Katastrophe mit dem Lord gelassen hat. War mir selbst doch zumut, als hätte ich einen Bruder verloren, und er wollte sich nicht einmal zu einer den Schein wahrenden Trauer verstellen. Er hat ein Herz von Stein und eine ganz pöbelhafte Undankbarkeit.«

Wir sehen den Lehrer gleichsam hinter einer Hecke, wir sehen ihn lauern, wir sehen, wie er mannigfaltige Nachrichten über Caspar aus früheren Jahren zusammenträgt, Fakten und Umstände, die er mit dem Spürsinn eines Untersuchungsrichters aufstöbert, deutet, beleuchtet und still zum Zweck bereithält. Wir sehen ihn in Haß entbrennen gegen den ewig Verstockten, immer Verschlossenen, und wir können nicht umhin, ihn einem Menschen ähnlich zu finden, den ein Irrlicht so lange geneckt und gelockt hat, bis er endlich in eine Art von rasender Trunkenheit gerät.

Zu Anfang Dezember, es war an einem Donnerstag, abends nach Tisch, fragte Quandt Caspar, ob er seine Übersetzung für morgen schon fertig habe. Caspar erwiderte in ernster Stimmung, doch mit unaufrichtiger Freundlichkeit, wie es Quandt vorkam, ja, er sei damit fertig. Quandt nahm das Buch, zeigte ihm, wie groß die Aufgabe sei, und fragte noch einmal, ob er denn wirklich so weit übersetzt habe.

Caspar bejahte. »Ich bin sogar noch um einen Absatz weitergekommen«, sagte er.

Quandt glaubte es nicht, es war ihm unwahrscheinlich. Die Aufgabe enthielt ein paar Fälle, mit denen Caspar nicht allein hätte fertig werden können und bei denen er seine Hilfe unbedingt hätte in Anspruch nehmen müssen. Indes fand er es für gut, im Beisein seiner Frau nichts weiter zu bemerken, sondern ihn ungestört auf sein Zimmer gehen zu lassen.

Ungefähr fünf Minuten später ergriff Quandt das lateinische Elementarbuch und folgte Caspar. Caspar hatte die Tür schon zugeriegelt, und bevor er öffnete, fragte er, ob der Lehrer noch etwas wünsche. »Machen Sie auf!« befahl Quandt kurz. Als er drinnen war, las er ihm einige willkürlich herausgerissene Sätze vor und ersuchte ihn zu sagen, wie er es übersetzt habe. Caspar schwieg eine Weile, dann entgegnete er, er habe bloß präpariert, er wolle erst jetzt übersetzen. Quandt blickte ihn ruhig an, sagte ausdrucksvoll: »So«, wünschte gute Nacht und entfernte sich.

Drunten erzählte er den Sachverhalt seiner Frau, und sie kamen überein, daß dahinter ein bübischer Trotz stecke, weiter nichts. Am andern Morgen berichtete er auch dem Hofrat darüber, dieser schrieb ein kurzes Briefchen an Caspar und gab es dem Lehrer mit. Caspar las das Schreiben in Quandts Gegenwart, und als er zu Ende war, reichte er es dem Lehrer, sichtlich verstimmt. In dem Brief warnte ihn der Hofrat schonend vor Eigenschaften, denen nur gemeine Naturen sich überließen, die jedoch, so war der

Wortlaut, »unserm Hauser leider nicht fremd zu sein scheinen«.

Am selben Abend, wiederum nach dem Nachtmahl, brachte Quandt eines der Übungshefte Caspars zum Vorschein und sagte: »Aus diesem Heft ist ein Blatt herausgeschnitten, Hauser. Sie wissen doch, daß ich Ihnen das schon zahllose Male verboten habe.«

»Ich hatte in das Blatt einen Flecken gemacht, und den wollte ich nicht in der Schrift haben«, versetzte Caspar.

Statt aller Antwort forderte Quandt den Jüngling auf, mit ihm in sein Studierzimmer zu kommen. Seiner Frau sagte er, sie möge die Kerze anzünden, ergriff die Lampe und schritt voran. Im andern Zimmer angelangt, schloß er sorgfältig beide Türen, hieß Caspar Platz nehmen und begann: »Sie werden mir doch wohl nicht zumuten, daß ich Ihre Ausrede für bare Münze nehme?«

»Was für eine Ausrede?« fragte Caspar matt.

»Nun, das mit dem Flecken. Ich glaube nicht an diesen Flecken.«

»Warum wollen Sie es denn nicht glauben?«

»Sie kennen doch das Sprichwort: Wer einmal lügt, dem glaubt man nicht, und wenn er auch die Wahrheit spricht. Sie, lieber Freund, lügen öfter als einmal.«

»Ich lüge nicht«, erwiderte Caspar ebenso matt und tonlos.

»Das getrauen Sie sich mir ins Gesicht zu behaupten?«

»Ich weiß nicht, daß ich lüge.«

»O schelmischer Rabulist!« rief Quandt bitter. »Wenn ich Ihre häufigen Unwahrheiten nicht jedesmal berede, so bestimmt mich dazu die nach und nach gewonnene Einsicht, daß ich Sie von dem Übel doch nicht heilen kann. Wozu also soll ich mich vergeblich grämen? Sie sind gewohnt, so lange nein zu sagen, bis man Sie dermaßen überführt hat, daß Sie nicht mehr nein sagen können, und dann sprechen Sie dennoch kein Ja.«

»Soll ich ja sagen, wenn nein ist? Beweisen Sie mir, daß ich gelogen habe.« Caspar sah den Lehrer mit einem jener Blicke an, die dieser als tückisch zu bezeichnen pflegte.

»Ach, Hauser, wie schmerzt es mich, Sie mir gegenüber so zu sehen«, versetzte Quandt. »Ich bin um Beweise nicht verlegen und habe so viele, daß ich gar nicht weiß, wo ich anfangen soll. Erinnern Sie sich nicht an die Geschichte mit dem Leuchter? Sie behaupteten, die Handhabe sei abgebrochen, und es ist doch unwiderleglich nachgewiesen, daß sie abgeschmolzen war?«

»Es war so, wie ich gesagt habe.«

»Damit lasse ich mich nicht abspeisen. Sie können übrigens versichert sein, daß ich mir den Vorfall mit allem Fleiß notiert habe, nämlich schriftlich, um nötigenfalls vollständige Rechenschaft über Sie geben zu können.«

Caspar machte ein sehr betroffenes Gesicht; er schwieg.

»Und weiter, betrachten wir einen Fall jüngsten Datums«, fuhr Quandt fort. »Es war doch einerlei, ob Sie vorgestern mit der Übersetzung fertig waren oder ob Sie sie erst im Zimmer machen wollten. Da Sie tagsüber beschäftigt waren, so konnten und durften Sie die Arbeit abends machen. Warum sagten Sie, Sie seien fertig, während Sie nicht das geringste daran getan hatten?«

»Ich habe gemeint, Sie fragen, ob ich präpariert hätte.«

»Lächerlich, Sie hatten neulich schon die Frechheit, meine Worte einfach zu verdrehen. Ich habe deutlich gefragt: Haben Sie Ihre Übersetzung gemacht? Meine Frau war zugegen und ist Zeuge.«

»Wenn Sie es gesagt haben, habe ich's eben anders verstanden.«

»Die gewohnten Ausflüchte. Sie hatten ja nicht einmal präpariert. Das können Sie jemand aufbinden, der Sie nicht so genau kennt wie ich. Ich wünschte, ich hätte Sie nie kennengelernt! Am Ende kommt man durch Sie noch um den Ruf eines redlichen Mannes. Aber Sie werden durchschaut, nicht nur von mir, sondern auch von andern. Es gibt nur noch wenig Familien, bei denen Sie für liebenswürdig und aufrichtig gelten. Die meisten sehen ein, daß Sie eine alltägliche Einbildung und einen niedrigen Hochmut besitzen, daß Sie gleichgültig und anmaßend gegen weniger Vornehme sind, sobald Sie bei Vornehmeren Zutritt finden. Und was Ihre Verlogenheit betrifft, so bin ich erbötig, Ihnen in jedem einzelnen Fall auf den Kopf zuzusagen, ob Sie bei der Wahrheit geblieben sind, was in und außer Ihrem Horizont liegt, was Ihre Aufmerksamkeit fesseln kann und was nicht. Ich gebe Ihnen ein artiges Exempelchen aus der letzten Zeit. Es war beim Mittagstisch die Rede vom Regierungsrat Fließen. Meine Frau meinte, es sei dem guten alten Mann unangenehm, daß er nicht bei den Seinen in Worms sein könne. Ich bemerkte hierauf, daß der Regierungsrat eine große Verwandtschaft im Rheinkreis und soundso viele Enkel habe. Darauf sagten Sie: Elf Enkel hat er, es wurde beim Generalkommissär davon gesprochen. Ich antwortete, daß ich von neunzehn Enkeln gehört, Sie versicherten aber, es seien elf. Ich wußte dem nun allerdings nichts entgegenzusetzen, aber das wußte ich bestimmt, daß Sie die Zahl nur in der Geschwindigkeit aufgegriffen hatten, um uns zu imponieren, um den Namen des Generalkommissärs in den Mund nehmen zu können und uns zu zeigen, daß Sie mit den Verhältnissen der Personen vertraut seien, die jenes Haus besuchten. Hand aufs Herz: Ist's nicht so?«

»Jemand hat an der Tafel von elf Enkeln gesprochen. Ganz gewiß.«

»Das glaube ich nicht.«

»Doch.«

»Pfui, schämen Sie sich, Hauser, in einem so ernsten Augenblick auf der Lüge zu beharren. Dazu gehört ein hoher Grad von Erbärmlichkeit, um nicht zu sagen Nichtswürdigkeit. An der Sache selbst ist ja wenig gelegen, aber Ihre fortgesetzte dreiste Behauptung läßt tief blicken. Sie zeigt, daß Sie nie einen Fehler auf eigne Rechnung nehmen, daß Sie nie eine Schwäche zugestehen wollen und es dabei aufs Äußerste ankommen lassen. In der ersten freien Stunde werde ich den Regierungsrat selbst fragen, wie viele Enkel er hat. Sind es wirklich elf, so werde ich Ihnen gehörige

Genugtuung geben, im andern Fall will ich Sie in einer Weise beschämen, daß Sie an mich denken sollen.«

Caspar senkte ergeben den Kopf.

»Aber das Eigentliche, was ich Ihnen vorzuhalten habe, kommt noch, lieber Freund«, begann Quandt nach einer Pause, während welcher man den Sturmwind gegen die Fenster donnern und im Kamin wimmern hörte. »Es ist jetzt endlich an der Zeit, daß Sie einem Mann wie mir, der an Ihrem Schicksal ungeheuchelten Anteil nimmt, reinen Wein einschenken. Sie scheinen immer noch der Meinung, die ganze Welt stehe Ihrem Märchen von der geheimnisvollen Einkerkerung oder gar von der hohen Abkunft gläubig gegenüber. Sie befinden sich in einem schmählichen Irrtum, lieber Hauser. Anfangs, ich gebe es zu, hat man sich damit als einem rätselhaften Vorgang beschäftigt, aber nach und nach sind doch alle vernünftigen Menschen zu der Einsicht gelangt, daß sie das Opfer – lassen Sie mich die Eigenschaft nicht nennen, deren Opfer sie geworden waren. Ich kann mir wohl denken, Hauser, daß Sie den Anschlag ursprünglich nicht so weit treiben wollten. Im vorigen Winter, als die Schrift des Präsidenten erschienen war, da zeigten Sie sich selbst erschrocken von den Folgen Ihrer Tat, und Sie erinnerten mich an ein Kind, das ein bißchen mit dem Feuer gespielt hat und unversehens das ganze Haus in Flammen sieht. Sie fürchteten den Futterplatz zu verlieren, den Sie sich durch Ihre Pfiffigkeit verschafft hatten, Sie mußten gerade da eine Entdeckung und die wohlverdiente Strafe fürchten, wo Ihre verblendeten Freunde das Glück für Sie sahen. Prüfen Sie sich doch in Ihrem Innern, ob ich nicht recht habe.«

Caspar sah dem Lehrer mit einem leblosen Blick ins Auge.

»Schön, ich will Sie nicht zur Antwort zwingen«, fuhr Quandt mit düsterer Befriedigung fort. »Es ist nun wieder still um Sie geworden, Hauser. Eigentümlich still ist es geworden. Man will sich nicht mehr recht um Sie kümmern. So still war es auch damals um Sie geworden, bevor der angebliche Mordanfall im Hause des Professors Daumer sich ereignet hat. Kein Mensch unter all den vielen Tausenden, welche die Stadt Nürnberg bewohnen, hat zur kritischen Zeit oder später eine Person beobachtet, die auch nur im entferntesten im Zusammenhang mit einer solchen Greueltat gedacht werden konnte. Ihre Freunde glaubten trotzdem an den vermummten Unhold, so wie sie an den phantastischen Kerkermeister glaubten, der Sie das Lesen und Schreiben gelehrt haben soll. Nichtsdestoweniger hat Sie der Professor Daumer alsbald vor die Tür gesetzt. Er wird wohl gewußt haben, warum. Und heute steht Ihre Sache so, daß Sie sich entschließen müssen. Ihre mächtigsten Gönner, der Staatsrat, der Lord Stanhope, die Frau Behold, haben das Zeitliche verlassen. Erkennen Sie darin nicht einen Wink des Himmels? Es hat ja nun keinen Zweck mehr für Sie, die Fiktion aufrechtzuerhalten. Sie sind doch jetzt ein Mann, Sie wollen doch ein nützliches Glied der menschlichen Gesellschaft werden. Sprechen Sie zu mir, Hauser, eröffnen Sie sich! Sprechen Sie mit Ihrem wahren Mund, aus wahrem Herzen!«

»Ja, was soll ich denn sprechen?« fragte Caspar dumpf und langsam, indes seine Gestalt verfiel wie die eines Greises und auch in seinem Gesicht lauter greisenhafte Falten entstanden.

Der Lehrer trat zu ihm und ergriff seine schwere, steinkalte Hand. »Die Wahrheit sollen Sie sprechen!« rief er beschwörend. »Ach, Hauser, es ist ja ein Jammer, Sie anzuschauen, wie das schlechte Gewissen gespensterhaft aus jedem Ihrer Blicke lugt. Ihr Gemüt ist bedrückt. Die gequälte Brust auf, Hauser! Lassen Sie endlich einmal die Sonne hineinscheinen! Mut, Mut, Vertrauen! Die Wahrheit! Die Wahrheit!« Er packte Caspar am Kragen des Rocks, als wolle er ihm mit seinen Händen das Geheimnis entreißen.

Was denn? Was denn? dachte Caspar, und sein Blick flatterte wehevoll umher.

»Ich will Ihnen entgegenkommen«, sagte Quandt. »Knüpfen wir an ein Greifbares an. Als Sie nach Nürnberg kamen, zeigten Sie einen Brief. Sie trugen in den Taschen Ihres verschnittenen Fracks mehrere Bücher, es waren alte Mönchsschriften, darunter eine mit dem Titel: ›Kunst, die verlorenen Jahre einzubringen‹. Wer hat den Brief geschrieben? Wer hat Ihnen die Bücher gegeben?«

»Wer? Der, bei dem ich gewesen.«

»Das ist ja klar«, versetzte Quandt mit erregtem Lächeln, »aber Sie sollen mir sagen, wie der hieß, bei dem Sie gewesen. Sie werden mich doch nicht für so närrisch halten, daß ich glaube, Sie wüßten das nicht. Ohne Zweifel war es doch Ihr Vater oder Ihr Oheim oder ein Bruder oder ein Spielgenosse, gleichviel. Hauser! Stellen Sie sich vor, Sie befänden sich vor Gottes Angesicht. Und Gott würde fragen: Woher kommst du? Wo ist deine Heimat, der Ort, wo du geboren bist? Wer hat dir einen falschen Namen angedichtet, und wie heißt du mit dem Namen, den du in der Wiege empfangen hast? Wer hat dich unterrichtet und gelehrt, die Menschen zu täuschen? Was würden Sie in Ihrer Seelennot antworten, was antworten, wenn der erhabene Gott Sie zur Rechtfertigung aufforderte, zur Sühnung des verübten Trugs?«

Caspar starrte den Lehrer atemlos an. Das Blut stockte ihm. Die ganze Welt verkehrte sich ihm.

»Was würden Sie antworten?« wiederholte Quandt mit einem Ton zwischen Angst und Hoffnung. Ihm schien es, als sei er nahe daran, die verschlossene Pforte zu sprengen.

Caspar stand schwerfällig auf und sagte mit zuckendem Mund: »Ich würde antworten: Du bist kein Gott, wenn du solches von mir verlangst.«

Quandt prallte zurück und schlug die Hände zusammen, »Lästerer!« schrie er mit durchdringender Stimme. Dann streckte er den rechten Arm aus und rief: »Hebe dich weg, du Unzucht, du verfluchter Lügengeist! Hinaus mit dir, Infamer! Besudle meine Luft nicht länger!«

Caspar kehrte sich um, und während er nach der Türklinke tastete, krächzte hinter ihm die Wanduhr zehn Schläge in das Sturmgebrodel.

Seufzend, schlaflos wälzte sich Quandt die ganze Nacht auf den Kissen. Seine Heftigkeit mochte ihn gereuen, denn im Lauf des folgenden Tages suchte er sich Caspar wieder zu nähern. Aber Caspar blieb kalt und in sich gekehrt. Abends brachte Quandt das Gespräch auf den Regierungsrat Fließen. Er sagte, daß er sich erkundigt habe, und rief Caspar scherzend zu: »Achtzehn Enkel, Hauser, achtzehn sind es! Na, sehen Sie, daß ich recht gehabt habe?«

Caspar schwieg.

»Aber Hauser, Sie essen ja gar nichts mehr«, sagte die Lehrerin besorgt.

»Ich habe keinen Appetit«, erwiderte Caspar. »Kaum daß ich angefangen habe zu essen, bin ich auch schon satt.«

Am Mittwoch, dem elften Dezember, kam Quandt verspätet und sehr erregt zu Tisch. Er hatte auf dem Heimweg von der Schule einen heftigen Auftritt mit einem Fuhrknecht gehabt, der in der bergigen Pfarrgasse sein Pferd zuschanden geschlagen hatte, weil es den schwer beladenen Wagen nicht zum Hafenmarkt hinaufziehen konnte. Quandt hatte dem rohen Kumpan Vorstellungen gemacht und einige hinzukommende Bürger zu Zeugen der unmenschlichen Quälerei angerufen. Dafür war der Fuhrknecht mit erhobenem Peitschenstiel auf ihn losgegangen und hatte ihn angebrüllt, er solle sich zum Teufel scheren und sich nicht um Sachen kümmern, die ihn nichts angingen. »Gott sei Dank ist mir der Name des Kerls bekannt, und ich werde dem Polizeileutnant darüber Meldung erstatten«, schloß Quandt. Er wurde nicht müde zu beschreiben, wie der armselige Klepper vor dem Gefährt immer wieder vergeblich an den Strängen gezerrt habe und wie das schwarze Blut unter seinen Rippen hervorgequollen sei. »Der Spitzbube«, grollte er, »ich werde es ihm zeigen, ein Tier so zu rackern!«

Nachher, als Caspar weggegangen war, fragte ihn seine Frau, ob es ihm denn nicht aufgefallen sei, daß Caspar gar kein Wort über die Geschichte fallengelassen habe.

»Ja, er war ganz stumm, es ist mir aufgefallen«, bestätigte Quandt.

Eine halbe Stunde darauf ging er in Caspars Zimmer und bat ihn, die schriftliche Anzeige gegen den Fuhrknecht, die er verfaßt hatte, in der Wohnung Hickels abzugeben. Um drei Uhr kehrte Caspar mit der Nachricht zurück, der Polizeileutnant habe einen mehrtägigen Urlaub genommen und sei verreist.

Aenigma sui temporis

Es geschah am übernächsten Tage, einem Freitag, als Caspar kurz nach zwölf das Gerichtsgebäude verlassen wollte, daß er im Korridor vor der unteren Treppe von einem fremden Herrn angesprochen wurde, einem anscheinend sehr vornehmen Mann, der groß und schlank war, einen schwarzen Backen- und Kinnbart trug und der ihn aufforderte, ihm wenige Minuten Gehör zu schenken.

Caspar stutzte, denn in der Stimme des Mannes war etwas sehr Dringliches und etwas sehr Achtungsvolles.

Sie gingen ein paar Schritte seitwärts von der Treppe, wo niemand vorüberkommen konnte. Der Fremde lächelte ermutigend, als er Caspars scheues Wesen bemerkte, und begann sogleich in derselben dringlichen und achtungsvollen Weise: »Sie sind Caspar Hauser? Bis heute sind Sie es gewesen. Morgen werden Sie diesen Namen abstreifen. Wie mich schon der erste Blick in Ihr Gesicht belehrt und erschüttert hat! Prinz, mein Prinz! Erlauben Sie mir, Ihnen die Hand zu küssen.«

Er bückte sich rasch und küßte ehrfurchtsvoll Caspars Hand. Caspar hatte keine Worte. Er sah aus wie einer, dem plötzlich das Herz stillsteht.

»Ich komme vom Hof, ich komme als Abgesandter Ihrer Mutter, ich komme, Sie zu holen«, fuhr der Fremde fort, nicht weniger hastig, nicht weniger respekterfüllt. »Ich vermute, daß Sie seit langem darauf vorbereitet sind. Doch müssen wir auf der Hut sein. Wir haben große Hindernisse zu scheuen. Sie müssen mit mir entfliehen. Alles ist bereit. Die Frage ist nur, ob Sie willens sind, sich ohne Rückhalt mir anzuvertrauen, und ob ich auf Ihre unbedingte Verschwiegenheit rechnen darf?«

Wie sollte Caspar imstande sein, darauf zu antworten? Er

schaute in das Gesicht des Mannes, das ihm in jeder Beziehung außergewöhnlich, ja märchenhaft erschien, und mit stupider Aufmerksamkeit haftete sein Blick auf den zahllosen kleinen Blatternarben, die auf der Nase und den Wangen des Fremden sichtbar waren.

»Ihr Schweigen ist für mich beredt«, sagte der Fremde mit einer schnellen Verbeugung. »Der Plan ist der: Sie finden sich morgen nachmittag um vier Uhr im Hofgarten ein, und zwar neben der Lindenallee, wenn man vom Freibergschen Haus kommt. Man wird Sie von dort zu einem bereitstehenden Wagen führen. Die einbrechende Dunkelheit wird unsere Flucht begünstigen. Kommen Sie ohne Mantel, so wie Sie sind; Sie werden standesgemäße Kleider finden. Bei der ersten Raststation an der Grenze, die wir in drei Stunden erreichen können, werden Sie sich umkleiden. Ich bin Ihnen unbekannt. Sie sollen sich dem Unbekannten nicht auf Treu und Glauben übergeben. Bevor Sie in den Wagen steigen, werde ich Ihnen ein Zeichen behändigen, an dem sie unzweifelhaft erkennen werden, daß ich zu meinem Auftrag von Ihrer Mutter bevollmächtigt bin.«

Caspar rührte sich nicht. Nur sein ganzer Körper schwankte ein wenig, als wäre er erstarrt und der Wind drohe ihn umzublasen.

»Darf ich dies alles als abgemacht ansehen?« fragte der Fremde.

Er mußte die Frage wiederholen. Da nickte Caspar: ernsthaft, schwer, und auf einmal war ihm die Kehle wie verbrannt.

»Werden Sie sich zur bestimmten Stunde am bestimmten Platze einfinden, mein Prinz?«

Mein Prinz! Caspar wurde leichenblaß. Er schaute wieder die Blatternarben mit verzehrender Aufmerksamkeit an. Dann nickte er abermals, mit einer Bewegung, die den Schein von Kälte oder von Verschlafenheit hatte.

Der Fremde lüpfte mit demutsvoller Höflichkeit den Hut, hierauf ging er und verschwand in der Richtung gegen die Schwanengasse.

Während des ganzen Auftrittes, der etwa acht bis zehn Minuten gedauert hatte, war also nicht ein einziges Wort aus Caspars Lippen gekommen.

War es Freude, die Caspar empfand? War Freude so beschaffen, daß einem dabei fror bis ins Mark? Daß beständig Schauder über den Rücken liefen wie kaltes Wasser?

Er machte immer nur ein halbes Dutzend Schritte und hielt dann inne, weil er glaubte, der Erdboden sinke unter seinen Füßen. – Menschen, geht mir aus dem Weg, dachte er; weh mich nicht an, Schnee, Wind, sei nicht so wild! Er betrachtete seine Hand und berührte mit der Spitze seines Fingers starr nachdenklich die Stelle, auf die der Fremde ihn geküßt.

Warum arbeiten die Schustergesellen noch, es ist ja Mittagszeit, grübelte er, als er im Vorbeigehen in einen Laden blickte. Unaufhörlich rannen die Schauder über den Nakken herab.

Es war schön zu wissen, daß mit jedem Schritt, mit jedem Blick, mit jedem Gedanken Zeit verging. Denn darum handelte es sich jetzt ganz allein: daß die Zeit verging.

Als er nach Hause kam, sagte er zur Magd, er wolle nichts essen und sperrte sich in seinem Zimmer ein. Er stellte sich ans Fenster, und während ihm die Tränen über die Backen liefen, sagte er: »Dukatus ist gekommen.«

Seine Gedanken hatten etwas von einem nächtlichen Flug wilder Vögel. – Bis heute war ich Caspar Hauser, dachte er, von morgen an bin ich der andre; was bin ich jetzt? Gestern war ich noch ein Schreiberlein, und morgen werd' ich vielleicht einen blauen Mantel tragen, mit goldenen Borten verziert; auch einen Degen soll mir Dukatus bringen, lang und schmal und aufrecht wie ein Binsenhalm. Aber ist denn alles wahr, kann es denn sein? Freilich kann es sein, weil es doch sein muß.

Erst als es völlig finster war, zündete Caspar das Licht an. Die Lehrerin schickte herauf und ließ fragen, ob er nichts zu sich nehmen wolle. Er bat um ein Stück Brot und ein Glas Milch. Dies wurde gebracht. Sodann fing er an, seine

Laden auszuräumen. Einen ganzen Stoß von Papieren und Briefen warf er ins Feuer, die Schreibhefte und Bücher ordnete er mit peinlicher Sorgfalt. Er öffnete eine Truhe und zog unter mancherlei Kram das Holzpferdchen hervor, das er noch von der Gefangenschaft auf dem Vestnerturm her besaß. Er betrachtete es lange. Es war weiß lackiert, mit schwarzen Flecken, und hatte einen Schweif, der bis auf das Brettchen fiel. – O Rößlein, dachte er, hast mich manches Jahr begleitet, was wird nun aus dir? Ich will wiederkommen und dich holen, und einen silbernen Stall werd' ich dir bauen. Damit stellte er das Spielding auf ein Ecktischchen neben dem Fenster.

Es mag füglich wundernehmen, daß ein Gemüt wie das seine, so mit Ahnung begabt, so mit Erfahrungen vielerlei Art gefüllt, vom ersten Augenblick der vermeintlichen Wandlung seines Schicksals in eine dermaßen blinde Gläubigkeit verfiel, daß auch nicht ein Funke des Mißtrauens, der Furcht oder nur des zweifelnden Staunens in ihm erglomm. Ein Vorgang, so weit außerhalb des gebundenen Wirklichen, so abenteuerlich in seiner Plötzlichkeit, so zierdelos und simpel, daß ein Schüler, ein Kind, ein Verrückter daran Anstoß genommen hätten, und er, dem so viele Menschengesichter unvermummt oder durch Schuld entmummt gegenübergetreten waren, er, dem die Welt nichts andres war, als was der Schwalbe, die vom Süden kommt, das durch Bubenhände zerstörte Nest, er ergriff mit unerschütterlicher Zuversicht die unbekannte Hand, die sich aus unbekanntem Dunkel ihm entgegenstreckte, die starre, kalte, stumme Hand.

Aber bei ihm war keine andere Hoffnung mehr. Oder es war überhaupt von Hoffnung keine Rede. Hier war das selbstverständlich Endliche, das jenseitig Sichere, das Ungefragte, dem kein Wort der menschlichen Sprache, ja nicht einmal ein Gedanke, eine Vorstellung, eine Vision mehr nahekommen konnte, und das sich so vorbestimmt vollzieht wie der Aufgang der Sonne, wenn es Tag wird. O ihr müd getriebenen Glieder, ihr Ketten an den Gliedern, ihr trägen

Minuten, ihr schweigenden Stunden! Noch prasselt der Kalk in der Mauer, noch bellt von fern ein Hund, noch bläst der Sturm den Schnee ans Fenster, noch knistert das Licht auf der Kerze, und alles dies ist voll Bosheit, weil es so beständig scheint, so langsam vergeht.

Um neun Uhr begab er sich zur Ruhe. Er schlief fest, später in der Nacht hörte er alle Viertelstundenschläge von den Kirchen. Bisweilen richtete er sich auf und schaute beklommen in die Finsternis. Dann kam ein Traum, in dem Schlaf und Wachen unmerklich ineinanderflossen. Ihm träumte nämlich, er stehe vor dem Spiegel, und er dachte: Wie sonderbar, ich habe ein so bestimmtes Gefühl von der Glätte des Spiegelglases, und doch träume ich nur. Er erwachte oder glaubte zu erwachen, verließ das Bett oder glaubte es zu tun, machte sich im Zimmer zu schaffen, legte sich wieder hin, schlief ein, erwachte abermals und grübelte: Sollte ich das mit dem Spiegel nur geträumt haben? Jetzt trat er vor den Spiegel hin, gewahrte sein umschattetes Bild, fand etwas Fremdes daran, wovor ihm graute, und bedeckte den Spiegel mit einem Tuch, das blau war und goldene Borten hatte. Als er sich nun hingelegt hatte und nach einer Weile wirklich erwachte, da erkannte er, daß alles nur ein Traum gewesen war, denn der Spiegel war keineswegs verhängt.

Es war eine lange Nacht.

Des Morgens ging er wie gewöhnlich aufs Gericht. Er verrichtete seine Schreibarbeit wie mit verschleierten Augen. Um elf Uhr klappte er das Tintenfaß zu, räumte auch hier alles säuberlich zusammen und entfernte sich still.

Quandt war wegen einer Lehrerkonferenz über Mittag vom Hause fort. Caspar saß mit der Frau allein bei Tisch. Sie sprach beständig vom Wetter. »Der Sturm hat den Schlot auf unserm Dach umgerissen«, erzählte sie, »und der Schneider Wüst von nebenan ist durch die herunterfallenden Ziegel beinahe erschlagen worden.«

Caspar blickte schweigend hinaus: Er konnte kaum das gegenüberliegende Gebäude sehen, Regen und Schnee untermischt wirbelten durch die verdunkelte Gasse.

Caspar aß nur die Suppe. Als das Fleisch kam, stand er auf und ging in sein Zimmer.

Punkt drei Uhr kam er wieder herunter, nur mit seinem alten braunen Rock bekleidet und ohne Mantel.

»Wo wollen Sie denn hin, Hauser?« rief ihn die Lehrerin von der Küche aus an.

»Ich muß beim Generalkommissär etwas holen«, entgegnete er ruhig.

»Ohne Mantel? Bei der Kälte?« fragte die Frau erstaunt und trat auf die Schwelle.

Er sah zerstreut an sich herab, dann sagte er: »Adieu, Frau Lehrerin«, und ging.

Bevor er die Haustür schloß, warf er noch einen Abschiedsblick in den Flur, auf das geschweifte Geländer der Treppe, auf den alten braunen Schrank mit den Messingschnallen, der zwischen Küchen- und Wohnzimmertür stand, auf das Kehrichtfaß in der Ecke, das mit Kartoffelschalen, Käserinden, Knochen, Holzspänen und Glassplittern angefüllt war, und auf die Katze, die stets heimlich und genäschig hier herumschlich. Trotz des blitzhaft schnellen Anschauens dieser Dinge schien es Caspar, als ob er sie nie deutlicher und nie so absonderlich gesehen hätte.

Als die Klinke eingeschnappt war, ließ der schier unerträgliche Druck, der seine Brust verschnürte, ein wenig nach, und seine Lippen verzogen sich zu einem schalen Lächeln.

Dem Lehrer werd' ich schreiben, dachte er, oder nein, besser ist es, selber zu kommen. Wenn der Winter vorbei ist, werd' ich kommen und mit dem Wagen vors Haus fahren. Ich werd' es einrichten, daß es Nachmittag sein wird, da ist er daheim. Wenn er vors Tor tritt, werd' ich ihm nicht die Hand reichen, ich will mich stellen, als ob ich ein andrer wäre, in meinen schönen Kleidern wird er mich ja nicht erkennen. Er wird einen tiefen Bückling machen: »Wollen Euer Gnaden gnädigst eintreten?« wird er sprechen. Wenn wir im Zimmer sind, stell' ich mich vor ihn hin und frage: »Erkennen Sie mich nun?« Er wird auf die Knie fallen, aber ich reiche ihm die Hand und sage: »Sehen Sie jetzt ein, daß Sie mir unrecht getan haben?« Er wird es einsehen. »Ei«, sag' ich, »zeigen Sie mir doch mal Ihre Kinder, und schikken Sie nach dem Polizeileutnant.« Den Kindern werd' ich Geschenke bringen, und wenn dann der Polizeileutnant kommt, zu dem werd' ich nicht reden, den werd' ich nur anschauen, nur anschauen. –

Von der Gumbertuskirche schlug es halb vier. Es war noch viel zu früh. Auf dem unteren Markt ging Caspar rings an den Häusern herum. Vor dem Pfarramt blieb er eine Weile sinnend stehen. Infolge seiner inneren Hitze spürte er die Kälte kaum. Er sah nur wenige Leute, die, wie vom Winde gepeitscht, schnell vorüberhuschten.

Als er sich von der Hofapotheke rechts gegen den Schloßdurchlaß wandte, schlug es dreiviertel. Da rief jemand; er blickte empor, der Fremde von gestern stand neben ihm. Er trug einen Mantel mit mehreren Kragen und darüber noch einen Pelzkragen. Er verbeugte sich und sagte ein paar höfliche Worte. Caspar verstand ihn nicht, denn der Wind war gerade so heftig, daß man hätte schreien müssen, um einander zu hören. Daher machte der Fremde bloß eine Gebärde, durch die er Caspar bat, mit ihm gehen zu dürfen. Offenbar war er selbst eben im Begriff gewesen, den Ort des Stelldicheins aufzusuchen.

Bis zum Hofgarten waren es nur noch wenige Schritte. Der Fremde öffnete das Türchen und ließ Caspar den Vortritt. Caspar ging voran, als ob es so sein müsse. Eine Mischung von einfältiger Ergebenheit und ruhigem Stolz zeigte sich in seinem Gesicht, um mit sonderbarer Raschheit einem Ausdruck des Grauens Platz zu machen, denn der Augenblick war zu stark, er konnte seine Wucht nicht ertragen. In dem Zeitraum, den er brauchte, um von dem Pförtchen über den dichtbeschneiten Orangerieplatz zu den Bäumen der ersten Allee zu gehen, durchlebte er in seinem Innern eine Reihe gänzlich unzusammenhängender Szenen aus ferner Vergangenheit, eine Erscheinung, die von Seelenforschern auf dieselbe Wurzel zurückgeführt werden kann wie etwa die, daß ein von einem Turm Fallender während der Zeit des Sturzes sein ganzes Dasein an sich vorübergleiten sieht. Er erblickte zum Beispiel die Amsel, die mit ausgebreiteten Flügeln auf dem Tisch lag. Dann sah er mit ungemeiner Deutlichkeit den Wasserkrug, aus dem er in seinem Kerker getrunken. Dann sah er eine schöne goldene Kette, die ihm der Lord aus seinen Schätzen gezeigt, womit die angenehme Empfindung verbunden war, die ihm Stanhopes weiße, feine Hand erregte. Ferner sah er sich im Saal der Nürnberger Burg, wohin Daumer ihn geführt, und sein Auge weilte auf der sanften Linie einer gotischen Fensterwölbung mit einem Entzücken, das er damals sicherlich nicht verspürt hatte.

Sie kamen zum Kreuzweg, da eilte der Fremde voraus und gab mit erhobenem Arm irgendein Zeichen. Caspar gewahrte hinter dem Gebüsch noch zwei andre Personen, deren Gesichter durch die aufgestellten Mantelkragen völlig verhüllt waren.

»Wer sind diese?« fragte er und zauderte, weil er annahm, hier sei der verabredete Platz.

Mit den Blicken suchte er den Wagen. Das Schneegestöber erlaubte jedoch nicht weiter als zehn Ellen zu sehen.

»Wo ist der Wagen?« fragte er. Da der Fremde auf beide Fragen nicht antwortete, schaute er ratlos gegen die zwei hinter dem Gebüsch. Diese näherten sich, oder es schien wenigstens so. Sie riefen dem Blatternarbigen etwas zu, erst der eine, dann der andre. Darauf entfernten sie sich wieder und standen auf der andern Seite des Wegs.

Der Fremde drehte sich um, griff in die Tasche seines Mantels, brachte ein lilafarbenes Beutelchen zum Vorschein und sagte mit heiserer Stimme: »Öffnen Sie es, Sie werden darin das Zeichen finden, das uns Ihre Mutter übergab.«

Caspar nahm das Beutelchen entgegen. Während er sich bemühte, die Schnur zu entknüpfen, durch die es zugebunden war, hob der Fremde einen langen, blitzenden Gegenstand in der Faust und schnellte mit dem Arm gegen Caspars Brust.

Was ist das? dachte Caspar bestürzt. Er fühlte etwas Eiskaltes tief in sein Fleisch glitschen. – Ach Gott, das sticht ja, dachte er und wankte dabei. Den Beutel ließ er fallen.

O ungeheurer, ungeheurer Schrecken! Er griff nach einem der Baumstämmchen und versuchte zu schreien, aber es ging nicht. Auf einmal brach er in die Knie. Vor seinen Augen wurde es schwarz. Er wollte den Fremden bitten, daß er ihm helfe, doch die Füße des Mannes, die er noch eine Sekunde zuvor gesehen, waren verschwunden. Die Schwärze vor den Augen wich wieder, er sah sich um. Niemand war mehr da, auch die beiden hinter dem Gebüsch waren nicht mehr da.

Er kroch nun auf allen vieren ein wenig am Gebüsch entlang und senkte den Kopf herunter, um sein Gesicht vor dem nassen Schneestaub zu schützen, den ihm der Wind entgegenspritzte. Er machte ein paar Bewegungen mit dem Körper, als suche er in der Erde eine Höhlung zum Hineinschlüpfen, konnte dann nicht weiter und blieb sitzen. Ihm schien, als riesle etwas im Innern seines Leibes. Es fror ihn jetzt erbärmlich.

Möcht' sehen, was in dem Beutel ist, dachte er, während seine Zähne klapperten. O ungeheurer Schrecken, der ihn abhielt, nach jener Stelle zu blicken, wo der Fremde gestanden.

Wenn ich nur ein Wort wüßte, durch das mir leichter würde, dachte er wie einer, der sich durch Zauberformeln zu schützen wähnt. Und er sagte zweimal: »Dukatus.«

Welches Wunder, plötzlich ward ihm leicht. Er glaubte aufstehen und nach Hause gehen zu können. Er erhob sich. Er sah, daß er gehen konnte. Nachdem er einige taumelnde Schritte gemacht, fing er an zu laufen. Ihm war, als ob sein Körper ohne Schwere sei, ihm war, als fliege er. Er lief, lief, lief. Bis zum Tor des Gartens –, über den Schloßplatz –, über den Markt an der Kirche vorbei bis zum Kronacher Buck, bis in den Flur des Quandtschen Hauses, lief, lief, lief.

In Schweiß gebadet, stürzte er in den Flur. Weiter ging's nicht mehr, keuchend lehnte er sich an die Wand. Die Magd gewahrte ihn zuerst. Über sein Aussehen entsetzt, gab sie einen gellenden Schrei von sich. Da kam Quandt aus der Stube, seine Frau folgte ihm.

Caspar starrte ihnen entgegen, sprach aber nichts, sondern deutete bloß auf seine Brust.

»Was ist geschehen?« fragte Quandt rauh und kurz.

»Hofgarten – gestochen«, stammelte Caspar.

Und Quandt? Wir sehen ihn schmunzeln. Nichts andres: wir sehen ihn schmunzeln. Und wenn Jahrhunderte, feierlich in Purpur angetan wie Gottes Engel, auf uns zutreten und uns beschwören, die Tatsachen nicht zu verzerren, so ist nichts andres zu erwidern, als daß Quandt schmunzelte, seltsam schmunzelte. »Wo sind Sie denn gestochen, mein Lieber?« fragte er gedehnt.

Wieder deutete Caspar auf seine Brust.

Quandt knöpfte ihm Rock, Weste und Hemd auf, um die Wunde anzuschauen. Richtig, da war ein Stich, nicht größer als eine Haselnuß. Aber nicht die geringste Spur von Blut war zu bemerken. Eine Wunde ohne Blut, das gibt es nicht, das ist wie eine Behauptung ohne Beweis.

»Also gestochen«, sagte Quandt. »So lassen Sie uns sofort umkehren und zeigen Sie mir den Platz im Hofgarten, wo das passiert sein soll«, fügte er energisch hinzu. »Was haben Sie denn zu dieser Stunde und bei solchem Wetter im Hofgarten zu tun gehabt? Marsch, kommen Sie! Die Sache muß unverzüglich aufgeklärt werden.«

Caspar widersprach nicht. Er schleppte sich an des Lehrers Seite wieder auf die Gasse. Quandt faßte ihn unter, wie ein Krüppel schlich Caspar dahin.

Nach langem Schweigen sagte Quandt in verbissenem Ton: »Diesmal haben Sie Ihren dümmsten Streich gemacht, Hauser. Diesmal wird es keinen so guten Ausgang nehmen wie beim Professor Daumer, das kann ich Ihnen schriftlich geben.«

Caspar blieb stehen, warf einen schnellen Blick gen Himmel und sagte: »Gott – wissen.«

»Machen Sie nur keine Faxen«, zeterte Quandt, »ich

weiß, was ich weiß. Wenn Sie sich auch noch sosehr auf Gott berufen, damit haben Sie bei mir kein Glück, denn Sie sind ein gottloser Mensch von Grund auf. Ich kann Ihnen nur raten, spielen Sie nicht länger die Stumme von Portici, und gestehen Sie lieber gleich. Ein wenig bange machen wollen Sie uns, die Leute wollen Sie durcheinanderhetzen. Gestochen? Wer soll Sie denn gestochen haben? Vielleicht um Ihnen Ihre jämmerlichen Moneten aus der Tasche zu ziehen? So ein Unsinn! Gehen Sie nicht so langsam, Hauser, meine Zeit ist knapp.«

»Den Beutel – will ich holen«, stammelte Caspar leise.

»Was denn für einen Beutel?«

»Der Mann – mir gegeben.«

»Was für ein Mann?«

»Der mich gestochen.«

»Aber Hauser, Hauser, es ist ja himmelschreiend! Bilden Sie sich denn ein, daß ich an diesen Mann nur im entferntesten glaube? Sowenig wie an den Schwarzen Peter. Bilden Sie sich denn ein, daß ich über den wahren Täter einen Augenblick im Zweifel bin? Gestehen Sie's doch! Gestehen Sie, daß Sie sich selber ein bißchen gestochen haben. Ich will über die Sache noch einmal schweigen, ich will Gnade für Recht ergehen lassen.«

Caspar weinte.

Dicht vor dem Hofgarten brach er plötzlich zusammen. Quandt war verwirrt. Es kamen einige Männer des Weges, diese bat er, daß sie den Jüngling nach Hause führen möchten, er selbst wolle zur Polizei. Die Männer mußten erst geraume Weile warten, bis sich Caspar ein wenig erholt hatte. Auch dann hielt es schwer, ihn zum Gehen zu bewegen.

Es wurde später von den Ärzten als eine Unbegreiflichkeit bezeichnet, daß Caspar mit der furchtbaren Verletzung in der Brust imstande gewesen war, den Weg vom Hofgarten zum Lehrerhaus, hernach vom Lehrerhaus zum Schloßplatz und endlich vom Schloßplatz wieder nach Hause zurückzulegen, das erste Mal laufend, das zweite Mal am

Arme Quandts, das dritte Mal von den Männern halb gezogen, im ganzen über sechzehnhundert Schritte.

Als Quandt den Weg nach dem Rathaus einschlug, war es finster geworden. Der diensttuende Offiziant erklärte, daß ohne speziellen Auftrag des Bürgermeisters, der im Bade sei, die Anzeige nicht protokolliert werden dürfe. Der Lehrer schwatzte noch eine Weile mit ihm, dann begab er sich unwillig und verdrossen in die eine Viertelstunde vor der Stadt gelegene Kleinschrottsche Badewirtschaft, wo der Bürgermeister im Kreis seiner Vertrauten beim Bier saß. Quandt trug den Fall vor. Man staunte, zweifelte, plädierte, bestieg den Amtsschimmel und gestattete hierauf die förmliche Protokollaufnahme. Um sechs Uhr wurde das interessante Aktenprodukt bei Laternen- und Kerzenschein dem Stadtgericht zur weiteren Untersuchung übergeben.

Quandt kehrte nach Hause zurück. Auf der Gasse vor seiner Wohnung fand er viele Menschen, und zwar waren es Personen jeglichen Standes, die dem Unwetter zum Trotz gekommen waren und in einem Schweigen verharrten, das den Lehrer stutzig machte. Er ging sogleich in das Zimmer Caspars, der zu Bett gebracht worden war. Der Doktor Horlacher war zugegen. Er hatte die Wunde schon untersucht.

»Wie steht's?« fragte Quandt.

Der Doktor antwortete, es sei kein Grund zu ernster Besorgnis vorhanden.

»Das dacht' ich mir«, versetzte Quandt.

Jetzt erschien der Hofrat Hofmann. Ein Polizeisoldat hatte ihm unten den lilafarbenen Beutel übergeben, der an der Unglücksstätte gefunden worden war.

»Kennen Sie diesen Beutel?« fragte der Hofrat.

Mit fieberglänzenden Augen blickte Caspar auf den Beutel, den der Hofrat öffnete. Es lag ein Zettel darin, der, so schien es zunächst, mit Hieroglyphen bedeckt war.

Die Lehrerin, die dabei stand, schüttelte den Kopf. Sie zog ihren Mann beiseite und sagte zu ihm: »Es ist doch eigen. Genauso legt der Hauser immer seine Briefe zusammen, wie das Papier im Beutel zusammengefaltet war.«

Quandt nickte und trat an die Seite des Hofrats, der den Zettel erst prüfend betrachtete und dann einen Handspiegel verlangte.

»Es ist wohl Spiegelschrift«, sagte Quandt lächelnd.

»Ja«, erwiderte der Hofrat, »eine sonderbare Kinderei.«

Er stellte Schrift und Spiegel einander gegenüber und las vor: »Caspar Hauser wird Euch genau erzählen können, wie ich aussehe und wer ich bin. Dem Hauser die Mühe zu sparen, denn er könnte schweigen müssen, will ich aber selber sagen, woher ich komme. Ich komme von der bayrischen Grenze am Fluß. Ich will Euch sogar meinen Namen verraten: M. L. O.«

»Das klingt ja geradezu höhnisch«, sagte der Hofrat nach einem verwunderten Schweigen.

Quandt nickte erbittert vor sich hin.

Als Caspar die vorgelesenen Worte vernommen hatte, fiel sein Kopf schwer in das Kissen, und eine grenzenlose Verzweiflung malte sich in seinen Zügen. Es schloß sich sein Mund mit einem Ausdruck, als wolle er von nun an nie mehr reden. Und *daß* er hätte reden können, womit dieser M. L. O. offenbar nicht gerechnet hatte, empfand er bis in das Fieber hinein als eine Art schmerzlichen Triumphes.

Quandt, den Zettel, den ihm der Hofrat gegeben, zwischen den Händen, wanderte aufgeregt hin und her. »Das sind schöne Streiche!« rief er aus. »Schöne Streiche! Sie halten das Mitleid Ihres Jahrhunderts zum besten, Hauser. Sie verdienen eine Tracht Prügel, das verdienen Sie.«

Der Hofrat runzelte die Stirn. »Gemach, Herr Lehrer, lassen Sie das doch!« sagte er mit ungewöhnlich ernstem Ton. Bevor er sich verabschiedete, versprach er, am nächsten Morgen den Kreisphysikus zu schicken, woraus ersichtlich war, daß auch er an keine unmittelbare Gefahr dachte.

Indes kam der Kreisphysikus, von Frau Imhoff dazu bewogen, noch am selben Abend. Es war der Medizinalrat Doktor Albert. Er untersuchte Caspar mit großer Sorgfalt. Als er fertig war, machte er ein bedenkliches Gesicht.

Quandt, seltsam gereizt dadurch, sagte fast herausfordernd: »Es fließt ja gar kein Blut aus der Wunde.«

»Das Blut sickert nach innen«, entgegnete der Medizinalrat mit einem den Lehrer nur streifenden Blick. Er legte einen Umschlag von Senfteig auf das Herz und empfahl die möglichste Ruhe.

Quandt griff sich an die Stirn. »Wie«, sagte er zu seiner Frau, »sollte sich der Bursche in seinem Leichtsinn doch ernstlichen Schaden zugefügt haben?«

Die Lehrerin schwieg.

»Ich bezweifle es, ich muß es bezweifeln«, fuhr Quandt fort. »Sieh doch selbst, der sonst so wehleidige Mensch klagt ja mit keiner Silbe über Schmerzen.«

»Er antwortet auch nichts, wenn man ihn fragt«, fügte die Frau hinzu.

Um neun Uhr fing Caspar an zu delirieren. Quandt war entschlossen, an das Delirium nicht zu glauben. Als Caspar aus dem Bett springen wollte, schrie er ihn an: »Machen Sie nicht solche widerlichen Umstände, Hauser! Gehen Sie schleunigst in Ihr Bett zurück.«

Der Pfarrer Fuhrmann trat gerade in das Zimmer und hörte dies. »Aber Quandt! Quandt!« sagte er entsetzt. »Ein wenig Milde, Quandt, im Namen unserer Religion.«

»Oh!« versetzte Quandt kopfschüttelnd. »Milde ist hier schlecht angebracht. In Nürnberg, wo er doch auch so eine verworfene Komödie aufgeführt hat, gebärdete er sich genauso, und ich habe mir sagen lassen müssen, daß er dabei von zwei Männern gehalten worden ist. Was mich betrifft, ich lasse mir so ein Schauspiel nicht bieten.«

Frau von Imhoff hatte eine Pflegerin vom Krankenhaus geschickt, die über Nacht an Caspars Lager wachte. Er schlummerte zwei bis drei Stunden.

Schon früh am Morgen erschien eine Gerichtskommission. Caspar war bei klarem Bewußtsein. Vom Untersuchungsrichter aufgefordert, erzählte er, ein fremder Herr habe ihn zum artesischen Brunnen in den Hofgarten bestellt.

»Zu welchem Zweck bestellt?«

»Das weiß ich nicht.«

»Er hat darüber gar nichts gesagt?«

»Doch. Er hat gesagt, man könnte die Tonarten des Brunnens besichtigen.«

»Und daraufhin sind Sie ihm schon gefolgt? Wie sah er aus?«

Caspar gab eine kurze, abgerissen gelallte Beschreibung, auch der Art, wie ihn der Fremde gestochen. Sonst war nichts aus ihm herauszubringen.

Es wurde nach Zeugen gefahndet. Es stellten sich Zeugen. Zu spät für die Verfolgung des Täters. Schon die erste Anzeige war, durch die Mitschuld Quandts, unverantwortlich verzögert worden. Als man die am Ort des Verbrechens befindlichen Blutspuren untersuchen wollte, ergab es sich, daß inzwischen schon zu viele Menschen dagewesen waren und den Schnee zertreten hatten. Aus einem so wichtigen Umstand Nutzen zu ziehen, mußte also von vornherein verzichtet werden.

Zeugen fanden sich genug. Die Zirkelwirtin in der Rosengasse bekundete, gegen zwei Uhr sei ein Mann in ihr Haus gekommen, den sie nie zuvor gesehen, und habe gefragt, wann ein Retour nach Nördlingen gehe. Der Mann war ungefähr fünfunddreißig Jahre alt gewesen, von mittlerer Größe, bräunlicher Hautfarbe und mit Blatternarben im Gesicht.

Er habe einen blauen Mantel mit Pelzkragen, einen runden schwarzen Hut, grüne Pantalons und Stiefel mit gelben Schraubsporen getragen. In der Hand hielt er eine Reitgerte. Er habe nur fünf Minuten geweilt und ganz wenig gesprochen. Auffallend sei es gewesen, daß er nicht sagen gewollt, wo er logierte. So beschrieb auch der Assessor Donner einen Mann, den er um drei Uhr im Hofgarten neben der Lindenallee gesehen, und zwar in Gesellschaft von zwei andern Männern, die der Assessor jedoch nicht betrachtet hatte.

Ein Spiegelarbeiter namens Leich ging ein paar Minuten vor vier von seiner Wohnung auf dem neuen Weg durch die

Poststraße auf die Promenade und von da über den Schloßplatz. Er sah vom Schloß her zwei Männer über die Gasse schreiten und, die Reitbahn zur Linken lassend, zum Hofgarten gehen. Er erkannte in dem einen von ihnen Caspar Hauser. Als die beiden zum Laternenpfahl am Eck der Reitbahn kamen, wandte sich Caspar Hauser um und blickte den Schloßplatz hinauf, so daß ihn der Beobachter noch einmal und genau hatte sehen können. Bei den Schranken blieb der Fremde stehen, um Hauser mit höflicher Gebärde den Vortritt zu lassen. Der Arbeiter dachte für sich: wie doch die Herren bei solchem Sturm und Schnee spazierengehen mögen.

»Drei Viertelstunden später«, erzählte der Mann, »als ich von einer Besorgung beim Büttner Pfaffenberger zurückkam, standen auf dem Schloßplatz viele Leute, die jammerten und sagten, der Hauser sei im Hofgarten erstochen worden.«

Und weiter. Ein Gärtnergehilfe, der in der Orangerie beschäftigt ist, hört gegen vier Uhr Stimmen. Er blickt zum Fenster hinaus und sieht einen Mann im Mantel vorüberlaufen. Der Mann läuft einen guten Trab. Die Stimmen sind etwa einen Büchsenschuß weit vom Orangeriehaus entfernt gewesen, nicht so weit, wie das Uzsche Denkmal ist. Es waren zweierlei Stimmen, eine Baß- und eine helle Stimme.

Neben der Weidenmühle wohnt eine Näherin. Ihr Fenster geht auf den Hofgarten, sie sieht bis in die zwei gegen den hölzernen Tempel zu führenden Alleen. Bei beginnender Dämmerung gewahrt sie den Mann im Mantel; er tritt aus dem neuen Gittertor und steigt am Abhang der Rezatwiese hinab. Er stutzt, als er vor dem hoch geschwollenen Wasser steht. Er kehrt um und wendet sich gegen die Stäffelchen an der Mühle, geht über den Steg auf der Eiberstraße und verschwindet. Die Frau hat von seinem Gesicht nur einen schräg laufenden schwarzen Bart wahrnehmen können.

Es meldet sich auch der Schreiber Dillmann zu einer Aussage. Die unverbrüchliche Gewohnheit des alten Kanzlisten ist es, jeden Nachmittag, wie das Wetter auch beschaffen ist, zwei Stunden lang im Hofgarten zu promenieren. Er hat Caspar und den Fremden gesehen. Er versichert aber, nicht vorangegangen sei Caspar dem Fremden, sondern hintennach sei er gegangen. »Er ist ihm gefolgt, wie das Lamm dem Metzger zur Schlachtbank folgt«, sagt er.

Zu spät. Zu spät der Eifer. Zu spät die erlassenen Steckbriefe und Streifzüge der Gendarmerie. Es konnte nicht mehr fruchten, daß man sogar den Rezatstrom aus seinem Bett leitete, um vielleicht das Mordinstrument zu entdekken, das der Unbekannte bei seiner Flucht von sich geworfen haben mochte. Was lag an diesem Dolch?

Was lag an den Zeugen? Was lag an den Verhören? Was lag an den Indizien, womit eine saumselige Justiz ihre Unfähigkeit prahlerisch verbrämte? Es wurde gesagt, daß die Nachforschungen planlos und kopflos betrieben wurden. Es wurde gesagt, eine geheimnisvolle Hand sei im Spiel, deren Machenschaften darin gipfelten, die wahren Spuren allmählich und mit Absicht zu verwischen und die Aufmerksamkeit der Behörde irrezuleiten. *Wer* es sagte, konnte natürlich nicht erkundet werden, denn die öffentliche Meinung, ein Ding, ebenso feig wie ungreifbar, orakelt nur aus sicheren Hinterhalten. Und sie schwieg gar bald stille hier, wo Verleumdung, Bosheit, Lüge, Dummheit und Heuchelei ein schönes Menschenbild wie zwischen Mühlrädern zermalmten, bis daß nichts mehr übrigblieb als ein ärmliches Märchen, wovon sich das Volk dieser Gegenden an rauhen Winterabenden vor dem Ofen unterhält.

Am Sonntagnachmittag traf Quandt den jungen Feuerbach, den Philosophen, auf der Straße.

»Wie geht's dem Hauser?« fragte der den Lehrer.

»Ei, er ist ganz außer Gefahr. Dank der Nachfrage, Herr Doktor«, antwortete Quandt geschwätzig. »Die Gelbsucht ist eingetreten, aber das soll ja die gewöhnliche Folge einer heftigen Erregung sein. Ich bin überzeugt, daß er in ein paar Tagen das Bett wird verlassen können.«

Sie sprachen noch eine Weile von andern Dingen, hauptsächlich von der neuerdings zwischen Nürnberg und Fürth geplanten Dampfschienenbahn, ein Unternehmen, gegen das Quandt eine ganze Kanonade von Skepsis auffahren ließ, dann verabschiedete er sich von dem stillen jungen Mann mit der Dankbarkeit eines beklatschten Redners und eilte, beständig vor sich hinlächelnd, nach Hause. Er war in einer höchst zuversichtlichen Stimmung, einer Stimmung, in der man bereit ist, seinen ärgsten Feinden Nachsicht angedeihen zu lassen. Warum, das mochten die Götter wissen. War der schöne Tag daran schuld? Man darf nicht vergessen, daß in Quandt auch eine Art von Poet steckte, oder war es die Nähe des Weihnachtsfestes, das jedem guten Christenmenschen gleichsam eine Erneuerung seiner Seele verspricht? Oder war es am Ende der Umstand, daß gegenwärtig so viele vornehme und ausgezeichnete Personen sein bescheidenes Heim aufsuchten und daß er inmitten dieses bescheidenen Heims eine Stellung von ungeahnter Wichtigkeit innehatte? Genug, wie dem auch sein mochte, er war mit sich zufrieden, folglich stammte sein Lächeln aus der lautersten Quelle.

Vor seiner Wohnung traf er auf den Polizeileutnant. »Ah, vom Urlaub zurück?« begrüßte er ihn mit gedankenloser Freundlichkeit. Gleich darauf sagte er sich: mit dem habe ich ja noch ein Hühnchen zu rupfen.

Hickel drückte die Augen zusammen und sah aus, als ob er lachen wollte.

Sie gingen miteinander hinauf.

Caspar saß mit nacktem Oberleib im Bett, gegen aufgetürmte Kissen gelehnt, starr wie eine Figur aus Lehm, das Gesicht grau wie Bimsstein, die Haut des Körpers strahlend weiß wie eine Magnesiumflamme. Der Medizinalrat hatte soeben den Verband abgenommen und wusch die Wunde. Außerdem war noch ein Kommissionsaktuar zugegen. Dieser hatte am Tisch Platz genommen. Ein Protokollformular lag bei ihm, auf dem die lakonischen Worte standen: »Der Damnifikat verbleibt bei seinen bisherigen Depositionen.«

Über einen eingefangenen Straßenräuber hätte man sich nicht besser und niedlicher ausdrücken können.

Kaum hatte Caspar den eintretenden Hickel gewahrt, als er den wie einen gebrochenen Blumenkelch seitwärts gesenkten Kopf aufrichtete und mit weit geöffneten Augen, in denen ein ganz unsäglicher Schrecken lag, dem Ankömmling ins Gesicht starrte.

Ohne zu sprechen, erhob Hickel drohend den Zeigefinger. Diese Gebärde schien den Schrecken Caspars aufs Äußerste zu treiben. Er faltete die Hände und murmelte ächzend: »Nicht nahe kommen! Ich hab's ja doch nicht selber getan.«

»Aber Hauser! Was fällt Ihnen denn ein!« rief Hickel mit einer Lustigkeit, die man etwa im Wirtshaus zur Schau trägt, und seine gelben Zähne blinkten zwischen den vollen Lippen. »Ich hab' Ihnen ja nur gedroht, weil Sie ohne Erlaubnis in den Hofgarten gegangen sind. Wollen Sie das vielleicht auch leugnen?«

»Keine Auseinandersetzungen, wenn ich bitten darf«, mahnte der Medizinalrat unwillig. Er hatte den Verband erneuert, zog nun den Lehrer beiseite und sagte leise und ernst: »Ich kann Ihnen nicht verhehlen, daß Hauser wahrscheinlich die Nacht nicht überleben wird.«

Offenen Mundes stierte Quandt den Arzt an. Seine Knie wurden weich wie Butter. »Wie? Was?« hauchte er, »ist's möglich?« Er schaute alle Anwesenden der Reihe nach langsam an, wobei sein Gesicht dem eines Menschen glich, der sich soeben behaglich zum Essen setzen wollte, und dem plötzlich Schüssel, Teller, Messer und Gabel, ja der ganze Tisch weggezaubert wird.

»Kommen Sie mit mir, Herr Lehrer«, sagte mit heiserer Stimme Hickel, der am Ofen stand und mit sinnloser Geschäftigkeit seine Hände an den Kacheln rieb.

Quandt nickte und schritt mechanisch voraus.

»Ist's möglich?« murmelte er wieder, als er auf der Stiege stand. »Ist's möglich?« Hilfesuchend blickte er den Polizeileutnant an. »Ach«, fuhr er elegisch fort, »wir haben doch unser redlich Teil getan. An treuer Fürsorge haben wir's wahrlich nicht fehlen lassen.«

»Lassen Sie doch die Flausen, Quandt«, antwortete der Polizeileutnant grob. »Sagen Sie mir lieber, was hat denn der Hauser alles geredet in seinem Wahn?«

»Unsinn, lauter Unsinn«, versetzte Quandt bekümmert.

»Achtung, Herr Lehrer, da sehen Sie mal hinunter«, rief Hickel, indem er sich über das Geländer beugte.

»Was denn?« gab Quandt erschrocken zurück, »ich sehe nichts.«

»Sie sehen nichts? Potz Kübel, ich auch nicht. Es scheint, wir sehen beide nichts.« Er lachte wunderlich, richtete sich wieder kerzengerade auf und hüstelte trocken. Dann ging er, indes Quandt ihm nicht wenig betroffen nachguckte.

Wohin soll es auch kommen mit der Welt, wenn Leute wie Hickel unter die Gespensterseher geraten? Auf ihren robusten Schultern ruhen die Fundamente der Ordnung, des Gehorsams und aller staatlich anerkannten Tugenden. Mag es auch in diesem besonderen Fall so beschaffen gewesen sein, daß die Ausgeburt rühmenswerter Untertaneneigenschaften dennoch einer Regung bösen Gewissens anheimfiel, nun, dann muß erklärt werden, daß dieses böse Gewissen mit einem martialischen Aussehen gesegnet war, daß es zu allen Mahlzeiten einen beneidenswerten Appetit entwickelte und daß es das sanfteste Ruhekissen für einen unvergleichlich gesunden Schlaf war, der durch keine Feuerglocke und kein Tedeum hätte gestört werden können.

Im Zimmer Caspars hatte der Kommissionsaktuar neuerdings ein Verhör begonnen. Caspar sollte sagen, ob noch ein Dritter zugegen gewesen sei, während er im Appellgericht mit dem fremden Mann gesprochen.

Caspar antwortete matt, er habe niemand bemerkt, nur vor dem Tor seien Leute gewesen. »Arme Leute passen mir immer dort auf«, sagte er, »zum Beispiel eine gewisse Feigelein, der hab' ich manchmal einen Kreuzer gegeben, auch die Tuchmacherswitwe Weigel.«

Der Aktuar wollte weiterfragen, doch Caspar lispelte: »Müde – recht müde.«

»Wie ist Ihnen, Hauser?« erkundigte sich die Wärterin.

»Müde«, wiederholte er, »werd' jetzt bald weggehen von dieser Lasterwelt.«

Eine Weile schrie und redete er für sich hin, hernach wurde er wieder ganz stille.

Er sah ein Licht, das langsam erlosch. Er vernahm Töne, die aus dem Innern seines Ohrs zu dringen schienen. Es klang, wie wenn man mit einem Hammer auf eine Metallglocke haut. Er erblickte eine weite, einsame, dämmernde Ebene. Eine menschliche Gestalt rennt schnell darüber hin. O Gott, es ist Schildknecht. Was läufst du so, Schildknecht? ruft er ihm zu. Hab' Eile, große Eile, antwortet jener. Auf einmal schrumpft Schildknecht zusammen, bis er eine Spinne ist, die an einem glühenden Faden zum Ast eines riesengroßen Baumes emporklimmt. Tränen des Grauens fallen wie Regen aus Caspars Augen.

Er sah ein seltsames Gebäude, es glich einer kolossalen Kuppel. Es hatte kein Tor, keine Tür, keine Fenster. Aber Caspar konnte fliegen, flog hinauf und schaute durch eine kreisrunde Öffnung in das Innere, das von himmelblauer Luft erfüllt war. Auf himmelblauen Marmorfliesen stand eine Frau. Vor diese trat ein Mensch, kaum deutlicher zu sehen als ein Schatten, und er teilte ihr mit, daß Caspar gestorben sei. Die Frau hob die Arme und schrie vor Schmerz, daß die Wölbung erzitterte. Da klaffte der Boden auseinander, und es kam ein langer Zug von Menschen, die alle weinten. Und Caspar sah, daß ihre Herzen zitterten und zuckten wie lebende Fische in der Hand des Fischers. Und einer trat heraus, der gerüstet war und ein Schwert trug, der sprach ungeheure Worte, aus denen sich das ganze Geheimnis enthüllte. Und alle, die zuhörten, preßten die Hände gegen die Ohren, schlossen die Augen und stürzten vor Kummer zu Boden.

Dann war alles verwandelt. Caspar spürte sich voll von wunderbaren Kräften. Er spürte die Metalle in der Erde, von tief unten zogen sie ihn an, und die Steine spürte er, die Adern von Erz hatten. Dazwischen ruhte vielfältiger Samen, und er brach auf, und die Würzlein schossen, und bebend hoben sich die Gräser. Aus dem Boden sprangen Quellen hoch empor wie Fontänen, und auf ihren Spitzen leuchtete die willkommene Sonne. Und inmitten des Weltalls stand ein Baum mit weitem Gipfel und unzähligen Verästelungen, rote Beeren wuchsen aus den Zweigen, und auf der Krone oben bildeten die Beeren die Form eines Herzens. Innen im Stamm floß Blut, und wo die Rinde zerrissen war, sickerten schwärzlichrote Tropfen hindurch. Mitten in diesem Wogen verzweiflungsvoller Bilder und krankhafter Entzückungen war es Caspar, als ob ihn jemand in einen Raum trüge, wo keine Luft zum Atmen mehr war. Da half kein Sträuben und Sichbäumen, es trug ihn hin, und ein kühler Wind wehte über sein Haar, seine Finger krümmten sich, als suche er sich irgendwo zu halten. Es war eine namenlose Erschöpfung, von welcher der vergebliche Kampf begleitet war.

Auf der Straße fuhr der Nürnberger Postwagen vorbei, und der Postillion blies ins Horn.

Es kamen bis zum Abend viele Leute, um nach seinem Befinden zu fragen. Frau von Imhoff blieb lange an seinem Bett sitzen.

Um acht Uhr schickte die Pflegerin zum Pfarrer Fuhrmann, der mit größter Schnelligkeit eintraf. Er legte Caspar die Hand auf die Stirn. Mit angstvoll großen Augen schaute sich Caspar um; seine Schultern zitterten. Er machte mit dem Zeigefinger auf dem Deckbett Bewegungen, als wolle er schreiben. Das dauerte jedoch nicht lange.

»Sie haben mir einmal gesagt, lieber Hauser, daß Sie auf Gott vertrauen und mit seiner Hilfe jeden Kampf kämpfen wollen«, sagte der Pfarrer.

»Weiß es nicht«, flüsterte Caspar.

»Haben Sie denn heute schon zu Gott gebetet und ihn um seinen Beistand angerufen?«

Caspar nickte.

»Und wie ist Ihnen darauf gewesen? Haben Sie sich nicht gestärkt gefühlt?«

Caspar schwieg.

»Wollen Sie nicht wieder beten?«

»Bin zu schwach, vergehen mir gleich die Gedanken.« Und nach einer Weile sagte er wie für sich, seltsam leiernd: »Das ermüdete Haupt bittet um Ruhe.«

»So will ich ein Gebet sprechen«, fuhr der Pfarrer fort, »beten Sie im stillen mit. Vater, nicht mein . . .«

»Sondern Dein Wille geschehe«, vollendete Caspar hauchend.

»Wer hat so gebetet?«

»Der Heiland.«

»Und wann?«

»Vor – seinem – Sterben.« Bei diesem Wort sträubte sich sein Körper empor, und über sein Gesicht ging ein höchst qualvolles Zucken. Er knirschte mit den Zähnen und schrie dreimal gellend: »Wo bin ich denn?«

»Aber, Hauser, in Ihrem Bett sind Sie«, beruhigte ihn Quandt. »Es kommt ja bei Kranken öfter vor, daß sie sich an einem andern Ort zu befinden wähnen«, wandte er sich erklärend an den Pfarrer Fuhrmann.

»Geben Sie ihm zu trinken«, sagte dieser.

Die Lehrerin brachte ein Glas frisches Wasser.

Als Caspar getrunken hatte, wischte ihm Quandt den kalten Schweiß von der Stirn. Er selber bebte an allen Gliedern. Er beugte sich über den Jüngling und fragte dringend, feierlich beschwörend: »Hauser! Hauser! Haben Sie mir nichts mehr zu sagen? Sehen Sie mich einmal so recht aufrichtig an, Hauser! Haben Sie mir nichts mehr zu beichten?«

Da ergriff Caspar in höchster Herzensnot die Hand des Lehrers. »Ach Gott, ach Gott, so abkratzen müssen mit Schimpf und Schande!« stieß er jammernd hervor.

Das waren seine letzten Worte. Er kehrte sich ein wenig auf die rechte Seite und drehte das Gesicht zur Wand. Jedes Glied seines Körpers starb einzeln ab.

Zwei Tage später wurde er begraben. Es war nachmittags und der Himmel von wolkenloser Bläue. Die ganze Stadt war in Bewegung. Ein berühmter Zeitgenosse, der Caspar Hauser das Kind von Europa nennt, erzählt, es sei zu der Stunde Mond und Sonne gleicher Zeit am Firmament gestanden, jener im Osten, diese im Westen, und beide Gestirne hätten im selben fahlen Glanz geleuchtet.

Etwa anderthalb Wochen später, drei Tage nach Weihnachten, es war Abend, und Quandt und seine Frau wollten sich eben zu Bett begeben, erschallten starke Schläge gegen das Haustor. Sehr erschrocken, zögerte Quandt eine Weile. Erst als sich die Schläge wiederholten, nahm er das Licht und ging, um zu öffnen.

Draußen stand Frau von Kannawurf. »Führen Sie mich in Caspars Zimmer«, sagte sie zum Lehrer.

»Jetzt noch? In der Nacht?« wagte dieser einzuwenden.

»Jetzt, in der Nacht«, beharrte die Frau.

Ihr Wesen schüchterte Quandt dergestalt ein, daß er stumm zur Seite trat, sie vorangehen ließ und mit dem Licht folgte.

In Caspars Zimmer erinnerte wenig an den Verstorbenen. Es war alles umgestellt und verräumt. Nur das Holzpferdchen stand noch auf dem Ecktisch neben dem Fenster.

»Lassen Sie mich allein«, gebot Frau von Kannawurf. Quandt stellte den Leuchter hin, entfernte sich schweigend und wartete in Gemeinschaft mit seiner Frau unten an der Stiege. »Es ist sehr gutmütig von mir, daß ich mir so etwas in meinem Hause gefallen lasse«, murrte er.

Mit verschränkten Armen schritt Clara von Kannawurf im Zimmer auf und ab. Ihr Blick fiel auf den Tisch, wo eine Abschrift des Sektionsprotokolls lag; es ging daraus hervor, daß man nach dem Tode Caspars die Seitenwand seines Herzens ganz durchstochen gefunden hatte. Clara nahm das Papier mit beiden Händen und zerknitterte es in ihren Fäusten.

Was fruchtet aller Schmerz und Reue? Man kann nicht

die Gewesenen aus Luft zurückgestalten, man kann der Erde nicht ihre Beute abfordern. Tränen beruhigen, aber diese Trauernde hatte keine Tränen mehr; für sie waren keine Sterne mehr, kein Glanz des Himmels. Für sie wuchs kein Gras mehr, duftete keine Blume mehr, ihr schmeckte der Tag nicht mehr und die Nacht nicht mehr, für sie hatte sich alles Menschentreiben, ja selbst das Schaffen der Elemente in eine einzige düstere Wolke von nie wieder gutzumachender Schuld zusammengeballt.

Es mochte eine halbe Stunde verflossen sein, als Clara wieder herabkam. Sie blieb ganz dicht vor dem Lehrer stehen, und während sie ihn mit weit aufgeschlagenen Augen ansah, sagte sie bebend und kalt: »Mörder.«

Dies war für Quandt etwa so, wie wenn man ihm einen Schwefelbrand unter die Nase gehalten hätte. Es läßt sich denken, der wackere Mann war vollkommen ahnungslos. In Schlafrock, gesticktem Hauskäppchen und mit Schlappschuhen an den Füßen wartet er, daß der ungebetene Gast sein Haus wieder verlasse, und da fällt ein Wort, wie es nicht einmal ein böser Traum erzeugen kann.

»Das Weib ist wahnsinnig! Ich werde sie zur Rechenschaft ziehen«, tobte er noch im Bett.

Clara wohnte bei Imhoffs. Sie fand die Freundin noch auf. Frau von Imhoff sagte ihr, daß man morgen auf den Kirchhof gehen wolle, weil das Kreuz auf Caspar Hausers Grab errichtet werde. Frau von Imhoff empfand Claras Schweigsamkeit wie einen Alpdruck und erzählte, erzählte. Vieles von Caspar, vieles von denen, die um ihn waren. Quandt wolle ein Buch schreiben, worin er haarklein nachzuweisen gedenke, daß Caspar ein Betrüger gewesen; daß Hickel den Dienst quittiert habe und aus Ansbach wegziehe, wohin, wisse niemand; daß alle Bemühungen, dem furchtbaren Verbrechen auf den Grund zu kommen, vergeblich gewesen seien.

Clara blieb wie aus Stein. Als sie sich für die Nacht trennten, sagte sie leise und mit unheimlicher Sanftmut: »Auch du bist seine Mörderin.«

Frau von Imhoff prallte zurück. Doch Clara fuhr ebenso leise und sanft fort: »Weißt du es denn nicht? Willst du's nicht wissen? Versteckst du dich vor der Wahrheit wie Kain vor Gottes Ruf? Weißt du denn nicht, wer er war? Glaubst du denn, daß die Welt immer und ewig darüber schweigen wird, so wie sie jetzt schweigt? Er wird auferstehen, Bettine, er wird uns zur Rechenschaft fordern und unsre Namen mit Schmach bedecken. Er wird das Gewissen der Nachgebornen vergiften, er wird so mächtig im Tode sein, als er ohnmächtig im Leben war. Die Sonne bringt es an den Tag.«

Darauf verließ Clara das Zimmer ruhig wie ein Schatten.

Am andern Morgen ging sie früh vom Hause fort. Sie besuchte ihren Türmer auf der Johanniskirche, saß lange oben auf der Steinbank in der schmalen Galerie und blickte weit über die winterliche Ebene. Sie sah aber nicht Schnee, sie sah nur vergossenes Blut. Sie sah nicht das Land, sie sah nur ein durchstoßenes Herz.

Dann schlug sie den Weg nach dem Kirchhof ein. Der Totengräber führte sie zum Grab. Eben kamen zwei Arbeiter und lehnten ein hölzernes Kreuz gegen den Stamm einer Trauerweide.

Nach wenigen Minuten erschien der Pfarrer Fuhrmann. Er erkannte Clara und grüßte sie ernst und höflich. Sie, ohne zu danken, schaute an ihm vorüber, ihr Blick streifte den mit schmutzigem Schnee bedeckten Grabhügel und die Arbeiter, die jetzt das Kreuz zu Häupten des Grabes einrammten. Auf einem großen, herzförmigen Schild, das inmitten des Grabkreuzes befestigt war, standen in weißen Lettern die Worte:

HIC JACET
CASPARUS HAUSER
AENIGMA
SUI TEMPORIS
IGNOTA NATIVITAS
OCCULTA MORS

Sie las es, schlug die Hände vors Gesicht und brach in ein gellend wehes Gelächter aus. Jählings wurde sie aber wieder ganz still. Sie drehte sich gegen den Pfarrer um und rief ihm zu: »Mörder!«

In diesem Augenblick kamen vom Hauptpfad her einige Leute, die der Zeremonie der Kreuzaufstellung hatten beiwohnen wollen: Herr und Frau von Imhoff, Herr von Stichaner, Medizinalrat Albert, der Hofrat Hofmann, Quandt und seine Frau. Sie sahen den Pfarrer bleich und aufgeregt, und der Eindruck eines jeden war, daß etwas Schlimmes vor sich gehe. Frau von Imhoff, voller Ahnung, eilte auf ihre Freundin zu und umschlang sie mit den Armen. Aber mit verwilderten Gebärden machte sich Clara los, stürzte der Gruppe der Nahenden entgegen und schrie mit durchdringender Stimme: »Mörder seid ihr! Mörder! Mörder! Mörder!«

Nun rannte sie an ihnen vorbei, auf die Straße hinaus, wo sich alsbald viele Menschen um sie versammelten, und schrie, schrie! Endlich wurde sie von einigen Männern umringt und am Weiterlaufen verhindert.

Quandt hatte wieder einmal recht behalten. Sie war wahnsinnig geworden. Noch am selben Tag wurde sie in eine Anstalt gebracht. Mit der Zeit verging die Raserei, aber ihr Geist blieb umnachtet.

Sehr zu Herzen war der Auftritt am Grabe dem Pfarrer Fuhrmann gegangen. Er wollte sich nicht zufriedengeben, wenn man ihm vorhielt, daß es doch eine Irre gewesen, die so gehandelt. Noch vor seinem kurz darauf erfolgten Ableben sagte er zu Frau von Imhoff, die ihn besuchte: »Mich freut die Welt nicht mehr. Warum klagte sie mich an? Mich, gerade mich? Ich hab' ihn ja liebgehabt, den Hauser.«

»Die Unglückliche«, erwiderte Frau von Imhoff leise, »an Liebe allein hatte sie nicht genug.«

»Ich trage keine Schuld«, fuhr der alte Mann fort. »Oder doch nicht mehr, als dem sterblichen Leib überhaupt zukommt. Schuldig sind alle, die wir da wandeln. Aus Schuld keimt Leben, sonst hätte unser Stammvater im Paradies nicht sündigen dürfen. Auch unsern hingeschiedenen Freund kann ich nicht freisprechen. Was hat es ihm gefrommt, das Träumen über seine Herkunft? Wo Verrat von allen Lippen quillt, flieht der Tüchtige in den Kreis fruchtbarer Neigungen. Aber Schwärmer hören nur sich selbst. Unschuldig, meine Beste, unschuldig ist nur Gott. Er gnade meiner Seele und der des edeln Caspar Hauser.«

Heinrich Mann

Die kleine Stadt

Roman

440 Seiten. Leinen

Die kleine Stadt liegt in Italien. Alles beginnt mit dem Erscheinen einer Theatertruppe in der kleinen Stadt. »Unsere Ankunft«, so der jugendliche Held und Liebhaber der Truppe, »hat belebend gewirkt auf die Einwohner dieser Stadt, auf einmal ist ihnen der Mut gekommen, ihre Laster in Freiheit zu setzen«. Es beginnt ein Fastnachtstreiben, ein Liebes- und Rüpelspiel, heiter und böse, zart und leidenschaftlich. In seltsamen, manchmal gespenstischen Reigen verbinden sich die Schicksale der fahrenden Künstler und der Kleinbürger – Kunst und Leben, das große literarische Thema der Jahrhundertwende klingt an. *Die kleine Stadt* ist ein utopischer Gegenentwurf zur politisch unmündigen Gesellschaft der Wilhelminischen Ära. »Was hier klingt«, schrieb Heinrich Mann zu diesem Roman, »ist das hohe Lied der Demokratie. Es ist da, um zu wirken in einem Deutschland, das ihr endlich zustrebt. Dieser Roman, so weitab er zu spielen scheint, ist im höchsten Sinn aktuell.«

S. Fischer

fi 1144 / 7

Hans Keilson

Der Tod des Widersachers

Roman

Band 13351

Die Parabel ist so gewagt, daß sie wohl nur von einem von den Nazis ins Exil gejagten Juden stammen kann: Wilhelm II. bekam vom russischen Zaren ein Rudel Elche zum Geschenk, die der deutsche Kaiser zu einer Musterherde heranzüchten lassen wollte. Doch trotz blendender Bedingungen, trotz bestens vorbereiteten Hegepersonals – die Elche wollten nicht gedeihen, sie gingen ein. Es fehlten ihnen, so stellte sich heraus, die Wölfe. Zum besseren Gedeihen wäre der Streß durch Bedrohung und Gefahr nötig gewesen. Das Gute nur in der Symbiose mit dem Bösen also? Hauptfigur in diesem Roman ist ein junger Jude, der die Widersprüche und Gegensätze seiner Umwelt durch unbedingtes Streben nach Wahrheit zu überwinden hofft. Er versucht, sich in die Rolle seines Widersachers hineinzuversetzen, des Diktators als der Verkörperung des Bösen, mit dem ihn eine Art Haßliebe verbindet. Die Anfänge dieses Romans reichen in das Jahr 1942 zurück – die ersten vierzig Seiten des Manuskripts vergrub Keilson in einem Garten, um die Arbeit daran nach dem Krieg wiederaufzunehmen.

Fischer Taschenbuch Verlag

fi 4005 / 3